Ulrich Saxer

Politik als Unterhaltung

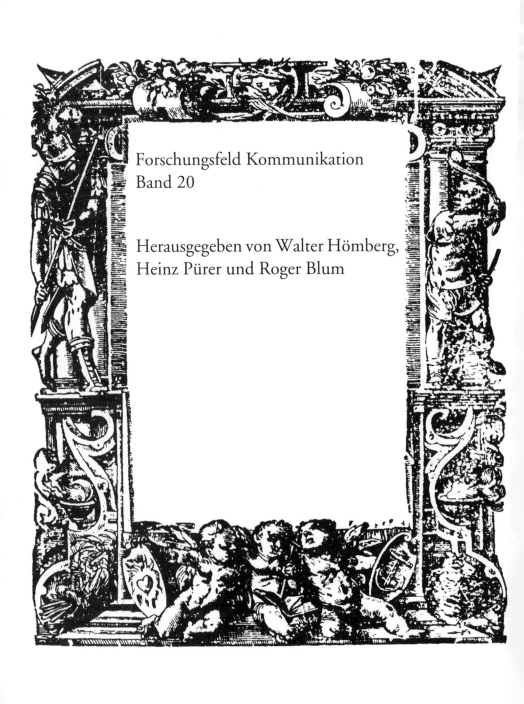

Forschungsfeld Kommunikation
Band 20

Herausgegeben von Walter Hömberg,
Heinz Pürer und Roger Blum

Ulrich Saxer

Politik als Unterhaltung

Zum Wandel politischer Öffentlichkeit
in der Mediengesellschaft

UVK Verlagsgesellschaft mbH

Das Frontispiz zeigt die Titelvignette der „Relation" von 1609.
Diese erste gedruckte Wochenzeitung ist seit 1605 in Straßburg erschienen.

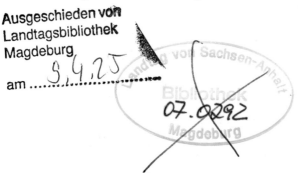
Bibliografische Information der Deutschen Nationalbibliothek
Die Deutsche Nationalbibliothek verzeichnet diese Publikation in der
Deutschen Nationalbibliografie; detaillierte bibliografische Daten
sind im Internet über <http://dnb.d-nb.de> abrufbar.

ISSN 1433-6952
ISBN: 978-3-89669-473-7

© UVK Verlagsgesellschaft mbH, Konstanz 2007

Einband: Susanne Weiß, Konstanz
Satz und Layout: Klose Textmanagement, Berlin
Druck: Rosch Buch Druckerei GmbH, Scheßlitz

UVK Verlagsgesellschaft mbH
Schützenstr. 24 · D-78462 Konstanz
Tel.: 07531-9053-0 · Fax: 07531-9053-98
www.uvk.de

Inhalt

Vorwort

Vor mehr als drei Jahrzehnten durfte ich an der Universität Zürich in einer Antrittsvorlesung als Privatdozent mein Fach und mich vorstellen. Dafür wählte ich das Thema »Publizistik und Unterhaltung«: zum neugierigen Hinhören der einen, zur milden Erheiterung anderer und zur weiteren Bestätigung derjenigen, die schon eh wussten, dieses Fach sei so wenig ernst zu nehmen wie dieser Gegenstand und sein Studienobjekt überhaupt. Ambivalent sind die Reaktionen außerhalb wie innerhalb der wissenschaftlichen Zirkel dem Phänomen Unterhaltung gegenüber geblieben, was zumal im Zusammenhang mit dem Siegeszug von Infotainment in den Medien allenthalben festgestellt werden kann. Entsprechend hat mich die Thematik weiter fasziniert, umso mehr, als die seither aktivere empirische Forschung vertieftes Wissen über die Bodenlosigkeit des vermeintlich Seichten erarbeitet hat.

Was das Verhältnis von Unterhaltung und Politik anbelangt, so hat die Mesalliance zwischen Medien- und Spaßgesellschaft gar einen weiteren Sprössling der »-tainment-Familie« in Gestalt von Politainment hervorgebracht, Anlass zu zusätzlicher besorgter Reflexion und für mich jedenfalls zur weiteren Ergründung der Thematik nun im publizistikwissenschaftlichen Kernbereich der politischen Kommunikation. Angeregt zumal von Ulrich Sarcinellis politikwissenschaftlicher Erhellung symbolischer Politik und angestiftet von ihm, über »Die Mediengesellschaft auf dem Weg zur Unterhaltungsöffentlichkeit« zu referieren, wurden mir allerdings allmählich auch die Schwierigkeiten bewusster, mit der Unterhaltungsproblematik, gerade im Zusammenhang mit Politik, wissenschaftlich zurecht zu kommen. Umso dankbarer bin ich für seitherige kollegiale Aufmunterungen und vor allem den Herausgebern von »Forschungsfeld Kommunikation« für ihre Bereitschaft, die Studie in ihre Reihe aufzunehmen, dem UVK für Gastrecht und Rüdiger Steiner für umsichtige Betreuung des Manuskripts.

Von welchem Genre ist dieses Manuskript überhaupt? Mittlerweile bin ich ja zur Einsicht gekommen, das scheinbar leichtgewichtige Thema sei so umfassend und anspruchsvoll, dass es sehr wohl eines jener »Werke« jenseits von bloßem »Ansatzismus« verdiente, die unlängst Wolfgang Langenbucher von der Kommunikationswissenschaft eingemahnt hat. Diesen Anspruch erhebt diese Studie in keiner Weise, weshalb auch auf die Einrichtung eines Registers zu ihrer weiteren Erschließung verzichtet wird. Was hier vorliegt ist nämlich von der Gattung her ein wissenschaftlicher Essay. Ein solcher soll in erster Linie zum

Weiterdenken stimulieren. Es wäre schön, wenn ihm dies für die Fortentwicklung der Öffentlichkeitstheorie gelänge.

Küsnacht, im September 2006   Ulrich Saxer

Einleitung

Das Leichte ist das Schwere. Dies gilt für die Wissenschaft ebenso sehr wie für die Kunst. Exzellente Tragödien gibt es bekanntlich sehr viele, gelungene Komödien hingegen – nicht nur in der deutschen Literatur – nur wenige. Auch an Wissenschaft und Wissenschaftlern, die sich mit Ernsthaftem beschäftigen, mangelt es keineswegs, an vergleichbarem Ernst für eine Wissenschaft vom Unterhaltenden umso mehr, wenn man dies überhaupt als Mangel qualifizieren will und nicht als berechtigte Missachtung des Banalen und scheinbar allzu Geläufigen im sozialen Leben. Auch hier trifft weitgehend die alte wissenschaftssoziologische Erkenntnis zu: Familiarity breeds contempt.

Oder vielleicht lädt Unterhaltung darum so wenig zu seriöser Beobachtung ein, weil das vermeintlich Leichtgewichtige, Alltägliche gerade das schwer Durchdringliche ist, gewissermaßen in den Schleier des Gewöhnlichen verpackt und auf diese Weise Harmlosigkeit vorspiegelnd. Der Publizistikwissenschaft war dementsprechend Medienunterhaltung lange Zeit viel weniger Aufmerksamkeit als medial vermittelte politische Kommunikation wert und der Politikwissenschaft ohnehin. Tugendwächtern seit eh und je und Medienpolitikern über längste Zeit war hingegen Unterhaltung zumindest suspekt und zwar umso mehr, je unverhüllter diese ihr im weitesten Sinne unordentliches Gesicht zeigte. Auch der *Gegenstand dieser Untersuchung*, die durch Entertainisierung umstrukturierte politische Öffentlichkeit, die Verflechtung von Politik und Unterhaltungskultur in der Mediengesellschaft also, wird von ihnen, soweit überhaupt, mit erheblichem Misstrauen beobachtet und regelmäßig im Modus der Sorge abgehandelt. »Who's Afraid of Infotainment?« – Die Frage K. Brants' von 1998 betrifft nach wie vor unter den in Unterhaltungsöffentlichkeit Involvierten namentlich auch die von ihrem Beobachtungsbereich her damit befassten Sozialwissenschaftler, auch wenn zumindest die Rezeptionsforscher (Wirth/Schramm 2005) sich mittlerweile des Themas »Unterhaltung durch Medien« vermehrt annahmen: Wer also hat Angst vor Unterhaltung und vor allem auch: warum?

Das Schwierige am angeblich Leichten beginnt schon mit seiner *Definition.* Der Stoßseufzer eines Unterhaltungschefs des ZDF (der es schließlich wissen musste): »Unterhaltung ist nicht immer lustig. Nichts jedoch ist weniger lustig als der Versuch, sie zu definieren« (Prager 1971:5) zeugt ebenso von entsprechender Verlegenheit wie das Geständnis von Seiten der Wissenschaft, es lägen zwar mittlerweile hunderte von Untersuchungen zu dieser Thematik vor, aber nach wie vor ohne Einverständnis darüber, »was dieses Konstrukt eigentlich beschreiben soll« (Früh 2002:15). »Unterhaltung ist (und bleibt U.S.) ein ›Allerweltsbegriff‹. Jeder spricht darüber, doch meint kaum jemand dasselbe« (Früh 2002:67). Die wenig begeisternde Anstrengung um die Klärung dieses und weiterer Basiskonzepte wie »Öffentlichkeit« oder »Mediengesellschaft«, ja selbst von »Politik« bzw. »politische Kommunikation« im Rahmen einer dynamisierenden Konzeptualisierungsstrategie, wird diese Analyse ihren potentiellen Lesern daher nicht ersparen können (Früh 2003a:12ff.). Ein verbreiteter Irrtum ist es ja, die wissenschaftliche Rede von Unterhaltung müsse selber unterhaltend sein, gewissermaßen mimetisch deren Duktus nachahmen. Damit würde die Eigenlogik der wissenschaftlichen Realitätskonstruktion erneut verletzt, wie schon früher von der Publizistikwissenschaft durch ihre Übernahme der redaktionellen Bedeutungshierarchie, in der zumindest im deutschen Sprachbereich politische Information weit oben und Unterhaltung tief unten rangiert.

Das Schwierige am angeblich Leichten wird denn auch in der öffentlichen wie überwiegend in der marginalen sozialwissenschaftlichen Diskussion in *doppelter Weise verfehlt*: Dadurch dass Unterhaltung generell als gesellschaftliches Oberflächenphänomen letztlich bagatellisiert oder aber, in Gestalt von Politainment, durch eine mittlerweile bejahrte politische Kulturkritik als Symptom und Mitursache des Niedergangs perhorresziert wird. Beides vermag den Anforderungen an eine empirieorientierte sozial- und kultur-, insbesondere politik- bzw. publizistikwissenschaftliche Analyse dieses komplexen Sachverhalts nicht zu genügen. So wie Medialisierung ein so umfassend prägendes Geschehen in der Moderne ist, dass sich soziologisch die Ansetzung eines entsprechenden Gesellschaftstyps aufdrängt, so verlangt Entertainisierung als eines ihrer konstituierenden Elemente eine entsprechend weite analytische Perspektive.

Auf Unterhaltung, dies die *Grundthese dieser Untersuchung*, beruht nämlich maßgeblich die Medien- als Erlebnisgesellschaft (Schulze 2000). Mediengesellschaften folgen ja weit stärker emotionalen und expressiven Mustern, als es ihre Charakterisierung als Wissens- bzw. Informationsgesellschaften signalisiert, sind eben nicht minder Erlebnisgesellschaften und entsprechend ubiquitär von Entertainisierung durchwirkt. Diese bildet mithin ein soziales Totalphänomen, und nur eine interdisziplinäre Perspektive wird einem solchen gerecht.

Wohl realisiert sich Unterhaltung als Interaktionsgeschehen primär auf dem *Mikrolevel*, der Ebene des Interpersonellen, erreicht aber zum Beispiel in Gestalt der Unterhaltungsindustrie zumindest in den USA und für deren Politik gesamtgesellschaftlich gestaltendes Vermögen, den *Makrolevel*, und massenmediale Unterhaltung bzw. Politainment prägen als wesentliche Elemente der Strategien von Parteien, Behörden und der Medien auch die Ebene der Organisationen, also die politische Kommunikation auf dem *Mesolevel* entscheidend mit. Unterhaltung bloß als psychologischen Prozess im Kontext von Politik zu begreifen bzw. die Medienöffentlichkeit nur an einem diskursiven Ideal zu messen, wird somit ihrer Komplexität in keiner Weise gerecht.

Dies freilich hat *J. Habermas* in seiner berühmten, aber eben essentiell normativen Analyse »Strukturwandel der Öffentlichkeit« (1962) getan. Dieser kommt zwar das Verdienst zu, luzide viele Mechanismen der Privatisierung von Öffentlichkeit, der Sphäre also, in der sich politische Meinung bildet und artikuliert, erhellt und damit eine Interpretationslinie begründet zu haben, von der auch diese Untersuchung profitiert. Allerdings initiiert dieser Autor dadurch, dass er die Ergebnisse seiner Analyse in eine soziologische Verelendungstheorie politischer Öffentlichkeit einfügt, die erwähnte empirieferne, einseitig kulturkritische Interpretations- und Argumentationskonvention gegenüber Medien- und Unterhaltungsöffentlichkeit, die den vorurteilslosen kognitiven Zugang zu diesen verstellt.

Ziel dieser Analyse ist es denn auch, diesen Zugang unter einer adäquaten theoretischen Perspektive zu öffnen, um mit der Erkenntnis der Konstituenten und Erscheinungsformen der mediengesellschaftlichen Entertainisierung auch deren politische Tragweite einschätzen zu können. Die Verbindung von Haupt- und Untertitel dieser Studie signalisiert das Anliegen, auf dieser Basis der vielgestaltigen Wirklichkeit des gelebten politischen Geschehens in der Mediendemokratie näher zu kommen als bis anhin die Theorien politischer Kommunikation im allgemeinen und von politischer Öffentlichkeit im besonderen.

Dazu wird das folgende *Vorgehen* gewählt:

- Fundierend und wegleitend sind drei aus der vorliegenden Literatur deduzierte *Annahmen*: 1. Unterhaltung ist ein anthropologisches Universale, das als komplexitäts- bzw. spannungsbezogener Mechanismus in unterschiedlicher Ausprägung in sämtlichen Gesellschaftstypen operiert. 2. Mediengesellschaften, weil sie auch Erlebnisgesellschaften sind, eröffnen, namentlich im Gefolge fortgesetzter Medialisierung, der Unterhaltung auf der Mikro-, Meso- und Makroebene besonders vielfältige Entfaltungschancen. 3. Politainment im besonderen prägt zunehmend als problemlösender wie -schaffender Mechanismus die politische Kommunikation in Mediendemokratien.
- Eine *kommunikationssoziologische Perspektive*, die gesellschafts-, politik- und publizistikwissenschaftliche, aber auch kulturanthropologische Ansätze verbindet, wird dieser Zielsetzung und diesen Annahmen am ehesten gerecht. Die Konzeption von Unterhaltung als problemlösendem und -schaffendem Mechanismus legt dabei eine funktionalistische Gesamtoptik nahe und einen pragmatischen Rückgriff auf Theorien nach Maßgabe ihres Antwortpotentials hinsichtlich Fragestellungen der Untersuchung.

- Der ganzheitlichen Ausrichtung der Untersuchung entsprechend werden Mediengesellschaft und -demokratie zuerst auf die Merkmale hin analysiert, die ihre Entertainisierung besonders begünstigen, Unterhaltung und Unterhaltungsöffentlichkeit also *konstituieren*. Und da Mediengesellschaft bzw. -demokratie als fortgesetzt und durchgehend durch Medialisierung geprägt und dynamisiert zu konzipieren sind, wird auch deren politische Kommunikation bzw. Öffentlichkeit als *sich wandelnde* anvisiert und Politainment als Resultat und Motor dieses dynamischen Kontextes.

- *Realisiert* wird das funktionale und gegebenenfalls dysfunktionale Potential politischer Öffentlichkeit und von Politainment unter Entertainisierungsbedingungen hinsichtlich des Problemlösungsbedarfs von Mediendemokratien innerhalb bestimmter institutioneller Strukturen durch unterschiedliche Akteurkategorien in Kommunikationsprozessen. In diesen kommen gemäß je anderen Rollenkonzeptionen Verhaltensweisen zum Tragen, die politisch-verpflichtenden Sinn mit entlastend-unterhaltendem überlagern bzw. durchmischen oder auch diesen hiergegen abschirmen.

- Zum Abschluss dieser *funktionalen Analyse* muss daher der Impact von Politainment als problemlösender und -schaffender Mechanismus im allgemeinen und der Entertainisierung der politischen Öffentlichkeit von Mediendemokratien im besonderen hinsichtlich der elementaren Systemprobleme der Integration, Zielrealisierung, Systemidentität und generell der Adaptation zumindest abgeschätzt werden. Mehr lassen die komplexen Interaktionskonstellationen und die lückenhafte Datenlage nicht zu. Immerhin hilft dieses Fazit Szenarien zu entwickeln, denen gegebenenfalls Hinweise für die künftige diesbezügliche Optimierung politischer Kommunikation in Mediendemokratien entnommen werden können, und es sollte als Beitrag für eine realitätsnähere Theorie der politischen Kommunikation dienlich sein.

I   Grundlegung

In einem derart komplexen und auch wenig strukturierten Beobachtungsfeld wie dem der Beziehungen zwischen der Politik in demokratischen Mediengesellschaften und Unterhaltung besteht schon kein Einverständnis über die einschlägigen *Basiskonzepte*. Über diese, allen voran »Unterhaltung«, »Mediengesellschaft« und »politische Kommunikation« als politisches Handlungsfeld ist zuerst ein Verständnis zu etablieren, damit überhaupt der interdisziplinäre State of the art bezüglich des Gesamtthemas dieser Untersuchung wohl sehr summarisch, aber einigermaßen gezielt gewürdigt werden kann.

Dabei müssen vorgängig zur ersten Orientierungshilfe in diesem und zu diesem normativ überaus stark überformten Beobachtungsfeld die elementaren wissenschaftlichen *Positionen* ausgemacht werden. Diese sind in diesem nach wie vor generell marginalisierten Untersuchungsbereich überwiegend negativ. Dass hier ein beobachtungswürdiges Problemfeld vorliegt, wird vielfach einfach ignoriert oder Entertainisierung mediengesellschaftlicher Politik pauschal als dysfunktional beurteilt. Positive Interpretationen des Impacts von Politainment bilden die Ausnahme und sind außerhalb des politik- und publizistikwissenschaftlichen Mainstreams angesiedelt. Entsprechend blass sind insgesamt die Modellierungen einer etwaigen Unterhaltungsöffentlichkeit in den gängigen Öffentlichkeitskonzeptionen.

Diese Kurzevaluation des interdisziplinären State of the art ist unerlässlich, damit eine optimale *Perspektive* entwickelt werden kann, die die in den drei Annahmen implizierten Bestimmungsgrößen unterhaltender mediengesellschaftlicher Politik integriert und strukturieren hilft. Da die Frage, die diese theoretisch orientierte, aber soweit möglich empirisch fundierte Analyse abzuklären sucht, diejenige nach den gesellschaftlichen bzw. politischen Implikationen von Entertainisierung bzw. Politainment ist, von Unterhaltungskommunikation also, drängt sich eben eine kommunikationssoziologische Optik auf. Eine solche erfüllt ebenso das wissenschaftstheoretische Erfordernis von Strukturähnlichkeit, Isomorphie (Esser 1999:52) der theoretischen Modellierung zum Beobachtungsgegenstand, wie dasjenige von deren Offenheit für unterschiedlich jeweils lösungsoptimale Ansätze.

Aus dieser Basis kann – und soll – freilich kein wohldefiniertes System von Hypothesen deduziert werden. Dies stände im Widerspruch zur ganzen Anlage dieser Analyse. Lediglich eine Reihe von Thesen führt die drei Grundannahmen weiter aus, stellt zwischen ihnen weitere Zusammenhänge her und strukturiert den *Gang der Argumentation*. In diesem Sinne situuieren diese Thesen den Untersuchungsgegenstand bzw. das Untersuchungsproblem, verdeutlichen seine Konstituierung, konkretisieren seine gesellschaftliche Realisierung, evaluieren seine Tragweite und führen zugleich als »advance organizers« in die Analyse ein.

1 Positionen

1.1 Basiskonzepte

1.1.1 Konzeptualisierungsstrategie

Konzeptbildung ist zugleich Ausdruck und Determinante der jeweiligen wissenschaftlichen Problemlösungsstrategie. Ihre Erläuterung ist daher für deren Verständnis unverzichtbar und muss am Anfang des Argumentationszusammenhanges stehen, zumal wenn es, wie hier, schon an konsentierten Basiskonzepten gebricht. Die Kontingenz möglicher Konzeptualisierungen ist so zu reduzieren, dass die entwickelte Begrifflichkeit im Rahmen der jeweiligen Problemstellung optimal dienlich ist und zugleich den Anschluss an bestehende Begriffskonventionen und damit an den innerwissenschaftlichen Diskurs verbürgt.

Schon die hier praktizierte *Konzeptualisierungsstrategie* folgt also dem sogenannten spieltheoretischen Obligat, das postuliert, Wissenschaft sei als ein möglichst ingeniöses Spiel auch gegen sperrige Gegenstände anzulegen und zu realisieren (Leinfellner 1967:16ff.). Entsprechend werden die drei genannten Grundannahmen zum Ausgangspunkt genommen und wird, unter der hier untersuchungsleitenden funktionalistischen Gesamtoptik, nach dem sie verbindenden Gemeinsamen gefragt. Dieses wird in Konsequenz der anthropologischen Verwurzelung von Unterhaltung im alles fundierenden anthropologischen Prinzip von Leben als Problembewältigung (vgl. Popper 1994) gesehen. In Gestalt von Unterhaltung steht mithin, so die erste Annahme, jeder Art von Gesellschaft ein spezifischer spannungs- bzw. komplexitätsbezogener Problemlösungs- und -schaffungsmechanismus zur Disposition und wird nach Maßgabe von deren entsprechendem Bedarf und ihrer Entertainisierbarkeit realisiert. Im Typus Mediengesellschaft sind, zweitens, die Entfaltungsmöglichkeiten von Unterhaltung aus strukturellen Gründen besonders vielfältig und groß. Als Politainment operiert gemäß Annahme drei der Mechanismus im besonderen als Problemlöser und -schaffer hinsichtlich der politischen Kommunikation

Eine Schlüsselrolle kommt also in dieser Konzeptualisierungsstrategie der Vorstellung von *Problemen* zu. Problemkonstellationen können ganz allgemein als Bedarfslagen von Individuen und Kollektiven, von psychischen und sozialen Systemen verstanden werden, deren Deckung gemäß irgendwelchen Sollensvorstellungen erwartet wird (Saxer 2004a:19ff.). Abweichungen von diesen werden als »Probleme« überwiegend negativ konnotiert. Damit werden freilich oft und zudem ungenügend artikuliert Sollwerte und -instanzen ins Spiel gebracht, die die Qualität der wissenschaftlichen Analyse beeinträchtigen. Dies rührt insbesondere auch davon her, dass allzu oft weder das Problem als solches noch der jeweils relevante Problembereich genau genug definiert und so auch seine funktionalen und dysfunktionalen Konsequenzen, deren Systemverträglichkeit also, mit einiger Verlässlichkeit bestimmt werden. Der besorgte, der kritische, aber auch der optimistische Diskurs über mediengesellschaftliche Entertainisierungsphänomene im allgemeinen und Politainment im besonderen krankt in ausgeprägtem Maß an diesen Unschärfen und zeitigt fortgesetzt entsprechend fragwürdige Diagnosen und Schuldzuweisungen.

Der in Annahme zwei erkannte Metatrend zur Entertainisierung kann gleichfalls als ein Individuen und Kollektive erfassender Wandlungsprozess von Problembewältigung interpretiert werden, von *institutioneller Umstrukturierung*, der Ent- und Neuinstitutionalisierung von Lösungen im Zusammenhang mit Spannungs- bzw. Komplexitätskonstellationen nämlich. Strukturen sind auf der personalen Ebene habitualisierte und auf derjenigen der sozialen System sozial geregelte Prozesse der Bedürfnisbefriedigung bzw. Problemlösung, die maßgeblich die jeweilige Identität charakterisieren.[1] Institutionelle Ordnungen bilden als Regelungsgefüge gewissermaßen das Skelett von Gesellschaften, weil Institutionen (relativ) dauernd und gemäß bestimmten Sinndeutungen korrespondierende Erwartungen und Verhaltensweisen bezüglich der Regelung wichtiger Bedarfslagen fundieren und sanktionieren. Weil also das so gefasste Institutionenkonzept rekursive (Giddens 1997:432) Bedarfsdeckung anvisiert, vermag es neben dem Makro- und Mesolevel auch die Mikroebene einzufangen, auf der Unterhaltung aber eben

---

1 Entsprechend der hier praktizierten pragmatischen Konzeptualisierungsstrategie wird so A. Giddens' Strukturbegriff (vgl. Giddens 1997:432) grundsätzlich übernommen, aber für die Zwecke der Untersuchung modifiziert. Ähnlich wird mit der Begrifflichkeit anderer Autoren wie N. Luhmann oder T. Parsons verfahren, damit eine interdisziplinär und metatheoretisch optimal abgestützte »konzeptionelle Rahmung« (Gurevitch/Blumler 2003:388) entwickelt werden kann.

keineswegs primär oder sogar ausschließlich operiert, wie ihre einseitig psychologisierende Konzeptualisierung unterstellt. Der gesellschaftliche Wirkungsbereich von Unterhaltung spannt sich vielmehr von der institutionell eingebundenen Ventilsitte bis zur Gegeninstitution. Weil diese Untersuchung einen gesellschaftlichen Metaprozess zum Gegenstand hat, ist – überhaupt im Sinne des spieltheoretischen Obligats von Wissenschaftspraxis – nur eine Konzeptualisierungsstrateg ie adäquat, die dessen Dynamik Rechnung trägt. So wie nicht die institutionelle Ordnung, sondern deren Umstrukturierung fokussiert wird, so Unterhaltung als Entertainisierung und Mediengesellschaft als fortlaufend medialisierte.

Ein solch *dynamisches Begriffsverständnis* orientiert sich zwar selbstverständlich auch an festen Referenzgrößen, wenn z.B. von »Strukturwandel« die Rede ist. Es operiert aber auf einem wandlungstheoretischen Hintergrund und sieht wie Unterhaltung auch Gesellschaft und Politik primär als Prozesse (vgl. z.B. Wessler 1999). Schließlich geht es ja in dieser Analyse um Veränderungen der politischen Kommunikation in der Demokratie, und das Isomorphieprinzip wissenschaftlicher Modellierung betrifft auch schon die Konzeptbildung.

Aus all dem folgt auch, dass die hier zu praktizierende Konzeptualisierungsstrategie *interdisziplinär* ausgerichtet sein muss – mit allen Fährnissen, die ein solches Verfahren in sich birgt (Saxer 2003a:7f.). Konzepte wie »Unterhaltung«, »Mediengesellschaft« oder »Öffentlichkeit« zirkulieren ohnehin in transdisziplinären Diskursen und verursachen zahllose Missverständnisse, weil ihr jeweiliger disziplinärer Stellenwert nicht ausgewiesen wird und sie nicht interdisziplinär abgeglichen werden. Diese Problematik muss vorgängig jeweils zumindest bedacht werden, bevor mit irgendwelchen synthetischen Definitionen Einverständnis angestrebt wird. So müssen z.B. die je anderen normativen demokratietheoretischen Implikationen verschiedener Konzeptionen von politischer Öffentlichkeit auf ihre Validität im Lichte publizistik- bzw. kommunikationswissenschaftlicher Empirie geprüft und ein mit dieser möglichst verträgliches Öffentlichkeitskonzept als Basis gewählt werden.

Schließlich muss auch der Zusammenhang der Basiskonzepte, ihre Abstimmung untereinander gesichert, die Konzeptualisierungsstrategie außer wandlungsorientiert und interdisziplinär auch *systemisch* angelegt sein. Anstelle eines wohldefinierten theoretischen Bezugsrahmens kommt so zumindest eine »konzeptionelle Rahmung« (Gurevitch/Blumler 2003:388) des ganzen Untersuchungsfeldes durch das Basiskonzept problemlösender und -schaffender Mechanismen zustande, die ihrerseits einer kommunikationssoziologischen Perspektive verpflichtet ist. Andernfalls würden dermaßen unterschiedliche Dimensionen von Entertainisierung bzw. Politainment und ihrer Implikationen für die demokratische Mediengesellschaft und ihre Politik als die Objekte dieser Analyse anvisiert, dass die angestrebte integrierende Interpretation nicht geleistet werden könnte.

1.1.2 Unterhaltung

Unterhaltung wird in der Psychologie als emotionales Geschehen qualifiziert, also den Emotionen zugerechnet, das vielfältigste Gratifikationen beschert. Wirtschaftswissenschaftlich wird sie als organisierte Dienstleistung begriffen, die in Mediengesellschaften zur eigentlichen Industrie expandiert. Die Kulturanthropologie erkennt sie in vielfältigster Form als Ausdruck und Realisierung eines elementaren physischen, psychischen und sozialen Bedürfnisses; und in der Literaturwissenschaft figuriert sie als besondere Gattung. Kommunikations- bzw. publizistik- und medienwissenschaftlich wird sie als eine der elementaren, nämlich primär Vergnügen bescherende Form medienvermittelter Kommunikation verstanden, während sie in der Politikwissenschaft nur am Rande als problematische Variante politischer Kommunikation, als Politainment, aufscheint. Die Soziologie schließlich konzipiert Unterhaltung gleichfalls nur marginal als sozialen Mechanismus, der gewissermaßen quer zur institutionellen Ordnung Spannungen moduliert, mit funktionalen oder dysfunktionalen, vornehmlich von Erziehungs- und Rechtswissenschaft anvisierten Konsequenzen. Die *Vielfalt der wissenschaftlichen Perspektiven* spiegelt fürwahr ein soziales Totalphänomen.

Trotz eklatant unterschiedlichen disziplinären Zugriffen auf das Phänomen sind indes bereits alltagssprachlich signalisierte Gemeinsamkeiten in dessen wissenschaftlicher Konzeptualisierung unverkennbar: Unterhaltung wird als Prozess bzw. Mechanismus begriffen, der Folgen hat, obwohl oder gerade weil er im banalen Verständnis selbstgenügsam operiert, nicht weiter über sich selbst hinaus deutet. Unterhaltung präsentiert sich als Kulturmuster von umstrittener Qualität, die vielerorts politisch und sozial Bedenken weckt, aber profitabel ökonomisierbar ist. Eine *zeichentheoretische Interpretation* dieser komplexen, widersprüchlichen Konstellation macht diese disziplinübergreifend als elementarer pragmatisch denn semantisch definierte Relation verständlich, weshalb sie sich auch in und zwischen sämtlichen Funktionssystemen einspielen kann. Das Involvement der Beteiligten ist für diese Art von Kommunikation konstitutiver als die sonstige Umwelt, von der sie diese vielmehr in angenehmster Weise distanziert, indem sie z.B. als Fiktion die sich Unterhaltenden an Als-ob-Welten oder im Spiel an entlastender Regelkurzweil teilhaben lässt. Aus dieser semiotisch-phänomenologischen Eigenart unterhaltender Kommunikation erklären sich letztlich ihre sozialen, kulturellen, wirtschaftlichen und politischen Implikationen und zugleich die Schwierigkeiten ihrer theoretischen Erfassung.

Dank dieser speziell losen Einbindung in semantisch definierte Umwelten vermag Unterhaltung solche ja grundsätzlich immer und überall zu durchwirken, konkret aber stets nur nach Maßgabe der jeweiligen institutionellen Toleranzmarge. An allem Menschlichen kann Lachhaftes entdeckt, jeder gesellschaftliche Zustand zum

Objekt von Satire gemacht oder die ihm eigene Normativität zumindest entlastend relativiert werden, aber »Spaßgesellschaften« wird es trotzdem nie geben, ebenso wenig wie total institutionalisierte. *Unterhaltung als anthropologisches Universale*, weil als kommunikativer Mechanismus weder sinnmäßig noch institutionell festgelegt, entfaltet sich besonders ungehemmt in diesbezüglich wenig kontrollierten Sphären, namentlich privaten, mit größerem gesellschaftlichen Irritationspotential hingegen, je stärker sanktioniert die Sphären sind, in öffentlichen also.

Die Geschichte der Unterhaltung kann denn auch durchaus als diejenige eines anthropologisch fundierten, entsprechend elementar gratifizierenden und daher überall und immer wieder angestrebten Erlebens interpretiert werden, das auszuleben unterschiedliche gesellschaftliche Konstellationen historisch je andere Chancen eröffnen. Wohl sind diese in Industriegesellschaften (Scheuch 1971:15) und erst recht in demokratischen Mediengesellschaften besonders groß und vielfältig, aber auch in diesen wie in jeder Epoche und Gesellschaft werden zugleich Strukturen entwickelt, die das Unterhaltungserleben soweit möglich gesellschaftsverträglich kanalisieren. Das *Unterhaltungserlebnis* als durch Abwechslung, Selbstbestimmung und kontrollierten Kontrollverlust (Früh 2003b:29ff.) konstituierte angenehme Erfahrung bildet mithin die prozessuale Basis dieses wie immer gesellschaftlich gefassten Spannungsmodulators, und um die Funktionalität dieses Erlebnisses in erlebnisgesellschaftlichen Kontexten wie Mediengesellschaften geht es letztlich in dieser ganzen Analyse. Entertainisierung impliziert ja auch, dass Erlebnisrationalität, d.h. »die Funktionalisierung der äußeren Umstände für das Innenleben« (Schulze 2000:35) sich vermehrt gegen andere Rationalitätskonzepte durchsetzt und getreu der Devise »Lebe, nicht friste Dein Leben!« ihre Erlebnisse in Form von Ziel-Mittel-Schemata routinisiert (Schulze 2000:736).

Der Spannungsmodulator Unterhaltung operiert denn auch am wirkungsvollsten und zugleich prekärsten in der massenmedial grenzenlos geweiteten Öffentlichkeit, weil damit selber im Spannungsfeld der offiziellen Wert- und Sinnwelt und der institutionellen Ordnung als derjenigen des zu Regeln geronnenen Sinns. Wohl entlasten Institutionen auch, nämlich von individuellem Entscheidungsdruck, aber ihre Verbindlichkeit steht im Vordergrund. Öffentlichkeit, politische zumal, im Wandel zur Unterhaltungsöffentlichkeit, das Thema dieser Untersuchung, stellt sich mithin auf jeden Fall als ein von besonders intensiven Spannungen durchwirktes Feld dar. *Öffentlichkeitstheorie*, der theoretische Fokus dieser Analyse, die diesen in erster Linie mit der begrenzten Institutionalisierbarkeit von Kommunikation überhaupt zusammenhängenden strukturellen Antagonismen nicht Rechnung trägt, ermangelt der nötigen Eigenkomplexität, um diese Gegenstandskomplexität kognitiv adäquat zu modellieren. So ist z.B. die Luhmannsche Konzeption von Massenmedien als operativ geschlossenem funktionalem Subsystem, das gemäß dem binären Code Information/Nichtinformation operiert (Luhmann 1996), gerade für die Erfassung von Phänomenen der Unterhaltungsöffentlichkeit nur wenig ergiebig. Der für deren Verstehen zentrale Aspekt von Institution und Gegeninstitution taucht ja in dieser wie in systemtheoretischen Öffentlichkeitskonzeptionen generell nicht auf. Unterhaltung ist vor- oder auch gegeninstitutionelles Kommunizieren und sonstiges Handeln, das aber selber auch institutionalisiert und damit instrumentalisiert werden kann. Auf jeden Fall ist der prekäre institutionelle Bezug für das Phänomen konstitutiv.

In all dem, und zumal eben im Zusammenhang mit zunehmender Entertainisierung auch der politischen Kommunikation, wird immer wieder offenbar, wie sehr Öffentlichkeitstheorie mit einer institutionellen Sphäre und daher mit geronnenem Sinn befasst ist, es mit *Sinnfragen* zu tun hat. Normativ, von Vorstellungen des politisch Gesollten überlagert, wirkt hier »der Sinnzwang, der allen Prozessen psychischer und sozialer Systeme auferlegt ist«, der Notwendigkeit, Phänomenen, Handlungen, Bedeutung, Intentionalität zuzuschreiben (Luhmann 1984: 95), besonders intensiv. Generell aber gilt: »Sinn kann man weder verneinen noch vermeiden.« »Sinn ist so unvermeidbar wie die Welt« (Berghaus 2003:108), »›Sinnlosigkeit‹ kann deshalb nie durch Negation von Sinnhaftigkeit gewonnen werden« (Luhmann 1984:96). »Unsinn« hingegen schon, in den nach einem populären Verständnis Unterhaltung Sinn umwandelt. Unterhaltung fungiert als psychischer und sozialer Mechanismus, der von Sinnzwang, nämlich ständig Dazugehöriges von Nichtdazugehörigem zu unterscheiden, entlastet (Willke 2000: 249).

Wenn also Theoretiker »Pseudoereignisse« problematisieren (Boorstin 1964) und im Grunde wünschen, dass in politischer Öffentlichkeit nur das »genuin Politische« zugelassen und verarbeitet werde, zeugt dies von einer geradezu ängstlichen Wachsamkeit gegenüber etwaigen Grenzüberschreitungen bzw. Sinnverschiebungen, sei es in Richtung wirtschaftlichen statt politischen Sinns oder eben nirgend- bzw. irgendwohin durch Unterhaltung. Dabei ist eine funktional differenzierte Gesellschaft »eine *polikontexturale* Gesellschaft. Jedes Faktum und jede Möglichkeit in dieser Gesellschaft hat eine Mehrzahl gesellschaftlich relevanter sinnhafter Bedeutungen, je nachdem, im Kontext welcher teilsystemischen Leitdifferenz es betrachtet wird« (Schimank 2000:185). Dem entspricht das elementare Doppelvermögen der Massenmedien, einerseits institutionell vorgeprägten Sinn zu reproduzieren und zu diffundieren und andererseits Sinn in andere gesellschaftliche Kontexte zu verlagern.

Unterhaltung lediglich als Sinnleere oder Sinnlosigkeit und dementsprechend jede Zunahme unterhaltender Elemente in der politischen Öffentlichkeit nur als Zerfallssymptom zu interpretieren, verrät mithin ein ungenügendes Verständnis der vieldimensionalen Funktionalität von Medien-, insbesondere auch Massenkommunikation. Allerdings hat selbst die Mainstream-Publizistikwissenschaft, wiewohl ständig mit Unterhaltungskommunikation als wesentlicher Ausprägung ihres Gegenstandes konfrontiert, lange bloß ein ähnlich defizitäres Verständnis derselben entwickelt, wie sogar viele deutsche Medienrepräsentanten selber (Benesch 1968; Prager 1971). Dabei liegt in Gestalt des sogenannten Nutzenansatzes (Uses and gratifications approach) die vielfältige Bestätigung eines durchaus eigenständigen, ja widerspenstigen (Bauer 1972) *Publikumsverhaltens* vor: Interpretierend verfügen die Rezipienten auch über den Sinn der Medienbotschaften und können, was als politische Information intendiert ist, als Unterhaltung wahrnehmen und umgekehrt (Saxer 1974).

Der Vielfalt der Spannungskonstellationen entsprechend, in denen der *problemlösende und -schaffende Spannungsmodulator* Unterhaltung operiert, kann auf der einen Ebene eufunktional sein, was auf einer anderen dysfunktional sich auswirkt. Als Mechanismus interveniert Unterhaltung ins individuelle und kollektive Leben zudem strukturell wie prozessual: als Struktur in Gestalt zwecks Herrschaftsstabilisierung offerierter »circenses« oder einer Großindustrie, ohne die das amerikanische Radio- und Fernsehsystem und zum Teil auch das dortige Politiksystem funktionsunfähig wären (DeFleur/Rokeach 1982:172ff); und prozessual als animierte Selbsterfahrung von Menschen (Bosshart 1994:28), als »behagendes« Erleben in einer oft unbehaglichen Welt und Medienkultur (Zillmann1994), als Ausgleich und Rekreation also, als Abwehr von Langeweile durch Kurzweil, als Entlastung von Problemdruck und als unverbindlich stimulierendes Spiel mit dem Ernsten, der Welt des sozial Verpflichtenden. Unterhaltung als Mechanismus, der Spannungen zu dämpfen, allerdings auch zu verschärfen vermag und Spannungslosigkeit, freilich auch in dysfunktionalem Maße, kompensieren kann, betrifft mithin alle drei Sinndimensionen, nämlich die sachliche, die zeitliche und die soziale (Berghaus 2003:111ff.) und operiert und funktioniert eben gleichermaßen auf der Makro- und Mesoebene wie auf dem Mikrolevel.

Prozessual interveniert dieser Mechanismus bei Spannungsproblemen situativ, zustandsbezogen, primär emotional, und ihrer Konstitution nach sind die Kommunikationssysteme, die er begründet, *besonders instabil*. Dies hängt mit der primär pragmatischen bzw. emotionalen und weniger semantischen bzw. instrumentellen Motivation zusammen, an unterhaltender Kommunikation teilzunehmen. Den Sinn von Unterhaltung definieren ja die Kommunizierenden viel elementarer selber, willkürlich, selbstzweckhaft, als bei Berücksichtigung irgendwelcher externer Referenzobjekte, die vor allem in sogenannten Kernnachrichten gewissermaßen als »Aktualität im Objekt« (Saxer 1969) von sich aus Aufmerksamkeit beanspruchen und mobilisieren können. Darum ist auch die Unterhaltungsindustrie, weil auf Einfälle als primäre Produktivkraft angewiesen, anfälliger für Misserfolge als die Nachrichtenindustrie, die aus der Kontingenz der Umwelt mit einem steten Zufluss von Stimuli rechnen und diesen gemäß bewährten

Produktionsroutinen in »Ereignisse« transformieren kann, die Aufmerksamkeit wecken und binden.

Die Dynamik der Unterhaltungsprozesse ist dementsprechend besonders *schwer kontrollierbar*. Ihre Eigendynamik bricht sich immer wieder Bahn: in der zotigen oder aggressiven Entartung von Gruppenhumor (Kotthoff 2002), an Betriebsausflügen oder auch physisch, im Orgiamus von Volksfesten. Und was massenmediale Unterhaltungskommunikation betrifft, so bildet natürlich O. Wells' notorischer Geniestreich aus dem Jahre 1938, bei dem er mit einer fingierten Nachrichtensendung über einen angeblichen Einfall von Marsmenschen eine sehr große Zahl von Amerikanern in Panik versetzte (Cantril 1940), ein klassisches kommunikationsgeschichtliches Beispiel für die Eigendynamik von Unterhaltung, ihres möglichen Umkippens in verschiedenste Richtung und der medialen Manipulationsmöglichkeiten von Wirklichkeitskonstruktionen. Diese hier als »Umkippen« charakterisierte Labilität der Unterhaltungskommunikation hat als weitere Ursache deren primär emotionale Fundierung und die prekäre hedonistische Balance der entsprechenden psychologischen Befindlichkeit (Zillmann 1994), die eben nur als »kontrollierter Kontrollverlust« (Früh 2003b:34) gewahrt bleibt.

Systemtheoretisch kann dieses stimulierende, aber auch »narkotisierende« (Lazarsfeld/Merton 1964:105f.), dieses ausgleichende, aber auch labilisierende und darum bedrohliche Potential von Unterhaltung und Unterhaltungskommunikation damit erklärt werden, dass diese das *Überqueren und Verunklären sozialer und kultureller Grenzen*, eben die Vermengung unterschiedlicher Sinnsysteme ermöglicht. Auch darin gründen zu einem wesentlichen Teil die physische, psychische und soziale Attraktivität dieses Mechanismus für Individuen und Kollektive, nicht minder allerdings auch die Bedenken, die er bei Repräsentanten und Garanten sozialer, kultureller, politischer und eben auch wissenschaftlicher Normen weckt.

Zumal die Geschichte der Unterhaltungspublizistik, der massenmedial offerierten Unterhaltung, präsentiert sich denn auch als Kette von immer wieder scheiternden Zähmungsversuchen von etwas, das eben anthropologisch eingewurzelt ist: als Zensurgeschichte. Was privat und informell als vergleichsweise unproblematische Befriedigung von Entlastungs- und Stimulierungsbedürfnissen passieren mag, gerät ja, wenn allgemein beobachtbar, als scheinbar gängige anstößige Praxis, gar als geschmackliche oder politische Ungehörigkeit zum öffentlichen Ärgernis. Die *Verwischung der Grenze zwischen Privatem und Öffentlichem* an sich (Weiss 2002a:17ff.), deren sich Unterhaltung regelmäßig schuldig macht, wird als Symptom eines bedrohlich elementaren Gesellschaftswandels interpretiert: der »Tyrannei der Intimität« (Sennnett 1986). Privatheit als lebensweltliche Sphäre ist ja originär, zumindest in der Moderne, im Toleranzraum des Vorinstitutionellen angesiedelt, und Unterhaltung, zumal öffentlich gemachte bzw. verbreitete, weitet diesen Toleranzraum auf Kosten des institutionell Geregelten aus.

Die vollen soziologischen Implikationen von Unterhaltung als eufunktionalem und dysfunktionalem Mechanismus beim individuellen und kollektiven Spannungsmanagement werden daher erst bei der Analyse der *institutionellen Konsequenzen* seines Wirkens erkennbar. Weil Institutionen als relativ dauernde gesellschaftliche Regelungsmuster, »geronnene Kultur«, bestimmen, was hinsichtlich wichtiger Bedürfnisse getan werden muss, entlasten sie Individuen und Kollektive davon, diesbezüglich immer wieder eigene neue Entscheidungen zu treffen, belasten sie aber umgekehrt mit ihrem Anspruch auf Verhaltensverbindlichkeit (Abels 2001:1,129ff.).

Private Unterhaltung als selbstverständlicher Mechanismus der Selbstregulierung von personalen und sozialen Systemen ist noch nicht weiter legitimationspflichtig und -fähig. Medienunterhaltung hingegen, von Medien als kontinuierliche essentielle Kommunikationsleistung für diesbezügliche individuelle und kollektive Bedürfnisse bereitgestellt und entsprechend intensiv nachgefragt, fungiert ihrem spezifischen Wirkungsvermögen gemäß als eine Art *Gegeninstitution*. Sie entlastet ja das Publikum von den Ansprüchen der Institutionen, wenigsten auf Zeit hin. Deren Repräsentanten, die schlimmen Pfarrer, windigen Politiker und vertrottelten Professoren, die die private und mediale Unterhaltung bevölkern, sind denn auch regelmäßig ihrer institutionellen Aura entkleidet. Unterhaltung als Industrie etabliert ist vollends ein operativ geschlossenes System, das durch institutionelle Domestizierungsversuche gerade sein spezifisches Leistungsvermögen einbüßt. Gesellschaftliche Spannung im Verhältnis zum Spannungsmodulator Unterhaltung ist aus all diesen Gründen vorprogrammiert, und die Figur des Hofnarren veranschaulicht als verkörperte Institutionalisierung der Gegeninstitution die dieser Konstellation eigene Paradoxie über die Zeiten hin.

1.1.3 Mediengesellschaft

Mediengesellschaften eröffnen der Inszenierung von Politik als Unterhaltung besonders große und spezifische Chancen. In dieser Einschätzung ist sich die Scientific community wohl einig. Umso stärker differieren die Vorstellungen über diesen Gesellschaftstyp, dermaßen in der Tat, dass sogar von seiner Mythisierung, auch durch Wissenschaftler, die Rede ist (Rössler/Krotz 2005). Dies kann allerdings nicht verwundern, wo nicht einmal Klarheit oder gar Einverständnis über den Inhalt des Bestimmungswortes »*Medien*« dieses Kompositums besteht. Zumindest unter Publizistik- bzw. Kommunikationswissenschaftlern hat immerhin die nachfolgende Definition eine gewisse Zustimmung gefunden: Medien sind komplexe institutionalisierte Systeme um organisierte Kommunikationskanäle von spezifischem Leistungsvermögen. Sie wird daher auch dieser Analyse zugrunde gelegt.

Analog zur Annahme der Konkurrenzierung traditioneller politischer durch eine Unterhaltungsöffentlichkeit wird in erster Linie unter dem Eindruck neuzeitlicher Medien-Allgegenwart und der spektakulären Expansion und Emanzipation der Mediensysteme ein gesamtgesellschaftlicher Strukturwandel *deduziert* und das Heraufkommen eines entsprechenden neuen Gesellschaftstyps begrifflich gefasst. Mittlerweile ist der Typ »Mediengesellschaft« nach dem gleichen Muster durch denjenigen der »medialen Erlebnisgesellschaft« (Dörner 2001) weiter ausdifferenziert worden. In ihr sei »Medienunterhaltung zum Sinn und Identitätszentrum« (Dörner 2001:45) geworden, was den Verfasser eben dazu veranlasst, darum herum den besagten Gesellschaftstyp zu postulieren. Dieses Verfahren, ein bestimmtes Phänomen als die moderne Gesellschaft insgesamt prägend zu interpretieren und diese entsprechend zu labeln, liegt letztlich auch solch weiterum anerkannten Typisierungen wie eben »Erlebnisgesellschaft« (Schulze), »Risikogesellschaft« (Beck 1986) oder »Multioptionsgesellschaft« (Gross 1999) zu Grunde, von den zahllosen Ad-hoc-Prägungen von der Art der kurzlebigen »Spaßgesellschaft« (Lütjen/Walter 2002) ganz zu schweigen. Denn selbstverständlich sind solche Typen sehr unterschiedlich solide fundiert und konstruiert, und entsprechend variiert auch ihre theoretische Brauchbarkeit.

Mit der Ansetzung eines solchen Gesellschaftstyps gemäß diesem Verfahren wird begriffsstrategisch ja bereits eine Gesamtevaluation des Beobachtungsgegenstandes impliziert, dieser analyseleitend vorgewichtet. Trotz Bekenntnis zu einer interdisziplinären Optik schlägt bei theoretisch zu wenig breit abgestützter Deduktion die jeweilige *disziplinäre Perspektive* des Autors durch. Gerade angesichts »der verbreiteten These, dass die moderne Mediengesellschaft zwangsläufig Mediengewinne und Institutionenverluste produziere« warnt denn auch der Politologe U. Sarcinelli vor »einer systematischen Unterschätzung der Eigenlogik des Politischen, genauer des Politisch-Institutionellen, und vor einer Überschätzung der medialen Logik« und plädiert »Für eine Rekontextualisierung der politischen Kommunikationsforschung« (Sarcinelli 2004:402).

Für die sachgerechte funktionale Würdigung der Entertainisierung von Politik in modernen Gesellschaften und deren Konsequenzen ist daher die Konstruktion eines *interdisziplinär validen, Theorien vielfältig integrierenden Typs* von Mediengesellschaft eine zwingende Voraussetzung. Als Validitätstest für die Ansetzung von Gesellschaftstypen überzeugt der von H. Willke im Hinblick auf den Typ »Wissensgesellschaft« formulierte theoretische Einwand, die Dominanz eines Teilsystems, eben z.B. des Mediensystems, rechtfertige dies noch nicht. Dieses müsste vielmehr die durchgehende Infrastruktur für »alle Funktionssysteme in ihrer elementaren Operationsweise« bilden (Willke 2001:396), damit ein solcher

Gesellschaftstyp gegeben sei. Dies schließt keineswegs aus, dass das Mediensystem, weil funktional primär zu kommunikativen Vermittlungsleistungen geeignet, trotz Autonomisierung und verstärkter Eigenrationalität in prinzipiell nachgeordneter Position operiert, also von den Funktionssystemen Wirtschaft und Politik elementarer bestimmt wird denn umgekehrt. Für diesen Validierungstest mangelt es dem Gesellschaftstyp »Mediengesellschaft« allerdings an umfassenden kommunikationssoziologischen Untersuchungen. Trotzdem ist er aus mehreren Gründen für die Fundierung dieser Analyse unverzichtbar: Er »kontextualisiert« diese adäquat; auf ihn referieren eben explizit oder implizit viele politik-, publizistikwissenschaftliche und spezifische mediensoziologische Analysen (vgl. u.a. Imhof et al. 2004; Rössler/Krotz 2005); und wenn interdisziplinär genügend breit und valide konstruiert, ist er heuristisch fruchtbar, vermag also Hypothesen anzuregen. Theorien wiederum integriert A. Giddens Gesellschaftskonzept (Giddens 1997) pluralistischer als N. Luhmanns systemtheoretischer Monismus (Luhmann 1997). Anders als jener verbindet dieser ja Akteur- und Systemtheorie und löst nicht einfach die erstere auch in Systemtheorie auf und bietet daher ein tauglicheres gesellschaftstheoretisches Bezugsmodell für die Analyse des ebenso akteur- wie systemkonstituierten Spannungsmodulators Unterhaltung.

Valide, heuristisch ergiebig und als inter-, ja transdisziplinäres Konzept geeignet ist am ehesten ein Begriff von »Mediengesellschaft«, der als Idealtyp im Sinne Max Webers (Weber 1968:190ff.) konstruiert ist, weil ein solcher Heterogenes in ein konsistentes theoretisches Modell einbindet (vgl. auch Schulze 2000:85). Dieser Idealtyp muss, die Kritik U. Sarcinellis beherzigend, vor allem Struktur- und Prozessdimension vereinigen, weshalb die *Medialisierung der Gesellschaft* sein Zentrum zu bilden hat. Diese gründet in der Verstärkung von Medialität, d.h. der Kombination von Kommunikationskanälen und Zeichensystemen, die ein konstituierendes Element jeglicher Humankommunikation ist, durch technische Apparatur. Je mehr sich Medialität ausdifferenziert, umso mehr wird Kommunikation als der »Modus operandi des sozialen Seins« (R. Lapierre) von ihr geprägt und damit die Gesellschaft überhaupt.

Entsprechend wird auch dieser Analyse (vgl. auch Hartmann 2005:44ff.) die folgende *Definition des Idealtyps Mediengesellschaft* zugrunde gelegt (Saxer 2004: 153): Als »Mediengesellschaft« wird ein hochkomplexer Typ von moderner, funktional differenzierter Gesellschaft bezeichnet, der von Medialisierung durch und durch geprägt wird. Deren gesellschaftliches Gestaltungsvermögen gründet in der Ausdifferenzierung des Elementes Medialität in Kommunikationsprozessen und der Emanzipation der Mediensysteme aus institutionellen Bindungen. Medialisierung interveniert über Kommunikation eufunktional oder dysfunktional, stabilisierend oder labilisierend, jedenfalls multifunktional, und zwar primär bei Komplexitäts- und Kontingenzproblemen, aber mit Auswirkungen auf die Lösungen im Gesamtbereich der elementaren Probleme der Adaptation, Zielrealisierung, Integration und Identitätskonstitution. Als Totalphänomen operiert sie auf der Mikro-, Meso- und Makroebene, durchwirkt also Interaktions-, Organisations- und Funktionssysteme, das Institutionengefüge wie die Lebenswelt und entgrenzt und durchmischt vormals definierte Sinn- und Sozialsphären und -konstellationen. Am effizientesten konturiert Medialisierung moderne Gesellschaften, prägt aber zunehmend auch vormoderne. Der Gesellschaftstyp Mediengesellschaft ist also grundsätzlich in unterschiedlichen strukturellen Kontexten realisierbar.

1.1.4 Politische Kommunikation

Bereits »die Verständigung darüber, was unter ›Politischer Kommunikation‹ zu verstehen (…) sei, bereitet den beteiligten Wissenschaften Probleme. Divergierende normative Anforderungen, spezifische theoretische Ausgangspunkte, unterschiedlichste Untersuchungsgegenstände, fachsystematische Routinen und Methoden sowie abweichende empirische Befunde« (Jarren/Sarcinelli 1998:13) verraten denn auch in erster Linie, dass es sich auch hier wie bei Unterhaltung um ein den gesellschaftlichen Mikro-, Meso- und Makrolevel betreffendes Geschehen handelt. Für die Zwecke und den Fortgang dieser Analyse genügt es allerdings, an dieser Stelle ein Vorverständnis von politischer Kommunikation im Sinne der hier wegleitenden *kommunikationssoziologischen Perspektive* zu etablieren (Saxer 1998:21ff.). Auch politische Kommunikation wird hier dementsprechend als problemlösender und -schaffender Mechanismus begriffen, der aber anders als Unterhaltung primär einem funktionalen Teilsystem, dem der Politik, zugeordnet ist. Kommunikation ist der Vorgang der Bedeutungsvermittlung, und Politik als Funktionssystem generiert allgemein verbindliche Entscheidungen; für die Herstellung, Begründung und Durchsetzung derselben ist politische Kommunikation zentral. G. Vowes Definition spezifiziert politische Kommunikation weiter und gewissermaßen komplementär im Sinne neuerer kommunikations- und politikwissenschaftlicher Ansätze als »symbolische Interaktion im Zusammenhang bindender Entscheidungen und in Form unterschiedlicher Grade von Öffentlichkeit mit ihren jeweiligen Medien« (Vowe 2003:527).

Als zentraler Mechanismus von Politik ist politische Kommunikation Gegenstand von Regelungsstrukturen, Objekt, aber auch Subjekt von *Polity*. Regulierung greift indes infolge der flüchtigen, ubiquitären Natur des Modus operandi des sozialen Seins nur sehr bedingt. Kommunikation ist ja, nach neuerer soziologischer Auffassung, schlechthin gesellschaftskonstitutiv, und dementsprechend ist jede Art von Kommunikationslenkung in besonders hohem Maße mit Problemen der Zielrealisierung konfrontiert. Bedeutungsvermittlung ist zudem ein dreifach reflexiver Prozess, nämlich in zeitlicher, sachlicher und sozialer Hinsicht, was ihre effiziente Regulierung noch mehr erschwert. Zeitlich wirken Kommunikationsprozesse regelmäßig auf sich selber zurück, als spätere Informationen frühere bestätigen oder berichtigen; sachliche Reflexivität ist dadurch gegeben, dass mit Aussagen regelmäßig zugleich explizit, als Kommentierung, oder implizit, als Framing, als Aktivierung kognitiver Schemata (Gleich 1998:417), Meta-Aussagen mitartikuliert werden; und sozial reflexiv muss Kommunikation schon um ihres Gelingens willen verlaufen, als dabei stets auch die Orientierung an anderen Kommunikanten – dem »communis« in »Kommunikation« entsprechend – mitwirkt: Journalisten meinen, dass ihre Rezipienten dies oder jenes meinen, und diese, dass Journalisten … usw. Dass freilich in ihrer Resistenz bzw. Evasivität gegenüber Steuerung gerade auch die Kreativität von Kommunikation gründet, bildet andererseits ein wesentliches Argument der Advokaten demokratischer Kommunikationsfreiheit.

Wohl konkretisiert sich Kommunikation in den verschiedenen Systemen, ist aber als Gesellschaft konstituierender Mechanismus nicht eingrenzbar. Die Sphäre, in der allgemein verbindliche Entscheidungen generiert werden, präsentiert sich hingegen in jüngerer Zeit in Gestalt eines ausdifferenzierten Funktionssystems, eben von Politik, mit entsprechend institutionalisierten Strukturen und Prozessen. Zumal in den differenzierten modernen Gesellschaften wächst indes mit der Vielfalt der Probleme auch der Druck, diese gesellschaftlich und mithin auch kommunikativ zu verarbeiten und so auch der Bereich des Politisierbaren, das Spektrum möglicher Objekte kollektiver Entscheidungen, von *Policies*.

Wenn D. Nimmo/D. Swanson politische Kommunikation als »the strategic use of communication to influence public knowledge, beliefs and action on political matters« (Nimmo/Swanson 1990:9 definieren, wird schließlich auch deren zentrale Bedeutung für die prozessuale Dimension von Politik erkennbar, für *Politics*. Als Modus operandi auch des politischen Lebens, in dem es primär um die Macht über allgemein verbindliche Entscheidungen, deren Formulierung und Durchsetzung geht, ist politische Kommunikation ja wiederum selber zugleich politisches Handeln und Objekt von solchem. Dem strategischen Einsatz von Sprache in politischen Prozessen, etwa dem »Begriffs-Besetzen« (Klein 1998:196), eben den Politics gilt denn auch nicht minder die Aufmerksamkeit der Politolinguisten als der systemtypischen politischen Rede in demokratischen und nicht demokratischen Gesellschaftsverfassungen und den Versuchen, die unablässig sich vermehrenden Politikfelder sprachlich zu bewältigen. Mit dem gestiegenen Stellenwert der szenischen Massenmedien Radio und Fernsehen bei der Gestaltung politischer Kommunikation und der Entwicklung immer komplexerer inter- und transmedialer kommunikativer Strategiesysteme durch die politischen Akteure hat sich natürlich auch das Forschungsspektrum entsprechend ausgeweitet. Dieses vermehrt zu integrieren, zeichentheoretisch mit Vorteil (vgl. Soeffner/Tänzler 2002), wird damit freilich dringlich.

In der *Öffentlichkeit* als der Sphäre, in der sich politische Meinung bildet und artikuliert, verdichtet sich politische Kommunikation, kommt sie in Demokratien gewissermaßen zu sich. Deren Themen und Trägerschaften sind, wie auch diejenigen vom Medienkommunikation, tendenziell universell bzw. unlimitiert. Entsprechend wird auch das Produkt von Öffentlichkeit, eben *öffentliche Meinung*, je nach wissenschaftlicher Ausrichtung unterschiedlich konzipiert. Insbesondere sind die Auffassungen darüber geteilt, wieweit und unter welchen Bedingungen dasjenige, was Demoskopen erheben, auch als öffentliche Meinung zu gelten habe und legitimerweise den politischen Entscheidungsprozess mitbestimme. Dass politische Kommunikation, Politics und selbst Policies, politische Programme also, sich immer stärker auf demoskopische Befunde abstützen, ist hingegen offenkundig. Ein Verständnis von öffentlichen Meinungen, das diese als »kollektive Vorstellungen mehr oder weniger großer Bevölkerungsgruppen über das, was wichtig, richtig und dann auch dringend zu tun ist« (Neidhardt 1994a:21) begreift, trägt diesem Umstand programmatisch Rechnung. Eine institutionelle Zähmung gesellschaftlicher Entertainisierung zum Zwecke einer wie immer definierten höheren Qualität politischer Meinungsbildung setzte jedenfalls entsprechend rigide politische Kulturen voraus und stößt in modernen Demokratien auf größte Hindernisse.

Die Öffentlichkeitstheorie hat sich allerdings bis anhin mit den politischen Implikationen von Entertainisierung erst wenig produktiv auseinandergesetzt. Das gleich trifft zumal auch für die interdisziplinäre Erhellung von politischer Kommunikation und deren Entertainisierung in Mediengesellschaften zu, die im Zentrum dieser Analyse steht. Deren hier genauer anvisiertes politisches System wird vielfach als »*Mediendemokratie*« bezeichnet. Von einem interdisziplinär konsentierten Term kann freilich auch in diesem Fall keine Rede sein, weshalb er auch an dieser Stelle analog zu »Öffentlichkeit« bloß im Rahmen dieser ganzen Untersuchungsanlage positioniert wird. Wieweit z.B. Parteiendemokratien tatsächlich zu Mediendemokratien mutieren (Sarcinelli 1998d:279ff.; Schatz/Rössler/Nieland 2002), kann immer nur in konkreten Fallstudien ermittelt und darf nicht einfach aus dem Gesellschaftstyp Mediengesellschaft deduziert werden. Hier genügt der Hinweis, dass unbestrittenermaßen die politischen Systeme demokratischer Mediengesellschaften für ihr Funktionieren in elementarer und umfassender Weise von demjenigen ihrer Mediensysteme abhängen, wobei die von diesen massenhaft produzierte und verbreitete Unterhaltungskultur zunehmend, so die These, auch die politische Kultur dieser Demokratien prägt.

Damit ist endlich auch das Phänomen geortet, dessen vertiefte theoretische Erfassung ein Hauptanliegen dieser Studie bildet: *Politainment*. Dieses repräsentiert »die symbiotische Verflechtung von Politik und Unterhaltungskultur in der Gegenwartsgesellschaft« (Dörner 2001) und ist generalisierte politische Praxis geworden. A. Dörner kommt das Verdienst zu, in seiner diesbezüglichen Studie eine vielseitige und unvoreingenommene Würdigung der eufunktionalen und dysfunktionalen Implikationen von Politainment erarbeitet zu haben. Hier wird dieses allerdings systematischer als der Mikro-, Meso- und Makroimpact mediengesellschaftlicher Entertainisierung auf mediengesellschaftliche demokratische Politik verstanden.

1.2   Interdisziplinärer State of the art

Entertainisierungsphänomene in modernen Gesellschaften werden zwar in vielen Disziplinen registriert, aber aus den erwähnten Gründen fast nur beiläufig und überwiegend abwertend. Die bei der Konzeptualisierung von Unterhaltung angesprochenen *disziplinären Zugriffe* brauchen daher im Hinblick auf die zu etablierende kommunikationssoziologische Perspektive nur wenig vertieft zu werden. Immerhin fundiert auch eine sehr summarische Charakterisierung der unterschiedlichen diesbezüglichen Akzentuierungen diese Perspektive zusätzlich:

- Von der *Kulturanthropologie* wird Unterhaltung als universell nachweisbares Muster oder Element von Lebenspraxis regelmäßig und ihrem holistischen Wissenschaftsverständnis entsprechend unter vielfältigen Leitgesichtspunkten thematisiert. Ihre Beiträge sind zur Stützung einer kommunikationssoziologischen Perspektive unverzichtbar, allerdings vorbehaltlich bestimmter Unzulänglichkeiten ihrer Art von Theoriebildung. So ermangelt z.B. die der Cultural Studies in manchem der Konsistenz. Einerseits wird ja von diesen, ihren marxistischen Wurzeln entsprechend, das ideologische Element von Klassengesellschaft am populärkulturellen Medienangebot herausgestellt, andererseits, namentlich etwa von J. Fiske, auf die Konsumentensouveränität des Publikums gesetzt (Grisold 2004:203). Wie ökonomischer Determinismus und emanzipatorische kulturelle Praxis im Bereich der Medienproduktion und Mediennutzung zusammengehen, bleibt letztlich ungeklärt.
- *Kultur- bzw. Geisteswissenschaften* sind in erster Linie am expressiven Charakter von Unterhaltung interessiert. Von der linguistischen Pragmatik, namentlich der erwähnten Politolinguistik, sind viele Anregungen für eine kommunikationssoziologische Theorie der Entertainisierung zu gewinnen und auch von der Literatur- und Kunstwissenschaft für die Weiterentwicklung der nach wie vor sehr defizitären Genretheorie im Bereich der im weitesten Sinne unterhaltenden Textgattungen. Die Semiotik als kulturwissenschaftliche Basistheorie vermittelt

vollends einen zentralen Zugang zur Interpretation von Unterhaltungskommunikation überhaupt. Bezeichnenderweise scheint denn auch Entertainment in der Publizistikwissenschaft vorwiegend unter stilistischen Kategorien auf (vgl. z.B. Holtz-Bacha 1998a:649).

• In den *Wirtschaftswissenschaften* wird die Entertainment-Industrie mit ihrer Expansion, parallel zu derjenigen des Mediensektors insgesamt, zunehmend, wenn auch in der neoklassischen und politischen Ökonomie höchst unterschiedlich beachtet. Das immaterielle Gut, das sie produziert, die Dienstleistung Unterhaltung, wird zwar nur sehr bedingt den sogenannten meritorischen, d.h. gesellschaftlich wünschenswerten Gütern zugeordnet, die Re-Finanzierung der Medieninhalte als kommerzielle Güter über Preise aber von der ersteren als Faktum in den markttheoretischen Kontext einbezogen. Die politische Ökonomie hingegen neigt dazu, die zunehmende Entertainisierung der Medienproduktion in einen Gesamtzusammenhang von Kapitalismuskritik zu rücken. Mit wachsender Nähe zum kulturkritischen Konzept der Kulturindustrie (Steinert 1998) wird denn auch ihre Kritik am medialen Unterhaltungsangebot dermaßen ideologisiert, dass sie an die Entwicklung einer kommunikationssoziologischen Theorie gesellschaftlicher Entertainisierung nur wenig beiträgt. Umso wichtiger wären zugleich wirtschaftwissenschaftlich und soziologisch fundierte Untersuchungen über Zusammenhänge zwischen Medien-Ökonomisierung und -Entertainisierung und deren gesellschaftliche Konsequenzen.

• Der psychologische Zugriff erfolgt auf die Unterhaltung als Erlebnis. Entsprechend vielfältig unentbehrlich ist der Beitrag der *Psychologie* an die Erhellung der Mikrodimension des Phänomens. Unter den psychologischen Subdisziplinen klären aber namentlich die Sozial- und ebenso die Organisationspsychologie auch Mesoaspekte von Unterhaltung und von Medienkommunikation als Individual- und Kollektivgeschehen überhaupt, so dass der Psychologie eine, wenn nicht die zentrale Position in der empirischen Kommunikationsforschung von Unterhaltung zukommt. Diese ist in der Publizistikwissenschaft weitgehend identisch mit Medien-, insbesondere Rezeptionspsychologie (Bosshart/ Macconi 1998); darin gründen das Potential und auch die Beschränkung des gegenwärtigen Leistungsvermögens der Psychologie für eine integrierende Theorie von Entertainisierung. Das psychologische Verständnis von Emotionen bzw. Gefühlen als »Bewertungsreaktionen auf Ereignisse, auf das Tun oder Lassen von Urhebern oder auf Personen/Objekte von bestimmter Intensität des Erlebens« (Mees 2000:340) ist ja so umfassend und vieldimensional, dass es z.B. auch deren physiologische Implikationen einbegreift und so auch diesen wichtigen Aspekt von Unterhaltung. Die im Diskurs über die Unterhaltung stets mit angesprochene normative Dimension wird überdies von der psychologischen Theoriebildung ebenso mitberücksichtigt wie ihre Funktionalität, und desgleichen ihre kognitiven und sprachlichen Konstituentien (Mangold/ Vorderer/Bente 2004).

• Umso bescheidener mutet der bisherige Beitrag der *Soziologie* an die Erhellung von Unterhaltungsphänomenen im allgemeinen und der mediengesellschaftlichen Entertainisierung im besonderen an, dermaßen in der Tat, dass die Wahl einer kommunikationssoziologischen Perspektive zu ihrer Theoretisierung besonderer Begründung bedarf:

Dem Gesellschaftsverständnis der *Mainstream-Soziologie* ist Unterhaltung, wiewohl soziales Totalphänomen, zentrales Element kultureller Expressivität, politischer Gestaltungsfaktor und ökonomischer Komplex von Gewicht, weitgehend fremd geblieben und lange Zeit entsprechend marginalisiert worden. Dabei weist etwa T. Parsons in seinem monumentalen und repräsentativen Gesellschaftsaufriss »The Social System« von 1951 der Rekreation, darunter auch der Unterhaltung ihres emotional gratifizierenden Gehalts wegen einen durchaus nicht unwichtigen Stellenwert unter den gesellschaftlichen »reward systems« zu (Parsons 1951:130f.) und sieht nur mögliche dysfunktionale Konsequenzen solcher Angebote, wenn diese nicht klar als unterhaltende konzipiert sind, sondern diffus, als Infotainment z.B. (Parsons 1951:189). Und immerhin erkennt dieser große soziologische Theoretiker auch bereits die wachsende Funktionalität der zunehmend hedonistischen Unterhaltungsproduktion als Kompensation von steigendem Stress in der modernen Gesellschaft (Parsons 1951: 512). Des ungeachtet und ebenso wenig eingedenk der bedeutenden mediensoziologischen Tradition der Chicago School (Rühl 1999:197ff.) und der bedenkenswerten inhaltsanalytischen Feststellung ihres Vertreters H. Cooley, dass abgesehen von »der Verbreitung wichtiger Nachrichten (…) die Masse des Zeitungsinhalts aus Klatsch besteht« (»organized gossip«) (Cooley 1909:80ff.), sieht auch noch der voll und ganz kommunikationssoziologisch orientierte N. Luhmann in Unterhaltung gesellschaftstheoretisch nicht mehr als »eine Komponente der modernen Freizeitkultur, die mit der Funktion betraut ist, überflüssige Zeit zu vernichten« (Luhmann 1996:96).

Bestünde die gesellschaftliche Leistung von Unterhaltung tatsächlich bloß darin, Langeweile in Kurzweil umzuwandeln, würde sie von der Mainstream-Soziologie auch heute noch zu Recht marginalisiert. Die Tatsache, dass soziologische Ausrichtungen weit über dem Niveau bloßer Bindestrich-Soziologien wie die nach wie vor diffus strukturierte Mediensoziologie (vgl. u.a. Neumann-Braun/Müller-Doohm 2000), nämlich *interpretative Soziologie und Kultursoziologie* Unterhaltung gesellschaftlich zentral verorten, widerlegt indes diese Positionierung. Dies hängt maßgeblich damit zusammen, dass beider phänomenologische Optik für Erscheinungen auch des Mikrolevels offener und für die (alltags)kulturelle Verfasstheit des Sozialen sensibler ist als die dominant makroorientierte Mainstream-Soziologie. So formuliert G. Schulze mit der Überschrift »Die Erlebnisgesellschaft« seiner wegweisenden »Kultursoziologie der Gegenwart« 1992 im Grunde auch schon den Tatbestand von deren umfassender Entertainisierung, und mit seiner dramatologischen Weiterentwicklung der soziologischen Rollentheorie in »The Presentation of Self in Everyday Life« (1959) bereitet E. Goffman theoretisch und empirisch der Interpretation des gesellschaftlichen, insbesondere auch des politischen Geschehens unter dem Schlüsselkonzept der Inszenierung den Boden. Insgesamt vermag denn auch trotz diesen Defiziten am ehesten die Soziologie integrierende theoretische Bezugsrahmen für die Erhellung der Entertainisierung von Mediengesellschaft und ihrer Politik bereitzustellen.

- Dazu ist nämlich die *Politologie* viel weniger imstande, zumindest bis anhin, obwohl die Entertainisierung politischer Kommunikation und insbesondere der politischen Öffentlichkeit primär in ihren Beobachtungsbereich fällt. Schon an politischer Kommunikation bekundet sie im Gefolge ihrer »makroskopischen Orientierung« (Kaase 1998a:100) sehr lange geringes Interesse und nach endlich verstärkter politikwissenschaftlicher Zuwendung zu solchen Fragen (Kaase 1998b:24) mahnt, wie erwähnt, U. Sarcinelli bereits wieder zur Rückbesinnung der Forschung auf das institutionelle Strukturgefüge von Politik als nach wie vor bestimmendem Rahmen auch von deren Medialisierung und erst recht von deren Entertainisierung (Sarcinelli 2004). Dabei öffnete er ja selber 1994 (Jarren 1994) analytisch mit seiner konsequenten Konzeptualisierung von Politik als Doppelprozess von Herstellung und Darstellung die politologische Optik weiter für politische Kommunikation und vor allem für deren expressives Element. Die von ihm geprägte und rasch generalisierte griffige Formel von der »symbolischen Politik« (Sarcinelli 1998c) wurde – angesichts von deren spektakulärer Zunahme unter mediengesellschaftlichen Bedingungen – in der Folge freilich eher zur vorwiegend abwertenden Gesamtcharakterisierung moderner Politik gebraucht denn zu derjenigen des Komplements von Entscheidungspolitik, nämlich von Darstellungspolitik, die auch den Bedarf an symbolischer Orientierung abdeckt. Dieser Komplementarität systematisch Rechnung zu tragen ist für die weitere Entwicklung der Öffentlichkeitstheorie unerlässlich, und auch die Theoretisierung von Politik als Unterhaltung folgt mit Vorteil dieser politikwissenschaftlichen Linie.
- Für die *Publizistik-, Kommunikations- bzw. Medienwissenschaft (PKMW)* hingegen, fokussiert auf öffentliche, medial vermittelte Kommunikation und ihre gesellschaftlichen Implikationen, ist »›Politik und Medien‹ als Forschungsgegenstand (...) so alt wie das Fach« (Schönbach 1998:116). Komplementär zur politologischen ist ihre Perspektive, als sie Politik essentiell und primär als Prozess und Kommunikation als deren zentrales Element begreift und entsprechend die

Unterscheidbarkeit von Politikher- und -darstellung bezweifelt (Donges/Jarren 2001:419). Anders als in den Cultural Studies werden politische Implikationen unterhaltender Medienkommunikation unter der spezifisch publizistikwissenschaftlichen Optik kaum wahrgenommen. So wurde deren etwaiger struktureller gesellschaftlicher Impact vornehmlich und nur zeitweise von kulturkritischer Seite unter marxistischer Perspektive thematisiert. Kontinuierlich und empirisch wird »Unterhaltung durch Medien« (Wirth/Schramm 2005) in der deutschsprachigen PKMW fast ausschließlich als Rezeptionsgeschehen, auf dem Mikrolevel also, erforscht. Für die Entwicklung einer integrierenden Perspektive zur mediengesellschaftlichen Entertainisierung können die bereits sehr differenzierten Befunde dieser Untersuchungen allerdings nur exemplarisch berücksichtigt werden und dies gemäß der Gesamtausrichtung dieser Analyse primär unter funktionalem Hinblick.

- Abschließend ist zum interdisziplinären State of the art festzuhalten, dass dieser insgesamt nicht nur durch je disziplinäre Marginalität des Beobachtungsgegenstandes gekennzeichnet ist, sondern auch durch ein erhebliches Maß an *Transdisziplinarität seiner Behandlung.* Entsprechend oft weisen Autoren, z.B. M. Kaase (1998a:97), auf die Schwierigkeit hin, nur schon bei der Bearbeitung des Bereichs politische Kommunikation disziplinäre Zuständigkeiten auszugrenzen. Dies verrät einen bescheidenen Grad an Ausdifferenzierung und Strukturiertheit dieses Forschungsfeldes. Disziplinäre Perspektiven schlagen aber, wie der Überblick zeigt, trotzdem durch, wenn auch wenig reflektiert. In diesem Zustand liegt eine wesentliche Herausforderung für die Entwicklung einer integrierenden und koordinierenden Perspektive.

1.3 Öffentlichkeitstheorie

1.3.1 Öffentlichkeit als Fokus

Im Konzept der Öffentlichkeit *konvergieren Politik- und Publizistikwissenschaft* so intensiv wie in keinem anderen: Für die erstere bildet sie ein zentrales Kriterium für die Qualifikation politischer Ordnung, für die letztere eine Konstituente ihres Gegenstandes. Als institutionelle Sphäre interessierte dementsprechend Öffentlichkeit von jeher die Politologen stärker als die Publizistikwissenschaftler. Hingegen erschlossen sich auch diesen im Zuge ihrer vielfältigen Bestimmungsversuche dieses Kriteriums mehr und mehr auch die normativen Implikationen desselben, die Bezugsdichte zwischen Publizität und Res publica und dabei auch die Problematik der »Herstellung von Öffentlichkeit als Gewerbe« (Bücher 2001).

Trotzdem fehlt es selbst zwischen diesen beiden Disziplinen bis anhin weitgehend an der systematischen Entwicklung interdisziplinärer Öffentlichkeitstheorie. Eine solche könnte und kann am ehesten unter Einbezug des Gegenbegriffs zu Öffentlichkeit etabliert werden: dem der *Privatheit* (vgl. u.a. Weiss/Groebel 2002). Politologie und PKMW implizieren diesen ja, und ein Großteil des normativen Spannungsfeldes, das mit dem Öffentlichkeitskonzept begründet wird, wird durch dasjenige der Privatheit erst erschlossen. Je nach normativer Optik kann von Verfehlen von Öffentlichkeit oder von Gewinn an Privatheit gesprochen werden. Die Verstaatlichung und damit die öffentliche Kontrolle des Privaten gehört ebenso zu den Praktiken autoritärer und totalitärer Regimes wie dessen publizistische Vermarktung zur Medienstrategie der Universalisierung des Themen- und Inhaltsangebots. Die Politik- und Mediengeschichte ist bis heute elementarer von dieser Spannung geprägt als von dem viel intensiver diskutierten Mehr oder Weniger an diskursiver Qualität der Öffentlichkeit (Donges/Imhof 2001:112ff.). Erkenntnis behindernd wäre es indes auch, Entertainisierungsgeschichte nun bloß als Privatisierungshistorie zu begreifen. Die Entertainisierungstheorie politischer Kommunikation muss gerade den öffentlichen Inszenierungscharakter des Privaten und die Mechanismen von dessen politisch-publizistischer Instrumentalisierung über die Zeitläufte erhellen.

Aus dieser anderen Gewichtung des Leitkriteriums ergibt sich eine andere *Strukturierung des Feldes der Öffentlichkeitstheorien* zum Zwecke interdisziplinärer Theorieentwicklung. Maßgeblich für die Würdigung und Berücksichtigung von bestehenden Öffentlichkeitskonzeptionen ist hier, vor allen politischen Inhalten und Bezügen, deren Verhältnis zum Privaten und zur Entertainisierung. Damit wird die Öffentlichkeitstheorie in die Theorie der Mediengesellschaft integriert, und zwar im Anschluss an deren konstituierendes Merkmal der Individualisierung. In diesem Sinne werden zuerst nach theoretischer Fundierung und funktionalem Verständnis unterschiedliche Konzeptionen politischer Kommunikation bzw. Öffentlichkeit in Demokratien charakterisiert und hierauf ihr Bezug zur mediengesellschaftlichen Entertainisierung herausgestellt.

1.3.2   Konzeptionen politischer Öffentlichkeit

Diese Konzeptionen sind elementar von *demokratietheoretischen Grundmodellen* geprägt. Je nachdem, ob dem Verständnis von Öffentlichkeit »das Marktmodell der Demokratie, das Partizipationsmodell der Demokratie (oder U.S.) das Modell der demokratischen Zivilgesellschaft« (Meyer 2001:17) zugrunde liegt, wird auch deren Funktionalität anders perzipiert. Gemäß A. Beierwaltes unterscheiden sich sogar »die drei Ansätze der Demokratietheorie (...), die die inhaltliche Diskussion der letzten Jahrzehnte nachhaltig bestimmt haben: (…) die ›Elitentheorie‹, die die Notwendigkeit von politischen Eliten in einer repräsentativen Demokratie in den Vordergrund gestellt hat, die Pluralismustheorie, die den Zielwert einer pluralen Gesellschaft betont hat, sowie die Partizipationstheorie der Demokratie, die vor allem der politischen Teilhabe des ›Demos‹ nachhaltige Aufmerksamkeit geschenkt hat« (Beierwaltes 2002:16), primär und zentral in ihrem Funktionalitätsverständnis von Öffentlichkeit. Nach Ansicht der Elitentheoretiker hat sie in erster Linie der Kontrolle des staatlichen Handelns zu dienen, für die Pluralismustheoretiker zudem dessen Responsivität, Aufgeschlossenheit für Wählerwünsche zu sichern und für die Partizipationstheoretiker die Diskursivität, die Vernunftqualität der politischen Kommunikation (Beierwaltes 2001:60f.). Der Autor kommt in seiner grundlegenden Studie zu dem bemerkenswerten Schluss, dass die Partizipationstheorie, weil sie das Potential der Medien idealisiert, demokratietheoretisch wenig ergiebig ist (ebenda, 202).

Demokratietheoretisch unbestritten ist dabei, dass Öffentlichkeit als Mittel von Legitimitätserzeugung, von Herrschaftsrechtfertigung durch die Rückbindung von Herrschaft an den Willen der ihr Unterworfenen institutionalisiert wird (Sarcinelli 1998a:254ff.). Diese Leistung kann indes *repräsentations- und diskurstheoretisch* interpretiert werden, also primär institutionell oder normativ, als strukturelle Sicherung und als qualitative Fundierung von Legitimität. Das Konzept der politischen Öffentlichkeit oszilliert dementsprechend seit eh und je zwischen Faktizität und Idealität, und bei ihrer Analyse, zwischen Sach- und Werturteil angesiedelt, fällt es zum vornherein schwer, eine sachgerechte wissenschaftliche Optik auf den psychosozialen Mechanismus Unterhaltung zu entwickeln, der sich wesentlich als Befreiung vom Normdruck legitimiert und funktioniert.

Um den Entwicklungszusammenhang zwischen Mediengesellschaft und Unterhaltungsöffentlichkeit zu erkennen, erscheint es ferner nicht angezeigt, nur die politische Öffentlichkeit zu fokussieren. Schon die – schwer widerlegbare – These von der zunehmenden Vermarktlichung von Politik (Nullmeier 2002:169) und deren, zumindest in den USA, eklatanter Einbezug in Unterhaltungsmärkte weisen auf die Notwendigkeit eines *umfassenden Konzepts_von Öffentlichkeit* hin. Europäische Öffentlichkeit vollends ist, soweit überhaupt, am ehesten als Unterhaltungsöffentlichkeit identifizierbar (Saxer 2006c). Bei dem in Frage stehenden Wandlungsprozess handelt es sich ja gerade darum, dass durch ihn systemfremde oder zumindest primär anderswo generierte Elemente in die Politik gelangen – mit schwer abschätzbaren Folgen für deren Funktionieren. Strukturell adäquat zum Beobachtungsobjekt ist da nur eine wissenschaftliche Modellierung, die der mediengesellschaftlichen Interpenetration der Systeme (Münch 1992a) und der Ausdifferenzierung zahlreicher um Aufmerksamkeit konkurrierender sozialer, kultureller, wirtschaftlicher und politischer Teilöffentlichkeiten kategorial Rechnung trägt. Funktionalitätsverlagerungen in und bezüglich der politischen Öffentlichkeit kommen nur so ins Blickfeld.

Die unterschiedlichen demokratietheoretischen Fundamente, aber auch je andere Interpretationen der Modernisierungsprozesse, die den Typus Mediengesellschaft hervorgebracht haben, haben eine *Vielfalt von Öffentlichkeitskonzeptionen* gezeitigt, die sich nach durchaus unterschiedlichen Kriterien ordnen lassen. So stehen bei U. Sarcinellis (1998a:256ff.) Öffentlichkeitstypologie legitimationstheoretische, bei Gerhards/Neidhardt (1991) funktionale und bei J. Habermas (1962) normative Gesichtspunkte im Vordergrund; entsprechend heterogen präsentiert sich K. Imhofs (2003a) Auflistung von Öffentlichkeitstheorien. Immerhin ist allen Öffentlichkeitsmodellen, in freilich unterschiedlicher Terminologie, die Vorstellung gemeinsam, bei Öffentlichkeit handle es sich um einen intermediären, zwischen Politik und Gesellschaft positionierten Raum, eine Sphäre bzw. ein System, in dem die für die Formulierung und Durchsetzung kollektiv verbindlicher Entscheidungen maßgebliche, eben »öffentliche« Meinung gebildet werde. Und allen Modellen liegen letztendlich Annahmen über das Leistungsvermögen von Öffentlichkeit zu Grunde.

Unter Berücksichtigung dieser Gesichtspunkte lassen sich vier *Konzeptionen von Öffentlichkeit* der Literatur entnehmen, die im Rahmen einer integrativen kommunikationssoziologischen Perspektive von unterschiedlichen Positionen aus bei der Problemstellung dieser Analyse weiterhelfen:

1. Öffentlichkeit als Spiegel: Diese, vornehmlich von N. Luhmann eingenommene, systemtheoretische Positionierung bestreitet ein eigengestalterisches Vermögen von Öffentlichkeit und ist entsprechend wenig ausformuliert (Luhmann 1996:183ff.). Lediglich die Selbstbeobachtung der Gesellschaft ermöglicht sie, und so wird von Öffentlichkeit in dieser Konzeption auch bloß Offenheit von der Inputseite her erwartet. Solch relativierendes Verständnis von Öffentlichkeit entspricht der Theorie funktionaler Differenzierung, die überzeugender die Eigenlogik von Teilsystemen als ihr Zusammenspielen zu erklären vermag. Immerhin lässt sich auch das Konzept der »Gegenöffentlichkeit« (Krotz 1998) in diesem Typ verorten. Auch ist Unterhaltung, insbesondere Medienentertainment, als spezifisches Funktionssystem in dieser Öffentlichkeitskonzeption identifizierbar, nämlich als handlungsentlastende Möglichkeitskonstruktion, »Als-ob-Welt«, die ein angenehmes Beobachten der Umwelt gestattet (Görke 2002b:66f.)

2. *Öffentlichkeit als Diskurs*: Gewissermaßen komplementär zu Konzeption 1 argumentiert J. Habermas als profiliertester Vertreter dieser Position primär normativ, und zwar im Sinne des marxistischen Gesellschaftsverständnisses der Frankfurter Kritischen Theorie. Der Öffentlichkeit obläge es, den aufgeklärten öffentlichen Diskurs zur Rationalisierung von Herrschaft zu ermöglichen; statt

dessen zerfällt sie. Wegen ihrer Empirieferne und ihrer mittlerweile historisch falsifizierten gesellschaftstheoretischen Grundlage kommt von dieser Position aus Unterhaltungsöffentlichkeit nur als defiziente Öffentlichkeitsvariante ins Blickfeld. Unter der Charakterisierung als deliberative Öffentlichkeit entlastet K. Imhof diese zweite Konzeption von ihren kulturkritischen Implikationen und nähert sie der dritten an (Imhof 2003b)

3. *Öffentlichkeit als spezifisches Kommunikationssystem*: Weil J. Gerhards und F. Neidhardt (1991, 1994, 1998), system- und akteurtheoretisch argumentierend, die den öffentlichkeitstheoretischen Diskurs konstituierenden Elemente in ein konsistentes Funktionsmodell zusammenfügen können, repräsentiert und integriert dieses den Diskussionsstand besonders umfassend: Demokratische Öffentlichkeit in diesem Verständnis ist »ein Kommunikationssystem (...) in dem Akteure über politische Themen im Horizont eines Publikums, das durch ›prinzipielle Unabgeschlossenheit‹ (...) gekennzeichnet ist, kommunizieren« (Gerhards 1998:269). Empirieorientiert und die wissenschaftliche Distanz dem ebenso normativ wie faktisch definierten Beobachtungsgegenstand gegenüber bewahrend, ist diese Konzeption so offen angelegt, dass sie auch für etwaigen Strukturwandel dieses spezifischen Kommunikationssystems in Richtung von Entertainisierung sensibel ist.

4. *Öffentlichkeit als Medienkolonie*: Politik und mit ihr politische Öffentlichkeit wird unter politologischer in Verbindung mit theaterwissenschaftlicher Optik namentlich von Th. Meyer als von Medien dominiertes System qualifiziert, und zwar überwiegend im Sinne der Zerfallsthese von Konzeption 2. Von zweifelhafter Validität ist denn auch diese Kolonialisierungsthese, weil sie kulturkritische Ideologie auch noch mit der Vorstellung einer »Mediokratie« (Meyer 2001) verbindet und damit den nach wie vor bloß nachgeordneten institutionellen Status der Medien verkennt. Legitimität in Demokratien ist nach wie vor nicht »durch Medienresonanz statt durch Verfahren« (Sarcinelli 2002:15) zu gewinnen. Sachgerecht kann eben eine Untersuchung einen etwaigen Strukturwandel in Richtung von Unterhaltungsöffentlichkeit nur diagnostizieren, wenn diese prozessual und strukturell, also auch als Institutionenanalyse und ausreichend interdisziplinär angelegt ist.

1.3.3 Positionen zur Entertainisierung von Öffentlichkeit

Insgesamt weisen also diese vier Konzeptionen politischer Öffentlichkeit einen *schwachen oder negativen Bezug* zu den Wandlungstendenzen in Richtung einer Unterhaltungsöffentlichkeit auf. Das erstere ist natürlich eine Folge der Marginalisierung von Unterhaltung als politisch relevantem Mechanismus durch die mit politischer Öffentlichkeit befassten Sozialwissenschaften. Und die Präferenzen der mit dieser Entwicklung befassten Theoretiker für die Modelle 2 und 4 als Referenzkonzepte zeigt die Vordringlichkeit der normativen Problematisierung von Unterhaltung auch für diese.

Entsprechend lassen sich wiederum vier Positionen herausstellen, anhand derer die Entertainisierungstrends mediengesellschaftlicher Öffentlichkeit weiter theoretisiert werden können.

1. *Unterhaltungsöffentlichkeit als Element von Politikdarstellung*: U. Sarcinelli weist zwar eine Unterhaltungsöffentlichkeit im Rahmen seiner Konzeption symbolischer Politik nicht besonders aus, analysiert aber viele entsprechende Mechanismen unter funktionalem Hinblick als wichtiges Element von Politikdarstellung (Sarcinelli 1987). Die mit dem Leitkonzept der Inszenierung (Grewenig 1993; Kepplinger 1992; Rager/Rinsdorf/Bodin 1999; Schicha/Brosda 2002), einer narrationstheoretischen (Hickethier 2003:128ff.) oder dramatologischen Perspektive (Hoffmann 1999) arbeitenden Interpretationen von Politik lassen sich letztlich auch auf diese Konzeption beziehen, die Öffentlichkeit in den Zusammenhang politischer Legitimitätsgenerierung stellt und Elemente der Konzeptionen 1 bis 3 integriert. Die Entertainisierungsphänomene lassen sich auf diese Weise ebenso als eufunktionale wie dysfunktionale Erscheinungen in den politischen Gesamtprozess einordnen.

2. *Unterhaltungsöffentlichkeit als Öffentlichkeitszerfall*: Diese Position schließt als radikale mit ihrer Verdammung massenmedialer Unterhaltung als wichtigstem Instrument der (kapitalistischen) Kulturindustrie zur Erzeugung von falschem Bewusstsein (Steinert 1998) bei Konzeption 2 an, in moderaterer Version an Konzeption 4 und erkennt in Unterhaltung ein entscheidendes Machtmittel von Mediokratie. Auch das Fazit dieser gemäßigteren Position lautet: »Die reine Unterhaltungsdemokratie hört auf Demokratie zu sein« (Meyer 2001:124).

3. *Unterhaltungsindustrie als Öffentlichkeitsstruktur*: Was in Politik- und Publizistikwissenschaft gewöhnlich unter dem Stichwort »Amerikanisierung« relativ vage diskutiert (Jarren/Donges 2002:2, 62) oder auch als Entertainisierung von Politikdarstellung diagnostiziert wird (Holtz-Bacha 1998a), ist in der amerikanischen Forschung in Gestalt der Unterhaltungsindustrie seit längerem als fundierende Struktur der Medien- und politischen Öffentlichkeit erkannt und abgehandelt (z.B. DeFleur/Ball-Rokeach 1982:166ff.; Dexter/White 1964; Petersen/Jensen/Rivers 1965; Steinberg 1966; vgl. auch Dörner 2000). Öffentlichkeitstheorie, die der Internationalisierung dieser Struktur im Gefolge von Medienglobalisierung und -ökonomisierung nicht Rechnung trägt, bleibt defizitär.

4. *Unterhaltungsöffentlichkeit als Politainment*: Keineswegs generell gesellschaftskritisch wie Position 2 spezifiziert diese Position unter dem Konzept »Politain-

ment« das der Kolonialisierungsthese entsprechende Modell von Unterhaltungsöffentlichkeit: »Politainment – Politik im Unterhaltungsformat« (Dörner 2001:31; Schicha/Brosda 2002), aber auch weniger kulturkritisch denn Konzeption 4. Die Entwicklung von Unterhaltung zum mehr und mehr das Fernseh-Gesamtprogramm dominierenden Präsentationsmodus, die Vermehrung von Unterhaltungsmustern in der politischen Selbstdarstellung und das soziologische Modell einer medialen Erlebnisgesellschaft bilden die wichtigsten Bausteine dieser Position, die in der Symbiose von Politik und Unterhaltungskultur das Charakteristikum zeitgenössischer politischer Öffentlichkeit sieht.

2 Perspektive

2.1 Generelle Anforderungen

Für die adäquate theoretische Erfassung der Entertainisierung der politischen Öffentlichkeit bzw. Politik in demokratischen Mediengesellschaften reichen diese Konzeptionen und Positionen als Basis in keiner Weise aus. Dazu sind diese zu wenig spezifisch und zugleich zu wenig umfassend und als Ganzes zu widersprüchlich, kommen in ihnen doch auch *elementar unterschiedliche Auffassungen von Wissenschaft* zum Tragen. Wenn J. Habermas eine »normativ angelegte Demokratietheorie« anstrebt und Öffentlichkeit als Grundbegriff derselben konzipiert (Habermas 1990:38), dann ist zu allererst zu fragen, wieweit dies überhaupt in der Fachkompetenz von PKMW, Politologie und Soziologie liegt und sich bei diesen Prämissen eine empirisch testbare und in interdisziplinären Kooperationen einvernehmlich anwendbare Öffentlichkeitstheorie entwickeln lässt.

Im Lichte der Ziele dieses Theoretisierungsversuchs bilden denn auch unter den *Konzeptionen von Öffentlichkeit und Positionen zu ihrer Entertainisierung* die Konzeptionen von Öffentlichkeit als Diskurs und als Medienkolonie keine tragfähige Basis, und entsprechend bleibt Position 2 ihrer sehr stark ideologisch-werturteilshaften Geprägtheit wegen als valide sozialwissenschaftliche Bezugsgröße außer Betracht. Die Konzeption von Öffentlichkeit als Spiegel wiederum ist im Vergleich zu derjenigen von Öffentlichkeit als spezifischem Kommunikationssystem weniger komplex und daher interdisziplinär weniger anschlussfähig. Entsprechend ist Position 1 differenzierbar und sind Positionen 3 und 4 komparatistisch bzw. politiktheoretisch weiter zu entwickeln. All dies indes unter einer integrierenden Perspektive.

Anforderungen an eine solche sind viele, soll dem problematischen State of the art Rechnung getragen werden. *Holistische Ansätze* bergen insbesondere die Gefahr, wie namentlich an den Cultural Studies erkennbar, einerseits auszuufern, statt ihr Beobachtungsobjekt zu delimitieren, und andererseits nur bedingt stringentes oder gar systematisches Argumentieren zu ermutigen. Die Selektivität der hier zu entwickelnden integrativen Perspektive muss daher begründet werden und die Belege können nicht mehr als einen exemplarischen Charakter haben. Des weitern hat eine solche Perspektive natürlich, um wissenschaftstheoretisch interdisziplinär konsentierbar zu sein, den generellen Anforderungen an komplexe erfahrungswissenschaftliche Theoriebildung zu genügen.

Die folgenden drei *Postulate* sind dementsprechend auch für diesen Theoretisierungsversuch verbindlich:

- Das Postulat der *Werturteilsfreiheit* erfahrungswissenschaftlicher Aussagen. Sozialwissenschaftlich gilt ja: »Wenn Werte, Ideale, Werturteile und Normen Objekte empirischer Untersuchungen sind, dann werden sie als ›seiend‹ und nicht als gültig behandelt« (Hillmann 1989: 812). Dies erklärt die vorgängigen Rangierungen der präsentierten Konzeptionen und Positionen. In Konzeption und Position 2 wird die Normativität des Gegenstandes einfach in einen postulatorischen Zusammenhang übergeführt, statt als Datum behandelt und gegebenenfalls auf seine Realisierbarkeit geprüft.

- Das *Isomorphie-Erfordernis*, also strukturelle Korrespondenz der Theorie zu ihrem Gegenstand (Früh 2003a:15; Schulze 2000:80f.) und als Spezifikation dieses Obligats die Erfüllung des systemtheoretischen Law of requisite variety (Ashby 1968). Dieses verlangt vergleichbare Komplexität der wissenschaftlichen Modellierung und ihres Beobachtungsobjekts, Komplexität als »Grad der Vielschichtigkeit, Vernetzung und Folgelastigkeit eines Entscheidungsfeldes« (Willke, 2000:247) verstanden. Das Theoriekonzept, das Konzeption 2 zugrunde liegt, ist trotz anspruchsvoller Diktion nicht komplex genug, »um etwas anderes als ein protestierendes oder resignatives Verhalten zu produzieren« (Luhmann 1987, zitiert n. Berghaus 2003:20). Auch die Art von kausaler Argumentation der Kolonialisierungsthese muss sich diesen Vorwurf gefallen lassen. Weil andererseits Konzeption1 die bekannten Eigenheiten der Luhmannschen Systemtheorie reproduziert, wird sie durch die Ausblendung der Akteurperspektive und die radikale Relativierung der normativen Dimension der Komplexität politischer Öffentlichkeit auch nicht gerecht.

- Das sogenannte *spieltheoretische Obligat* (Leinfellner 1967:16f.), gemäß dem Wissenschaft als möglichst ingeniöses Spiel gegen sperrige Gegenstände anzulegen ist. Diese Obligat gilt ebenso wie für die Konstruktion der Bezugsrahmen von Untersuchungen auch für angewandte Wissenschaft und impliziert statt (unerreichbarer) theoretischer Idealität pragmatische, aber optimale Realisierung von Wissenschaft, d.h. natürlich unter Respektierung des Gebots der Konsistenz, der Widerspruchsfreiheit ihres Vorgehens und der sonstigen anerkannten Standards wissenschaftlicher Praxis. Dieses Obligat beinhaltet also keinesfalls ein postmodernes Anything goes, vielmehr z.B. die Entwicklung und Befolgung von Regeln qualifizierter Inter- und Transdisziplinarität (Saxer 2004a).

2.2   Kommunikationssoziologischer Bezugsrahmen

Diesem generellen Anforderungsprofil vermag im Hinblick auf das Ziel eines vertieften theoretischen Verständnisses der Entertainisierung demokratischer Mediengesellschaften und ihrer Öffentlichkeit(en) und im Lichte des interdisziplinären State of the art eben am ehesten ein kommunikationssoziologischer Bezugsrahmen zu genügen. Dieser ist als Verdichtung einer kommunikationssoziologischen Perspektive durch die folgenden *Hauptelemente* charakterisiert:

1. ein *kommunikationssoziologisches Gegenstands- und Problemverständnis*: Dieses impliziert die Berücksichtigung von Erkenntnissen der im interdisziplinären State of the art aufgeführten Disziplinen, soweit sie Politik als Unterhaltung und insbesondere entsprechende Veränderungen politischer Öffentlichkeit als mediengesellschaftliche und kommunikative Phänomene und ihre Tragweite klären.

2. die theoretisch hergeleiteten *Basiskonzepte* Unterhaltung, Mediengesellschaft, Politische Kommunikation: Diese konstituieren das konzeptionelle Gerüst, das die interdisziplinäre Zusammenschau als Ganzes strukturiert. Es bannt zugleich die Gefahr des Ausuferns und der mangelnden Stringenz der ganzheitlichen Schauweise. Da die Entertainisierung und ihre Implikationen im Fokus der Analyse stehen, wird diese primär vom Unterhaltungskonzept her und sekundär gesellschafts- und politiktheoretisch organisiert.

3. einen (im weitesten Sinne) funktionalistischen, system- und akteurtheoretisch abgestützten *Argumentationsrahmen*: Soziale Strukturen und Prozesse jedweder Art, so die funktionalistische Grundannahme, lösen und verursachen Probleme, nämlich solche der Anpassung, Zielrealisierung, Integration und Identitätskonstituierung, und zwar von sozialen wie von psychischen Systemen, personalen Akteuren also.[2] Politische Öffentlichkeit funktioniert als intermediäres Kommunikationssystem zwischen Bürgern und politisch-administrativem System und wird von Akteuren als Struktur in dreiphasigen Input-, Throughput-, Outputprozessen realisiert. Beide, das intermediäre Kommunikationssystem politische Öffentlichkeit und das mediengesellschaftliche Totalphänomen Unterhaltung haben auf dem Mikro-, Meso- und Makrolevel eu- und dysfunk-

---

2   Mangels einer besser elaborierten Theorie der Sozialprobleme muss für diese Analyse einmal mehr auf T. Parsons' AGIL-Schema: adaptation, goal attainment, integration, latent pattern maintenance zurückgegriffen werden. Es hat den großen Vorzug universeller Anwendbarkeit, hoher intertheoretischer Anschlussfähigkeit und entsprechender interdisziplinärer Akzeptanz (vgl. Esser 1999:384ff.).

tionale Implikationen, die dank diesem funktionalistischen Bezugsrahmen theoriegeleitet und systematisch evaluiert werden können.

4. gegenstands- und problemgerechte *Theorieverschränkungen*: Integriert in diesen Bezugsrahmen und verschränkt mit den ihn fundierenden Basistheorien werden jeweils je nach Analyseebene, dem Isomorphie-Erfordernis und dem spieltheoretischen Obligat entsprechend, neben Kommunikations-, Demokratie-, Öffentlichkeits- und weiteren Gesellschaftstheorien wegen ihres vielfältigen Erklärungspotentials vor allem auch Semiotik und Symbolischer Interaktionismus. Für die Beantwortung neuer Fragen, wie diese Analyse sie aufwirft, müssen Theorien, seien es wirtschafts-, theaterwissenschaftliche und weitere, auch außerhalb ihrer disziplinären Kontexte, aber diese berücksichtigend, beigezogen werden.

5. eine *wandlungs- und innovationstheoretische Optik*: Das Thema der Untersuchung ist gesellschaftlicher Wandel, und demzufolge muss Statik als mindestens ebenso erklärungsbedürftig behandelt werden wie Dynamik, Struktur grundsätzlich in einen evolutions-, differenzierungs-, modernisierungstheoretischen Horizont gerückt werden. Normative demokratietheoretische Fixierungen zumal sind innovationstheoretisch aufzubrechen. Nur so kann die Funktionalitätsbilanz von Entertainisierung für mediengesellschaftliche demokratische Politik valide gezogen werden.

2.3   Argumentationszusammenhang

In den nachfolgenden *Thesen* werden die in Kap. 1 referierten interdisziplinären Positionen zum Untersuchungsgegenstand und -problem auf die unter 2.2 etablierte kommunikationssoziologische Perspektive bezogen und daraus der Argumentationszusammenhang entwickelt. Die Thesen verdeutlichen dessen vieldimensionale Strukturierung, führen in die Analyse ein und begründen zugleich das Vorgehen.

1. Der Analyse liegt die These zugrunde, manche *Defizite der Öffentlichkeitstheorie* seien auf unzulängliche Berücksichtigung des unterhaltenden Moments in der Politik zurückzuführen. In interdisziplinärer Sicht stelle sich Unterhaltung nämlich als anthropologisches Universale dar, das in sämtlichen Gesellschaften als komplexitäts- bzw. spannungsbezogener Mechanismus operiert und in Mediengesellschaften und ihrer Politik besonders vielfältige Entfaltungschancen habe. Eine wandlungsorientierte, integrierende kommunikationssoziologische Perspektive, unter der ebenso das problemlösende wie -schaffende poli-

tische Funktionspotential von Unterhaltung erfasst wird, sei geeignet, eine realitätsgerechte Öffentlichkeitstheorie entwickeln zu helfen.

2. Unter dem Einfluss von Medialisierung mutieren Medien- maßgeblich zu *Erlebnisgesellschaften*. Dieser Umstand und die Metatrends der funktionalen Differenzierung, des institutionellen Wandels, von Realitätslabilisierung und Individualisierung begünstigen die Entwicklung einer neben dem Mikrolevel auch die Meso- und Makroebene und so auch Polity, Policies und Politics strukturierenden Unterhaltungskultur. Diese generiert ständig mannigfaltige individuelle und kollektive Unterhaltungserlebnisse, d.h. vermittelt massenhaft und zugleich persönlich gratifizierende Erfahrungen von Wohlbehagen, Unkontrolliertheit und Eigenmacht, entlastende wie stimulierende, in emotionaler, kognitiver wie physischer Hinsicht. Unterhaltungskultur, Motor und Niederschlag mediengesellschaftlicher Entertainisierung, funktioniert eben recht eigentlich als Erlebniskultur, weil als Populärkultur angelegt und mit den Mechanismen von Akzeptanzkultur, nämlich Personalisierung, Eventisierung, Equilibrierung und Euphorisierung operierend. Damit funktioniert Unterhaltungskultur allerdings in mancher Hinsicht auch als Gegeninstitution, die Spannungen nicht nur moduliert, sondern auch generiert.

3. Demokratische Mediengesellschaften entwickeln sich mehr und mehr zu *Mediendemokratien*, obwohl die demokratischen Institutionen nur beschränkt medialisierbar sind. Die Medialisierung und die vier Metatrends haben aber trotzdem zur Folge, dass die Darstellung von Politik, symbolische Politik also, im Verhältnis zur Politikherstellung an Gewicht gewinnt. Im Zuge wachsender Systeminterpenetration bewegt sich zudem politischer Sinn, der Bedeutungsgehalt von Politik, aus der institutionell prioritären diskursiven in Richtung Erlebnissphäre. Die Mediendemokratie wird so als Erlebnisdemokratie umfassender, wenn auch spannungsreich in die Unterhaltungskultur einbezogen und diese wiederum, wie die Medien und ihre Kultur insgesamt, zunehmend internationalisiert und ökonomisiert. Sozialpsychologisch führt dies, zumal weil gekoppelt mit Individualisierung und der Schwächung institutioneller Verbindlichkeiten, zu allgemeinem Mentalitätswandel, insbesondere zur Verstärkung der privaten Orientierung der Gesellschaftsmitglieder und in deren Gefolge auch zu gesteigerten Ansprüchen an die nationalen politischen Systeme. Diese büssen indes, konfrontiert auch mit den Gestaltungsimperativen immer weiterer Policy-Felder, an Problemlösungsvermögen ein, was die Systemspannungen erhöht.

4. Weil also die Leistungen der Mediendemokratie hinsichtlich der elementaren Systemprobleme der Zielrealisierung, Identitätskonstitution, Integration und Adaptation ambivalent beurteilt werden müssen, investieren moderne Gesellschaften generell mehr in ihre Kommunikations- bzw. Mediensysteme

und speziell in ihre *politische Kommunikation*. So differenzieren sie zur Bewältigung ihrer Hyperkomplexität einen freilich selber immer komplexeren Quartärsektor Information/Kommunikation aus, darin maßgeblich auch Unterhaltung. Politische Kommunikation und in ihr Öffentlichkeit als das System, das politische Meinung generiert, wird indes auch in Mediendemokratien keineswegs allein durch Medienkommunikation realisiert. Diese ist vielmehr in interpersonale und stärker informelle Kommunikation eingebettet, strukturiert aber mit Hilfe ihres Produktionsprinzips Nachrichtenfaktoren das politische Geschehen kognitiv, emotional und konativ besonders effizient und verhindert so den Kommunikationskollaps des politischen Systems. Dessen Kommunikation funktioniert auch sonst, dem hohen Differenzierungsgrad von Mediendemokratien und ihrer Bürgerschaft entsprechend, als eine vielkanalige Mischkultur, ebenso politische Anspruchs- wie entertainisierte Akzeptanzkultur offerierend, damit allerdings zugleich Unterschiede politischer Kommunikationsniveaus und so auch politischer Partizipationschancen verstärkend. Gesamthaft realisiert sich mediendemokratische politische Kommunikation in immer längeren, darum aber auch schwerer kontrollierbaren und vor allem stärker entertainisierten Prozessen. Strukturell ist sie ferner zunehmend von Konvergenzen auf den verschiedensten Ebenen geprägt, von Medien- und Kultur- über Arenen- bis zu Genrekonvergenzen mit noch weiteren Formen von »-tainisierung«.

5. In der *politischen Öffentlichkeit* von Mediendemokratien verdichten sich die widersprüchlichsten Erwartungen, insbesondere funktionale Unverträglichkeiten, und entsprechend dynamisch entwickelt sich ihr Profil und verändern sich die mit diesem verbundenen System- und Akteurprobleme. Überhaupt drängt sich die ständige Kombination von System- und Akteurperspektive bei der Analyse des Öffentlichkeitswandels besonders auf, aber auch die Konzeption von Öffentlichkeit analog zu Unterhaltung als dynamische problemlösende und -schaffende gesellschaftliche Einrichtungen hilft über die Blockierung der Theoriebildung durch normative Fixierung weiter. Im Gefolge der in den Thesen 2 bis 4 umrissenen Entwicklungen wird ja die mediendemokratische Öffentlichkeit immer schwieriger fassbar und unter dem Einfluss der mediengesellschaftlichen Entertainisierung im besonderen. In erster Linie präsentiert sie sich sehr adaptationsfähig, namentlich nach unten durchlässig, daher aber auch strukturschwach und in ihrer Funktionalität überaus variabel. Strukturell auf Teilnehmermaximierung angelegt vermehrt sie vor allem als entertainisierte, als Unterhaltungsöffentlichkeit, politische Inklusion von allerdings stark bezweifelter Qualität, und, wenn überzogen, beeinträchtigt das Publizitätsprinzip die Effizienz verhandlungsdemokratischer Herstellung von Politik. Zudem beanspruchen ja mehr und mehr private Belange den Status politisch relevanter

öffentlicher Meinung, so dass politisches Marketing für die Stabilisierung bzw. Kanalisierung politischer Deutungsmuster als Resultat von Öffentlichkeit unerlässlich wird. Auf der Akteurebene finden diese Entwicklungen vor allem darin ihren Niederschlag, dass in der In- und Throughputphase mediengerechter operiert wird als ehedem; am Output dieser Öffentlichkeit die Bürger(innen) aber trotzdem unterschiedlich, als Aktivisten, Konsumenten oder Desintegrierte teilhaben. Der sich weiter ausdifferenzierenden Unterhaltungsöffentlichkeit fällt dabei die immer wichtigere Rolle zu, die Vermittlung von Politik als Politainment zu erleichtern und damit die Erlebnisdemokratie funktionsfähig zu erhalten.

6. Die *Akteure*, denen die Realisierung der Mediendemokratie obliegt, operieren ja zwar in veränderten Konstellationen und praktizieren in allgemein labilisierten Rollen vielfach andere Stile als bislang, aber ihre objektiven und subjektiven Befindlichkeiten sind zum Teil noch von überkommenen Schichtstrukturen, wenn auch in mediengesellschaftlicher Milieudifferenzierung geprägt. So begnügen sich ressourcenarme Bürger(innen) weitgehend mit Fernseh-Politainment, während handlungsmächtigere Citoyens ihr strukturierteres politisches Wissen häufiger aus Printmedien gewinnen. Generell kennzeichnet indes Asymmetrie dieses Rollensystem, als das Bürgerpublikum, anders als die zunehmend professionalisierten In- und Throughputakteure, kaum eine professionalisiertere Rolle denn als politische Sekundärakteure wahrnimmt, aber als Stimmbürger gegenüber den Politikern immerhin im Verhältnis von Prinzipal und Agent, ein Prinzipal, der sein Aufmerksamkeitsbudget, auch das politische, nach seinem Gutdünken bewirtschaftet. Der oft diagnostizierte Wandel des politischen Stils in Mediendemokratien ist hingegen Sache der Agenten, und unter ihren Strategien des Aufmerksamkeitsmanagements, der Positionsbehauptung und der Präsentation gewinnt Politainment zusehends an Gewicht, bleibt aber, weil als unterhaltende Strategie Normen tangierend, ein Reputationsrisiko. Die generelle Störanfälligkeit von Unterhaltungserlebnissen macht selbst immer gekonntere Inszenierungen von Politik als Unterhaltung weiterhin zum erfolgsungewissen Unternehmen.

7. Mit professionalisiertem Kommunikationsmanagement suchen jedenfalls die Akteure die steigende Komplexität mediendemokratischer Politik und ihrer *Prozesse* in Richtung optimaler Lösung der vier elementaren Systemprobleme zu bewältigen, und die umfassende und möglichst auch unterhaltende Eventisierung des politischen Geschehens bildet ein Hauptstück dieser Bemühungen. Das Schwergewicht der Bedeutungsvermittlung verlagert sich dabei auf die Generierung und Präsentation möglichst erlebnisträchtiger, also auch unterhaltender Ereignisse, vielfach unter Um-Framing von politischem Sinn. Kommunikationsbedarf und entsprechende Eventisierungsmöglichkeiten bestehen ja

bei sämtlichen Anlässen institutioneller Selbstdarstellung des demokratischen Gemeinwesens, und Kampagnen, Inszenierungen und Aktionen sind ihre idealtypischen Ausprägungen. Wahl- und Abstimmungskampagnen werden zunehmend personalisiert und weniger programmbezogen als ehedem geführt, bis hin zur Intimisierung der politischen Öffentlichkeit. Die verschiedenen Akteurkategorien sind allerdings an je unterschiedlich einengende Constraints bei der Praktizierung von Eventpolitik gebunden, und auch die Politikbereiche sind leichter oder weniger leicht medialisier- und entertainisierbar. So expandiert Eventpolitik zwar zu einer Art mediengesellschaftlicher Metapolitik, ihre mediendemokratische Funktionalität, wiewohl vieldimensional, ist aber schwer einschätzbar und umstritten. Konstitutiv für sie und für ihre wachsende Dominanz im kommunikationsstrategischen Kalkül der politischen Akteure sind Medienereignisse als zentrales Element und Reflexivität als Motor ihrer universellen Praktizierung. Ihr Adoptionserfolg als Innovation bei den Bürgern bemisst sich freilich nach ihrer Verträglichkeit mit ihrem soziokulturellen Umfeld, vor allem mit der jeweiligen politischen Kultur. Was aber Eventpolitik zumindest immer wieder zustande bringt, ist temporäre kulturell-expressive Sozialintegration von mehr Bürgern unter solche symbolpolitischen Inszenierungen als ohne diese. Mediengesellschaft, Mediendemokratie und Politainment finden in ihr recht eigentlich zueinander.

8. Das Urteil über die *Funktionalität* von Politik als Unterhaltung kann angesichts dieser komplexen Gesamtkonstellation und der vielen gegensätzlichen Befunde nur ein tentatives und ambivalentes, jedenfalls weiterer wissenschaftlicher Abstützung bedürftiges sein. Wohl steigert Politainment das temporäre Inklusionsvermögen politischer Kommunikation, aber die Frage stellt sich immer wieder, ob und wieweit Erlebnisrationalität dabei Sachrationalität komplementiert oder substituiert, und wie dies vor der Norm gemeinwohldienlicher demokratischer Entscheidungen zu qualifizieren sei. Politainment als Ausdruck und Motor von Erlebnisdemokratie entfaltet sich immerhin nicht entschieden gegeninstitutionell, sondern weitet die Sphäre des Politisierbaren mehr oder minder kreativ aus und nähert insgesamt die institutionelle demokratische Ordnung der Lebenswelt der Staatsbürger an. Funktionale Unverträglichkeiten bündeln sich freilich in der politischen Öffentlichkeit, wenn sie sich stärker zur Unterhaltungsöffentlichkeit wandelt. So bleibt als Funktionalitätsbilanz diejenige labiler Multifunktionalität. Dies heißt, dass je nach Konstellation auch je andere Gratifikationsdimensionen des Unterhaltungserlebnisses in den Vordergrund treten, aber immer nur sehr bedingt institutionell regulierbar. Immerhin stabilisiert Politainment das politische System der Demokratie, indem es dessen institutionelle Ordnung emotional responsiver macht, allerdings um den Preis einer Identitätsverschiebung in Richtung einer auf »immedi-

ate gratification« angelegten Berechtigungsdemokratie. Integrierend zwar, aber auch polarisierend kann die Verwandlung von Sach- in Eventpolitik sich auswirken, und die partielle Entertainisierung der politischen Öffentlichkeit öffnet diese wohl weiter, indes mit diskutablen Konsequenzen für die Qualität demokratischer Meinungsbildung. Diese ebenso vieldimensionale wie ergänzungsbedürftige Funktionalitätsbilanz bestätigt im übrigen die grundsätzliche Ergiebigkeit einer integrierenden kommunikationssoziologischen Perspektive für die Erarbeitung eines differenzierenden Gesamturteils über die Konsequenzen der Entertainisierung für das Problemlösungsvermögen des demokratischen Systems, ruft aber zugleich nach weiterer metatheoretischer und empirischer Fundierung.

II   Entertainisierung

Entertainisierung als gesellschaftlicher Wandel von vieldimensionaler funktionaler Tragweite ist in diesem ersten Analyseschritt in Mediengesellschaft, Mediendemokratie und politischer Kommunikation zu verorten. Dass und wie in Mediengesellschaften der Entertainisierung besonders vielfältige Entfaltungschancen erwachsen, ist als Rahmenkonstellation zu klären. In welcher Weise die Mediendemokratie als Aktionsraum von Politik als Unterhaltung und politische Kommunikation als prozessualer Träger von Politainment fungieren, ist des weiteren zu erhellen, damit der *Konstituierungszusammenhang* von Entertainisierung im Hinblick auf das Untersuchungsziel umrissen ist.

Es geht also auf allen drei Analyseebenen um die Ermittlung entertainisierungsrelevanter gesellschaftlicher Strukturen und Prozesse unter *kommunikationssoziologischer Perspektive*. In diesem Sinne werden namentlich modernisierungs- und demokratietheoretische Befunde selektiv herangezogen und in einen neuen Analysekontext gestellt. Dies mag umgekehrt auch wieder zur weiteren Elaboration dieser Theorien beitragen.

3   Mediengesellschaft

3.1   Metatrends

Vier charakteristische Konstellationen moderner Gesellschaften, insbesondere von Mediengesellschaften und der sie prägenden Dynamik, bestimmen deren Entertainisierung generell und im Verein mit der daraus resultierenden umfassenden Unterhaltungskultur diejenige ihrer Politik und Öffentlichkeit im speziellen am stärksten: ihre funktionale Differenzierung, der Wandel ihrer Institutionen, die Labilisierung des Realitätsverständnisses und die Individualisierung ihrer Mitglieder.

3.1.1 Funktionale Differenzierung

Die arbeitsteilige Differenzierung moderner Gesellschaften in funktional spezifizierte Subsysteme impliziert, in letzter Verkürzung, *primär Entlastung und sekundär Belastung* der Gesellschaftsmitglieder. Der mit ihr verbundene technisch-ökonomische Fortschritt erlaubt diesen – dank zunehmender Freisetzung von wirtschaftlichen Ressourcen: Stichwort »Überflussgesellschaft« (Kneer 2001) – die Entwicklung immer differenzierterer Bedürfnisse, aber auch Fähigkeiten. Die Gesellschaft, zumal der besonders expansive Tertiärsektor der Dienstleistungen und darin maßgeblich derjenige der Freizeit entfalten allerdings ein solches Maß an Eigenkomplexität, dass ein Quartärsektor Information/Kommunikation, darunter vor allem auch Massenmedien, von selber gleichfalls unablässig wachsender Eigenkomplexität ausdifferenziert wird, diese gesellschaftliche Komplexität in umfassender Interpenetration der Sektoren bewältigen zu helfen (Münch 1992a).

Das Ergebnis der funktionalen Differenzierung moderner Gesellschaften fasst W. Reese-Schäfer, N. Luhmanns Interpretation veranschaulichend, in Abbildung 1 zusammen.

Funktionale Differenzierung impliziert, dass die Mitglieder moderner Gesellschaften immer mehr in je anderen Systembezügen und entsprechend *unterschiedlichen Bewusstseinssphären* leben. Politik und Wirtschaft oder auch das Wissenschafts- und das Medizinsystem und erst recht dasjenige der Erziehung oder der vielen labilen Kunstsysteme profilieren, je mehr sie sich ausdifferenzieren, auch ihren spezifischen funktionalen Sinn immer stärker und realisieren diesen in je eigenen Programmen, und zwar in fortwirkender evolutionärer Dynamik. Das produktive Zusammenwirken dieser verschiedenen Funktionssysteme ist für die Befriedigung der sich gleichfalls differenzierenden individuellen und kollektiven Bedürfnisse ebenso notwendig wie schwierig.

Vor allem aber hat diese sich überstürzende Evolution individuelle und kollektive *Orientierungsdefizite* zur Folge, entwertet diese doch fortgesetzt überkommene Basisverständlichkeiten. Das »Leben in einer posttraditionalen Gesellschaft« (Giddens 1996:113ff.) erheischt auf jeden Fall zusätzliche psychische, kognitive und soziale Flexibilität und deklassiert auf neue Weise jene Personenkategorien, die dieser Fähigkeit ermangeln. Resultat entsprechender Anpassungsschwierigkeiten sind, vor allem im Zusammenhang mit der Medialisierung, vielfach dokumentierte Wissensdisparitäten (»knowledge gaps«) zu Lasten weniger versatiler Gesellschaftsmitglieder und andernteils eine »emotionale Kluft« (»emotional gap«, vgl. Vitouch 2000:181f.) bei psychisch Labilen, die gefühlsmäßig und dann auch kognitiv die Medienrealität nicht zu bewältigen vermögen.

Funktionssystem	Code	Programm	Medium	Funktion
Wirtschaft	Habt/Nichthaben	Knappheit	Geld, Eigentum	materielle Reproduktion
Recht	recht/unrecht	Gesetze	Recht (= Gesetze, Entscheidungen)	Sicherheit und Entscheidung von Konflikten
Wissenschaft	wahr/unwahr	Forschung	Wissenschaftliche Erkenntnisse	Produktion neuer Erkenntnisse
Politik	Regierung/ Opposition	politische Ideen und Ideologien	Macht (öffentliche Ämter)	Herstellung kollektiv bindender Entscheidungen
Religion	Immanenz/Transzendenz	Offenbarung, Dogmatik, religiöse Texte und Rituale	Glaube	Transformation unbestimmbarer in bestimmbare Komplexität
Erziehungssystem	gute/schlechte Zensuren	Lehr- und Lernprogramme	Schulpflicht, Karriereerwartungen	Ausbildung und Bildung, Karriereselektion
psychisches System	identisch/nichtidentisch	seelische Gesundheit	Bewußtsein	individuelle Identitätsorganisation
Massenmedien	Information/ Nichtinformation	Mitteilungen	Kommunikationsmedien, Sprache, Bilder	Information und Unterhaltung
Moral	gut/böse	Wertvorstellungen	Werturteile	subinstitutionelle Orientierung und Regulierung
Ethik	gerechtfertigt/ ungerechtfertigt	praktische Philosophie	Moral	Moralreflexion, Moralbegründung, Moralkontrolle
Kunst	traditionell: schön/ häßlich, modern: innovativ/alt (besser: Kunst/ Nichtkunst)	Stile	Geschmacksurteile, Kunstwerke	Produktion, Präsentation und Reflexion von Kunstwerken
Medizinsystem	krank/gesund (Umkehrung: Präferenz für den scheinbaren Negativwert)	hippokratischer Eid	Behandlung, Heilverfahren	Gesundheitsfürsorge
Liebe	ja/nein	Passion	Erotik	Partnerwahl

Abb. 1: Funktionssysteme (Quelle: Reese-Schäfer 2000:153)

Flexibilitätsunterschiede wirken sich offenbar bis in solch scheinbar periphere Dispositionen wie diejenige zur *Handhabung des elementaren Unterhaltungscodes*: ernst/unernst aus. So reagieren aktivere und gebildetere Publikumssegmente auf autoritative – mediale oder außermediale – Definitionen von ernster Realität eher weniger fügsam als passivere und weniger gebildete Personenkategorien.

Dafür gewinnen Rezipienten, die durch die dauernde Abhängigkeit von unberechenbaren äußeren Instanzen verängstigt und gewissermaßen in einen Zustand »erlernter Hilflosigkeit« versetzt werden, aus den stereotypen und damit voraussehbaren Entwicklungen in ihrem bevorzugten Fernsehunterhaltungsangebot kompensatorisch Erlebnisse der Kontrollierbarkeit und Sicherheit (Vitouch 2000: 108; 180). Entsprechende Reaktionen auf intensive kollektive Bedrohungen sind von der Bevölkerung Israels (Peled/Katz 1974:66) bekannt und mit der globalen Ausbreitung fundamentalistischen Terrors auch anderswo zu gewärtigen.

Den komplexitäts- und kontingenzbedingten Orientierungsdefiziten in modernen Gesellschaften stehen andererseits *neue Orientierungschancen* gegenüber, die sich durch den Wegfall tradierter Gewissheiten eröffnen. Innovationstheoretisch ist ja der Zusammenhang von Neuerungsbereitschaft, allerdings auch -resistenz, und akzeleriertem Gesellschaftswandel aufs vielfältigste belegt (vgl. u.a. Fabris 1974). Die Rolle der Medien in Wandlungs- und Innovationsprozessen ist dabei besonders intensiv untersucht worden (Giessen 1998; Saxer/Grossenbacher1987); die entsprechenden Befunde aber, wie überhaupt diejenigen zur Medienrezeption, variieren situativ stark und sind insgesamt ambivalent. Unterhaltend gemeinte amerikanische Spielfilme wurden z.B. in traditionalen Gesellschaften vielfach als kultureller Lehr- und Lernstoff missverstanden und ernst genommen, sozusagen als Nachrichten zum Sich-danach-Richten, mit entsprechend disruptiven (Lerner 1958) oder eben auch narkotisierenden Konsequenzen (Lazarsfeld/Merton 1964:105f.). In Mediengesellschaften dagegen, in denen die Rezeption von Medienkommunikation Alltagsroutine geworden ist, hat sich das Verhältnis von Medienangebot und -nutzung, gerade auch von Medienunterhaltung, dank habitualisierter wechselseitiger Abstimmung weitgehend entdramatisiert (Schönbach 2005b:272ff.). Dagegen vermag auch eine alarmierende, bewahrungspädagogische Medienerziehung nichts auszurichten.

Zentral im Zusammenhang mit Medienkommunikation als Mechanismus von Komplexitäts- und Kontingenzbewältigung in funktional differenzierten Gesellschaften bleibt die Frage, wieweit und welche auch *politisch relevanten Lehr- und Lerneffekte* diese generiert. Massenmediale Kommunikation konfrontiert ihre Publika unablässig mit ihnen fremden Milieus und kann, zumal in sich enttraditionalisierenden Gesellschaften, Empathie fördern, die Bereitschaft und die Fähigkeit, sich in die Situation anderer hineinzuversetzen und die Welt mit deren Augen zu sehen. Bei habitualisiertem Medienkonsum indes ist mit verbreiteter Empathieverweigerung zu rechnen. Dies beeinträchtigt den Bevölkerungsrückhalt außenpolitischer Initiativen. Lernen von Medienkommunikation im besonderen, also die Übernahme medial präsentierter Denk- und Verhaltensweisen, vollzieht sich in Mediengesellschaften, außer wenn speziell motiviert, ohnehin immer überwiegender beiläufig, in einem als wohlfeil und unverbindlich erlebten Kontext.

Unterhaltende Medienangebote zumal werden primär in einem anderen, einem »behagenden« mentalen Bezugsrahmen genutzt als einem für den Empfang qualifizierter politischer Kommunikation optimalen.

Weil funktionale Differenzierung zur Folge hat, dass die Gesellschaftsmitglieder verstärkt in unterschiedlichen Leistungsbereichen und Lebenssphären existieren und wirken, sind im übrigen *Integrationsprobleme* auf den verschiedenen Levels moderner Gesellschaften vordringlich. Maßgeblich darum mutieren diese ja zu Mediengesellschaften. Integrationsdefizite prägen sich aber in ihnen trotzdem aus, vor allem in Gestalt schrumpfenden Verpflichtungsgehalts von Institutionen und der zunehmenden Individualisierung der Wertwelten und Lebensstile. Das Vermögen von Politik, kollektiv verbindliche Entscheidungen zu erwirken und damit all jene Probleme zu lösen, die von den anderen Teilsystemen nicht bewältigt werden (Gerhards/Neidhardt 1991:37f.), wird unter diesen Umständen selber zum Problem. Im Gefolge funktionaler Differenzierung steht ja Allgemeinverbindlichkeit überhaupt zur Disposition. Die Medienkultur solcher Gesellschaften hat immerhin immer potentere Mechanismen entwickelt, Publika zu sammeln und in sich hineinzuziehen. Die funktionale Differenzierung macht aber auch vor ihr nicht Halt: Temporärer Integration heterogener Riesenrezipientenschaften durch Massenmedien steht die zunehmende Fragmentarisierung des Publikums durch Spezialmedien gegenüber.

3.1.2 Institutioneller Wandel

Gesellschaften ohne institutionelle Regelungen sind schwer denkbar, da in ihnen soziales Verhalten völlig unberechenbar wäre (Iványi 2003:182ff.). Auch die vielfältigen Prozesse von Entinstitutionalisierung sollten daher nicht einfach als Symptom gesellschaftlicher Destrukturierung interpretiert werden, sondern als zentrales und mithin selbstverständliches Element gesamtgesellschaftlicher Modernisierung. Diese *Dynamisierung der institutionellen Ordnung* impliziert neben Entinstitutionalisierung alternative Institutionalisierung, neue soziokulturelle Regelhaftigkeiten an Stelle von alten, institutionelle Innovationen also, wenn auch provisorische, mehrheitlich auf kürzere Dauer angelegte denn Institutionen der Vormoderne. Es ist angezeigt, schon an dieser Stelle zu fragen, wieweit es sich bei den Entertainisierungsprozessen in Mediengesellschaften um eine Frühphase der Institutionalisierung zumindest von Elementen einer Unterhaltungsöffentlichkeit handelt, die eine fundiertere Würdigung als bloß apologetische Rechtfertigung (Dörner 2001) verdient.

Bereits die erwähnte Verschiebung bzw. Durchlöcherung der Grenze zwischen Öffentlichem und Privatem ist zwar einerseits Ausdruck von Entdifferenzierung, andererseits aber auch der Synthetisierung von bisher Unzusammengehörigem, eben von unterschiedlichen Sinnsphären. Ohne Medialisierung erreicht dieser Prozess keine vergleichbare Intensität. *Grenzüberschreitungen* sind ja gerade in diesem Punkt zumindest anfänglich mit dem Odium des Ungehörigen behaftet (Weiss 2002b:27ff.). Dieses verflüchtigt sich aber mehr und mehr, weil in einer generell wandlungsbereiten sozialen Umwelt mit einer Vielzahl strukturell bedingter neuer Möglichkeiten zu – ursprünglich – abweichendem Verhalten solches im einzelnen immer weniger auffällt, denn es wird allgemeine Praxis.

Der *Beitrag von Massenmedien an Normativität und Normwandel,* zumal der aktuell-universellen Medien, die der Neophilie (Roegele 1982:51ff.) in sämtlichen Lebensbereichen aus informationstheoretischen, aber auch aus Konkurrenzgründen verpflichtet sind, ist dabei vieldimensional, aber grundsätzlich ambivalent. Einerseits werden intakte, fest verwurzelte Mehrheitsüberzeugungen von ihnen bestätigt, da gegen solche keine Massenkommunikation zustande kommt. Bei labilisierten Normen, wie etwa solchen der Schicklichkeit oder der Sittlichkeit, operiert Massenkommunikation hingegen gemäß dem Nietzsche-Prinzip: »Was fällt, das soll man auch noch stoßen«. Die Massenmedien, auf Akzeptanz bei heterogenen Massenpublika angewiesen, können also das Geschäft der Entinstitutionalisierung zwar mit großer Reichweite, aber nur mit eingeschränkter Wirksamkeit betreiben. All dies mindert z.B. auch die Effektivität von »negative campaigning« gegen politische Gegner wegen sittlichen Fehlverhaltens. Anhänger des damaligen US-Präsidenten B. Clinton vermieden ja den von seinen Gegnern erhofften Transfer des negativen Images des Privatmanns im Zusammenhang mit der sogenannten Lewinsky-Affäre auf den kompetenten Politiker und definierten mithin wohl funktionsgerechter die Politikerrolle restriktiv.

Institutioneller Wandel, wenn dermaßen intensiviert wie in Mediengesellschaften, schlägt *reflexiv* auf die so zentral in ihn involvierten Massenmedien selber zurück, und zwar in doppelter Weise:

• Der Allgegenwart ihres Wirkens wegen wird ihnen vielfach, zumal von Seiten der Politiker, die für den Erfolg ihres Handelns tatsächlich elementar von Medienkommunikation abhängen, so etwas wie Allmacht zugeschrieben: im Guten wie im Bösen. Die Strategien, Medien als Akteure und Medienkommunikation als ihre Leistung für die eigenen partikularen Interessen und Zwecke zu instrumentalisieren, haben sich mittlerweile entsprechend vervielfältigt und professionalisiert und werden in sämtlichen gesellschaftlichen Sphären praktiziert. *Medienarbeit* ist seit eh und je ein Herzstück von Öffentlichkeitsarbeit, gerade auch derjenigen zur Sicherung institutioneller Belange, sei es des Gesundheitswesens oder der Kirchen, und als Public Relations strebt Öffentlichkeitsarbeit selber den Rang und die Verbindlichkeit einer mediengesellschaftlichen Institution an.

- Die *Medieninstitutionalisierung*, die Art und Weise, wie in Mediengesellschaften das Funktionieren der Medien, insbesondere der elektronischen, geregelt werden soll, wird unter diesen Umständen zum Dauerproblem. Zentralistische, imperative medienpolitische Programmatiken scheitern fast unweigerlich an der immer geringeren intentionsgerechten Steuerbarkeit des hyperkomplexen Mediensystems. Bezeichnenderweise schrumpfte die Gestaltungsmacht des Institutionalisierungstyps »demokratisch kontrolliert« (Saxer 2002a:11ff.; 2005b:125ff.) mit der Zeit dermaßen, dass vermehrt Marktregulierung, liberale Institutionalisierung, an ihre Stelle trat (Gundlach 2004). Sekundäreffekte von Medienunterhaltung stellen freilich beide Institutionalisierungstypen vor anscheinend unlösbare Probleme, nämlich die realen oder attribuierten sozial abträglichen Folgen medialer Gewaltdarstellungen (Eisermann 2001) und die, gemessen an überkommenen demokratietheoretischen Idealen, fragwürdige Qualität von Medienunterhaltung als Element politischer Öffentlichkeit.
- Insbesondere auf der Mikroebene der *Genres*, der journalistischen Darstellungsformen bzw. Sendeformate, vollzieht sich nämlich seit einiger Zeit ein zwar vieldiskutierter, aber in seiner Tragweite noch nicht richtig eingeschätzter Wandel in Richtung immer stärkerer »-tainisierung«, d.h. ihrer zunehmenden Durchsetzung mit unterhaltenden Elementen (vgl. u.a. Baum/Schmidt 2002; Schicha/Brosda 2002). Nun sind Genres zwar historisch wandelbare, aber doch seit langem allgemein praktizierte, weil als sach-, intentions- und publikumsadäquat und darum erfolgreich erkannte, daher berufskulturell normierte, institutionalisierte, rasch und vielseitig verwendbare formale Lösungsmuster für mediale Vermittlungs- und Gestaltungsaufgaben. Mit ihrer allgemeinen »-tainisierung«, namentlich in Gestalt von Info- und Edutainment, kommt also nicht nur ein Prozess alternativer Institutionalisierung, sondern auch der Entinstitutionalisierung in Gang, dem namentlich berufskulturell hochsanktionierte Produktionsprinzipien des »objective reporting« als Garanten verlässlicher Informationsleistungen zum Opfer fallen. Die Medienrealität relativiert damit ihren eigenen Verbindlichkeitsanspruch und ihre Glaubwürdigkeit (Mangold 2004:535) selber.

3.1.3 Realitätslabilisierung

Der Verdacht, die Medien spiegelten »die« Wirklichkeit nicht nur, sondern verzerrten sie zugleich, ist zwar so alt wie diese selbst. Im Gefolge gesamtgesellschaftlicher Medialisierung und solch intrasystemischen institutionellen Wandels wird dieser Zweifel indes in größerem Maß laut und sozial relevant, verschärft ja die Unsicherheit über die Realität von Medienrealität die um sich greifende *Verunsicherung des Wirklichkeitsbewusstseins* in der modernen Gesellschaft um ein vielfaches. Was soziologisch allgemeiner denn »institutioneller Wandel« als »Strukturerosion« – neben Elementen des Strukturaufbaus (Imhof/Romano 1996: 9) – interpretiert wird, lässt ja die Frage immer dringlicher werden: »Gibt es eigentlich die Wirklichkeit noch?« (Meckel 2002). Und verstörend konstruktivistische Auskunft erteilt schon der nächstfolgende Titel in derselben Publikation: »Erzeugung von Fakten durch Reflexivierung von Fiktionen« (Merten 2002).

Es beginnt mit der Labilisierung der Realitätserfahrung in einer weitgehend technisch hergestellten, ständig verfügbaren, aber sich unablässig ändernden materiellen Umwelt. *In der Medialisierung potenziert sich dieser Prozess* bis zur materiellen Entwirklichung der Kommunikationskanäle. Er setzt sich in der zeitlichen Dimension fort mit der Entlarvung vermeintlicher historischer Gewissheiten als bloßen »Meistererzählungen« (Motzkin 2002) und von Ideologien als trügerischen Vergewisserungen der Zukunft. Der Aktualitätenjournalismus, der Vergangenheit und Zukunft auf ein punktuelles Jetzt reduziert, und überhaupt die unbeschränkt variantenreiche mediale Manipulation von Zeit intensivieren noch das relativierende kollektive Erlebnis von Zeit als bloßer sozialer oder eben medialer Konstruktion (Beck 1994). Und analog reduzieren die gestiegene Mobilität und die ubiquitäre geographische Vergegenwärtigung der Welt durch die Medien räumliche Bindungen, mit dem sozialpsychologischen Ergebnis »No Sense of Place« (Meyrowitz 1985).

Das Resultat ist eine *Vielzahl von Realitätsdefinitionen von entsprechend beschränkter allgemeiner Verbindlichkeit.* Im Verein mit der Relativierung früherer institutioneller Zwänge, die ja auch als »objektive Wirklichkeit« (Berger/Luckmann 2003:64) erfahren werden, eröffnet dies aber auch ganz neue individuelle und kollektive Optionen und Gestaltungsmöglichkeiten. Zumal die Medien demonstrieren unablässig, dass, was vormals undenkbar schien, offenbar doch real oder zumindest möglich ist. Empathie wird unter diesen Umständen zunehmend eine Sache des persönlichen Beliebens: Sie wird »den anderen« gezollt oder eben verweigert, und so etikettiert etwa der Jugendslang den entsprechenden, offenbar erstrebenswerten Gemütszustand als »cool«. Aufmerksamkeit überhaupt muss von den immer zahlreicheren Kommunikationsanbietern als radikal sich verknappendes Gut (Franck 1998) viel fintenreicher als ehedem auf dem früheren Verkäufermarkt umbuhlt werden, wo über diese viel effizienter disponiert werden konnte.

Diese vielfältige Labilisierung erst der Wirklichkeitserfahrung als solcher und dann auch als gesellschaftlicher Konstruktion relativiert in der Mediengesellschaft die Verbindlichkeit alltagsweltlicher Definitionen von Wirklichkeit so durchgehend, dass diese sogar als auch *gegenüber Fiktionalität, Simulation und Virtualität durchlässig* erlebt wird (Marchal 1995). Die Offenheit des Menschen gegenüber seiner Umwelt, von der die philosophische Anthropologie ausgeht, gewinnt durch gesamtgesellschaftliche Medialisierung eine ganz neue Qualität. Die von J. Habermas diagnostizierte Kolonisierung der Lebenswelt durch das »System« (Habermas 1981) kippt ja um, wie Beobachter wie Th. Meyer meinen, in die Kolonisierung des (politischen) Systems durch die (angebliche) Lebenswelt der Medienrealität (Meyer 2001). Nicht dass es an Gegenmechanismen der Restabilisierung der Wirklichkeitserfahrung durch Rück- und Einbindung in außermediale Realitäten gebräche, sei es in Gestalt des Erlebens familiärer Glücks- und Unglücksfälle, sei es desjenigen wirtschaftlicher Konjunktur und Rezession, aber gerade das volkswirtschaftliche Auf und Ab, wie am Beispiel der »New Economy« überdeutlich (Eisenegger 2004a), ist seinerseits zunehmend massenmedial stimuliert und fiktionalisiert.

Jedenfalls wird auf diese Weise zugleich mehr Raum frei für die spielerische *Substituierung der Alltagsrealität* durch eine gefälligere fiktionale, die Medienunterhaltung mit besonderem Breitenerfolg offeriert: eine in sich stimmige und daher plausible, unverbindlich-zweckfreie und deshalb behagende Realitätskonstruktion, in die man relativ bedenkenlos, da vermeintlich oder tatsächlich konsequenzlos eintauchen kann. Die Eroberung des Alltags durch die szenischen Medien Radio und Fernsehen beseitigt überdies bald jede Art von Übergangsritus von der Sphäre des Ernstes in diejenige des Spiels. Infotainment als eingängigstes Genre orientierender medialer Alltagsbewältigung wird so, wie Unterhaltung überhaupt, zumal für weniger Gebildete zu einem »Konstitutivum individueller Realitätskonstruktion« (Beierwaltes 2002:183). Fernbedienung und mobile TV-Geräte erleichtern vollends die bequeme individuelle Routinisierung der Fernsehnutzung, die zudem häufig zur Sekundäraktivität degeneriert. Und auch die Banalisierung des Fernseherlebnisses durch seine Veralltäglichung erhält eine politische Parallele im E-Voting, das den ursprünglich herausgehobenen Akt der Wahrnehmung der staatsbürgerlichen Rechte und Pflichten auf die gleiche Ebene wie die Artikulation irgendwelcher Konsumpräferenzen bringt, wie es dem »wählerischen Wähler« (Nieland 2002: 502; Soeffner 1992) entspricht. Medienkultur ist eben synkretistisch und darum so erfolgreich, weil im Gleichklang mit einer zunehmend synkretistischen Gesamtkultur.

Weniger spektakulär und darum oft unterschätzt folgert indes aus dem Abbau überkommener Verbindlichkeiten im Zuge von Realitätslabilisierung nicht bloß Entdifferenzierung, sondern auch die *Ausdifferenzierung von neuen Kulturmustern.* Es werden ja im Verlauf dieses Prozesses unzählige zusätzliche Kombinationen vorhandener Kulturmuster bzw. ihrer Elemente möglich, so dass die individuelle und kollektive Kreativität und Wandlungsbereitschaft beim Hervorbringen und Akzeptieren von Innovationen im gesellschaftlichen Wandel nicht überfordert werden. Wiederum zeigt die Medienindustrie, die ja ständig massenhaft Unikate produzieren muss, hierfür exemplarische Problemlösungen, indem sie sehr effiziente Verwertungspraktiken knapper kreativer Ressourcen entwickelt. So kombiniert sie, außer wie erwähnt auf dem Mikrolevel unterschiedliche Genres, elite- und volkskulturelle Elemente (Saxer 2003b:89) mit erfolgssicheren populärkulturellen Absatzstrategien und ebnet so kulturelle Hierarchien ein oder macht in Reality TV medial verfremdete Alltäglichkeit zum massenattraktiven Ereignis (Werner/ Stadik 2001).

In *Reality-TV* kulminiert nach Ansicht vieler Beobachter der mediengesellschaftliche Prozess der Realitätslabilisierung (vgl. u.a. Lünenborg 2004), dessen Konsequenzen für die fernsehdominierte politische Öffentlichkeit indes I. Bondebjerg (1996:29) eher als demokratieförderlich einstuft: »What we are witnessing through hybridiziation and new reality and acess genres is the democratization of an old public service discourse, dominated by experts and a very official kind of talk, and the creation of a new mixed public sphere, where common knowledge and everyday experience play a much larger role«. Der innovative Gehalt dieser Formatweiterentwicklung wird hingegen in Fachkreisen vielfach bezweifelt (Beyer 2000:179ff.). Umso massiver setzt die internationale Fernsehindustrie mit immer weiteren Abwandlungen auf die Erfolgsträchtigkeit dieses Musters von medialer Realitätsinszenierung (Lünenborg 2004:112).

Immer wieder und immer durchgehender wird ja das modifizierte Recycling bereits vorhandener Produkte zu einem dominierenden Fertigungsprinzip der Medienindustrie. Damit weckt und bindet diese gekonnt öffentliche Aufmerksamkeit, indem sie durch die Kombination von Vielgehörtem und Unerhörtem, von déjà vu und Novität den konstitutiven Mechanismus von Kommunikation, *Reflexivität*, für ihre Zwecke einsetzt. Dessen mediengesellschaftliche Bedeutung erschöpft sich hierin freilich bei weitem nicht, fundieren doch reflexive Mechanismen von der Art des Lernens des Lernens, der Meinungskommentierung, der Wissenschaftswissenschaft, der Suchmaschinen im Internet, der Selbstbeobachtung der Gesellschaft durch Beobachtungssysteme wie die Massenmedien oder der Reziprozität der Beobachtung des Beobachtetwerdens der Politiker und Journalisten den Aufbau und das Funktionieren komplexer Systeme überhaupt (Luhmann 1970b). Je nachdem, ob und wieweit die Mitglieder von Mediengesellschaften, Publika wie politische Akteure, weiterhin imstande sind, Lebenswelt und Medienwelt zu unterscheiden (Meckel 2002:33), werden Fiktionen in größerem und kleinerem Maß politisch relevante Fakten durch Reflexivisierung erzeugen und wird Unterhaltung ein mehr oder minder stark steuerndes Element des politischen Prozesses sein. »Hystorien. Hysterische Epidemien im Zeitalter der Medien« (Showalter 1999) sind jedenfalls weitere zu gewärtigen, obwohl die Mitglieder von Mediengesellschaften Medienrealität normalerweise schema-, also von Alltagsrationalität geleitet rezipieren und damit undramatisch, weil routinehaft, in ihre Lebensrealität einbeziehen (Brosius 1995).

3.1.4 Individualisierung

Die Konsequenzen von funktionaler Differenzierung, institutionellem Wandel und Realitätslabilisierung konvergieren im einzelnen Gesellschaftsmitglied, das dadurch in eine viel kontingentere Welt als früher gestellt und so mit einer *radikal veränderten Problemkonstellation* konfrontiert ist. Eine neue Überfülle von Möglichkeiten, das eigene Leben zu entwerfen, zu stilisieren, zu inszenieren (Willems/Jurga 1998) steht ja grundsätzlich zur Wahl, freilich bei zugleich schwindender Transparenz der real eingrenzenden Bedingungen, unter denen diese Wahl getroffen wird. Damit wird natürlich nicht die alte kulturkritische Verdächtigung von »Verblendungszusammenhang« und pausenloser, vornehmlich medialer Einträufelung falschen Bewusstseins wieder aufgenommen (Saxer 2006a), vielmehr bloß auf eine besonders wichtige Konsequenz der Realitätslabilisierung auch für die Entwicklung politischer Einstellungen hingewiesen.

Auch die *wissenschaftliche Begriffsbildung* trägt dieser gewandelten Akteurssituation in der modernen Gesellschaft Rechnung. Einerseits unterstreicht die sozialwissenschaftliche Definition von Lebensstilen: »Unter Lebensstilen werden raum-zeitlich strukturierte Arten der Lebensführung verstanden, die von materiellen und kulturellen Ressourcen, der vorherrschenden Lebensform und den Werthaltungen abhängen« (Müller1997:15), deren Einbettung in überpersönliche Bedingungen. Andererseits erweitern die Wirtschaftswissenschaften ihr Konzept des Homo oeconomicus, des Nutzen maximierenden Individuums, zu dem des Resourceful, Restricted, Expecting, Evaluating. Maximising Man (RREEMM) als für Ökonomen – wie Soziologen – besonders tauglichem »Modell des Menschen für die Zwecke der erklärenden Modellierung sozialer Prozesse« (Esser 1999:231). Die Akteurebene muss ja gegenüber der politikwissenschaftlich dominanten Makro- bzw. Systemebene bei einer Untersuchung über Unterhaltungsöffentlichkeit stärker in den Vordergrund gerückt werden, und zwar immer auch im Hinblick darauf, welche Folgen der Metatrend Individualisierung für die politische Integration der Mediengesellschaft hat.

Wird Individualisierung als der sozial, Globalisierung als der ökonomisch und Medialisierung als der kulturell prägendste Faktor moderner Gesellschaftsentwicklung gewichtet (Krotz 2002:185), so ergibt dies eine Gesamtkonstellation, die ein hohes Maß an *sekundärer Vergesellschaftung der Individuen* wahrscheinlich, weil für den Fortbestand der Gesellschaft unerlässlich, macht. Den desintegrativen Implikationen von Individualisierung in Gestalt von Orientierungsdefiziten oder verantwortungsfreier Selbstverwirklichung stehen ja integrative gegenüber. Dem Individuum obliegt unter diesen Umständen »die biographische Auflösung von Systemwidersprüchen« (Beck 1986:219), und reintegriert wird es auch durch Erlebnisorientierung als »kollektiver Basismotivation« (Schulze 2000:36), durch temporäre affektive Vergemeinschaftung vor dem Bildschirm, durch organisierte »Gefühlsbewirtschaftung« (A. Russel Hochschild, zit. nach Imhof/Schulz 1998:285) und von außen namentlich durch die Bildungsinstitution Schule und durch Märkte.

Insbesondere der globalisierten *Unterhaltungsindustrie* eignet demzufolge, zumindest theoretisch, vom Angebot her ein interkulturelles Integrationspotenzial. Weil aber als publikumsmaximierende Offerte angelegt, anders als instrumentelle Politprogramme als Unterhaltung entsprechend unverbindlich-deutungsoffen (Saxer 1974:79) gestaltet und damit von den Rezipienten gruppenspezifisch wie höchst individuell interpretierbar, fungiert dieses Angebot eben sowohl in Richtung gruppenhafter wie höchst individueller Selbstbestätigung (Katz/Liebes 1984). An diesem Beispiel erweist sich zugleich einmal mehr, wie wenig valide der Schluss aus einem Kommunikationsangebot auf dessen Wirkungen ist, denn diese bestimmen in letzter Instanz die Rezipienten durch ihr selektives Nutzen, Verstehen und Behalten bzw. Vergessen desselben. Die Öffentlichkeitstheoretiker kommen daher um der Validität ihrer Analyen willen nicht darum herum, die Befunde kommunikationswissenschaftlicher Empirie über den realen Verlauf von Medienkommunikation, wiewohl sie schwer zu generalisieren sind, stärker als bis anhin zu berücksichtigen und das ganze Geschehen vermehrt symbolinteraktionistisch zu konzipieren.

Auch in der Wissenschaft, wie in Politik und Journalismus, generieren ja Fiktionen Fiktionen (vgl. Rössler/Krotz 2005). Im Gefolge von Individualisierung als mediengesellschaftlich prägendem Metaprozess büsst z.B. das sozialwissenschaftliche *Identitätskonzept* zunehmend seine empirische Entsprechung ein. Angesichts des Umstandes, dass unter Berufung auf wirkliche oder angeblich bedrohte kulturelle Identität (vgl. u.a. Viehoff/Segers 1999) internationale medienpolitische Gegenprogramme großen Stils entworfen worden sind und selbst beim heterogenen Wählerpotential von Massenparteien im Namen von dessen politischer Identität um Loyalität geworben wird, ist die Beantwortung der Frage nach der realen Konstitution und der politischen Instrumentalisierbarkeit solcher Identität von erheblicher Bedeutung auch für erfolgreiche praktische Politik.

Folgende *Dimensionen des Identitätskonzepts und seines mediengesellschaftlichen Korrelats* (Weiss 2002b:38ff.) sind für die etwaige Konstituierung einer Unterhaltungsöffentlichkeit und deren Analyse besonders beachtenswert:

- Was das *Konzept der Identität als solches* anbelangt, so wurde es sozialwissenschaftlich von der Individual- auf die Kollektivsphäre übertragen (Saxer 1999a:

98ff.), mit dem Ergebnis dauernder Unschärfen, hoher Ideologisierbarkeit und relativ beliebiger Anwendungsbreite. Im Zusammenhang mit Individualisierung als mediengesellschaftlichem Metatrend und dem Thema dieser Studie ist das Konzept trotzdem unverzichtbar, weil es die entsprechende elementare Problemkonstellation (vgl. 2.2) anvisiert, in der relevanten Literatur sehr oft darauf Bezug genommen und damit eine Schlüsselstelle des Zusammenwirkens von Mikro-, Meso- und Makrolevel bei der Konstitution von Öffentlichkeit fokussiert wird.

- Auffällig ist, dass in der Literatur immer stärker der *Darstellungs- und Inszenierungsaspekt* von Identität in den Vordergrund rückt (Hettlage/Vogt 2000; Weiss/ Groebel 2002), Selbstbestätigung also durch Selbstdarstellung erstrebt wird (Schimank 2002:131f.). Die Gewichtsverschiebung von der Politikherstellung auf ihre öffentliche Darstellung lässt sich nicht zuletzt auch als Folge dieser Entwicklung auf dem Mikrolevel interpretieren. Wohl ist die Auffassung zentral geblieben, dass Identität ihre Träger über die Zeit und hinsichtlich der Umwelt definiert, aus sich selbst und ihren Interaktionen und somit aus Selbst- und Fremdbeobachtung resultiert, normativ überformt ist und, auf Kollektive bezogen, als Ein- und Ausgrenzungsmechanismus fungiert. Sonst aber nähren diese Akzentverschiebung in Richtung Identitätsmanagement von der Art der »narrativen Identität« oder der »Identitäts-Collage« (Hettlage 2000:19ff.) bis zur Corporate Identity-Industrie und zumal der gesteigerte Authentizitätskult (Weiss 2002b:43) den Verdacht, dass sich die Substanz, dasjenige, was überhaupt Identität ausmacht, zunehmend verflüchtigt. Der um sich greifende Zerfall familiärer, politischer und auch wirtschaftlicher Loyalitäten, die ehedem personale und soziale Identität verbürgten, liefert hierzu zumindest eine Teilerklärung.
- Im Gleichlauf zur Segmentierung der funktional differenzierten Gesellschaft segmentieren sich eben auch die personalen und sozialen Identitäten. Die unvermeidliche Binnendifferenzierung sämtlicher gesellschaftlicher Akteure führt auf der Mikroebene zu *multiplen Identitäten* des »Dividuums« (Koenen 2000:107), da es den in es eingesenkten Systemwidersprüchen nur so zu begegnen vermag, auf der Mesoebene der Organisationen zu deren wiederum organisierter kommunikativer Re-Integration und damit Re-Identifikation und auf der Makroebene zum neonationalen Event-Marketing, namentlich mittels Sport, und zur transnationalen Fiktionalisierung kultureller Identität. Und auf allen Levels fungieren in erster Linie die Massenmedien als »prekäre Integrationsgeneratoren« (Hettlage/Vogt 2000:127) und Agenten sekundärer Vergesellschaftung.

Die *Folgen der Individualisierung* sind mithin für die Entwicklung der Mediengesellschaft, ihrer Politik und Öffentlichkeit von größter Tragweite. Politik muss ja in ihr mit Individuen gestaltet werden, die, des Verpflichtungscharakters von Schichtzugehörigkeit weitgehend enthoben, mit einer gewachsenen Zahl von möglichen Lebensstilen, freilich auch mit neuen Spielarten der »*Individualisierung* sozialer Ungleichheit« (Beck 1996:45) konfrontiert sind und immerhin viel mehr als früher ihre eigenen Prioritäten, auch ihre emotionalen, realisieren können. Darin werden sie auch weniger als ehedem von strukturierten Weltanschauungssystemen geleitet, kaum mehr ideologisch kohärent in die Politik eingebunden und überhaupt nur noch selten durch mehr denn je subjektive Wirklichkeitsmodelle kollektiviert (Schulze 2000:415), durch stabile »gesellschaftlich geteilte Deutungskonfigurationen« (Imhof 1996b:215) kulturell auf eine gemeinsame ausdifferenzierte Wertwelt verpflichtet und auf Normen, diese zu garantieren. Denn Sinn konstituiert sich ja, differenztheoretisch gesprochen, in Mediengesellschaften »polykontextural« (Schimank 2000:185ff.), also je nach Kontext anders. Mit dieser Öffnung der Denk-, Erfahrungs- und Verhaltenshorizonte werden freilich in der Mediengesellschaft zugleich sozialpsychologische Widerstandspotentiale gegen verfeinerte neue kommunikative Bemächtigungsstrategien abgebaut.

3.2 Unterhaltungskultur

Im Gefolge der vier Metaprozesse funktionale Differenzierung, institutioneller Wandel, Realitätslabilisierung und Individualisierung und unter dem Einfluss alldurchdringender Medialisierung bilden moderne Gesellschaften immer umfassender Unterhaltungskulturen als allgemein inklusiven und vielfach dominanten Habitus (Bourdieu 1987a:97ff.), Daseinsform, Lebenswelt, System aus. Konstituiert ist Unterhaltungskultur durch Unterhaltungserlebnis, -organisation und -funktionalisierung, und charakterisiert ist ihre Entwicklung als problemlösender und -schaffender Spannungsmodulator durch dessen problematisches Verhältnis als Generator individueller und kollektiver Gratifikationen zu gesellschaftlichen Verbindlichkeiten. Aus Entertainisierung als gesellschaftlichem Totalphänomen resultiert also in Mediengesellschaften eine sämtliche gesellschaftlichen Levels durchwirkende Unterhaltungskultur, die idealtypisch als Erlebnis-, als Populär- und als Akzeptanzkultur konstituiert ist. Mit einem *Idealtyp* wird freilich nur der »strukturelle Kern« (Gerhards 1994:92) empirisch variabler Realtypen profiliert; diejenigen der hier entwickelten Unterhaltungskultur sind in verschiedenen historischen Konstellationen unterschiedlich deutlich ausgeprägt. Diese Variationen wären im einzelnen empirisch zu belegen, was hier nicht geleistet werden kann. Insofern kann ein Großteil der hier formulierten Aussagen und Schlussfolgerungen keine höhere Gültigkeit als diejenige theoretisch besser denn empirisch abgestützter »educated guesses« – wie reflektierte Zukunftsforscher ihr Tun qualifizieren – beanspruchen, deren Plausibilität (Marcinkowski 2005:349) vor allem exemplarisch dargetan werden muss.

3.2.1 Erlebniskultur

Ein Beispiel unter vielen mag gerade in seiner Simplizität die vielfach verkannte Komplexität des Totalphänomens Entertainisierung und der aus ihm resultierenden Erlebniskultur veranschaulichen. Es handelt sich um die Sendung »Wetten, dass« des deutschen Entertainers Th. Gottschalk vom 19. Februar 2005 aus Dresden, die von verschiedenen europäischen Fernsehketten ausgestrahlt wurde. Bei diesem Anlass konnten in kürzester Zeit 25 Erfurter Professoren dafür gewonnen werden, als Krokodile kostümiert auf dem Domplatz den entsprechenden Kinderhit »Schnappi Schnappi« vor der Kamera zu intonieren, begleitet von der Erfurter Philharmonie und angefeuert von -zigtausend in der größten Kälte draußen ausharrenden Erfurtern, vor einem lokalen und einem internationalen Millionenpublikum also. Schließlich hatte früher auch der deutsche Bundeskanzler G. Schröder in dieser Sendung hospitiert, und so hielten es E-Musiker und E-Professoren offenbar gleichfalls für angezeigt, ihre Befähigung zum Rollenmimikry zu demonstrieren: »Wir sind auch so lustig, Ehrensache«, in der Endloskonkurrenz der »Wetten, dass«-Austragungsorte und ihrer Honoratioren um grenzüberfliegenden Aufmerksamkeits- und Geltungsgewinn. Jung und alt, In- und Ausland, Kultur, Politik und Wirtschaft kooperierten hier für das Zustandekommen einer Viertelstunde wahrlich totaler Unterhaltungsöffentlichkeit. Die Selbstinszenierungsbedürfnisse von Repräsentanten des Makrolevels, eben nationaler Politprominenz, des Mesolevels in Gestalt kommunaler Organisationen und der einzelnen Selbstdarsteller mit ihren kuriosen Rekorden kommen bei diesem Anlass zum Tragen, der alle Ebenen des sozialen Seins durchwirkt.

Die Banalität des Beispiels spiegelt in erster Linie die Veralltäglichung des *Unterhaltungserlebens* (Vorderer/Weber 2003:137) und zugleich die universelle Beschwörbarkeit gefälliger Als-ob-Welten im Gefolge von Medialisierung und Entertainisierung. Sämtliche Konstituenten des Unterhaltungserlebens, die von der triadisch-dynamischen Unterhaltungstheorie (Früh 2002, 2004b) ermittelt worden sind, sind hier präsent: die positive Grundstimmung (»Makroemotion«), die Souveränität der Akteure, mit der hier die Restriktionen der realen Welt – unter anderem in Gestalt von Reputationseinbußen, weil man sich lächerlich machen kann – überspielt werden und die Möglichkeiten, den dadurch eröffneten affektiven und kognitiven Gestaltungsraum mit parasozialer Interaktion und anderen Phantasien produktiv zu nutzen. Unter den beschriebenen Metatrends schlägt besonders derjenige der Lockerung institutioneller Verbindlichkeiten hier ebenso zu Buche, wie auch bereits ablesbar wird, wie prekär die Prominenz (Niehaus 2004) ist, die durch das Mittun in der televisionären Spaßgesellschaft zeitweilig erworben wird. Die Politikerkarriere des Vorsitzenden der deutschen Freien Demokraten G. Westerwelle überdauerte ja gerade trotz dessen sehr bedingt erfolgreichen Auftritten in der Unterhaltungsöffentlichkeit dank einem soliden Werdegang als Parteifunktionär (Lütjen/Walter 2002:395). Die problematische Verträglichkeit der ersteren als Gegenofferte zur Welt der politischen Institutionen wird daran offenbar.

Was sich in Erfurt vollzog, ist ja ein *Medienereignis* (Dayan/Katz1992), wie sie sich in der Mediengesellschaft dermaßen häufen, dass sie, ständig erwartet, Bestandteil der Alltagskultur geworden sind: Geschehnisarrangements, durch Medien, meist einen Medienverbund, ermöglicht, zu ihren Ehren organisiert und durch Publika gewissermaßen beglaubigt. Dass Medienkommunikation mit größtem Verbreitungserfolg eine hybride Populärkultur zu realisieren vermag, die unter Umständen auch elitäre Inhalte unter »das Volk« bringen kann, verdankt sich maßgeblich auch der wachsenden Perfektion, mit der Medienereignisse generiert werden. Dass politische Akteure hier ebenfalls mithalten wollen, ist ebenso verständlich wie risikobehaftet. So vieles muss ja zusammenstimmen, damit das unterhaltende Arrangement wirklich reüssiert: der Stimulus, die Disposition der Adressaten, die Kommunikationssituation (Früh/Wünsch/Klopp 2004:523ff.), der unterhaltsam, aber letztlich auch auf politische Persuasion angelegte Anlass, die Verfassung des Massen- oder Zielpublikums, die allgemeine politische Befindlichkeit. Erfolgreiche Politikdarstellung mittels Happenings setzt umfassend kompetentes Affekt- bzw. Kommunikationsmanagement voraus.

In der Spannung zwischen der wachsenden strukturellen Verfestigung der Unterhaltungskultur und der essentiellen, weil von Gratifikationserlebnissen abhängigen Instabilität von Unterhaltungssystemen operierend, bleibt denn auch das Problemlösungs- und -schaffungsvermögen von mediengesellschaftlichem Entertainment im allgemeinen und Politainment im besonderen schwer abschätzbar und nur bedingt kalkulierbar. Wie leicht überwächst etwa das Element Stolz (auf die einheimische Mannschaft) die unterhaltende Makroemotion Sporterleben, und dieses kippt um in den lokalpatriotischen oder nationalistischen Ernstfall (Früh/Wünsch/Klopp 2004:518). Nicht zufälligerweise bereitete und bereitet, jedenfalls in den Mediensystemen der deutschsprachigen Länder, die Platzierung und Rangierung des Sports in der redaktionellen Ressortgliederung bzw. Hierarchie erhebliche Schwierigkeiten. Die ereignisträchtige Verbindung von Agonalem und Spielerischem im *Sport* beschert ja so vielfältige Erlebnisse, dass die Interpenetration dieser multifunktionalen Institution außer mit den Medien auch mit der Werbewirtschaft und eben dem politischen System besonders dicht ist und dieser, weil Emotionen als basale Formen der Weltaneigung in besonders reichem Mass bescherend, eine zentrale Struktur nicht erst der modernen Unterhaltungskultur bildet.

So wie durch den Sport, so kann das Unterhaltungserleben auch durch die anderen kulturellen Institutionen vermittelt werden, namentlich Kunst und sogar durch Religion und Wissenschaft, durch die Funktionssysteme Wirtschaft, Recht und eben Politik, denn als anthropologisches Universale kann es sich themenunabhängig realisieren, in entlasteten Zeiten wie in Krisen und keinesfalls bloß in den etablierten Strukturen der Unterhaltungskultur. Es für irgendwelche Zwecke zu *instrumentalisieren*, wurde und wird denn auch zu allen Zeiten von allen Eliten, so eben auch von politischen, ständig versucht und auch immer mit dem Risiko, dass der jeweils gemeinte ernste Sinn oder das Unterhaltungserlebnis auf der Strecke bleibt. Eine »fun morality« (Prokop 1979:39ff.) greift ja, im Gefolge von Mentalitätsveränderungen unter dem Einfluss der entertainisierungsförderlichen Metaprozesse auch auf Sphären über, in denen eine solche ehemals verpönt war, macht aus der Erlebens- mehr und mehr auch eine Unterhaltung-Erlebensgesellschaft. Eine solche ist indes, zumal im Gefolge der immer raffinierteren Bereitstellungsqualitäten des Leitmediums Fernsehen, durch eine wachsende »Erlebenskluft« zwischen medialen Gratifikationsverheißungen und Alltagserfahrung (Ludes 1994:203f.) bedroht, ist enttäuschungsanfälliger als die frühere Leistungsgesellschaft.

3.2.2 Populärkultur

Weil Unterhaltung Individuen und Kollektive Abwechslung statt Monotonie, Souveränität statt Fremdbestimmung und »kontrollierten Kontrollverlust« (Früh 2003b:34) erleben lässt und vielfältig instrumentalisierbar ist, ruft das Unterhaltungserleben geradezu nach Organisation. Unter kultursoziologischer Perspektive präsentiert sich dementsprechend die Geschichte gesellschaftlicher Modernisierung maßgeblich als diejenige des Typs Populärkultur, der Kultur von Eliten für Nichteliten, und daraus folgend der Dynamisierung von dessen Verhältnis zu den zwei anderen *elementaren Typen von kultureller Organisation*, zur Elitekultur, der Kultur von Eliten für Eliten, und zur Volkskultur, der Kultur von Nichteliten für Nichteliten. Dermaßen in Übereinstimmung mit dem sonstigen Modernisierungsgeschehen und insbesondere der Entertainisierung operiert Populärkultur, dass sich dieser Kulturtyp global und unter allen Herrschaftsverfassungen durchsetzt. Autoritäre wie demokratische Eliten versuchen ja mit dem Einsatz populärkultureller Mittel, die eine Akzeptanzkultur konstituieren, ihren Zustimmungs- und Legitimationsbedarf zu decken.

Dieser Siegeszug gründet primär in ihrem fast unbegrenzten Assimilations-, Integrations-, Inklusionsvermögen von Mustern der anderen Kulturtypen und ebenso in wachsender Eigenproduktivität des sich selbst reproduzierenden Systems Populärkultur. Unterhaltungskultur und ihr zentraler Organisationstyp Populärkultur, ebenso wie Massenmedienkultur als ihre Fundierung sind ja deshalb expansive Hybridkulturen, deren Entfaltung indes von *Kompatibilitätsproblemen* doppelter Art belastet und auch eingeschränkt wird, nämlich solchen der Zugänglichkeit und der normativen Tragbarkeit ihrer Muster:

- *Elitekultur* ist die Kultur von Gebildeten, Reichen, Mächtigen für ihresgleichen, und ihre Muster sind entsprechend anspruchsvoll zu realisieren, kostspielig und bei hohem Elitekonsens herrschaftsdienlich. Dies ist ihre idealtypische kulturelle, ökonomische und politische Valenz und Distinktion ihre Hauptfunktionalität für ihre Präger und ihre Nachvollzieher. Damit sperren sich ihre Muster von ihrer Struktur her gegen ihre Vereinnahmung durch den Kulturtyp Populärkultur, dessen Hauptfunktionalität in der Inklusion von möglichst vielen Nachvollziehern ihrer entsprechend adressatenfreundlich geprägten Muster, Popkonzert oder Polithappening etc., liegt, Inklusion auch von möglichst vielen anderswo generierten Kulturmustern, selbst exklusiven, und sei es um den Preis von deren Entdifferenzierung. Erfolgreich in den populärkulturellen Verbreitungskreislauf können elitekulturelle Muster, politische Anspruchskultur Habermas'schen Zuschnitts zumal, nur in popularisierter Gestalt über entsprechende Kanäle eingeschleust werden. Je erbitterter der Kampf um Marktanteile, desto eher werden elitäre Normen des adäquaten politischen Stils verletzt, wird populistisch statt diskursiv argumentiert, ruft verschärfte Elitenkonkurrenz Gegeneliten auf den Plan, die auch den Rückgriff auf gegeninstitutionelle Strategien und Praktiken nicht scheuen. Viele soziale Bewegungen entspringen schließlich akademischen Milieus, die öffentliche Aufmerksamkeit mittels politischem Stilbruch zu erzeugen versuchen.

- *Volkskultur* ist Kultur vom Volk für das Volk mit der Hauptfunktionalität Solidarisierung, kleinräumig realisiert, von bescheidener Organisationseffizienz, essentiell oral und präsentisch und als vergleichsweise statischer Kulturtyp in der Neuzeit insgesamt rückläufig. Sein schrumpfendes Problemlösungsvermögen vermag auch dieser Kulturtyp, wenn er in den populärkulturellen Verbreitungskreislauf drängt oder gedrängt wird, nur unter Preisgabe seiner konstitutiven Qualität Authentizität, nämlich in Gestalt von Folklorismus wieder zu weiten (Giddens 1996a:185). Wenn volkskulturelle Politik nicht mehr in Provinzialismus als soziokulturellem System verhaftet bleiben will und sich aus der Versammlungs- in die Medienöffentlichkeit begibt, mutiert, analog zum volkskulturellen Brauchtum, auch ihre »volksverbundene« Rhetorik und ihr Gestus der Bodenständigkeit zum Ausstellungsgut und büsst ihre durch Tradition sanktionierte Verbindlichkeit ein. Die Beschwörung des Vaterlandes bzw. der patriotische Appell zumal stellt in einer Ära der Entterritorialisierung von Politik eine prekäre Vermischung von Volks- und Populärkultur dar.

Das *Wachstumsprinzip* des charakteristischen mediengesellschaftlichen Typs kultureller Organisation Populärkultur gemahnt denn auch an Fr. Hebbels Apercu: »Der Wolf und das Lamm, wer ist besser? Der Wolf fraß das Lamm und sprach: nun bin ich Wolf und Lamm zugleich!« (Hebbel 1984:380). Selbst der zynische Wolf, anders als die differenz- und konkurrenztheoretisch ungedeckte stereotypische Behauptung suggeriert, liberale Rundfunkinstitutionalisierung zeitige lediglich »more of the same«, argumentiert schon 1840 gewissermaßen als frühe multiple Identität. Wohl assimiliert Populärkultur möglichst viele Kulturmuster, mit größerem Akzeptanzerfolg, aber nur soweit ihre Produzenten und Verbreiter kulturelle und situative Unverträglichkeiten einkalkulieren und respektieren, und dies erst recht bei originär populärkulturellen Kreationen. Die mediengesellschaftlichen Metatrends der funktionalen Differenzierung und Individualisierung verurteilen populärkulturelle Produktions- und Diffusionsstrategen, die nur auf Publikumsmaximierung setzen, mehr und mehr zum Misserfolg, das fragile Unterhaltungserleben stellt sich zunehmend bloß noch bei zielgruppengerechten populärkulturellen Angeboten, auch Politainment, ein.

Nur so ist Populärkultur, maßgeblich dank der kreative wie wirtschaftliche Ressourcen optimal haushälterisch nutzenden Strategie der Produktdifferenzierung, zum Hauptträger einer zunehmend global als mächtiger *ökonomischer Akteur* operierenden Unterhaltungsindustrie geworden (Du Gay 1997:5). International gehandelte Sendungsformate, bestimmte Serien- und Showtypen z.B., lassen sich mit geringem Aufwand für unterschiedliche Märkte variieren, namentlich indem sie mit einem lokalen oder nationalen Personal, auch Politikern, besetzt werden. Dementsprechend sind die Produktion und Verbreitung populärkultureller Unterhaltung ebenso unentbehrlich für das wirtschaftliche Überleben der Mediensysteme geworden wie Motor für deren weitere Ökonomisierung. Nicht nur steigert und diversifiziert sie fortlaufend ihre Produktion und stärkt damit weiter ihre wirtschaftliche und kulturelle Position, sondern offeriert zugleich den politischen Akteuren immer vielfältigere Möglichkeiten zur Selbstinszenierung und zur Popularisierung ihrer Anliegen und sichert sich so auch politischen Rückhalt in gegenseitiger Symbiose.

So entwickelt sich in Gestalt der Populärkultur als Organisationstyp der Unterhaltungskultur ein *Markt, Betätigungsfeld und Erlebnisgenerator für alle*: für Kunst- und Medienschaffende, Unternehmer und Politiker, für Eliten jedweder Art und für Repräsentanten von allem und jedem, was irgendwie Unterhaltungserlebnisse bescheren kann und mehrheitsfähig ist. Weniger rigoros standardisiert als Volks-

kultur und weniger anspruchsvoll individualisiert als Elitekultur reagiert Populärkultur flexibel, doch mit vorhersehbaren Mustern bzw. Formaten auf wechselnde Nachfragekonstellationen (Nye 1971:3ff.), regelmäßig im Einklang mit
Mehrheitswertungen, diese jedoch gefällig umspielend und zur Abwechslung
innerhalb definierter Toleranzgrenzen auch relativierend. Dies alles impliziert
natürlich eine sehr hohe und kulturelle Kreativität, Organisation und Marketing
vielfältig verbindende Leistung, die nur durch die Entwicklung und Praktizierung
einer entsprechend komplex, stabil und doch flexibel strukturierten Eigenlogik
diesen fortdauernden Erfolg verbürgt. Und da autoritär verordnete Unterhaltungskultur, etwa diejenige der DDR, dieser Eigenlogik aus politisch-ideolo-
gischen Gründen widerspricht, bleibt ihr auch der Erfolg versagt.

Für die Entfaltung des Systems Politik im System populärkulturell organisierter Unterhaltung beinhaltet diese Konstellation ebenso mannigfaltige *Chancen wie
Risiken*. Sozialpsychologisch balanciert das populärkulturelle Unterhaltungsangebot ja antizyklisch nicht allein wirtschaftliche, sondern auch politische und
sonstige kollektive und individuelle Krisen, freilich unter Zuhilfenahme entsprechender Feindbilder, aus (Seesslen 1983:708). In den USA sind politische Kultur
und Medienunterhaltung (Dörner 2000) seit langem eine so feste Symbiose eingegangen, dass kurz nach den Angriffen vom 11. September 2001 in New York und
Washington »Emissäre der Administration Bush nach Hollywood gepilgert (sind
U.S.), um die Kreativen vor Ort zu bitten, sie mögen künftig Filme schaffen, die in
der Welt ein positives Bild der USA und ihren Bürgern und Bürgerinnen zeichnen«
(Bosshart 2002:147). Da überrascht es auch nicht, dass populärkulturelle Muster
im Wahlkampf von 2002 für deutsche Politkarikaturisten ein sehr viel ergiebigeres
Figuren- und Themenreservoir bilden als solche der Elitekultur (Beisswänger
2004:85). Das Hauptproblem hier und überhaupt dieser Untersuchung ist und
bleibt indes die Kompatibilität dieser zwei Systeme und wieweit die Politik in
dieser Systeminterpenetration ihre Eigenlogik realisieren kann und insbesondere
Politiker in dieser ihre institutionell angesonnene Führungsrolle wahrzunehmen
vermögen.

3.2.3 Akzeptanzkultur

Dies müssten sie ja in und gegebenenfalls auch gegen eine hoch entwickelte
und vielfältig abgestützte *Akzeptanzkultur*. Im Gegensatz zu Anspruchskultur,
die, an elitendefinierten Qualitäts- und Relevanzhierarchien orientiert, diesbezüglich besonders anforderungsreiche Muster realisiert, ist darunter Kultur zu verstehen, die darauf angelegt ist, analog zu demokratischer Politik mehrheitsfähig bzw.
eben Populärkultur zu werden. Die Strukturen und Prozesse, Mechanismen und

Strategien, die für Kulturmuster Mehrheitsfähigkeit erwirken helfen, konstituieren zusammen Akzeptanzkultur, die im Falle von Unterhaltungskultur auch wirklich unterhält.

Mehrheitsfähig unter Bedingungen des modernen Kulturpluralismus kann Akzeptanzkultur nur sein, wenn sie auf die Konstitution und die manchmal rasch wechselnden Präferenzen von Kulturpublika zugeschnitten ist. *Kulturinteressen bzw. -präferenzen* entwickeln sich ja sozialisations-, insbesondere bildungs-, alters-, aber auch berufs-, einkommens-, habitats- und überhaupt situationsabhängig. Überdies konstituieren sie, analog zu Einstellungen, Systeme, denn sie beziehen sich auf je andere Sinnkonstellationen, bedingen sich gegenseitig und schließen sich, als charakteristische Elemente spezifischer Lebensstile, auch gegenseitig aus. Elite- wie Volkskultur, durch Komplexitätsbewältigung bzw. Traditionalismus zusammengeschlossen, bilden in diesem Sinn inhaltlich und formal binnendefinierte und -strukturierte Konfigurationen von Mustern, während Populärkultur eben primär durch Zirkulationseffizienz ausgezeichnet ist, deren Hauptleistung in der Nachfrage stimulierenden und befriedigenden Variation (ein)gängiger eigener Muster und der Transformation elite- und volkskultureller in solche besteht. Und weil Kultur-, insbesondere auch Medieninteressen unterschiedlichen Lebenswelten entstammen und entsprechen, segregieren Elite- und Volkskultur nicht bloß selber durch Zugangsbarrieren, sondern die Metatrends des institutionellen Wandels und der Individualisierung lösen im Kulturpublikum auch Mechanismen kultureller Selbstsegregation aus, so dass z.B. in Unterhaltungs- und Harmoniemilieus Angesiedelte sich durchaus selbstbewußt oder -genügsam vom Einbezug in den elitekulturellen Zyklus distanzieren: »Das ist nicht für uns.« (vgl. u.a. Gryspeerdt 1974).

Dieser Konstellation zunehmend individualisierter bzw. milieuspezifischer Definition von Kulturzugehörigkeit und entsprechend sich wandelnder Konstitution von Kulturinteressen und -präferenzen begegnen Schöpfer erfolgreicher Unterhaltungskultur negativ in erster Linie durch die konsequente Vermeidung irgendwelcher Elemente, die ernsthafte Akzeptanzwiderstände auslösen könnten, und positiv durch die Entwicklung immer effizienterer Strategien der Publikumsbindung an ihr Angebot, beides mit Hilfe ständig steigender Investitionen in differenziertere Instrumente der Publikumsforschung. Welch komplexe Größe Akzeptanz unter diesen Bedingungen ist, welche *bedingungsreiche Interaktionskonstellation* hier zu optimieren ist, erhellte ein Experiment des Soziologen Th. Geiger schon im Jahre 1950 (Geiger 1950/51). Die Lehren aus diesem haben mittlerweile nicht nur die »-tainment«-Verantwortlichen des Rundfunks, sondern auch die Akzeptanz- und Politainment-Strategen der Parteien in Gestalt ihrer Framing- und Labellingtechniken gezogen.

Th. Geiger konnte nämlich nachweisen, dass die geringe Hörernachfrage nach klassischer Musik in den Donnerstagabend-Konzerten des Dänischen Rundfunks weniger auf diese Musikgattung selber als auf ihre Ankündigung als solche, als »klassische« zurückzuführen war. Als »populäre Grammophonmusik« statt als »klassische« angezeigt, lockten ja dieselben Werke von Haydn, Schubert, Mozart, Beethoven und Mendelssohn fast doppelt so viele Hörer an den Apparat als das eingestandenermaßen klassische Konzert, und von diesen schalteten auch nur zehn Prozent während der Sendung den Apparat aus. Unterhaltungshörer können offenbar, wenn die Situation es nahe legt, auch klassische Musik als Unterhaltungsangebot rezipieren, und der Prozess kultureller Selbstsegregation lässt sich durch entsprechende Transformation von Kulturmustern durchkreuzen. Diesen in eine gewünschte Richtung umzulenken, gelingt allerdings nur sehr bedingt und um den Preis eines Etikettenschwindels, wie das erwähnte, gleichfalls historische Beispiel von Orson Wells' fingierter Nachrichtensendung von 1938 belegt. Es läge nahe, wiewohl frivol, Th. Geigers Experiment in angemessen modifizierter Form statt mit Musik auch mit Politik zu realisieren, um hinsichtlich der Chancen und Gefahren des Wechsels von der Politik- zur Unterhaltungskultur verlässlichere Handlungsunterlagen zu gewinnen. Auf jeden Fall wäre es angezeigt, die Erkenntnisse über Kulturtypen und -publika auch für die Analyse der Entertainisierung der politischen Kultur und für die Optimierung von Politainment beizuziehen.

Immerhin können nun auf diesem Hintergrund die *Mechanismen*, die als Agenten und zugleich Symptome der Entertainisierung von Mediengesellschaften immer wieder beschrieben werden, in einen größeren kommunikationssoziologischen Bezugsrahmen gebracht werden, innerhalb dessen sich auch Politainment bzw. die entsprechenden Veränderungen der politischen Öffentlichkeit positionieren und interpretieren lassen. Diese Mechanismen transformieren besonders effizient mediengesellschaftliche Kultur in Unterhaltungskultur, indem durch sie für gratifizierende Erlebniselemente über populärkulturelle Verbreitungskanäle Akzeptanz maximiert wird. Akzeptanz zu maximieren bildet aber auch das strategische Hauptziel von Politikern in Mediendemokratien, und damit legt diese Konstitution von Unterhaltungskultur, in die politische Kultur durch Politainment eingebracht werden soll, auch – soweit institutionell tragbar – den Einsatz deren erfolgsträchtiger Generatoren von Unterhaltungserlebnissen nahe. Bei diesen handelt es sich im wesentlichen um vier, deren Zusammenspiel die Komponenten von Unterhaltungserlebnissen maximal abdeckt, umso mehr als jeder einzelne von ihnen dank fortlaufend perfektionierten Produktionsstrategien der Unterhaltungsindustrie flexibel und variabel entsprechende partikulare Bedürfnisse zu stimulieren und zu befriedigen vermag:

1. *Personalisierung*: Prozesse an Personen als Handlungsträgern festzumachen entspricht anthropologisch fundierten Wahrnehmungs- und Kausalattribuierungsmechanismen. Für kommunikative Vermittlung ist Personalisierung in doppelter Hinsicht funktional: Sie reduziert Umweltkontingenz und -komplexität auf nachvollziehbare Jedermannsmuster und bietet zugleich Identifikationsofferten bzw. Objekte parasozialer Interaktion (vgl. Hartmann/Schramm/Klimmt 2004). Personalisierung vermittelt also Sinnerlebnisse nicht bloß in der Sach-, sondern auch in der Sozialdimension. Der Personenbezug begründet denn auch einen zentralen Nachrichtenfaktor (Ruhrmann 1989:16) und damit eine Konstituente von Medienrealität als individuelle und kollektive Informationsbasis. Mit dem Starsystem (Faulstich/Korte 1997) und einer ganzen Reihe sonstiger Prominenzierungsmechanismen (Niehaus 2004) wiederum werden komplementär sozial-affektive Perzeptions- und Erlebniskomponenten abgesättigt. So bildet Personalisierung einen überaus attraktiven Baustein unterhaltsamer Orientierung, von Infotainment jedweder Art. Politisch kann sich Personalisierung eu- wie dysfunktional auswirken, wie am viel stärker kandidaten- denn programmorientierten USA-Wahlsystem besonders deutlich wird: Wohl wird auf diese Weise, wie demokratisch wünschenswert, politische Verantwortung öffentlich vergegenwärtigt, allerdings auch Charisma auf Kosten von Sachkompetenz begünstigt (vgl. Holtz-Bacha/Lessinger/Hettesheimer 1998).

2. *Eventisierung*: Prozesse, aber auch Sachverhalte und Personen als Ereignisse zu interpretieren, ereignishaft zu stilisieren oder auch zu inszenieren, ist seit eh und je eine Strategie öffentlichen Verhaltens. Stets »kommt etwas vor«, »passiert etwas«, aber erst wenn von Menschen als strukturiertes Phänomen perzipiert, erlebt oder eben konzipiert, gewinnt es Ereignischarakter: der Sonnenaufgang, die Verkündigung der Menschenrechte, der Auftritt des Stars. Wohl kann die Welt auch als Summe aller Ereignisse definiert werden, aber ihre Ereignishaftigkeit bestimmt sich gemäß je gegebenem Involvement. Diese unbegrenzte objektive und subjektive Generierbarkeit von Ereignissen bildet das *anthropologische Fundament* von Eventisierung als zweitem Basismechanismus erfolgreicher Akzeptanz- und damit von Unterhaltungskultur, vorausgesetzt natürlich, dabei werde auch den beschriebenen generellen erlebnis- und populärkulturellen Erfordernissen genüge getan.

Die Konstruktion von Medienrealität als primär ereignishafte ist also anthropologisch verwurzelt. Dies verbürgt auch den Erfolg der Nachrichtenfaktoren, des journalistischen Wahrnehmungs- und Selektionscodes zur Stimulierung öffentlicher Aufmerksamkeit, als Bausteinen dieser Konstruktion. Andererseits fungiert Eventisierung dank ihrem Vermögen, kognitiv, konativ und emotional zu involvieren und vielfältigste Abwechslung zu verschaffen, eben auch als ein Hauptmechanismus zur Generierung von Akzeptanz- bzw. Unterhaltungskultur. Die *massenmedialen Informations- und Unterhaltungsleistungen* sind auf diese Weise elementar miteinander verschränkt, was ihr eu- wie dysfunktionales Potential sehr vergrößert; ihre institutionelle Trennung hingegen, namentlich durch die Ausdifferenzierung spezifischer Informations- und Unterhaltungsformate bzw. -genres, ist daher zum vornherein prekär und labil. Dafür entstehen durch die Generierung von Ereignissen sinnhaltige temporalisierte Systeme (Luhmann 1997:52) »als Zäsuren, als Unterbrechungen, als Innovationen oder auch als notwendige, richtunggebende Anstöße« (Luhmann 1997:139). Dieses sowohl Direktive als auch Erregende ebenso wie die vielfältige Gestaltbarkeit, (Re-)Produzierbarkeit von Ereignissen begründen die Zentralität von Eventisierung als konstitutivem Faktor von (Er-)Lebenswelt, Medienrealität und Unterhaltungskultur.

Als temporale Systeme sind Ereignisse sequentiell angelegt und lassen sich dramaturgisch fassen und reproduzieren oder jedenfalls erzählen; Emotionen hingegen, maßgebliche Träger von Involvement, als physiologisch wie psychisch operierende und nonverbal wie verbal sich artikulierende und reproduzierbare Mechanismen der Welt- und Selbstaneignung mit sozialem Zeichencharakter (Saxer/Koepp 1992:50ff.) realisieren sich primär präsentisch-simultan. Eventisierung als Träger von Medien- und Unterhaltungskultur ist mithin nicht bloß durch die Spannung zwischen Information und Unterhaltung, sondern auch zwischen *sequentieller und simultaner Repräsentation* gekennzeichnet, was ebenso ihre Multifunktionalität wie ihre Qualität als Ressource kultureller Gestaltungsmannigfaltigkeit begründet. Eventisierung als Basismechanismus von Medien- und Unterhaltungskultur entwickelt dementsprechend eine große Vielfalt von Varianten, in denen es aber immer um Akzeptanz optimierende bzw. maximierende Verbindungen von temporalisierten und simultanen Systemen, von in der Umwelt Gegebenem und potentiellem bzw. aktuellem Involvement für und in dieses geht. Und wie eufunktional und dysfunktional diese Verbindungen auch für die politische Kultur von Mediendemokratien sind, muss im Folgenden immer weiter geklärt werden.

Zu diesem Zweck ist es indes unerlässlich, an dieser Stelle auf einige in der Literatur intensiv, aber unter anderer Optik analysierte *Varianten von akzeptanzgenerierender Eventisierung* hinzuweisen:

* Medienrealität generiert Aufmerksamkeit durch die hierarchisierende und thematisierende *Strukturierung* von Umweltgeschehen. Stichworte: »Schlüsselereignisse« (Kepplinger 2001:123f.) und »Agenda-setting« (Bonfadelli/ Wirth 2005:579ff.). Mit beidem werden den Rezipienten Dringlichkeiten, Prioritäten signalisiert. Um vermehrter Akzeptanz willen werden geringe »harte« Nachrichtenwerte durch »weiche« aus dem Human-interest-Bereich aufgeladen, Personalisierung als besonders leicht nachvollziehbarer

Strukturierungsmodus verstärkt auch in Nicht-Boulevardmedien gepflegt (Donsbach/Büttner 2005:29). Da Unterhaltungskultur als Entlastungskultur funktioniert und Politikkultur als Verpflichtungskultur, bleiben entsprechende transkulturelle Strukturierungsversuche mit Notwendigkeit defizitär und zeitigen beidseits Irritationen. In Gestalt von Medienereignissen, die eigens für Medien inszeniert, statt dass sie von diesen bloß als originäre Umweltphänomene registriert werden, verkehrt sich jedenfalls die gesellschaftliche Agenda in ihr Gegenteil (Boorstin 1964).

- Geschehendes, aber auch bloß Gegebenes wird von den Medien erzählt und durch *Narratisierung* (Hickethier 2003:128ff.) einerseits spannend sequentiert und andererseits für Fiktionalisierung geöffnet. Die institutionelle Abdichtung berichtender gegenüber erzählenden Darstellungsformen – vom Genre Reportage, die Ereignisse als persönliche Erlebnisse vermittelt, ohnehin seit eh und je durchbrochen – wird namentlich vom erneut um sich greifenden »Neuen« Journalismus (Weber 1974) mehr und mehr in Frage gestellt. Dieser versucht durch den Rückgriff auf literarische Erzähltechniken Akzeptanz durch Steigerung des Authentizitätserlebnisses zu vergrößern und operiert damit im Einklang mit den sonstigen Emotiona lisierungsstrategien von Unterhaltungskultur. Dies trifft allerdings auch auf die Betroffenheitsrhetorik zu, die der anwaltschaftliche Journalismus (Saxer 1992a:60ff.), obgleich mit anderer Motivation, einsetzt.

- *Theatralisierung* von Geschehendem und Gegebenem ist als Strategie von Akzeptanzmehrung durch Steigerung der Vergegenwärtigungsqualität dank den szenischen Medien Film, Radio und Fernsehen in größtem Stil möglich geworden. Gerade Theatralisierung ist freilich seit eh und je ein zentrales Element öffentlichen Verhaltens, aber erst für Mediengesellschaften mit ausdifferenzierter Unterhaltungskultur wird sie unter dem Leitkonzept »Theatralität« von Politik- und Medienwissenschaft systematischer gewürdigt (vgl. u.a. Hoffmann 2003; Rager et al. 1999; Schicha 2002:89ff.). Symptomatisch für die Entertainisierung von Mediengesellschaften als Totalphänomen bzw. für das wachsende Gewicht von Unterhaltungskultur in diesen ist die zunehmende emotionalisierende Bebilderung auch der Printmedien (Rager et al. 1999:98) unter dem Eindruck, das Fernsehen sei Leitmedium geworden, aber auch unter dem Diktat des immer umfassenderen inszenatorischen Ereignismanagements von Politik durch deren Akteure selber, dem sich die journalistische Berichterstattung nur bedingt entziehen kann, dem dort veranstalteten »öffentlichen Theater« (Armingeon/ Blum 1995). Eine »theatralische« sozialwissenschaftliche Perspektive begreift im übrigen menschliches Zusammenleben »als einen ständigen Strom wechselseitiger Inszenierungen« (Hoffmann 2003:81; vgl. auch Hitzler 2002:

18ff.), von demonstrierten persuasiven Situationsdefinitionen (vgl. u.a. Meyer/Ontrup/Schicha 2000) und vermag dementsprechend ebenso sozialpsychologische Theorien wie den Framing-Ansatz wie Öffentlichkeitstheorien zu integrieren. Im Gefolge der persuasiven Grundintention von Inszenierung wird diese politisch überwiegend negativ konnotiert, und wahrgenommene oder zumindest unterstellte Diskrepanzen zwischen den Vorgängen auf einer politischen Vorder- und Hinterbühne nähren vielfach den generellen Verdacht. »Mehr Medien-Spektakel – weniger Polit-Kultur?« (Nationale Schweizerische UNESCO-Kommission 1996).

• Solche Verunsicherungen im Zusammenhang mit Eventisierung gründen letztlich in der Zeichenhaftigkeit von Ereignissen, ihrer potentiellen und damit eben auch manipulierbaren Sinnhaftigkeit. Auch diese Dimension von Eventisierung: Manipulation von Geschehendem und Gegebenem wird akzeptanzstrategisch in vielfältigster Weise genutzt, indirekt etwa durch instrumentelle Aktualisierung (Kepplinger 1989). Der gängige Zweifel an der Glaubwürdigkeit der Medienberichterstattung überhaupt wurzelt ebenso in dieser Manipulierbarkeit wie die Dauererheiterung über irregeleitete Situationseinschätzungen von Akteuren in Komödien und Soap Operas. Allein an den vier Grundmodalitäten der *Manipulation* von Gefühlsausdruck, nämlich Herauf- und Herunterspielen, Neutralität und Verbergen (Kahle 1981), wird schon auf dem Mikrolevel die ambivalente Vielfalt von Möglichkeiten der intentionalen Steuerung der Zeichenhaftigkeit von Eventisierung auch in ihrer politischen Tragweite erahnbar.

3. *Equilibrierung*: Zumal die manipulative Dimension von Eventisierung weist bereits auf das dritte konstituierende Element von Akzeptanzkultur und den entsprechenden Basismechanismus hin, diese zu maximieren: Equilibrierung. K. Schönbach (2005a) hat diesen unter der Überschrift »›Das Eigene im Fremden‹. Zuverlässige Überraschung« sehr treffend charakterisiert. Massenhaft akzeptabel sind Medien- bzw. Unterhaltungskultur nur, solange sie den Bezug zum je Eigenen der rezipierenden Kultur im Darstellungsobjekt, Ereignis oder Fiktion, selber wie in seiner medialen Wiedergabe wahrnehmen, eben »*das Eigene im Fremden*«. Synchronisation, die fremde Texte nur sprachlich und nicht auch gesamtkulturell, namentlich durch terminologische Entprofilierung speziell unverträglicher fremder Kulturmuster, einpasst, weckt Rezeptionswiderstände. Medienkultur generell kann sich auf Dauer als Akzeptanzkultur nur etablieren, wenn sie Angebots- in mehrheitsgerechte Imagequalitäten umzusetzen vermag, am effizientesten mit »zuverlässiger Überraschung«, mit Abwechselndem, das nicht zu sehr verunsichert, balanciert also.

Die *Instabilität von Kommunikationssystemen im allgemeinen und von Unterhaltungssystemen im besonderen* hat zur Folge, dass Equilibrierung im Sinne ihrer temporären Stabilisierung und damit auch der zeitweiligen De-Eskalierung, der vorübergehenden Etablierung von Gleichgewichtszuständen für die Kontinuität ihres Funktionierens besonders zentral ist. Dem Konzept der Rückkoppelung in der Theorie der selbstregulierenden Systeme und demjenigen der »information overload« der Informationstheorie, dem Verständnis lebender Organismen als homöostatischer Systeme und von Freizeit als Kompensations- und Rekreationsraum liegt letztlich stets die Vorstellung von Equilibrierung als elementar wichtigem Mechanismus zugrunde. Schon die physiologische Verwurzelung von Emotionalität bzw. Unterhaltung, aber auch der Charakter der letzteren als Totalphänomen und von Unterhaltungskultur als komplexem System legen im Rahmen eines integrierenden Ansatzes die Postulierung von Equilibrierung als weiterem Basismechanismus von Akzeptanz- bzw. Unterhaltungskultur nahe und hat keine konservativen Implikationen.

Das *Mediensystem als Ganzes* ist im Zuge seiner funktionalen Differenzierung wie auch dem ökonomischen Prinzip von Angebot und Nachfrage entsprechend durch Equilibrierungsmechanismen strukturiert. Allokationsmedien wie dem traditionellen Fernsehen mit Display-Charakter stehen Konsultativmedien gegenüber, die zur interaktiven Nutzung auffordern (Schönbach 2005a:344f.), womit auf dem Makrolevel Angebotsmassierung durch differenzierte Zugriffsmöglichkeiten ausgeglichen wird. Dank den Nachrichtenfaktoren als Strukturierungsprinzip wird Medienrealität ein kognitiv wie emotional ausbalanciertes Insgesamt von zuverlässigen Überraschungen, und Moderation als elementarer temporaler Strukturierungsmechanismus der Angebote der szenischen Medien bewahrt diese davor, einseitig bestimmte Aspekte, Präferenzen oder Gefühlslagen zu Lasten eines mehrheitsfähigen Ganzen in den Vordergrund zu stellen, »moderiert« eben Auswüchse. Auch ihre kreativen und wirtschaftlichen Ressourcen bewirtschaftet die Unterhaltungskultur equilibriert, indem größere Produktinnovationen regelmäßig intermedial ausgewertet und durch hohe Selbstreferentialität (Latzer et al. 1999:109ff.) ständig erinnerungsträchtig recycled, an das Eigene der Produkt- und Gedächtnisbestände angeschlossen werden.

All dies begründet einen durchgehenden *sozialpsychologischen Basismechanismus*, der der Unterhaltungskultur dauernd maximale Akzeptanz sichert. Auf der Ebene der institutionellen Ordnung hält sie als Populärkultur das Gleichgewicht zwischen Normbestätigung und -relativierung, unter strikter Wahrung elementarer Mehrheitsvorurteile freilich und bei beschränkter Toleranz gegenüber Abweichlern. Akzeptanzkultur als Bestätigungskultur ist grundsätzlich nur soweit minderheitenfähig, als die kulturelle Differenzierung entsprechende

Spielräume ohne Nachfrageeinbußen zulässt. Politisch operiert Unterhaltungskultur primär zweifellos in dieser Richtung. Auch in dieser Hinsicht ist aber wieder eine differenzierende funktionale Analyse unerlässlich. So kann etwa durch
die Wechseldarbietung von Lernstoff und Unterhaltungsmaterial in Fernsehprogrammen eine Erregungsstrategie realisiert werden, die Aufmerksamkeit
auch für den ersteren (Zillmann 1989:94f.), auch politischen, zu wecken
und zumindest kurze Zeit zu erhalten vermag. Und »Die Erlebnisdimension
Orientierung (...) hat für die Zuschauer ähnliche Bedeutung wie der Faktor
Emotionalität« (Dehm/Storll/Beeske 2005:52), was alles jedenfalls ein gewisses
politisches Lernen durch didaktisch gekonnt eingesetzte Medienunterhaltung
nicht ausschließt.

Allerdings wird dieses Leistungsvermögen von Unterhaltungskultur dadurch
eingeschränkt, dass diese grundsätzlich auf die Vermittlung unmittelbarer und
kaum von aufgeschobenen Gratifikationen (»defered gratification pattern«)
angelegt ist (Mangold 2004:528), selbst wenn sie archetypische Konstellationen
(Bosshart 1979:29) thematisiert. Sie bewirtschaftet denn auch mit ihren kalkulierbaren Verlaufsmustern viel intensiver die infolge »gelernter Hilflosigkeit«
(Vitouch 1988) gesteigerten Sicherheitsbedürfnisse von Unterprivilegierten,
als dass sie flexibles Reagieren auf die Unvorhersehbarkeiten der modernen
Zivilisation trainiert. Entsprechend sozialisiert sie auch stärker zum Gebrauch
von szenischen denn von Printmedien und trägt so das Ihre zu dem als
»Wissenskluft« zwischen Viel- und Weniglesern viel diskutierten *Kompetenzgefälle* (Bonfadelli 1999: 239) auch im Politischen bei.

4. *Euphorisierung*: Dass Unterhaltungskultur dauernd und ubiquitär dermaßen viel Akzeptanz generiert, gründet in der Ergänzung von Personalisierung,
Eventisierung und Equilibrierung durch Euphorisierung als ihrem vierten konstitutiven Mechanismus. Nur im Verein mit diesem vermag sie das umfassende Problemlösungsvermögen zu entwickeln, das sie außer kulturell ebenso
wirtschaftlich und zunehmend auch politisch zu einer tragenden Struktur
moderner Gesellschaften werden lässt. Prioritär erbringt sie in diesen und für
diese umfassende Anpassungsleistungen an deren Hyperkomplexität durch
temporäre Entlastung der Gesellschaftsmehrheit von dieser. Die anderen elementaren Probleme werden ja durch Unterhaltungskultur auch in Parallele
zum Adaptationsproblem gelöst: Sie integriert die Mehrheit der Gesellschaftsmitglieder temporär in eine Kultur des Einverständnisses, eine »prä-
stabilisierte Harmonie« (Langenbucher 1971:35); sie gestattet Akteuren aus
Kultur, Wirtschaft und Politik instrumentelle und ihren Konsumenten im
Unterhaltungserlebnis zumindest virtuelle Ziele zu realisieren; und die vielfältig identitätsstiftende Funktionalität von Spiel und Unterhaltung schreibt

bereits F. Schillers Apodictum fest: »Der Mensch ist nur da ganz Mensch, wo er spielt«.

An der Entlastung durch Euphorisierung setzt letztlich die ganze Jahrhunderte alte *Kritik an der Unterhaltung und neuzeitlich an der Unterhaltungskultur* an, und »Wegwerfkultur«, »manipulative Entfremdung«, »kollektive Verdrängung«, »narkotisierende Dysfunktion« (Lazarsfeld/Merton 1964:105f.) und »Escape« statt wirklicher Problemlösungen sind deren gängigste Topoi. Gegen Unterhaltung als Gegeninstitution und ihre Institutionalisierung in Gestalt von Unterhaltungskultur verdichtet sich diese Kritik zwar kaum zu organisierter politischer Stoßkraft, steht aber Unterhaltungsgegnern verschiedenster Provenienz jederzeit als breit gefächertes Argumentarium zur Verfügung. Politisch wird dabei vor allem die strukturelle Unvereinbarkeit von Politik als System der Verbindlichkeit und von Unterhaltung als Sphäre der Unverbindlichkeit von Entscheidungen beschworen, was allerdings nicht verhindert, dass Politiker zunehmend diese Grenze missachten, im Bewusstsein, dass Zweckrationalität als säkulare Sinnstiftung (Kamber 2004:81) für erfolgreiche mediengesellschaftliche Politik je länger desto weniger ausreicht und durch Sinnstiftung über Erlebnisrationalität ergänzt werden muss.

Über all dem wird zu leicht die kreative Vielfalt übersehen, mit der in und von der Unterhaltungskultur dem raschen Verschleiß massenattraktiver Muster im Rahmen der doch vergleichsweise limitierten Euphorisierungsprogrammatik mit immer weiteren Innovationen begegnet wird, eben nicht mit dem immer Gleichen, sondern zumindest mit Variationen von Grundmustern bei freilich unvermeidlich hoher Standardisierung. Die sozialpsychologische Hauptzielrichtung ist dabei klar diejenige eines *hedonistischen Stimmungsmanagements* mit allen Akzeptanz fördernden, aber noch mehrheitlich akzeptablen Techniken. Es lautet ja die Devise zumal des Unterhaltungssuchers in der Multioptionsgesellschaft: »Ich will alles und sofort« (Thomas 1994:79). Dieses »alles« ist indes keineswegs alles, vielmehr bloß je Passendes, funktioniert doch solch hedonistisches Stimmungsmanagement bereits auf der Mikroebene nur, wenn Situation, individuelle Disposition und Stimulus zu einem das Unterhaltungserlebnis befördernden Ensemble zusammenfinden. Dies mag durch die Verrückung von Alltäglichem ins Außeralltägliche, wie namentlich durch Reality-TV zustande kommen, ebenso mittels der spielerischen, also nicht krass Erwartungen enttäuschenden Relativierung des Verbindlichkeitsanspruchs institutionalisierter Formate bzw. Genres durch deren »-tainisierung«, oder aber angestauter Ärger mag durch emotionell konträre, besänftigende Sendungsinhalte gedämpft werden (Zillmann 1994:48f.).

Grundsätzlich bilden jedenfalls *Euphorisierung und hedonistisches Stimmungsklima* die Grundlage allgemein akzeptierter Unterhaltungskultur. Personalisierung hilft den Teilnehmern bei ihrer Orientierung, Eventisierung dynamisiert ihren Alltag, Equilibrierung gleicht störende Extreme aus und Euphorisierung kompensiert generell emotionale Defizite. Dazu entwirft die Unterhaltungskultur Als-ob-Welten, die nach einsehbaren Regeln funktionieren (Görke 2002b:66f.) und auf diese Weise die auf sie infolge gelernter Hilflosigkeit besonders Angewiesenen in eine kontrollierbare Medienrealität versetzen. Die Stabilisierung einer positiven Gegenwelt zum realen Lebensalltag durch Romanhefte zumal (Tintelnot 1994) stellt dabei eine besonders ausgeprägte Form der Bewirtschaftung populärer Sehnsuchtsvorräte dar. Diese vermag zwar den »emotional gap« psychisch labiler Rezipienten, die darum konflikthaltige Medieninhalte vermeiden, zu überbrücken, koppelt diese aber auf diese Weise noch stärker von differenzierteren Medienangeboten ab (Vitouch 2000:181f.). Politainment, das das durch Euphorisierung hedonistisch entlastete Meinungsklima für seine Zwecke zu nutzen und in die politische Sphäre zu transferieren sucht, ist dementsprechend in erster Linie darauf angelegt, »das Politische im Modus des Feel Good darzubieten« (Dörner/Vogt 2002:74). Wie funktional bzw. dysfunktional sich dies auf die Politik in Mediendemokratien auswirkt, soll im Folgenden weiter geklärt werden.

4 Mediendemokratie

4.1 Theoretisierung

Auf solche und weitere zentrale Fragen dieser Untersuchung können angemessen komplexe und differenzierte Antworten indes nur auf der Grundlage einer Analyse der Gesamtpositionierung des politischen Systems im mediengesellschaftlichen Entertainisierungsprozess gefunden werden. Mit Unterhaltungsbedürfnissen, in welcher Gestalt immer, ist zwar auch in der Politik dauernd zu rechnen, und politische Regimes jeglicher Observanz instrumentalisieren in der Vergangenheit und der Gegenwart Unterhaltung regelmäßig für ihre Zwecke. Zu klären ist daher im Folgenden als erstes, wieweit und in welcher Weise Entertainisierung als soziales Totalphänomen auch die modernen politischen Systeme, insbesondere die Mediendemokratien erfasst, also *Art und Ausmaß der Entertainisierung von Politik* überhaupt.

Unter dem hier entwickelten Bezugsrahmen heißt dies, dass am *Problemlösungsbedarf von Politik*, demokratischer insbesondere, das entsprechende funktionale und dysfunktionale Wirkungsvermögen von Unterhaltung gemessen werden muss. Politische Systeme haben, wie soziale Systeme überhaupt, neben den unter 2.2 genannten elementaren Problemkonstellationen für ihre Mitglieder stets Qualitäts- und Zustimmungs-, Definitions- und Orientierungs-, Zirkulations- und Zuteilungsaufgaben zu bewältigen, Optima des Bewertens, des Wissens und des Verteilens zu realisieren. Qualifizierte und darum allgemein akzeptable kollektiv verbindliche Entscheidungen sollen zumal demokratische Politiksysteme generieren; Policies müssen definiert werden und die Bürger um diese wissen, damit die Legitimität der demokratischen Ordnung gewährleistet ist; und dazu bedarf es leistungsfähiger Kommunikationsstrukturen, die solches Wissen entsprechend zuleiten und helfen, dass Meinungen frei zirkulieren können.

Inwiefern die mediengesellschaftliche Entertainisierung die modernen politischen Systeme, insbesondere die Mediendemokratien in den Stand setzt, *normgerecht zu funktionieren*, eine entsprechende Problemlösungskapazität zu entwickeln, wo doch institutionelle Inkompatibilitäten zur Entertainisierung demokratischer Politik nicht zu übersehen sind, ist entsprechend als zweites zu klären. Welche Konsequenzen hat insbesondere die Metamorphose von politischem Sinn in der Unterhaltungsöffentlichkeit?

Die Antwort hierauf und auf die weiteren angesprochenen Fragen ist indes immer in den weiteren Horizont der im Vorigen entwickelten Konzeption von Entertainisierung als gesellschaftlichem Totalphänomen zu stellen. Aus dieser folgert zwingend, dass die Entertainisierung von Mediengesellschaften nicht einfach als dysfunktionale Folgeerscheinung der sie befördernden Metatrends interpretiert werden kann, sondern als ein *Makromodulator* der mit diesen verbundenen Spannungen. Als ein solcher fungiert Unterhaltungskultur. Und weil Spannungen im und in Bezug auf das politisches System sich im Gefolge der mediengesellschaftlichen Überkomplexität wie bei den anderen Funktionssystemen vervielfältigen, interveniert dieser Modulator auch in die politischen Strukturen und Prozesse, namentlich in Gestalt von Unterhaltungsöffentlichkeit und von Politainment.

Da politikwissenschaftlich die Angemessenheit der Charakterisierung der politischen Systeme moderner demokratischer Gesellschaften als »*Mediendemokratien*« bezweifelt wird, muss allerdings auf der Basis einer kurzen Präzisierung des Demokratiekonzepts vorgängig die für diese Untersuchung wegleitende Medialisierungs- und Entertainisierungsthese unter dem Kriterium der »Medialisierbarkeit politischer Institutionen« (Marcinkowski 2005) differenziert und gegebenenfalls revidiert werden. Nur so werden die von U. Sarcinelli aufgelisteten »Fehleinschätzungen« und »Kurzschlüsse« im Zusammenhang mit der Konzeptbildung »Mediendemokratie« (Sarcinelli 2002:15ff.) vermieden. Allein auf dieser Grundlage lassen sich die Problemlösungskapazität der demokratischen Ordnungen dieser Gesellschaften und die politischen Konsequenzen von Systeminterpenetration und Mentalitätswandel im Gefolge der vier Metatrends interdisziplinär sachgerecht und ohne kommunikationswissenschaftlichen Bias interpretieren und in den Kontext von Mediengesellschaft und Entertainisierung einfügen.

Mit seiner Definition von Demokratie als »government of the people, by the people and for the people« hat der ehemalige Präsident der Vereinigten Staaten von Amerika, A. Lincoln, nicht mehr und nicht weniger als eine »Zauberformel« kreiert, in der zugleich »alle Hoffnungen und alle Probleme der Demokratie als politischer Form menschlichen Zusammenlebens verborgen« sind (Fetscher 1984:196 zit. nach Beierwaltes 2002:11). Sie benennt ja lediglich ganz allgemein die Trägerschaft, die Realisierungsinstanz und den Zweck dieser politischen Ordnung, so dass sie für die unterschiedlichsten konzeptuellen Präzisierungen offen ist. Immerhin sind die folgenden *Standards*, die für die Verwirklichung von Demokratie als Staats- und Lebensform erfüllt sein müssen, in den klassischen Theorien konsentiert: Legitimation durch das Volk, Repräsentation und Kommunikation des Volkes. Es sind dies eben die demokratischen Garantien der Optima des Bewertens, Verteilens und Wissens, »gleichermaßen ein Institutionensystem, ein Erörterungs- und Entscheidungsverfahren sowie ein Leistungsversprechen« (Meyer 2001:15f.).

Merkmale *pluralistisch-rechtsstaatlicher Demokratien* im besonderen sind »neben der Gewährleistung grundlegender Menschenrechte und der Letzentscheidungsquelle Volkssouveränität vor allem die Institutionen des Mehrparteiensystems, des Parlamentarismus, der unabhängigen Gerichtsbarkeit, der Freiheit der Medien und der prinzipiellen Offenheit für höchst unterschiedliche Formen und Ausmaße aktiver Bürgerbeteiligung« (Meyer 2001:15f.). Demokratie wird also seit eh und je als ein besonders qualifiziertes Kommunikationssystem charakterisiert. Angesichts dieses Umstandes ist das lange Zeit geringe Interesse der Politikwissenschaft für dieses der Qualität ihrer Theorienbildung abträglich.

Immerhin wird die zentrale Bedeutung der kommunikativen Dimension für Demokratien und so auch von Medien und Öffentlichkeit für deren Funktionieren in drei in den letzten Jahrzehnten besonders nachhaltig diskutierten Ansätzen der *Demokratietheorie* deutlich, nämlich der Eliten-, der Pluralismus- und der Partizipationstheorie der Demokratie. Zumal in ihrem Verständnis von politischer Öffentlichkeit unterscheiden sie sich grundsätzlich, als Elitentheoretiker diese primär als Kontrollsphäre begreifen, Pluralismustheoretiker als Artikulationsraum der unterschiedlichen Interessen und die Partizipationstheoretiker als Ideen- und Argumentationsforum (Beierwaltes 2002:16f.). Mit diesen unterschiedlichen Funktionalitätsakzentuierungen politischer Öffentlichkeit tragen diese Demokratietheorien wohl ihrem vielfältigen Problemlösungsvermögen Rechnung, nicht aber ihrem Problemschaffungspotential. Weil aber eine sachgerechte Funktionalitätsanalyse beides berücksichtigen muss, visiert diejenige von Öffentlichkeitswandel in Kap. 6 außer funktionalen auch dysfunktionale Konsequenzen von Öffentlichkeitsstrukturen systematisch an.

Bereits die politologische Würdigung der drei Demokratietheorien bringt aber außer deren spezifischem *Erklärungsvermögen* (Beierwaltes 2002:63ff.) auch ihre *Ergänzungsbedürftigkeit* an den Tag, zumal hinsichtlich der Politik unter mediengesellschaftlichen Bedingungen. Die Elitentheorie, da primär empirisch abgestützt, erhellt mehr als zumal die Partizipationstheorie. Diese, stark normativ ausgerichtet, traut den Medien eine politische Aufklärungsleistung zu, die diese weder im Lichte der empirischen Medien-Wirkungsforschung noch unter den Bedingungen demokratischer Medienfreiheit erbringen können. Für die Pluralismustheorie, andererseits, entsteht zusätzlicher Begründungsbedarf (Beierwaltes 2002:156f.) im Gefolge der wachsenden Diskrepanzen zwischen der Repräsentation von Interessen durch institutionell legitimierte Verfahren und von Anliegen sozialer Bewegungen mittels außerinstitutionell mobilisiertem publizistischem Druck.

Die neue Realität eines Politiksystems mit *Merkmalen einer Mediendemokratie* kann jedenfalls auch politologisch nicht bagatellisiert noch, angesichts der empirischen Zusammenhänge zwischen Medien und gutem Regieren (Norris 2003), einfach abgelehnt werden. Immerhin bilden diese Demokratiekonzepte und

-theorien einen Ausgangs- und Bezugspunkt für die verstärkte und mehrdimensionale Konturierung des immer noch recht vage, prozess-, aber kaum strukturorientiert und überwiegend im Modus der Klage diskutierten Systemtyps Mediendemokratie (Donsbach/Jandura 2003b:11ff.). Ob und wieweit die vielfach beschriebenen und analysierten Veränderungen der politischen Prozesse tatsächlich die Etablierung einer »medial-repräsentativen« Demokratievariante (Sarcinelli 1998e:550) anzeigen und was an signifikantem Wandel der politischen Problemkonstellation daraus resultiert, ist entsprechend weiter zu klären. Dabei bedarf die dominante Akteurperspektive der verstärkten Ergänzung durch die systemische, und den unterschiedlichen Ausprägungen von Demokratie als je anderen Realisierungsbedingungen des Typs Mediendemokratie ist bei der Analyse der politischen Implikationen der mediengesellschaftlichen Entertainisierung vermehrt Rechnung zu tragen.

4.2 Medialisierbarkeit

Der durchgehenden Medialisierung demokratischer Politiksysteme sind auf jeden Fall *institutionelle, prozessuale und strukturelle Grenzen* gesetzt, so dass die These von deren Kolonialisierung durch die Medien (Oberreuter 1998:36) oder auch diejenige einer »Mediokratie« (Meyer 2001) nicht haltbar sind. Auch in Mediengesellschaften sind die politischen Prozesse außer durch Medialisierung maßgeblich »durch den institutionellen Kontext, in dem sie stattfinden, strukturiert und ihre Ergebnisse dadurch beeinflusst« (Scharpf 2000:17). Prozessual »ist festzuhalten, dass im riesigen Feld der Routinepolitik die Massenmedien lediglich eine marginale Rolle spielen« (Kaase 1998b:36), weil dieser die Nachrichtenwerte fehlen. Und ihrer Struktur nach sind Parlamente, Gerichte und Verwaltungen nur bedingt medialisierungsfähig und -willig.

So mögen zwar spektakuläre Exempel immer wieder von Überformung, ja Überwältigung demokratischer Politik durch Medialisierung zeugen, können aber jederzeit mit Gegenbeispielen relativiert werden. Da wurde doch die scheinbar übermächtige British Broadcasting Corporation (BBC) im Jahre 2004 durch das negative Urteil über die Qualität ihrer Kritik an der Informationspolitik der britischen Regierung zur Legitimation ihres Engagements für den Irakfeldzug von Seiten der dazu vom Parlament berufenen unabhängigen Instanz recht eigentlich gezüchtigt (Graham 2004). Fast brutal wird daran deutlich, dass auch in Mediengesellschaften die Medien eben nach wie vor als *nachgeordnete Institutionen* fungieren, Legitimität noch immer nicht »durch Medienresonanz statt durch Verfahren« (Sarcinelli 2002:15) gewonnen wird. F. Marcinkowski (2005:364) zieht denn auch aus seiner institutionstheoretischen Analyse das Fazit: »Ein politisches System wird daher nicht zur Gänze medialisiert sein, (...) sondern sich vielmehr durch Inseln erhöhter und geringer Medialisierung auszeichnen«.

Über die reale Tragweite der Entertainisierung demokratischer Politik kann freilich nicht allein aufgrund eines institutionentheoretischen Ansatzes befunden werden. Die an empirischen Befunden oder zumindest Indizien orientierte Funktionalitätsanalyse kann nicht bei der Frage stehen bleiben, wie die demokratischen Institutionen der Medialisierung des politischen Lebens Grenzen setzen, sondern muss auch die Gegenfrage zu beantworten suchen, wieweit nämlich diese Institutionen durch Medialisierung in der Mediendemokratie ausgeweitet, durchlöchert oder umgangen werden (vgl. auch Mai 2003:23). Vergegenwärtigt man sich etwa, dass der amerikanische Vizepräsident Dan Qualye im Wahlkampf von 1992 das emanzipierte Lebensmodell der fiktiven Heldin einer Fernsehserie namens traditioneller Familienwerte attackierte und sogar einen direkten Zusammenhang zu den Rassenunruhen im Süden von Los Angeles konstruierte, dann wird die Bedeutung parasozialer Interaktion mit Figuren der Unterhaltungskultur selbst für politische Eliten, die politische Realität der Medienrealität, das Ausmaß an *politischer Medialisierung der Köpfe* augenfällig. Und dass sich in die daraus resultierende Medienpolemik prominent auch die New York Times einschaltete, veranschaulicht zusätzlich das Gewicht von Medien-Unterhaltungskultur für die dortige politische Kultur (Nieland 2002:508)

Abgesehen von der Notwendigkeit eines über das Institutionelle hinausweisenden Verständnisses von Medialisierung und Medialisierbarkeit des politischen Systems wird an diesem Beispiel auch die Unverzichtbarkeit einer komparatistischen Perspektive auf dieses Beobachtungsfeld erkennbar. Die *unterschiedlichen Ausprägungen von Demokratie* in Gestalt parlamentarischer, referendumsdemokratischer, präsidentieller und konstitutionell-monarchischer Staatsform zeitigen je andere politische Kulturen und damit auch unterschiedliche Voraussetzungen ihrer Medialisier- und Entertainisierbarkeit. Der besonders hohe Bedarf präsidentieller und konstitutionell-monarchischer Politik an symbolischer Überhöhung mit entsprechend gesteigerten Erwartungen an personale Selbstinszenierung eröffnet ja beiden speziell viele Möglichkeiten. Die symbolischen Formen sind hier gewissermaßen schon eingeübt, und mit wachsender Durchsetzung der vier mediengesellschaftlichen Metatrends fällt auch die Entsakralisierung dieser Formen repräsentativer Öffentlichkeit leichter, operieren die Mechanismen des Umkippens von Ernst in Unernst gefahrloser. Unzweifelhaft hängt die beiderseits systemfunktionale Interpenetration von Unterhaltungsindustrie und politischem System in den USA auch mit dessen präsidentiellem Charakter zusammen, und entsprechend verband z.B. auch in Italien Ministerpräsident S. Berlusconi zielstrebig Politainment und Umwandlungspläne in Richtung einer präsidentiellen Staatsform. Andererseits ist diese auch neuen Formen der Resakralisierung offener, wie namentlich der Erfolg evangelikaler Telekirchen in den USA zeigt (Meyer 2005).

Differenziertere »educated guesses« über das politische Problemlösungs- und -schaffungspotential medialer Entertainisierung erfordern ferner die Analyse der *unterschiedlichen Medialisierbarkeit der verschiedenen politischen Institutionen*, also ihrer Anpassungsfähigkeit und -bedürftigkeit an die Mechanismen medialer Aufmerksamkeitserzeugung und -lenkung (Marcinkowski 2005:341). Medialisierung, anders ausgedrückt, impliziert, »dass einem bestehenden Gefüge handlungsregulierender Institutionen ein zusätzliches Orientierungssystem, das (…) als Medienlogik bezeichnet werden kann, hinzugefügt wird« (Marcinkowski 2005:346). Wenn politische Eliten mehr und mehr den Status von »Medien(polit)prominenz« (Sarcinelli 2001b:3) anstreben, dann ist generell eine weitere Medialisierung demokratischer Institutionen zu gewärtigen. Unterschiedliche Medienaffinität bzw. Grade der Medialisierbarkeit werden jedoch bereits beim Vergleich zwischen repräsentativer und diskursiver Öffentlichkeit, zwischen Wahlen und Abstimmungen und zwischen politischen Wettbewerbs- und Verhandlungssystemen erkennbar (Marcinkowski 2005:349ff.). Je häufiger Mediendemokratie auf Kosten von Verhandlungsdemokratie praktiziert wird und je mehr, auf der Grundlage professionalisierter Beobachtung der Medienlogik, »der Verstoß gegen Normen und Regeln der Demokratie zu einem kalkulierbaren Erfolgsrezept für politische Newcomer« (Marcinkowski/Greger/Hüning 2001:59) wird, desto stärker prägt indes Anomie das politische Geschehen.

Unzureichend ist es allerdings auch, für die Bestimmung der Medialisierbarkeit politischer Institutionen einen Begriff von *Medienlogik* zugrundezulegen, der einseitig am Fernsehen orientiert ist. Zumal am Beitrag der Qualitätspresse an die Etablierung einer qualifizierten diskursiven politischen Öffentlichkeit, wie die Partizipationstheorie sie postuliert, wird ja auch das Gestaltungspotential von Mediendemokratie an die Realisierung von Demokratie als einem Leistungsversprechen deutlich. Wohl fungiert die Television in mancher Beziehung und zeitweise als Leitmedium, aber die differenzierten und individualisierten modernen Gesellschaften werden ja multimedial versorgt. Für das Funktionieren politischer Öffentlichkeit zumal sind die Unterschiede zwischen Lese- und audiovisuellen Medien, zwischen den Informationsspeichern Buch, Zeitung und Zeitschrift und den szenischen Medien Film, Radio und Fernsehen konstitutiv. Auch Medienunterhaltung wird trotz internationalen Homogenisierungstendenzen und medienübergreifenden Charakteristika von Medialität je nach Medium je anders produziert, wahrgenommen und rezipiert, und dementsprechend entfaltet auch Politainment ebenso medienspezifisch wie medienübergreifend seine Wirksamkeit.

Entscheidend ist wohl, dass die politischen Zentralakteure schon ihre Policies regelmäßig auch im Hinblick auf deren Medientauglichkeit formulieren. Selbst bei der Kandidatenkür für politische Ämter wird die institutionelle Zuständigkeit der Parteien durch Medieninterventionen zunehmend beschnitten. Die Frage, ob Medien-Gewinnen in Mediendemokratien Institutionen-Verluste gegenüberstehen (Jarren 1994:30ff.), dürfte denn auch mittlerweile von der Mehrzahl der Beobachter zustimmend beantwortet werden. Die *politische Funktionalität* von Medialisierung und Entertainisierung ist aber gerade im Lichte der unterschiedlichen und jedenfalls beschränkten Medialisierbarkeit demokratischer politischer Systeme je konkret an deren kommunikativem Problemlösungsbedarf zu messen. Wie inklusiv bzw. exklusiv politische Kommunikation mit und ohne Entertainisierung abläuft und dabei mehr oder weniger optimal Wissen für politische Partizipation, für »Volksherrschaft« diffundiert, ist wegen der Labilität von Unterhaltungskommunikation auf jeden Fall stark situationsabhängig. Und ob, wieweit und wie Medialisierung im allgemeinen und Entertainisierung im besonderen angesichts mancher Inkompatibilitäten von Politik und Medienlogik(en) überhaupt das Problemlösungsvermögen des politischen Systems steigern oder vermindern, ist eine, wenn nicht die zentrale Frage dieser Untersuchung.

4.3   Problemlösungskapazität

Damit steht freilich die generelle Problemlösungskapazität demokratischer mediengesellschaftlicher Politiksysteme zur Diskussion. Für diese sind aber vorgängig *Kriterien* zu entwickeln, denn dieses Problemlösungsvermögen kann sehr unterschiedlich evaluiert werden. Drei Aspekte sind hierfür vordringlich, nämlich 1. wieweit diese Systeme kollektiv verbindliche Entscheidungen zu generieren und durchzusetzen vermögen; 2. welches Maß an Legitimität diesen Entscheidungen eignet und von welcher Art diese ist und 3. von welcher Qualität diese Entscheidungen als Lösungen der Probleme des jeweiligen Zuständigkeitsraumes sind.

1. *Entscheidungskapazität mediengesellschaftlicher Politik*: Unbestrittenermaßen wird die Entscheidungskapazität mediengesellschaftlicher Politik durch die vier Metatrends problematisiert, wirken diese doch alle in Richtung eines Abbaus definierter allgemeiner sozialer Verbindlichkeiten. Diese regredieren zum Teil gewissermaßen ins Vorartikulierte oder werden gar auf den Status kultureller Selbstverständlichkeiten herabgemindert. Der Bildung öffentlicher Meinung im traditionellen Sinn als Basis demokratischer Entscheidungen ist diese Entwicklung abträglich, und das politische System muss daher stärker auf voröffentliche Mechanismen zurückgreifen, um über ausreichende Macht- und

Legitimitätsressourcen zu verfügen und genügend responsiv zu operieren. Dass solche Mechanismen bei der Analyse politischer Kommunikation bislang so wenig Beachtung gefunden haben, kommt wiederum dem Geltungsanspruch pessimistischer Thesen als vermeintlich adäquater Interpretation des mediengesellschaftlichen Strukturwandels von Öffentlichkeit zugute und behindert die Einsicht in die schwindende demokratietheoretische Validität als Leitbild, weil ausschließlich kognitiv konzipiert, des unentwegt weiter verteidigten diskursiven Paradigmas.

Neue mögliche Artikulationsformen von trotzdem unverzichtbaren generellen sozialen Verbindlichkeiten können ja z.B. im Zusammenhang mit der Re-Oralisierung moderner Kommunikationskultur unter dem Einfluss der szenischen Medien Film, Radio und Fernsehen, des Mobilfunks oder des Internets keineswegs ausgeschlossen werden. Die Individualisierung als Metatrend im Verein mit den anderen drei und multiple Identitäten als eines ihrer Hauptergebnisse pluralisieren und vermischen ganz selbstverständlich auch die Konzepte von »politisch« und »privat« (Weiss/Groebel 2002) und die entsprechenden Sinnzuweisungen. Die grundsätzliche Gleichsetzung von privater und öffentlicher Meinung durch die Demoskopie ist im Lichte dieser Entwicklung lediglich konsequent und die Unerlässlichkeit einer erweiterten Vorstellung von politischer Kommunikation und politisch relevanter Öffentlichkeit offenkundig. Selbst das Rechtssystem trägt ja in anderer Hinsicht der Dynamisierung der Verhältnisse mit der vermehrten Schaffung von Probe- bzw. experimentellem Recht, gerade im Zusammenhang mit der Einführung neuer Kommunikationstechnologien Rechnung, generiert im Einklang mit einem flexibilisierten, gar fiktionalisierten Wirklichkeitsverständnis konditionale politische Entscheidungen (vgl. Media Perspektiven 1983, H.12) und eröffnet so der Formulierung allgemeinverbindlicher Entscheidungen zusätzliche Wege.

Durch die veränderte Gesamtkonstellation werden andererseits die Akteure des politischen Systems vermehrt zur Suche nach Koalitionären auch außerhalb desselben genötigt, um überhaupt allgemeinverbindliche Entscheidungen realisieren zu können. Die entsprechende Interaktionsform sind die erwähnten *Verhandlungssysteme*, »ein zwischen Markt und Hierarchie anzusiedelnder kooperativer Koordinationsmechanismus, dessen Erfolg insbesondere von funktionierenden Kommunikationsstrukturen abhängt« (Hoffmann 1998a). Deren Logik, auf Nichtöffentlichkeit, Kompromissorientierung und kollektive Zielrealisierung angelegt, ist Ausdruck von Konsensdemokratie und bildet dementsprechend gewissermaßen das Komplement zu einer – denn es sind auch andere Formen konzipierbar! – durch Publizität, Konflikt- bzw. Wettbewerbsorientierung und personalisiertes Siegstreben charakterisierten Mediendemokratie. Unter den genannten Staatsformen funktioniert erwartungsgemäß, wie Belege aus der Schweiz dokumentieren, am ausgeprägtesten die Referendumsdemokratie als Konsens- bzw. Verhandlungsdemokratie (Marcinkowski 2005:349ff.). In dieser Konstellation verlagert sich tendenziell der Akzent vom (politischen) Entscheiden auf das Entwickeln und Kommunizieren von Mehrheits- und Diskursregeln und dementsprechend von öffentlicher auf Arkanpolitik. Umstritten ist denn auch, »ob mit einem Interessenausgleich ressourcenstarker Akteure die Problemlösungsfähigkeit des politischen Systems insgesamt steigt« (Hoffmann 1998a). Jedenfalls wächst auch wieder der Druck auf öffentliche Legitimation von Verhandlungspositionen und -resultaten.

Als wesentliche Konsequenz der Metatrends und der Medialisierung moderner demokratischer Gesellschaften ist mithin die *vielfältige Problematisierung der Entscheidungskapazität ihrer* politischen Systeme nicht zu übersehen: auf der Mikroebene im Gefolge verminderter Gemeinwohlorientierung durch Individualisierung, auf dem Mesolevel in Gestalt von Effizienzerschwerungen des organisierten Handelns der politischen Parteien (Falter 2002:429) und auf der Makroebene durch Schrumpfung von Gestaltungssphären nationaler politischer Systeme im Zuge von Transnationalisierung und »regelverändernde(r) Weltinnenpolitik« (Beck 2002:95). Gegenläufig dazu wächst indes der Problemlösungsbedarf der modernen demokratischen Systeme in Gestalt immer noch anderer Politikfelder und Anspruchsgruppen und nimmt auch die Enttäuschung über unerfüllte Erwartungen durch Politik und Politiker in allerdings umstrittenen Ausmaß zu (Gabriel 1986; Holtz-Bacha 1998b). Ungereimtheiten sind ja kaum zu übersehen, »scheint es sich (…) (doch U.S.) so zu verhalten, dass der Raum des Politischen, im Sinne einer Zuständigkeitserklärung für Themen, verbal immer weiter ausgedehnt wird, während der Handlungsspielraum der Politiker, im Sinne der Durchsetzungsmöglichkeiten, tatsächlich schrumpft« (Steinmetz 2003:228). Der reale »Bedeutungsschwund des Staates« (Hoffmann-Riem/Schulz 1998:161) und die geschrumpften »Spielräume für ›materielle‹ Politik« können durch politische Rhetorik, symbolische Politik nur unzureichend kompensatorisch ausgeweitet werden (Sarcinelli 1987:242).

Exponentiell und nicht bloß linear steigen entsprechend die Anforderungen an das kommunikative Leistungsvermögen der demokratischen Politiksysteme und damit an ihre Kommunikationskultur. Ihnen vermag die Mediendemokratie, zumal angesichts der beschränkten Medialisierbarkeit der politischen Institutionen, nicht zu genügen, weshalb vermehrt Kommunikationskanäle und -formen außerhalb der etablierten Medienorganisationen und -institutionen politisch zum Zuge kommen: Tagebücher von sogenannten Bloggern im Internet, Mobiltelefon-Bilder von Amateuren, verschiedenste Mechanismen informeller und interpersonaler Kommunikation. Ausgeweitet zur *Multimediademokratie* und zugleich aus- bzw. zurückverlagert in *vormediale Bereiche* entfaltet sich die politische Kommunikation demokratischer Mediengesellschaften ebenso spektakulär medial formatiert wie informell ubiquitär. Dass sich damit auch der Entertainisierung von Politik ein weiter Aktionsraum öffnet und aufgrund ihres universalistischen und gegeninstitutionellen Charakters von ihr auch besetzt wird, ist mehr als wahrscheinlich. An der empirischen Forschung ist es, hier Gewissheit zu schaffen.

2. *Legitimitätsbasis mediengesellschaftlicher Politik*: Derartige Veränderungen der Entscheidungskapazität des politischen Systems führen auch zu solchen seiner Legitimationsbasis, seiner »sozialen Anerkennungswürdigkeit« (Sarcinelli 1998a:253) also. In Demokratien beruht der Geltungsanspruch politischer Herrschaft auf der Zustimmung des Souveräns, des Volkes und muss mithin kommunikativ entsprechend abgestützt sein. Das heißt: Legitimität ist »eine demokratietheoretische Fundamentalkategorie politischer Kommunikation« (ebenda; vgl. auch Gabriel 1986:295ff.). Und für die Beurteilung der Mediendemokratie und deren Entertainisierung bildet folglich deren Legitimität stiftendes oder auch beeinträchtigendes Vermögen ein zentrales Kriterium.

Diese Beurteilung fällt, wie im Gefolge der generellen Einschätzung der Mediendemokratie und der Positionen zum Wandel politischer Öffentlichkeit nicht anders zu erwarten, ambivalent, ja überwiegend kritisch aus. Dass politische Geschichte in der Moderne mehr und mehr auch als Kommunikationsgeschichte geschrieben werden muss (Wilke 1989), ist mittlerweile in Kenntnis der aufrührerischen Wirkung der regimekritischen Presse, der Libelles, zur Zeit der Französischen Revolution und anderer politischer Umstürze weitgehend konsentiert, und ebenso ist das Wissen um das *legitimierende wie delegitimierende Potential von Medienkommunikation* in der Scientific community etabliert (Sarcinelli 1998a:264). Normative Destabilisierung resultiere aus der »Neophilie« (Roegele 1982) der Medien, ihrem Primärinteresse am Neuen, Normabweichenden, ist eine bekannte These, und desgleichen werden, wie erwähnt, tentativ Medien-Legitimationsgewinne gegen Institutionenverluste aufgerechnet (Jarren 1994). Bedenken wegen der mediendemokratischen »Stimmungsdemokratie« (Oberreuter 1987) betreffen mit dem emotionalisierenden Vermögen der Medien auch das von ihnen stimulierte Politainment, und dass im Gefolge ihrer Visualisierung demokratische Politik allmählich ihre rationale Legitimationsbasis einbüsse, ist gleichfalls eine gängige Befürchtung. Auch noch für den heutigen Diskussionsstand gültig ist U. Sarcinellis (1998a: 263) Zusammenfassung der diesbezüglichen Hypothesen bzw. Vermutungen: »Vieles spricht für die Annahme, dass die *Legitimationsempfindlichkeit* von Politik zunimmt. Die Ausweitung des Informations- und Kommunikationssektors führt jedoch nicht automatisch zu einem Legitimationsverlust oder einer politischen Legitimationskrise, wie auf den Foren der Alltagskommunikation immer wieder spekuliert wird. Aber sie begünstigt legitimatorische Zweifel. Legitimität wird *kommunikationsabhängiger*. Dies gilt für konsolidierte demokratische Systeme ebenso wie für nichtdemokratische« (vgl. auch Kamps 2004: 70).

Die Unsicherheiten selbst der wissenschaftlichen Einschätzung der legitimatorischen Implikationen der Mediendemokratie bestätigen einmal mehr die Richtigkeit des sogenannten Thomas-Theorems, dass »Menschen so handeln, wie sie eine Situation sehen (definieren), ohne dass sie auch so sein müsste« (Friedrichs 1994). Attribuierungen und in deren Gefolge Reflexivität bestimmen ja gerade hier das politische Verhalten besonders stark. Politiker attribuieren wegen ihrer spezifisch hohen Medienabhängigkeit der Medienkommunikation auch entsprechend großen Einfluss. In Sorge um die öffentliche demokratische Legitimation ihres Tuns investieren sie mehr und mehr Ressourcen in die *Politikdarstellung, in symbolische Politik*, auch in Politainment. Damit müssen sie allerdings auch, wiewohl primär legitimierte Akteure des politischen Systems, zunehmend die Macht, politische Prozesse zu prägen, mit den dazu wie immer legitimierten Medienschaffenden und immer weiteren Öffentlichkeitsspezialisten teilen. Deren Darstellungsprinzipien: Nachrichtenfaktoren als Neugier weckender Selektionsfilter bzw. erfolgserprobte Ansprechweisen und Persuasionstechniken sind ja diejenigen von Kommunikationsprofessionals. So wie deren Kooperation für die Vermittlung irgendwelcher politischer Vorhaben immer unentbehrlicher wird, so wird umgekehrt auch möglichst universelle Medienkompetenz, jedenfalls Fernsehtauglichkeit, zentrale Rollenressource politischer Akteure, damit diese zumindest eine gewisse Kontrollkompetenz in die mediale Darstellung und Vermittlung von Politik einzubringen vermögen.

Mediendemokratien auferlegen eben sämtlichen Akteuren, Politikern wie Journalisten, *gesteigerte Legitimitätsverpflichtungen*, zumindest nach ihrem Dafürhalten. Etwaige Legitimitätsverluste können nicht einfach dem Medienwirken per se angelastet werden, vielmehr auch dilettantischen Instrumentalisierungsversuchen desselben durch politisches Personal. Auch die »Ausweitung des Informations- und Kommunikationssektors« dient ja primär der Bewältigung politischer und kommunikationaler Überkomplexität und funktioniert, zumindest grundsätzlich, legitimitätsneutral. Mit höherer Eigenkomplexität und institutioneller Autonomisierung kann dieser Sektor freilich verstärkt delegitimierendes Potential, z.B. durch dauernden politischen Negativismus (Noelle-Neumann 1994:565ff.) entwickeln. In erster Linie erfordert erfolgreiches Mithalten in der mediendemokratischen Legitimationskonkurrenz denn auch ein Wirken von Politikern und Medienschaffenden, das als glaubwürdig, kompetent und mandatiert, eben legitim im fundamentaldemokratischen An-

spruchsmilieu, vor und von der zur »Publikumsgesellschaft« mutierten Bürgerschaft wahrgenommen wird. Und für beide heißt dies, dass die Realisierung
möglichst großer Inklusivität politischer Kommunikation als angeblich schlüs-
siger Beweis der politisch-sozialen Anerkennung ihres Engagements für die
Demokratie vorrangig wird. Politische Innovativität insbesondere muss sich
daher auch aus Legitimitätsgründen umfassender als früher kommunikativ
bewähren. Die Entwicklung zusätzlicher und die Übertragung in anderen
Kontexten erfolgreich praktizierter unterhaltender Muster auf die politische
Kommunikation drängen sich geradezu auf.

3. *Problemlösungsqualität mediengesellschaftlicher Politik*: Die Problemlösungsqualität demokratischer Politik wird herkömmlicherweise daran gemessen, wie
gemeinwohldienlich diese funktioniert. Zumal in modernen Gesellschaften
stellt jedoch das Bonum commune keine feste, sondern eine ständig neu zu
bestimmende Größe dar (Reese-Schäfer 2000:93ff.). Dementsprechend muss
seine Definition fortlaufend neu ausgehandelt werden. Umso mehr müsste
auch die Theoriebildung bemüht sein, die Dimensionen dieser Definitionen
und die Regelhaftigkeiten ihres Wandels integraler zu erhellen. In differenzie-
render Weiterentwicklung namentlich der Sozialindikatorenforschung (Glatzer
1989) wären Kriterien für eine weitere Vertiefung des Verständnisses von Gemeinwohlvorstellungen unter mediengesellschaftlichen Verhältnissen zu entwickeln. Verhandlungssysteme gewinnen in diesen gerade bei der Definition
von Gemeinwohl über den konkreten Interessenausgleich in pluralistischen
Gesellschaften (Detjen 1998:278) hinaus elementar fundierendes Gewicht für
das Funktionieren von Demokratie überhaupt, wenn auch auf Kosten der
Öffentlichkeitsnorm.

Von der Politik in Mediendemokratien werden nämlich vermehrt neben
sicheren Bedingungen der äußeren Lebensführung, insbesondere auch in ökonomischer Hinsicht, auch *sozialpsychologische Gratifikationen* erwartet, gewissermaßen umfassende staatliche Befriedigungsprämien also. Dem trägt z.B. die
schweizerische Bundesverfassung in eher überraschender Art Rechnung, verlangt sie doch in ihrem Art. 93, Abs.2 »Radio und Fernsehen tragen zur Bildung
und kulturellen Entfaltung, zur freien Meinungsbildung und Unterhaltung
bei«. Damit sind gemäß Wortlaut des eidgenössischen Grundgesetzes die elektronischen Medien dazu verpflichtet, bestimmte Publikumszustände zu erwirken, also nicht bloß Unterhaltungssendungen anzubieten, sondern damit den
schweizerischen Souverän auch tatsächlich zu amüsieren.

Wenn aber diese Art von emotionaler Befriedigung zu garantieren auf die gleiche
Ebene gehoben wird wie die Ermöglichung freier politischer Meinungsbildung,
dann wird auch *Unterhaltungsöffentlichkeit* als Teil der politischen Öffentlichkeit
von Mediendemokratien institutionalisiert. So wie die neuere wirtschaftswis-

senschaftliche Theorie außer dem Profitstreben auch dasjenige nach Glück als ökonomierelevanten Faktor begreift (Frey/Stutzer 2002), so sollte auch die Theoriebildung zum Bonum commune entschiedener als bislang dessen sozialpsychologisch-kommunikative Dimension berücksichtigen. Es entspricht ja »der pluralistischen Konkurrenzdemokratie, dass die von den Parteien vorgetragenen *Gemeinwohlprofile* in einen kommunikativen Wettbewerb treten« (Detjen 1998:278) und, wie seltsam es klingen mag, zunehmend auch Anforderungen an Unterhaltungsöffentlichkeit genügen sollten.

Mit der Ausweitung und zugleich Schrumpfung der Zuständigkeitsräume, in denen gemeinwohlorientierte Politik ihre Qualität bewähren muss, verändern sich auch die *Akteurkonstellationen*, die diese realisieren sollten. Politische Öffentlichkeit wird ja in wachsendem Maß durch international, nationale und subnationale Verhandlungssysteme vereitelt wie hergestellt, professionalisiertes Kommunikationsmanagement wird in mediendemokratischer Politik die Regel (Schatz/Rössler/Nieland 2002). Wieweit da ein Mindeststandard an Sachverstand und rationaler Argumentation den öffentlichen politischen Diskurs zu prägen vermag und in der Öffentlichkeitstheorie das Gütekriterium der Diskursivität vor neueren kommunikationswissenschaftlichen Erkenntnissen zu bestehen vermag, müssen die weitere Analyse und vor allem zusätzliche empirische Erhebungen erweisen. Sicher ist bloß, dass sämtliche Kategorien politischer Akteure sich auf die Gemeinwohldienlichkeit ihres Handelns berufen, wenn auch in positionsspezifischer Abwandlung: die Parteien und die Manager politischer Public Relations auf die Gemeinwohldienlichkeit der von ihnen vertretenen Interessen, die Journalisten auf die Gemeinwohldienlichkeit ihrer kommunikativen Vermittlungsleistungen schlechthin. Die Problemlösungsqualität mediengesellschaftlicher Politik wird unter diesen Umständen auf jeden Fall unkalkulierbar.

4.4 Systeminterpenetration

Mit der vermehrten gesamtgesellschaftlichen Bedeutung des intermediären Systems als »Kommunikations- und Handlungsfeld zwischen der Lebenswelt von Bürgern und dem politisch-administrativen System« (Rucht 1998:664) und mit der ubiquitären Interpenetration des Politik- und des Mediensystems (Münch 1991:228; 1992a), strukturelle und funktionale Voraussetzung und Grundlage der Mediendemokratie, kommt es trotz beschränkter Medialisierbarkeit des ersteren zu einer überaus umfassenden und folgenreichen *Umdefinition von politischem Sinn*. Durch das gesamtgesellschaftlich wirkende kommunikative Vermittlungs-

und Beobachtungssystem der Medien, strukturiert zudem durch deren Eigenlogik, strömt unablässig systemfremder, aber je systemspezifischer Sinn aus Wirtschaft und Kultur und deren vielfältigen Funktionssystemen in dasjenige der Politik. Dessen Responsivität, Aufnahmefähigkeit für die Bedürfnisse potentieller Anspruchsgruppen wird dadurch in ganz anderem Maß gefordert als ehedem. Missverständnisse und Widerstände, wie sie zum Teil bereits beschrieben worden sind, wie auch das durch diese Systeminterpenetration zum Teil gesteigerte Problemlösungspotential des politischen Systems werden unter dieser Perspektive integraler begreiflich. Insbesondere wird als Folge dieser Systeminterpenetration eine doppelte Einfallspforte für verstärkte Entertainisierung mediengesellschaftlicher Politik erkennbar: Das Funktionieren zumal von Massenmedien stützt sich ja maßgeblich auf Unterhaltungskommunikation und diffundiert diese auch in die politische Kommunikation, und durch die dank Medienkommunikation vergrößerte polykontexturale Beziehungssphäre von Politik wird die Ablösung von politischem Sinn von den politischen Institutionen erleichtert und dieser damit für Entertainisierung zugänglicher.

Der Diskurs über Funktionalität und Dysfunktionalität dieser Systeminterpenetration prägt natürlich auch die *Öffentlichkeitstheorie*. Im Hinblick auf die Transparenz- bzw. Filterfunktion von Öffentlichkeit kann ebenso »Autismus« (Gerhards/Neidhardt 1991:43) wie übermäßige Umweltsensibilität derselben das Resultat dieser Konstellation sein, ein niedrigerer Politisierungsgrad öffentlicher Kommunikation oder ein extrem hoher im Gefolge geringer Differenzierungskompetenz hinsichtlich des Leitcodes »politisch/unpolitisch«, abseitige Selbstgenügsamkeit und -bezogenheit des politischen Verfahrens oder Effizienzminderung desselben durch öffentliche Überinszenierung. Da zum Problemlösungspensum demokratischer Politik auch die Garantierung einer funktionierenden Öffentlichkeit gehört, ihrer Transparenz-, Validierungs- und Orientierungsfunktion, muss dies als eine weitere mögliche dysfunktionale Konsequenz der Systeminterpenetration von Politik und Medien zu Lasten von Politik qualifiziert werden.

Die Gefährdung der Qualität der politischen Prozesse im Gefolge von deren Entertainisierung durch Medienkommunikation bildet auch ein zentrales Argument für eine entsprechend restriktive Regulierung des Rundfunks in der Endlosdebatte über seine optimale Institutionalisierung in der demokratischen Mediengesellschaft. Gesellschaftliche Rahmenbedingungen zu schaffen, die optimale politische Kommunikation fördern, sichern oder zumindest nicht behindern, strebt ja jede *Kommunikations- und insbesondere Medienpolitik* an, seit Anbeginn indes mit bescheidenem Erfolg (Saxer 1999b). Steuer- und kontrollierbar sind eben Kommunikationsprozesse ihrer Allgegenwart und Flüchtigkeit wegen bloß in beschränktem Maß, ist die Geschichte der Medienpolitik vor allem ein Friedhof gescheiterter Planungen und diejenige der Zensur im besonderen eine der Lächerlichkeiten. In Demokratien stellt das Prinzip der Medienfreiheit vollends ein Legitimitätshindernis zumal gegen imperative Medienregulierung dar, so dass im Verein mit der Reflexivität von Kommunikation, ihrer autonom sich selbst verstärkenden Selbstbezüglichkeit, aus dieser Konstellation chronische Ressourcenschwäche demokratischer Medienpolitik resultiert. Institutionelle Ordnungen, die eine bestimmte, durch Medien zu vermittelnde Qualität politischer Kommunikationskultur gewährleisten sollen, laufen daher Gefahr, regelungsineffizient zu bleiben.

Diese Konstellation hat zur Folge, dass Bemühungen, die Entertainisierung in der Rundfunkkommunikation durch entsprechende Programm-Quotenregelungen oder andere programmpolitische Maßnahmen gewissermaßen zu kasernieren, weitgehend erfolglos sind. Die Parallelisierung demokratisch kontrollierter *Medieninstitutionalisierung* durch liberal institutionalisierte, von öffentlichem Rundfunk durch privaten im Gefolge der mediengesellschaftlichen Metatrends führt vollends zu schwer kontrollierbaren zeitweiligen Entertainisierungsschüben auch des Angebots des öffentlichen Rundfunks, freilich auch zu gegenläufigen Trends (Marcinkowski/Greger/Hüning 2001:54ff.; Brosius 2001), so zur verstärkten Akzentuierung qualifizierter Informationsangebote durch private Sender. Beide Systeme, demokratisch kontrollierter wie liberal institutionalisierter Rundfunk insgesamt – von Spartenkanälen, die ausschließlich Information oder Unterhaltung für spezifische Publikumssegmente anbieten abgesehen – müssen ja möglichst allgemein akzeptable Kombinationen von Rundfunkakzeptanz- und -anspruchskultur entwickeln, um längerfristig in der kulturellen und wirtschaftlichen Konkurrenz bestehen zu können. Beide müssen aber auf jeden Fall dem allgemeinen Mentalitätswandel Rechnung tragen, der Mediendemokratien wie Medienpublika gleichermaßen prägt.

In *Medienereignissen* kulminiert im übrigen die für Mediengesellschaften wie auch für Mediendemokratien charakteristische Systeminterpenetration. Sportereignisse, namentlich die »Fußballisierung« (Mittag/Ismar 2004), aber auch internationale musikalische Großveranstaltungen wie der »Eurovision Song Contest« (Schweiger/Brosius 2003) bescheren vielen Beteiligten dank der Vermengung unterschiedlicher Sinnsphären und Funktionslogiken und vor allem dank ihrer umfassenden publizistisch-kommunikativen Einbettung und Aufbereitung kurzzeitig so etwas wie totale Erlebnisse: »Fußball, dieser lärmige Dauerwahlkampf, ist die fröhliche Kommunikation des Systems mit sich selbst« (Schümer 1996:221), so, ins Gigantische gesteigert, auch wieder an der Fußballweltmeisterschaft von 2006. Die Systeme des Sports, der Werbewirtschaft und der Politik konstituieren ja mittlerweile in Mediengesellschaften eine dermaßen tragende Säule ihrer Unterhaltungs- und Erlebniskultur, dass die sportliche Variante von Politainment zum unverzichtbaren Verhaltensrepertoire vieler Akteure demokratischer wie autoritärer Politiksysteme geworden ist.

Zusammenfassend ist festzuhalten, dass die wachsende Interpenetration des Politik- und Mediensystems den Kommunikationskollaps des ersteren unter dem Druck der Folgeprobleme steigender Komplexität moderner Gesellschaften zu verhindern vermag. Der Mediensektor entwickelt dabei allerdings Eigenkomplexität, d.h. Subsysteme und Vernetzungsdichte in einem solchen Maß, dass deren Folgen für das Funktionieren des politischen Systems immer weniger kontrollierbar sind. Die prägenden Kräfte mediengesellschaftlicher Öffentlichkeit auf dem Makro-, Meso- und Mikrolevel operieren unter diesen Bedingungen politisch weitgehend anomisch, realisieren ihre Zwecke also mit Mitteln, die ihrer spezifischen Funktionslogik oder gar ihrem Belieben entsprechen, und lassen auf jeden Fall Raum für die Entfaltung von Politainment jedweder Provenienz und Form.

4.5 Mentalitätswandel

Moderne Politik wird durch Akteure gestaltet, im Handlungsraum mediengesellschaftlich geprägter politischer Kultur und unter grundsätzlich labilen Institutionalisierungsbedingungen von Medienkommunikation. Die vier mediengesellschaftlichen Megatrends wirken sich dabei auf alle in das politische System Involvierten aus, aber natürlich je nach Position mit unterschiedlichen Konsequenzen für ihr politisch relevantes Handeln. Diese Gesamtentwicklung kann dementsprechend, die unzähligen diesbezüglichen Befunde zur politischen Befindlichkeit mediengesellschaftlicher Akteurkategorien konzeptuell zusammenfassend, als *differenzierter kollektiver Mentalitätswandel* interpretiert werden.

Mit der sozialwissenschaftlichen Wiederbelebung des der älteren Wissenssoziologie entstammenden und noch vornehmlich geschichtswissenschaftlich (»Mentalitätsgeschichte«) verwendeten *Begriffs* »*Mentalität*« wird versucht (Lenk 1969), hier ein kommunikationssoziologisch wie sozialhistorisch dienliches Konzept der Sozialcharakterologie erneut in den fachwissenschaftlichen Diskurs einzubringen. »Mentalitäten (…) stellen die psychischen Antworten auf soziale Lagen dar«; in ihnen »schlägt sich die Gesamtheit der Lebenserfahrungen und Milieueindrücke nieder« (Lenk 1969:690). Diese lebensweltliche Verwurzelung des Konzepts empfiehlt dieses besonders zur Erfassung sozialpsychologischer Befindlichkeiten in einer Ära und einem Kontext der zumindest partiellen Entinstitutionalisierung von Politik überhaupt, ihrer Veralltäglichung sozusagen. Mentalitäten sind demnach vornehmlich kulturell geprägte kollektive Weltsichten und Verhaltensdispositionen.

Diese bilden sich früher primär schichtspezifisch, in Mediengesellschaften hingegen stärker milieuspezifisch. Der hier postulierte generelle Mentalitätswandel ist dabei in erster Linie dadurch charakterisiert, dass Mentalitäten nicht mehr vergleichbar kompakte soziale Ein- und Ausschließungsmechanismen konstituieren, und zwar erfolgt diese *Lockerung* maßgeblich unter dem Einfluss von Medialisierung als zentralem gesellschaftsdynamisierendem Agens. Die generell feststellbare Schwächung der Bindung der Bürger an politische Parteien ist ebenso Ausdruck dieser Entwicklung wie die rückläufige Selbstinszenierung vieler Mandatsträger als Mitglieder einer distinkten politischen Klasse und ihre entsprechend zunehmende Praktizierung von Populismus als politischem Lebensstil.

Die politisch relevante *Differenzierung der Mentalitäten* der verschiedenen Akteurkategorien wiederum vollzieht sich maßgeblich auch entsprechend deren Position im massenmedialen Kommunikationsprozess. Im Zustand genereller kommunikativer Sensibilisierung durch die Allgegenwart medienvermittelter öffentlicher Kommunikation nehmen die Subjekte des politischen Systems deren vielfältige Möglichkeiten mehr und mehr gemäß ihren spezifischen Bedürfnissen wahr: für die Realisierung politischer Intentionen oder zur Entlastung von institutionellem Druck durch Unterhaltung, nutzen Medien als politische Arbeitsinstrumente oder als Genussmittel. Und die Differenzierung des dadurch noch beförderten Mentalitätswandels wird natürlich durch das unterschiedliche kognitive Individualisierungs- und emotionale Kollektivierungspotential von Print- und elektronischen Medien zusätzlich verstärkt.

Dieser Mentalitätswandel muss allerdings aus einer Fülle sehr heterogener Daten erschlossen werden, und es müssen diese in »hermeneutischer Grenzüberschreitung« als »Elemente einer übergeordneten Struktur kovariierender Sachverhalte« (Schulze 2000:562f.) erkannt werden. Diese Struktur wird hier folgendermaßen konzipiert: Aus den im Vorangehenden skizzierten Entwicklungen resultieren je andere und insgesamt veränderte Mentalitäten der verschiedenen Kategorien von politischen Akteuren. Diese disponieren die Akteure zu anderen als vor-mediengesellschaftlichen Verhaltensweisen und veranlassen sie insbesondere zur *Uminterpretation ihrer politischen Rolle.*

Dies führt zu folgenden *Konstellationen*:

- Bei *allen drei*, hier idealtypisch differenzierten Akteurkategorien: Bürger, Politiker, Medienakteure lockern sich im Gefolge der mediengesellschaftlichen Megatrends die Bindungen an strukturierte politische Ideologien und verunklären sich ihre Vorstellungen von den Aufgaben und dem Leistungsvermögen der Politik im allgemeinen und des Staates im besonderen. Dies zeitigt je andere Strategien der Bewältigung solch gesteigerter Kontingenz, individualistische oder koordinierte, traditionalistische oder innovative und führt so allerdings zu weiterer Kontingenz des politischen Prozesses. Insbesondere wird dadurch auch die Übernahme von Rollenmustern der anderen Akteurkategorien erleichtert. Wohl wandelt sich in der Mediendemokratie die Bürgergesellschaft zunehmend in eine von Publika, von Kollektiven in einer Rolle, aus der idealtypisch nicht in die von Sprechern gewechselt werden kann (Jarren/Donges 2002: I,121). Der mediengesellschaftliche Mentalitätswandel äußert sich aber gerade auch darin, dass die bloß virtuelle Präsenz des Medienpublikums durch verstärkte Ausrichtung der Politiker auf dieses zumindest argumentativ von diesen der Sprecherrolle angenähert wird. Zumal in Unterhaltungssendungen befördern Moderatoren um der Maximierung der kommunikativen Inklusion willen Publikumsrepräsentanten zeitweise zu Sprechern und stufen geladene Politiker in die Publikumsrolle zurück.

- *Bürger* erleben Politik in Mediengesellschaften fast ausschließlich in Gestalt medialer Vermittlungsakte, eben als Publika, und von schwer fassbaren, aber allgegenwärtigen Konsequenzen staatlichen Handelns. Je nachdem, aber jedenfalls stark sozialisations- und positionsabhängig, erfahren sie das politische Geschehen überwiegend als inklusives oder exklusives, als Gestaltungschance oder entfremdeten Zugriff auf sie, als »Lebenswelt« oder »System« bzw. Theater. So bündeln auf der einen Seite soziale Bewegungen die in der Erlebnisgesellschaft frei flottierenden Emotionen derjenigen, die an ein letztlich unbegrenztes Problemlösungsvermögen staatlicher oder zivilgesellschaftlicher Politik glauben, und auf der anderen Seite verdichten sich die individualisierten, politisch ungebundenen Mentalitäten verschiedener Bürgerkategorien fallweise in Episoden kollektiver Betroffenheit oder in der temporären Rolle als Politikpublika.

- Für *Politiker* der Legislative und Exekutive, Amtsträger und Kandidaten, verschieben sich die Rollenprioritäten in mehrfacher Hinsicht. Für ihre Programme müssen sie in einer Medien-, die zugleich eine Multioptionsgesellschaft (Gross 1994) ist, überhaupt erst Aufmerksamkeit gegen eine Vielfalt von anderen Offerten wecken. Zudem können sie, mangels dauernder politischer Loyalitäten, der Zustimmung definierter Segmente der Bürgerschaft für ihre Anliegen immer weniger gewiss sein. Vermehrt konfrontiert mit schwer deutbaren Symptomen politischer Desillusionierung und nicht minder widersprüchlichen Berechtigungsansprüchen an Politik und Staat erfahren die Politiker die verstärkte Kontingenz des politischen Geschehens vor allem auch im Misserfolg herkömmlicher politischer Berufsroutinen. Politisch Karriere macht da nur, so der Mentalitätswandel, wer außer Sach- auch über Medienkompetenz verfügt und das Geschäft der Politikher- und -darstellung ebenso gut auf der Vorderwie auf der Hinterbühne des politischen Geschehens beherrscht (Kepplinger 1993:211ff.). Weil politische Kommunikation mehr und mehr selber Politik geworden ist, bildet das kundige Management der ersteren und damit der öffentlichen Politikartikulation ein immer zentraleres Element von Politikherstellung, weil es auf diese zurückwirkt und diese mehr und mehr präformiert. Als kollektive Akteure konstituieren sich daher Parteien mehr und mehr auch als »professionalisierte Medienkommunikationsparteien« (Jun 2002).

- Auch die *Medienakteure* lösen sich in der demokratischen Mediengesellschaft weitgehend aus institutionellen Politikbindungen und entwickeln im Zuge der entsprechenden Umdefinition ihrer Rolle neue Strategien von Politikvermittlung. Die je anderen und ständig weiter perfektionierten spezifischen kommunikationstechnischen Möglichkeiten der Printmedien Zeitung, Zeitschrift und Buch und der szenischen Medien Film, Radio und Fernsehen werden dabei im verschärften Konkurrenzkampf von mehr und mehr Kommunikationsanbietern auch zur immer attraktiveren medienspezifischen Vermittlung von Politik eingesetzt. Die Ökonomisierung der Mediensysteme führt allerdings dazu, dass der Gewinn von Rezipientenaufmerksamkeit an sich und nicht für besondere Inhalte, eben z.B. politische, strategisch in den Vordergrund rückt. Inwiefern das Internet als überaus potenter Kommunikationskanal, der ohne Journalismus auskommt, weiteren Mentalitätswandel unter Medienschaffenden zeitigt, kann noch nicht schlüssig beantwortet werden; dass aber das Netz der Netze die politische Öffentlichkeit verändert, steht außer Zweifel (vgl. Donsbach/Jandura 2003; Rössler/Krotz 2005). Auch eine neue Bereitschaft des politisch autonomer gewordenen Mediensektors als solchem, politischen Einfluss in eigener, nämlich medienpolitischer, Sache oder in Gestalt politischer Kampagnen, Skandalisierungen zumal, wahrzunehmen, ist unverkennbar. Andererseits wächst unter diesen Umständen für die Medienakteure die Versuchung, Negativismus als Nachrichtenwert im Kampf um öffentliche Aufmerksamkeit auf Kosten der Geltung des politischen Systems einzusetzen (Kepplinger 1998a).
- Die Konsequenzen dieses Mentalitätswandels sind für die Problemlösungskapazität demokratischer politischer Systeme in verschiedner Hinsicht *ambivalent*, wird dieses doch dadurch labilisiert und sein Funktionieren unkalkulierbarer. Zugleich eröffnen sich damit den Akteuren aber auch neue strategische Möglichkeiten, die z.B. von Organisationen sozialer Bewegungen ebenso vielfältig wahrgenommen werden wie von Politikern, u.a. in Gestalt von Politainment. Die Problemlösungskapazität demokratischer Politik und Öffentlichkeit wird jedenfalls im Gefolge von Systeminterpenetration und Mentalitätswandel in anderer Weise gefordert als in der industriegesellschaftlichen Ära, und zwar sind überkommene Lösungen hinsichtlich aller vier elementaren Systemprobleme der Zielrealisierung, der Identitätskonstitution, der Integration und der Anpassung an die Umwelt dadurch in Frage gestellt.

4.6 Erlebnisdemokratie

Was in den demokratischen Mediengesellschaften im allgemeinen und deren Politiksystemen im besonderen sich vollzieht, ist der nämlich der Wandel der in ihnen institutionalisierten, Zweck- und Wertrationalität verbindenden Leitrationalität in Richtung einer ständig sich differenzierenden *Erlebnisrationalitä*t (Schulze 2000:34ff.). Diese veranlasst die Akteure gemäß dem Motto »Erlebe Dein Leben« verstärkt einer psychophysischen statt einer ökonomischen Semantik zu folgen, das Kosten-Nutzen-Prinzip auf die Erlebnissphäre zu übertragen und sich entsprechend auf den ständig wachsenden Erlebnismärkten einzudecken. So dürfte auch beim Zappen durch die Fernsehprogramme die Suche nach Informationen zunehmend von derjenigen nach zusätzlichen Erlebnissen, Betroffenheitserlebnissen zumal, überlagert werden (Kombüchen 1999:50). Dass in funktional differenzierten Gesellschaften eine bestimmte Leitrationalität nicht mehr institutionalisierbar ist (Luhmann 1997:185), erleichtert ohnehin die Praktizierung höchst subjektiver Rationalitäten, und rational im Sinne einer sparsamen Bewirtschaftung der eigenen knappen Aufmerksamkeitsressourcen ist es, wenn die Bürger ihren Aufwand für die Beschaffung politischer Information möglichst tief und sich zu diesem Zweck einfach an die Massenmedien halten.

Insbesondere öffnet Erlebnisrationalität als zunehmend erfolgreich mit der tradierten Leitrationalität konkurrierende Möglichkeit politischer Partizipation die politische Kultur, die auf Politik bezogenen Einstellungen, in stärkstem Maß der *Unterhaltungskultur* und ihren Konstituenten. Alles was Strukturen und Prozesse des politischen Systems, politische Institutionen, Themen und Personal zum Inhalt hat, wird nun vermehrt auf seine Erlebnisqualität geprüft und je nachdem von den Bürgern in ihre politische Lebenspraxis übernommen oder nicht. Was steuern die politischen Problemlösungen an mein persönliches Wohlempfinden, insbesondere mein Souveränitätserleben bei und wieweit sind sie Teil meines eigenen Gestaltungsraums? Die Konstituenten von Unterhaltungskultur kommen da voll zum Tragen: der präsentische, mehr oder minder totale Charakter des Unterhaltungserlebnisses, das Erleben von Geborgenheit in der Mehrheit dank dem Inklusionsvermögen von Populärkultur und die Mechanismen der Akzeptanzkultur.

Unter dem Einfluss *populärkultureller Erlebniswerte* erhält derjenige der Authentizität des politischen Handelns (Brosius 2001:131f.; Hermanns u.a. 2002:573), moralisch als »Ehrlichkeit« attribuiert, verstärkt Gewicht. Der überkommene Verdacht, Politiker agierten in erster Linie als Persuasionsartisten wird nämlich im Gefolge der allgemeinen Realitätslabilisierung und unter dem Eindruck immer aufwendigerer mediendemokratischer politischer Inszenierungen als Mittel kollektiver Vereinnahmung (Soeffner/Tänzler 2002:19f.) ständig erneut geweckt. Unablässig und flexibel perfektionieren die politischen Akteure nach dem Vorbild von Populärkultur als Erlebnisgenerator alle ihre unerhörten und doch vorhersehbaren Politevents. Besser als allzu lange die Politologen wissen sie um die Bedeutung von Emotionalität als elementarem Zugang zur Welt (Gerhards 1988:72), auch zur politischen, und setzen Emotionen mit schrumpfender institutioneller Besorgnis wo immer möglich als Ressourcen von politischer Interaktion und Integration ein (Brosda 2002). Solche Rückgriffe auf die Unterhaltungskultur bringen nicht zuletzt auch ein institutionell nicht vorgesehenes Element von plebiszitärer Demokratie in den politischen Prozess (Meyer 2001:123), analog zur sprichwörtlichen »Abstimmung« der Medienkonsumenten am Kiosk bzw. mit der Ein- und Ausschalttaste am Fernsehapparat.

Eventisierung in Verbindung mit Euphorisierung, *Hauptmechanismen von Akzeptanzkultur* also, prägen mithin im Zuge von deren Entertainisierung zunehmend auch die politische Kultur der Erlebnisdemokratie. Die mediengesellschaftliche Basis dieser Dimension politischen Kulturwandels bilden in erster Linie Medienereignisse, wie sie vor allem von den und für die szenischen Medien als kollektive Erlebnisofferten organisiert werden. Deren emotionale Tönung beeinflusst zwar die Publikumsurteile in erheblichem Maß, setzt aber die habituellen individuellen Bewertungsheuristiken keineswegs außer Kraft, was das politische Steuerungsvermögen von Affektfernsehen grundsätzlich limitiert (Wirth 2004). Andererseits haften emotionale Eindrücke im Gedächtnis von Radio- und Fernsehrezipienten länger als kognitive (Sturm 1991:60ff.). Überdies stiftet Personalisierung als bewährter Mechanismus der Unterhaltungskultur, Publika an Medienangebote zu binden, vielfältige und wohl auch politisch relevante parasoziale Beziehungen zwischen Rezipienten und Medienfiguren, Identifikationen zumal. Da die affektive Disposition von Mediennutzern zu handelnden Medienfiguren sich auch auf ihre moralische Bewertung derselben stützt, ist das Bemühen von im Fernsehen auftretenden Politikern als moralische Akteure zu erscheinen, auch aus diesen Gründen politisch vorteilhaft (Schramm/Hartmann/Klimmt 2002:448f.). All dies eröffnet jedenfalls der medialen Eventisierung in der Erlebnisdemokratie mannigfaltige Wirkungsmöglichkeiten.

Besonders vieldimensional sind politische Implikationen der Mechanismen von Akzeptanzkultur, wenn Normengefährdung mit Betroffenheitserlebnissen in ihnen verbunden sind bzw. werden, und in einer stark moralisierten politischen Kultur sind solche Konstellationen speziell erregend. *Moralisierung* gewährt ja als Rückbindung an ethisch Unbezweifelbares emotionale Sicherheit und konstituiert den subjektnahen, daher leicht subjektivierbaren Aspekt der generellen Medienleistung der Normbestätigung bzw. -verstärkung (»enforcement of social norms«, vgl. Lazarsfeld/Merton 1964:102ff.), der zumal gekoppelt mit dem

Mechanismus der Personalisierung sozialpsychologisch zum Tragen kommt. Öffentliche Moralisierung, unter Bedingungen von kulturellem Pluralismus, bleibt zwar als solche weitgehend »resonanzlos«, schafft sich aber trotzdem einen gewissen »Annahmenzwang« (Luhmann 1970a:9). Dieser erleichtert es den zu Publika versammelten Bürgern, anderen moralische Schuld zuzuweisen. Das »gute Leben«, das die Ethik anvisiert, rückt ja im hedonistischen Kontext moderner Berechtigungsdemokratien schon recht nahe an die Jedermannsmoral, die den Mitbürgern und einem selber etwas Gutes gönnt, dieses auch einfordert und namentlich Gemeinwohlverpflichtungen entsprechend partikularistisch definiert. Komplementär hierzu entwickeln sich freilich auch vermehrt öffentliche Bekenntnisrituale von Wohlmeinenden, in denen für Unterprivilegierte jedweder Art »Solidarität als Imagewerbung für neue Trägerschaften sozialmoralischer Mobilisierung« gepflegt wird, nicht zuletzt auch im Dienst der Selbstdarstellungsinteressen von Prominenz: »Moral als ›Celebrity-Brand‹« (Baringhorst 1995:75f.).

Höhepunkte der Erlebnisdemokratie bilden deshalb immer wieder *Skandalisierungen*, denn in solchen verdichten sich und kumulieren zugleich widersprüchlichst gemischte sozialpsychologische Befindlichkeiten, Diskrepanzen zwischen dem Ideal und der Realität des Politiksystems Demokratie und Spannungen im Gefolge mediengesellschaftlichen Wandels. Auf der Makro- und Mesoebene manifestieren sich denn auch in Skandalisierungen Systemkrisen, die den Mitgliedern Anlass und Gelegenheit bieten, an »Empörungsgemeinschaften« (Gerhards/Neidhardt 1991:76) zu partizipieren, sich in ihnen symbolisch zu integrieren. Skandalisierungen stimulieren ja in umfassendem Maß die Bildung von Systemen, sei es durch die Ausdifferenzierung von Entrüstungs- und Betroffenheitsjournalismen, sei es in Gestalt von Protest- bzw. Aktionsgemeinschaften, die sich zu eigentlichen sozialen Bewegungen formieren.

Dieses integrierende und mobilisierende Potential von Skandalisierungen beruht sozialpsychologisch im wesentlichen darauf, dass diese realiter oder zumindest tendenziell *totale Erlebnisse* begründen können. Wirtschaftliche wie kulturelle Normwidrigkeiten können ja ebenso wie politische und soziale Regelverstöße Anlass zu Skandalisierungen bieten, in denen die aufbrechenden Gefühle von Frustration und Enttäuschung, von Ressentiment aber auch von Schadenfreude (Vorderer 2004:551) artikuliert, gebündelt und auch bewirtschaftet werden (Imhof 2000). Das politische System zumal, das über immer weitere Bereiche für zuständig erklärt wird, dabei aber an Problemlösungskapazität einbüßt (Steinmetz 2003: 228), desillusioniert immer wieder und funktioniert, jedenfalls in Deutschland, zunehmend skandalträchtig. Trotz etlichen in jüngerer Zeit, und zwar vor allem in Gestalt von Medienskandalen (Bösch 2003), also primär von Massenmedien aufgedeckten und angeprangerten Normverstößen, können Skandalisierungen kaum in erster Linie für etwaige Politikverdrossenheit verantwortlich gemacht werden. Dazu sind die in ihnen als totalen Erlebnisverdichtungen sich entladenden Emotionen zu polyvalent.

Ohnehin sind *verschiedene Skandalkulturen* (Kepplinger 1998b) zu unterscheiden, die je nach Gesellschaft und Funktionssystem andere Regelhaftigkeiten aufweisen. So werden im angelsächsischen Kulturbereich bestimmte sexuelle Praktiken besonders oft skandalisiert, in Deutschland mittlerweile eher finanzielle Verfehlungen, in Italien organisierte Kriminalität. Entsprechend unterschiedlich groß sind die Skandalisierungsrisiken (Kamber 2004:95ff.) und umgekehrt auch die Chancen, durch Skandalisierung politischen Gewinn einzufahren. Denn: »Der Erfolg einer Skandalisierung hängt u.a. vom Ausmaß des angeprangerten Missstandes, der Bedeutung der verletzten Normen, dem Verhalten der Angeprangerten und der Resonanz der Angriffe innerhalb des Mediensystems ab« (Kepplinger 1998b). Die essentielle Instabilität von Erlebniskonstellationen zeigt sich wie an Unterhaltungssystemen so auch am Eventtyp Skandalisierung, der überhaupt, mehr oder minder ausgeprägt, Merkmale mit jenen teilt.

Medienskandale, der mediengesellschaftliche Prototyp von Skandalisierung, erfüllen ja als regelmäßig hochpersonalisierte Events in normativen Spannungsfeldern sogar in mehrfacher Hinsicht Charakteristika von Unterhaltungssystemen. Entsprechend schwer steuerbar ist, ihrer hohen Eigendynamik wegen, ihre Zielrichtung und sind Bumerangeffekte, analog zum Umkippen von Unterhaltung in ihr Gegenteil, nie auszuschließen. Diese Eigendynamik ist so unwiderstehlich, dass auch die Qualitätspresse beim Skandalisieren, selbstverständlich mit ihren spezifischen publizistischen Mitteln, mithält (Bösch 2003:140f.); größere Medienskandale diffundieren inter- und transmedial. Kalkulierbar für diejenigen, die sie in Gang bringen, ist der Verlauf von Medienskandalen daher weniger von der Sache selber, der Normverletzung her als von den Nachrichtenfaktoren, die als Konstituenten von Medienrationalität auch diejenigen effizienter Skandalisierungen durch Medien sind: Überraschung, Elitenbezug, Personalisierung, Negativität. Diese gilt es zu kumulieren und zu maximieren.

Die Komplexität von Medienskandalen ist somit von solcher Art, dass vergleichsweise lineare Interpretationen wie die funktionalistische Skandaltheorie ihrer realen *Funktionalität* nicht gerecht werden (Kepplinger/Ehmig 2004). Dass Medienskandalen im Gesamtfeld gesellschaftlicher Spannungsbewältigung eine zentrale Rolle zukommt, ist zwar unbestreitbar, aber anders als von der rigoros formulierten funktionalistischen Skandaltheorie angenommen können sich Skandalisierungen auf das Politiksystem Demokratie ebenso sehr dysfunktional wie eufunktional auswirken, dessen normative Ordnung restabilisieren oder weiter entstabilisieren. Insofern eignet Medienskandalen als Problemlösern und -verursachern in ausgeprägtem Maß die funktionale Ambivalenz von Erlebnisdemokratien überhaupt.

Entsprechend kritisch (Oberreuter1982) oder jedenfalls mit Vorbehalten (Dons-
bach/Jandura 2003) wird die Systemleistung der Mediendemokratie generell
und in Gestalt von Erlebnisdemokratie im speziellen (Oberreuter 1987) von Poli-
tikwissenschaftlern eingeschätzt. Für die Erkenntnis der politischen Funktionalität
von Entertainisierung, das Hauptziel dieser Untersuchung, ist die zumindest ten-
tative Einschätzung der Leistung des Systemtyps Mediendemokratie unter der
hier angelegten kommunikationssoziologischen Perspektive unerlässlich. Es soll
schließlich nicht ein weiterer »Mythos der Mediengesellschaft« (Rössler/Krotz
2005) erzählt werden. Auch hängt die folgende Analyse der Entertainisierung
demokratischer politischer Kommunikation und ihrer Implikationen ohne ein
solches *provisorisches funktionales Fazit* des Systemtyps Mediendemokratie, analog zu demjenigen von Mediengesellschaft in Gestalt ihrer Unterhaltungskultur,
in der Luft.

Als *Interpretationsraster* dient dementsprechend wieder das AGIL-Schema elementarer Systemprobleme, auf das hin die im Vorhergehenden herausgearbeiteten
Charakteristika von entertainisierten Mediendemokratien zu beziehen sind:

1. *Zielrealisierung*: Was deren *strukturelle Voraussetzungen* betrifft, so lassen sich in
komplexen Gesellschaften die mit dem politischen System der Demokratie verbundenen Zielvorstellungen nur noch mit Hilfe ausgebauter (Multi-)Medien-
systeme realisieren. Dies ist sowohl bei liberaler wie bei demokratisch kontrollierter Medieninstitutionalisierung möglich (Saxer 2002a:4ff.). Dass demokratische
Ordnungen nur zum Teil medialisierbar sind, weist auf Inkompatibilitäten derselben und des Mediensystems hin, die sich auch darin äußern, dass dieses im
Zuge seiner partiellen Autonomisierung vom politischen System sich verstärkt
gemäß seiner eigenen Rationalität entwickelt und vermehrt eigene Ziele verfolgt. Zudem befördert die Medialisierung einen Systemwandel in Richtung
Gefälligkeitsdemokratie, allerdings in Übereinstimmung mit den mediengesellschaftlichen Metatrends der Individualisierung und des institutionellen Wandels
mit entsprechendem Mentalitätswandel. Die wachsende Systeminterpenetration
wiederum schränkt die autonome Realisierung seiner institutionellen Ziele
durch das politische System grundsätzlich ein.

Die *Effizienz* der Verwirklichung gemeinwohldienlicher Ziele leidet unter diesen Strukturbedingungen, als auf der einen Seite die Legitimationsempfindlichkeit von Politik ansteigt, auf der anderen der Anspruch der Bevölkerung auf
sozialpsychologische Gratifikationen bei deren Vollzug. Auf allen Ebenen wirkt
sich eben der Wandel zu mehr Erlebnisrationalität aus und ruft nach neuen,
auch unterhaltenden Strategien politischer Zielrealisierung.

2. *Identitätskonstitution*: Politische Identität, generelles Verständnis des politischen Systems als demokratisches und entsprechende Einstellungen können
in Mediendemokratien *effizienter propagiert als etabliert* werden. Gelingende

politische Sozialisation setzt ja ein konvergentes Wirken von Elternhaus, Schule, Arbeitsstätte und eben Medien voraus, das gerade in demokratischen Gesellschaften nicht erzwungen werden kann. Empirische Befunde deuten jedenfalls darauf hin, dass zwar ein allgemeiner Konsens über die demokratischen Grundwerte vergleichsweise leicht eingeübt wird, Sozialisation zu den demokratischen Normen ihrer Realisierung, zu Demokratie außer als Ideal auch als reales Verfahren hingegen auf größere Hindernisse stößt (Saxer 1989a:134ff.). Wohl bildet das Maß an Freiheit, das dem Medienwirken in einem Staat zugestanden wird, einen zentralen strukturellen Indikator für die Qualität der dort praktizierten Demokratie (Langenbucher 2003), aber Medienkommunikation ist gemäß Wirkungsforschung nur in beschränktem Maß imstande, Identifikation mit dem Funktionieren von Demokratie zu erreichen (vgl. u.a. Maurer 2003). Institutionelle Garantien für eine demokratische Ordnung vermögen nicht auch sozialpsychologische Mechanismen entsprechend gelebter politischer Identität zu verbürgen: Mediendemokratie macht noch keine Demokraten!

Wie die Zielrealisierung von Demokratie und auch ihre Integration ist ihre Identität durch *besonders offene permanente Strukturierung* (Giddens 1997) gekennzeichnet, was diese zugleich anpassungsfähig und instabil macht. Weil politischer Sinn in funktional differenzierten Gesellschaften polykontextural definiert wird, variiert auch die Bedeutung von »demokratisch« zunehmend je nach Policy und Thema. Und weil Medien- und Erlebnisdemokratien auch verstärkt entertainisiert werden, ist eine gewissen Entsakralisierung von Politik und politischer Sphäre als solcher unübersehbar (Schulz 1997:136). Institutionelle Konstanz und Mentalitätenwandel zeitigen diffuse, widersprüchliche und sehr unterschiedliche Verständnisse von Demokratie. Immerhin bleiben krass entertainisierte Konzeptionen von demokratischer Gesellschaft, etwa als »Spaßgesellschaft« als unvereinbar mit der tradierten politischen Kultur marginal.

3. *Integration*: Parallel zu den in Zusammenhang mit der Identitätsproblematik aufscheinenden Disparitäten zwischen politischer Wert- und Normsozialisation in Mediendemokratien zeichnen sich auch *Diskrepanzen zwischen System- und Sozialintegration* in diesen ab. Polity in oder vermehrt über den komplexen nationalen Gesellschaften und Policies bzw. Politics treten in ihnen, zumal soweit es sich bei ihnen um Massendemokratien handelt, auseinander, und die erstere büßt an Steuerungsvermögen ein. Da die Mediensysteme sich analog weiter differenzieren, können sie zwar den veränderten Kommunikationsbedarf der sich individualisierenden Gesellschaften besser befriedigen, weniger hingegen denjenigen nach Integration des Politiksystems Demokratie. Dabei kommt es ja zur Entfremdung größerer Bevölkerungssegmente von diesem: namentlich

die Jugendlichen werden diesbezüglich vielfach als Problemgruppe identifiziert (Sarcinelli 2005:152ff.).

Mediendemokratien steigern unter diesen Umständen ihr defizitäres Integrationsvermögen, indem sie vermehrt *Mechanismen sekundärer Integration* entwickeln, in Gestalt von staatbürgerlicher Förderung, Medienpädagogik, aber auch von erlebnisgesellschaftlichen Gratifikationen. Der verstärkte Rekurs auf Strategien, die sich als Populär- und Akzeptanzkultur bewährt haben, drängt sich auch in der politischen Kultur auf, und in Gestalt von Politikevents findet gewissermaßen auch die Mediendemokratie mediengesellschaftlich zu sich. Integration durch Eventisierung funktioniert freilich nur als temporäre Inklusion von Publika von weiterhin unterschiedlicher politischer Partizipationskompetenz und -bereitschaft.

4. *Adaptation*: Dafür fungiert der Typ Mediendemokratie *flexibler*, anpassungsfähiger als institutionell rigider verfasste politische Systeme. Zwar gewinnt in ihrer elementarer auf Kommunikation denn auf Entscheidung angelegten politischen Kultur Darstellungspolitik auf Kosten von Entscheidungspolitik an Gewicht, dafür expandiert der Typ Mediendemokratie als der besonders erlebnisträchtige, soweit sich der Wandel zur Erlebnisgesellschaft internationalisiert. Die insgesamt fragwürdige Amerikanisierungsthese europäischer Politik kann sich immerhin auf Indizien stützen, dass diese zumal in Wahlkämpfen sich an entsprechende amerikanische mediendemokratische Praktiken angleicht. Einen Testfall dafür, wieweit dank seiner relativ lockeren institutionellen Einbindung der Typus Mediendemokratie an unterschiedliche gesellschaftliche Umwelten anpassbar ist, wird im übrigen die weitere Entwicklung der europäischen Transformationsgesellschaften bilden.

Auf der Meso- und Mikroebene eröffnet er den politischen Akteuren ja einen beträchtlichen *Toleranzraum für innovative Rolleninterpretation und -ausgestaltung*. Wieweit dieser erfolgreich durch Politainment, durch das Einpassen unterhaltungskultureller Muster in die Politik genutzt wird bzw. genutzt werden kann, ist in Teil III dieser Untersuchung abzuklären. Weil die Entertainisierung von Mediengesellschaften und -demokratien sich für diese nur eufunktional auswirkt, wenn sie eine Balance zwischen Bestätigung und Innovation realisiert, erfordert die Praktizierung von Politainment regelmäßig, einen Pfad zwischen dem Respekt und dem Überdruss am Bestehenden zu finden. Dazu bedarf es u.a. entwickelterer ästhetischer Sensibilität für die politische Situations- und Stilgerechtheit unterhaltungskultureller Mittel als in Epochen gefestigter politischer Rituale und natürlich allgemein umfassenderer Medienkompetenz der politischen Akteure als ehedem, insbesondere bezüglich medialer Selbst- und Themendarstellung und im Hinblick auf die potentiellen Reaktionen von Zielpublika.

Insgesamt ist also die Systemleistung des Typus Mediendemokratie durch verschiedene und zum Teil fundamentale Disparitäten gekennzeichnet, die nur schwer Verallgemeinerungen zulassen und schon gar nicht überzogene Thesen wie diejenige von der »Kolonialisierung der Politik durch das Mediensystem« (Meyer 2001) stützen. Wohl ist eine fortwährende Labilisierung dieser Politiksysteme unbestreitbar, aber ihre mehrheitlich intakte institutionelle Verfassung und der Umstand, dass auch in Mediendemokratien die dysfunktionale politische Wirkungsmacht von Medienkommunikation beschränkt ist, verhindern weitgehende Systeminsuffizienz im Sinne von Unregierbarkeit, systemzerstörender Entscheidungsblockade, radikal undemokratischem Einstellungswandel und mehrheitlicher Inklusionsverweigerung. Wenn solche umfassenden Beeinträchtigungen des Funktionierens von Demokratie beobachtbar sind, gründen sie regelmäßig in generellen Spannungen moderner Gesellschaften, die wohl durch mediendemokratische Mechanismen verschärft, ebenso sehr indes durch solche, nicht zuletzt durch Politainment, moduliert und moderiert werden können.

5   Politische Kommunikation

Wieweit die demokratietheoretisch idealiter erwarteten, vollumfänglich legitimierten, gemeinwohldienlichen, allgemeinverbindlichen Entscheidungen unter diesen Bedingungen und mit Hilfe zunehmend entertainisierter politischer Kommunikation realisiert werden können, muss in diesem weiteren *Untersuchungsschritt* ermittelt werden. Dazu bedarf es der strukturellen Würdigung des Problemlösungs- und -schaffungspotentials mediengesellschaftlicher Kommunikationskultur, der prozessualen Analyse der in dieser zirkulierenden politischen Kommunikation und der Charakterisierung der verschiedenen Ebenen bzw. Arenen mediendemokratischer Öffentlichkeit. Dass z.B. U. Sarcinelli schon 1997 »das Vordringen der Talkshows als politisches Diskursmodell« unter den Indikatoren für »die Gewichtsverschiebung von der Parteien- zur Mediendemokratie« anführt (Schatz/ Rössler/Nieland 2002:12f.), zeugt im übrigen ebenso von der strukturellen Relevanz der Entertainisierung politischer Kommunikation wie von wachsendem politologischen Interesse für diese – eine weitere Rechtfertigung dafür, dieser systematisch nachzugehen.

5.1   Kommunikationskultur

Mit »*Kommunikationskultur*« ist das Insgesamt der für Gesellschaften bzw. ihre Segmente je charakteristischen Kommunikationsstrukturen und -prozesse gemeint, in diesem Fall eben diejenige demokratischer Mediengesellschaften. In früheren parlamentarischen, referendumsdemokratischen, präsidentiellen und konstitutionell-monarchischen Demokratien bildet die Kommunikationskultur einen Teil der politischen Kultur, des für das jeweilige politische System charakteristischen Orientierungs-, Werthorizonts und Lebensstils also (Gabriel 1986:23ff.), in Mediendemokratien konstituiert sie diese maßgeblich. W. Schulz hat ein Interdependenzmodell »Massenmedien und politische Kultur«, wiewohl nicht explizit auf Mediendemokratien bezogen, entwickelt, das diesen Zusammenhang mit den Massenmedien als Hauptträgern von Kommunikationskultur veranschaulicht.

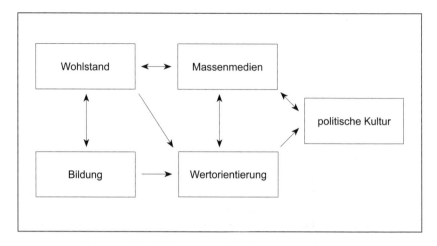

Abb. 2: Massenmedien und politische Kultur –
ein Modell mit Wechselwirkungen (Quelle: Schulz 1997:137)

Charakteristisch für Mediengesellschaften ist, dass ihre Kommunikationskultur in Reaktion auf ihre Hyperkomplexität selber immer komplexer wird. Angesichts der umfassenden soziostrukturellen Verortung der Kommunikationskultur moderner Gesellschaften entspringt diese parallele Entwicklung von Hyperkomplexität funktionaler Notwendigkeit. Diejenige von Kommunikationskultur verdankt sich in erster Linie der kommunikationstechnologisch ermöglichten exorbitanten Verstärkung des Elementes *Medialität* in Kommunikation, der Verbindung von Kanälen und Zeichensystemen (Codes) durch technische Apparatur. Auf diese Weise wird das Vermögen der Kommunikationskultur, Sinn, Bedeutung in jedweder Gestalt jederzeit überall hin zu vermitteln, ins Unendliche gesteigert, Medialisierung eben zum gesellschaftlichen Totalphänomen. Die Verlaufsform der für diese Kommunikationskultur typischen Prozesse wird dadurch ebenso verändert wie die Konstellation der Arenen, in denen sich Öffentlichkeit konstituiert, und an beidem hat Entertainisierung wesentlichen Anteil.

Der Schlüssel zu dieser Leistungssteigerung findet sich also in der Erhöhung der Eigenkomplexität der Kommunikationskultur: Gesellschaftlicher Hyperkomplexität wird mit kommunikativer *Hyperkomplexität* begegnet. Auf der Makroebene manifestiert sich diese vor allem in der Ausdifferenzierung des für Mediengesellschaften charakteristischen Quartärsektors Information/Kommunikation. Dieser vermag indes die Überkomplexität primär des Dienstleistungssektors und sekundär der Funktionssysteme, auch desjenigen der Politik, kommunikativ nur zu bewältigen, indem er seinerseits seine Binnendifferenzierung durch zusätzliche Kommunikationskanäle und kommunikative Dienstleister wie Public Relations und Marketing vermehrt. Dies ruft freilich wieder nach sekundärer Komplexitätsreduktion des Quartärsektors, umso mehr als Überkomplexität auch auf dem Mesolevel der Organisationen gegeben ist, die, etwa politische Parteien, ebenso intra- wie interorganisatorisch und zugleich für den Mikro- und den Makrolevel kommunizieren. Die politische Öffentlichkeit und die in sie Involvierten sind mithin einer immer größeren »information overload« ausgesetzt.

Als Gesamtsystem steigert die mediengesellschaftliche Kommunikationskultur also ihre Eigenkomplexität durch Vermehrung ihrer Strukturelemente, aber auch durch Vervielfältigung von deren Kombinationen: technisch durch Multimedia und organisatorisch durch immer weitere kommunikative Strategiesysteme. Weil zudem die generelle Interpenetration der Systeme, weit über diejenige von Medien- und Politiksystem hinaus, mehr und mehr intersystemische Leistungsbezüge (Schimank 2000:271) impliziert, werden gleichermaßen Entdifferenzierungs- wie Differenzierungsprozesse ausgelöst, zeitigt diese Dynamik eine umfassende *Kommunikations-Mischkultur*, die Komplexität ebenso erhöht wie sekundär reduziert. Diese Entwicklung macht ja ständig weitere vermittelnde Zeichensysteme, synkretistische Codes (Gritti 1972) nötig, damit sich die Mitglieder verschiedener Funktionssysteme, Informatiker und Behörden z.B., überhaupt miteinander verständigen können. Die Kreation und der Einsatz solcher Mischcodes aus verschiedenen Sinnsphären, etwa aus Sport und Politik, dienen Journalisten zugleich zur Steigerung der Attraktivität ihres Informationsangebots, und die große Mehrheit der Rezipienten akzeptiert diese auch. Andererseits mischen sich im Zuge des institutionellen Wandels informelle Kommunikationsformen mit formellen, und der Siegeszug der szenischen Medien Radio und Fernsehen befördert die sekundäre Re-Oralisierung der mediengesellschaftlichen Kommunikationskultur, zum Teil zu Lasten der Schriftkultur.

Die mediengesellschaftliche Kommunikationskultur wird mithin stärkstens durch das *Neben- und Ineinander komplexitätsmehrender und -mindernder Mechanismen geprägt*: eine überaus dynamische und labile, da spannungsträchtige Konstellation. Dem Aufbau kommunikativer Überkomplexität durch ständige Vermehrung der Systemelemente und ihrer unablässigen Umkombination steht die Entwicklung vielfältigster Bewältigungsmechanismen derselben, vom Argusdienst über die Presseschau bis zur wissenschaftlichen Medienbeobachtung gegenüber. Freilich beanspruchen die letzteren ja auch wieder mehr oder minder breite öffentliche Aufmerksamkeit und verknappen diese zusätzlich. Ein Beispiel aus dem amerikanischen Präsidentschaftswahlkampf 2000 veranschaulicht die hybride Komplexität demokratischer Kommunikationskultur, wie sie als Entscheidungshilfe zuhanden der Wähler auf der Website des Time Magazine entwickelt wurde:

»ein multimedial arrondierter interaktiver Fragebogen mit Comicfiguren, die Bush und Gore darstellen sollten und je nach den Auswahlentscheidungen des Nutzers entsprechend animiert wurden« (Gellner/Strohmeier 2003:137).

Dass diese Kommunikationskultur einen Kommunikationskollaps der Mediengesellschaften und -demokratien zu verhindern vermag, verdankt sich maßgeblich den *Nachrichtenfaktoren*, gemäß denen Medienrealität konstruiert wird. Diese Konstruktion reduziert gesellschaftliche bzw. politische Komplexität auf eine Weise, dass sie für die Gesellschaftsmitglieder grundsätzlich nachvollziehbar ist, weil diese medialen Selektionsroutinen anthropologisch fundierten Wahrnehmungsprinzipien entsprechen und so als allgemein akzeptierte »Aufmerksamkeitsregeln« (Luhmann 1970a:11) fungieren können. Trotzdem bleibt die Medienrealität Konstruktion und trägt als solche nicht nur an die strukturierende Stabilisierung, sondern auch an die Entstabilisierung des kollektiven Realitätsverständnisses bei. Journalisten sind es ja, die durch die Praktizierung dieser Berufsroutinen das Verhalten politischer Akteure konditionieren und den Bürgern gemeinsame Orientierungsgrundlagen bereitstellen und so in freilich prekärer Weise Politik vorhersehbarer machen, denn es wird »in der Berichterstattung eine simplifizierende Scheinrealität von Politik konstruiert« (Marcinkowski/Greger/ Hüning 2001:79). Wo Medien aber differenzierter politische Realität konstruieren wie namentlich in der Qualitätspresse, entbehrt ihre Darstellung allgemeiner Nachvollziehbarkeit und limitiert damit den Kreis derjenigen, die durch Medienkommunikation ein komplexeres Verständnis von Politik aufzubauen verstehen.

Generell aber gilt: Aus den Nachrichtenfaktoren, die Journalisten den Ereignissen attribuieren, deduzieren sie deren Nachrichtenwert (Kepplinger 2001) und konstruieren entsprechend die Medienagenda des politisch Relevanten und zu Gestaltenden, nach dem sich die in den politischen Prozess Involvierten richten (sollen). Diesen für die Kommunikation und die Politik von Mediendemokratien zentralen Zusammenhang hält Abbildung 3 fest.

Zwar modifizieren andere Autoren diese Liste (Unz/Schwab 2004:499f.) und differenzieren sie mediumspezifisch. So ist der Nachrichtenfaktor Visualität für Fernsehredakteure entscheidender als für Zeitungsjournalisten. Trotzdem bildet das Ensemble der Nachrichtenfaktoren einen gemeinsamen, eben anthropologisch abgestützten Fundus kommunikationsprofessionellen Know-hows, Orientierungsdefizite wettzumachen und zugleich weitere Neugier, gegebenenfalls Handlungsbereitschaft zu wecken, emotionale Bedürfnisse zu befriedigen, aber auch neue Erregungszustände zu stimulieren, kurz: mit so konstituierter *Medienrealität* etwaigem kommunikativem Problemlösungsbedarf auf kognitiver, emotionaler und konativer Ebene erfolgreich zu begegnen. Auch noch in jüngster Zeit und ungeachtet allen Medienwandels prägen Nachrichtenfaktoren als mediale Bewälti-

Nachrichtenfaktoren	Definition (Der Nachrichtenwert eines Ereignisses ist umso größer, ...)
Status • Elite-Nation • Elite-Institution • Elite-Person	... je mächtiger eine beteiligte Nation ist. ... je mächtiger eine beteiligte Institution ist. ... je mächtiger und prominenter ein beteiligter Akteur ist.
Valenz • Aggression • Kontroverse • Werte • (Miss-)Erfolg	... je mehr offene Konflikte oder Gewalt vorkommen. ... je kontroverser ein Ereignis oder ein Thema ist. ... je stärker allgemein akzeptierte Werte oder Rechte bedroht sind. ... je ausgeprägter ein (Miss-)Erfolg oder ein (ausbleibender) Forschritt ist
Relevanz • Tragweite • Betroffenheit	... je größer die Tragweite eines Ereignisses ist. ... je mehr ein Ereignis persönliche Lebensumstände oder Bedürfnisse berührt.
Identifikation • Nähe • Ethnozentrismus • Emotionalisierung	... je näher das Geschehen in geografischer, politischer und kultureller Hinsicht ist. ... je stärker die Beteiligung oder Betroffenheit von Angehörigen der eigenen Nation ist. ... je mehr emotionale und gefühlsbetonte Aspekte das Geschehen hat.
Konsonanz • Thematisierung • Stereotypie • Vorhersehbarkeit	... je stärker die Affinität eines Ereignisses zu den wichtigsten Themen der Zeit ausfällt. ... je eindeutiger und überschaubarer ein Ereignisablauf ist. ... je mehr ein Ereignis vorherigen Erwartungen entspricht.
Dynamik • Frequenz • Ungewissheit • Überraschung	... je mehr ein Ereignisablauf der Erscheinungsperiodik der Medien entspricht. ... je Ungewisser und offener ein Ereignisablauf ist. ... je überraschender ein Ereignis eintritt oder verläuft.

Abb. 3: Nachrichtenfaktoren (Quelle: Strohmeier 2004:124)

gungsroutinen von Umweltkomplexität z.b. die deutsche Fernsehberichterstattung, und zwar zunehmend konvergent diejenige öffentlicher und privater Sender. Beide »berichten im Rahmen ihrer Hauptnachrichtensendungen bevorzugt über konkrete Handlungen einflussreicher und prominenter Personen, die mit Hilfe bewegten Bildmaterials präsentiert werden konnten« (Maier 2005:104).

Der Nachrichtenfaktor Prominenz eignet sich ja besonders, den Akzeptanz maximierenden Mechanismus der Personalisierung zu realisieren und damit politische Kultur an Unterhaltungskultur anzuschließen. Ohnehin ist es falsch, wie Abbildung 3 sofort zeigt, die Nachrichtenfaktoren einseitig als Vermittler von Kognitionen und nicht auch von Emotionen zu interpretieren (Saxer/Koepp 1992:59ff.). Die Kommunikationskultur von Mediendemokratien ist maßgeblich auch Gefühlskultur, die im Einklang mit dem gesellschaftlichen Wandel den wachsenden Erlebnisbedarf der Gesellschaftsmitglieder deckt. Und so vermögen eben auch die institutionellen Schranken des öffentlichen Rundfunks dem Erwartungsdruck sehr vieler Rezipienten in Richtung von mehr *Akzeptanzkultur* nur zum Teil standzuhalten. Mit der fortgesetzten Umwandlung von Elite-, aber auch von Volkskultur in Populärkultur (Saxer 2003b:81ff.) kommen überhaupt tiefgreifende kommunikative Umstrukturierungsprozesse in Gang, die das Bild mediengesellschaftlicher Kommunikationskultur als einer hochdynamischen und hybriden weiter verstärken. Zugleich werden die Möglichkeiten von Unterhaltung, die durch »information overload« bewirkten Spannungen zu mildern, hieran besonders deutlich: statt durch Selektivität wie mit Unterstützung der vielfältigsten Navigationshilfen durch Relativierung der Verpflichtungsansprüche von Information nämlich (Scheuch 1971:46).

Bereits diese summarische Charakterisierung der mediengesellschaftlichen Kommunikationskultur zeigt denn auch, dass diese ebenso *entertainisierungsoffen wie -bedürftig* ist. Die mediengesellschaftlichen Metatrends und die Verfassung der Mediendemokratie operieren beide und vereint in diese Richtung:

• Im Rahmen des postindustriellen Strukturwandels avanciert der Quartärsektor Information/Kommunikation zum gesellschaftlichen Steuerungszentrum und innerhalb der Kommunikationskultur Medienkultur zum prägenden Faktor. Diese aber funktioniert maßgeblich als Unterhaltungskultur.

• Die politische Kultur mutiert im Zuge dieser Veränderung aus einer stabil institutionell definierten in Richtung einer stärker kommunikativ geprägten. Mit einer gewissen Lockerung institutioneller Verbindlichkeiten, zumal in Mediendemokratien, nimmt überkomme Verpflichtungspolitik Züge von Gefälligkeitspolitik an, ästhetisiert sich auch und gibt parallel dazu Medienanspruchskultur Terrain an Medienakzeptanzkultur preis.

• Komplexitätszunahme als Preis für Differenzierung und Individualisierung verursacht sozial Spannungen und psychologisch Stress, die nach Bewältigungsmechanismen rufen. Unter diesen ist Unterhaltung einer der umfassend-effektivsten, weil sie, auch in Bezug auf das politische System, nicht nur Spannungen reduziert, sondern auch Frustrationen kompensiert.

• Die kollektive Entlastung von unmittelbarer Lebensnot in entwickelten Gesellschaften schafft Raum für vielfältige Erlebnisoptionen und entsprechende Bedürfnisse. Entertainment ist unter diesen eine besonders leicht erhältliche und nachvollziehbare.

• Mit wachsender Steuerungsmacht des Quartärsektors in Mediengesellschaften entwickelt sich die Kommunikationskultur zu deren Leitkultur überhaupt. Wie diese insgesamt entfaltet die sie maßgeblich prägende Medienkultur ihr Leistungspotential immer unbehinderter und stimuliert unter den Kommunikationsprozessen insbesondere auch unterhaltende als stärkstens nachgefragte Basis ihres Erfolges.

5.2 Kommunikationsprozesse

5.2.1 Pragmatisierte Prozesse

Auch die entertainisierungsrelevanten Veränderungen der politischen Kommunikationsprozesse in Mediendemokratien lassen sich am besten zeichentheoretisch, und zwar als deren *Pragmatisierung* zusammenfassend charakterisieren und begreifen. Von der semantischen und der syntaktischen Relation, also derjenigen zwischen Zeichen und Bezeichnetem bzw. zwischen Zeichen und Zeichen, von der Bedeutungs- und Gestaltungsebene also verlagert sich deren funktionales Gewicht stärker auf die pragmatische Relation zwischen Zeichengebern und -empfängern, auf die Rezeptions- bzw. Akzeptanzebene. Politische Inhalte werden von Politikern und Journalisten weniger auf Grund ihrer attribuierten Relevanz für das politische System, als ihrer erhofften Publikumsresonanz in den Nachrichtenfluss eingegeben (Jarren/Donges 2002:2, 239), die Mitteilungskomponente auf Kosten der Informationskomponente akzentuiert (Görke 2002b:68). Die Entertainisierung trägt lediglich in noch weiter zu qualifizierendem Maß an diesen allerdings übergreifenden Wandel der politischen Kultur bei. Es liegt nahe, diese Lockerung der semantischen Fundierung demokratischer Politik im Kontext mediengesellschaftlicher institutioneller Veränderungen und Realitätslabilisierungen zu sehen. Und die demokratietheoretisch entscheidende Frage ist natürlich, wieweit bei dieser Pragmatisierung politischer Kommunikation Regierungshandeln überhaupt (noch) von langfristigen Gemeinwohlvorstellungen und wieweit von kurzlebigen Akzeptanzwerten geleitet wird. Dass die vormals »wissenschaftlich periphere Kategorie« (U. Sarcinelli) des Stils für die Analyse politischen Handelns vermehrt Interesse weckt, gründet darin, dass – zeichentheoretisch – diese Pragmatisierung zugleich eine Art sekundärer »Syntaktisierung« nach sich zieht, wie sie früher für feudale und gegenwärtig für mediendemokratische Öffentlichkeit charakteristisch ist und diese ebenfalls von semantischen Fixierungen löst.

Für den Verlauf politischer Kommunikation heißt dies, dass von Seiten der politischen Akteure dieser ausschließlicher als ehedem von deren Bestreben gesteuert wird, ihren Anteil an *öffentlicher Aufmerksamkeit* für ihre Anliegen im sich verschärfenden Konkurrenzkampf um diese um fast jeden Preis zu halten und wenn möglich zu vergrößern. Andererseits können politisierte bzw. politisierende Teil- und Sekundäröffentlichkeiten dank den neuen Kommunikationstechnologien allenthalben sich konstituieren und sich in den politischen Prozess einschalten, soziale Bewegungen mit umso mehr Beachtungserfolg, je besser sie die »Theaterdramaturgie des Protests« (E. Scheuch) meistern. Die Darstellungsmittel symbolischer Politik kommen ja mit wachsender Medialisierung – dank für die Zwecke politischer Kommunikation modifizierten Techniken von Marketing und Wirtschaftswerbung – immer wirkungsvoller zum Tragen, werden allerdings in diesem Konkurrenzkampf auch immer rascher verschlissen. Auch in der Multi-Channel-Gesellschaft bleibt öffentliche Aufmerksamkeit ein knappes Gut, das selbst durch immer gekonntere Bewirtschaftung und raffinierteste professionelle kommunikative Stimulierung nur bedingt vermehrt werden kann. Techniken der Unterhaltungskommunikation hierbei einzusetzen drängt sich noch mehr auf als auch schon in früheren Epochen, und seit eh und je wird freilich auch die politische Qualität so geweckter Aufmerksamkeit in Zweifel gezogen.

5.2.2 Integrale Prozesse

Es gilt ja mehr und mehr den politischen Prozess *integral*, in allen seinen Stadien auch kommunikativ zu kontrollieren und dabei auch keine Risiken z.B. gerade durch den inopportunen Einsatz unterhaltender Elemente einzugehen, soll die jeweils von den politischen Akteuren angestrebte politische Entscheidung erfolgreich implementiert werden. Damit dies in einer dynamisierten und überkomplexen Kommunikationskultur und bei labilisierter politischer Meinungsbildung und gesteigerter Legitimitätsempfindlichkeit gelingen kann, müssen immer weitere Kategorien von Professionals politischer PR Politik öffentlich vermitteln helfen. Und mit jeder weiteren kommunikativen Vervielfältigungstechnologie verlängert sich andererseits die Reihe von Stadien, die ein politischer Prozess bis zur erfolgreichen Programmimplementation zu durchlaufen hat, wobei der Öffentlichkeitsdruck unkalkulierbare Formen annehmen kann. Die Kontingenz moderner politischer Kommunikation wird im übrigen auch durch deren vervielfältigte Reflexivität und damit Virtualisierung in erheblichem Maß gesteigert. Als deren Folge verbreitet sich der sogenannte Third-person-Effekt, d.h. Rezipienten unterstellen, Medien hätten »bei den Anderen« bestimmte Wirkungen und ändern auf dieser prekären Grundlage ihre eigenen Meinung oder ihr Verhalten (Bonfadelli 1999:272)

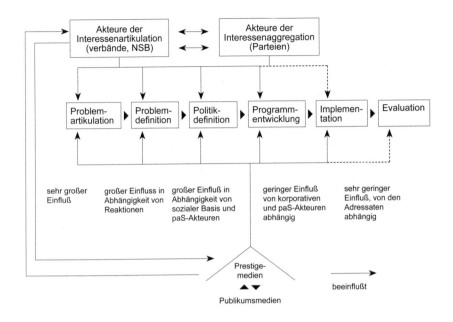

Abb. 4: Öffentlichkeitseinfluss im politischen Prozess (Quelle: Jarren/Donges 1996:26)

Für politische Akteure gilt es mittlerweile auch den sogenannten Cyberspace als Kanal möglicher *Problemartikulation* zu kontrollieren, damit dieser – mit unabsehbaren politischen Einbußen – nicht anderweitig okkupiert wird. So z.B. durch das Thema »Monicagate« am 11.9.1998 im Gefolge der exklusiv im World Wide Web publizierten Vollversion des Starr-Reports über die Clinton/Lewinsky-Affäre, das maßgeblich auch wegen seines Skandalisierungspotentials und schlüpfrigen Human-Interest-Gehalts die User stark faszinierte (Rössler 1999:149f.). Dieses gewaltige politische (?) Interesse war allerdings schon durch die vorgängige exzessive Behandlung der Affäre durch die traditionellen Massenmedien und Vorinformationen über den Bericht geweckt, ein medial immer wieder geschürtes Problematisierungsfeuer also am Knistern, das denn auch die Effizienz der Clinton-Administration zeitweise stark beeinträchtigte. Hier das Agenda-setting wissenschaftlich valide zuzuordnen bereitet ebensolche Schwierigkeiten, wie es politisch zu steuern.

Vergleichbares ereignet sich auch bei der *Evaluation* politischer Programme. Diese wird zwar primär verwaltungsintern vorgenommen. Die entsprechenden

Befunde können indes jederzeit, zumal von Gegnern des Programms, öffentlich bezweifelt werden, so dass dieses, vorausgesetzt genügend Nachrichtenfaktoren würden damit produziert, zur Revision in den politischen Prozess wieder eingeschleust werden muss. Insofern ist Abbildung 4 korrekturbedürftig.

Zusammenfassend lassen sich die integralen Prozesse politischer Kommunikation in Mediendemokratien hinsichtlich ihres für diese Untersuchung relevanten Problemlösungs- und -schaffungspotentials folgendermaßen charakterisieren:

- Deren Kontrollierbarkeit durch politische Akteure nimmt unter mediengesellschaftlichen Bedingungen ab, weil sich die politischen Prozesse in Mediendemokratien fortlaufend verlängern. Die Akteure, namentlich Amtseliten, versuchen dieser Entwicklung vielfach mit Strategien *permanenten Wahlkampfs* zu begegnen, um damit fortgesetzt plebiszitäre Legitimation für ihr Handeln und zugleich Bonuspunkte für ihre Wiederwahl zu generieren. Diese Strategie ist indes in Referendumsdemokratien systemgerechter als in parlamentarischen Demokratien.
- Die Prozesse politischer Kommunikation in Mediendemokratien kumulieren der Komplexität der dortigen Kommunikationskultur entsprechend immer mehr Kanäle. Zwecks Optimierung ihrer politischen Kommunikation setzen die Politiker daher vermehrt unterschiedliche Kategorien von *Politikvermittlungsspezialisten* ein, werden von diesen aber auch abhängiger. Politiken in Mediendemokratien in Gang zu bringen setzt komplexe technisch-organisatorische Interaktionen zwischen Politikern, Politikvermittlern und Medienschaffenden voraus.
- Politische Prozesse in Mediendemokratien gipfeln in der gemeinsamen Produktion von möglichst massenmedial tauglichen, also Nachrichtenfaktoren kumulierenden *Ereignissen*. Politikher- und -darstellung vermengen sich dabei so dicht, dass Unterscheidung ähnlich problematisch wird wie diejenige von authentischen und Pseudoereignissen. Solche Ereignisse lösen ja Probleme sämtlicher Kategorien von Involvierten: Sie helfen den Legitimationsbedarf von Politikern im allgemeinen und deren persönlichen Selbstdarstellungsbedarf im besonderen zu decken, das Streben der Medienverantwortlichen nach Publikumsmaximierung, die Publikumsnachfrage nach Erlebnissen und diejenige von Politikvermittlungsspezialisten nach Aufträgen zu befriedigen. Eventisierung als zentraler Mechanismus von Unterhaltungskultur dominiert mithin zunehmend in der mediendemokratischen politischen Kultur.
- Die Ansprüche des Souveräns an die Qualität des politischen Handelns seiner Repräsentanten steigen in Mediendemokratien und werden zugleich widersprüchlicher. Mehr Effizienz bzw. Effektivität wird von diesem ebenso erwartet wie mehr Transparenz. Kollektive und individuelle Akteure des politischen Systems reagieren auf dieses Problem mit *Strategiedifferenzierung*, vor allem

der Binnen- und Außenkommunikation, da Publizität wohl als legitimationsdienlich, zugleich aber als effizienzhinderlich eingeschätzt wird. Dadurch wird allerdings z.b. ein traditionalistisches Bild parlamentarischer Arbeit der Öffentlichkeit vermittelt, das dieser immer weniger entspricht und damit längerfristig institutionelle Legitimität gerade beschädigt, die durch diese Strategiedifferenzierung gefestigt werden soll (Sarcinelli/Tenscher 2000).

- *Entertainisierung* als Element integraler Prozesse politischer Kommunikation entfaltet in Mediendemokratien wachsendes, aber besonders schwer kontrollierbares Problemlösungs- und -schaffungsvermögen. Das Gelingen von Unterhaltungskommunikation hängt ja elementarer von der Definitionsmacht von Publika ab als andere Kommunikationsarten. So können Politiker durch ihren Einsatz ebenso Image- und Zustimmungsgewinne wie -verluste buchen. Auch Medieninstitutionen müssen mögliche Reputationseinbussen und Zirkulations- und Kapitalrenditen durch Unterhaltungsangebote gegeneinander aufrechnen. Unter den Politikvermittlern wiederum steigt die Bedeutung der Event- und Inszenierungsspezialisten.

5.2.3 Prozesstypen

Nach der Charakterisierung der Prozesse politischer Kommunikation im Hinblick auf ihre Entertainisierungsaffinität als pragmatisierte und integrale ist es für den Fortgang der Analyse unerlässlich, diese Prozesse *nach verschiedenen Kriterien summarisch zu typisieren* und dabei, das Vorherige ausdifferenzierend, weitere Bezüge zum Totalphänomen Unterhaltung auszumachen. Diese Totalität und der angesetzte integrale Bezugsrahmen mit den ihm entsprechenden wissenschaftstheoretischen Postulaten (vgl. 2.1) verlangen ja ständig weitere analytische Ansätze, umso mehr als es an der theoretischen Basis für eine adäquate Reduktion dieser Komplexität des Untersuchungsobjekts mangelt.

- *Medialität*: Politische Kommunikation in Mediendemokratien ist zwar zunehmend medial definiert, aber gegenläufige Prozesse – deren politische Implikationen bislang freilich kaum untersucht worden sind – bestimmen diese nach wie vor mit, ganz abgesehen davon, dass auf interpersonaler Kommunikation jede Kommunikationskultur aufbaut. Wie die Medialisierung von Alltagskommunikation ist z.B. auch die Re-Oralisierung (Zimmermann 2000:48) von Medienkommunikation eine Tatsache. Desgleichen beruht die Attraktivität von Nachrichtenfaktoren als medialem Selektionsprinzip und damit von Medienrealität auf ihrer wahrnehmungspsychologischen Fundierung (Galtung/Ruge 1965). »*Medialität*« meint ja die Kombination von Kommunikationskanälen und Zeichensystemen, die ein konstitutives Element jeglicher Humankommunikation bildet und über ihre technologische Weiterentwicklung einerseits die Medialisierung fundiert, andererseits aber als solche weiterhin die interpersonale Kommunikation und so die vielfältigsten trans- und intermedialen Konvergenzen ermöglicht.

Interpersonale Kommunikation ist als Face-to-face-Kommunikation Multikanal-Kommunikation, ganzheitliche Vergegenwärtigung wie sie auch die audiovisuellen Medien anstreben, darum theatralischer wie informeller Kommunikation und damit auch der Entertainisierung besonders zugänglich. In der gemischten politischen Kommunikationskultur können sich informelle gegen normierte institutionelle Sprechweisen leicht durchsetzen, womit bereits eine Schranke gegen Entertainisierung abgebaut wird etc. Für die bessere kommunikationstheoretische Abstützung der Konzepte Mediengesellschaft und Mediendemokratie insgesamt wäre jedenfalls eine stärkere Berücksichtigung solch basaler, unterhalb intermedialer Konvergenz und Codesynkretismen spielender transmedialer Dynamik ebenso unerlässlich wie für das Verstehen ihrer Entertainisierung.

- *Verlaufsform*: Das Gleiche gilt für die *Kommunikationsmorphologie*, die außer die Prozessanalyse (vgl. Kap. 8) auch die publizistikwissenschaftliche Genretheorie fundieren muss (Graumann 1972:1181ff.). Erst auf der Folie der allgemeinen kommunikationsmorphologischen Befunde lassen sich die für politische Kommunikationsprozesse charakteristischen Merkmale herausfiltern (vgl. auch Saxer 1998:26ff.). So drückt sich unterschiedliche Komplexität von Kommunikationsprozessen elementar eben in ihrer Wenig- bzw. Vielstufigkeit aus, unterschiedliche Offenheit von Kommunikation prägt sich im Gegensatz zwischen Zwiegespräch und Flaschenpost aus und je andere Kontrollintensität in demjenigen zwischen totalitären und demokratischen Kommunikationssystemen. Charakteristisch für die ersteren ist der Aufwand, mit dem versucht wird, sämtliche Kommunikationsphasen im Sinne des politischen Regimes zu kontrollieren, insbesondere auch Unterhaltung entsprechend zu instrumentalisieren. Die Unterschiede zwischen institutionalisierter und nicht institutionalisierter politischer Kommunikation wiederum gründen, infolge je anderer Kontrollmechanismen, speziell in höherer bzw. geringerer formaler Normiertheit. Der Zusammenhang zwischen der neuzeitlichen Hochschätzung von Spontaneität als Ausdruck von Emanzipation und individueller Erlebnisfähigkeit und dem Trend zur Entformalisierung politischer Kommunikation ist offenkundig und bereitet auch den Boden für deren umfassende Entertainisierung vor.
- *Rhythmisierung*: Die Eventisierung politischer Kommunikation rhythmisiert diese in spezifischer Weise anders als die vom politischen System institutionell vorgegebene Zeitstrukturierung. Medien-Ereigniszeit funktioniert ja über

Verdichtung, also punktuell und grundsätzlich diskontinuierlich. Dauernd Routinepolitik publizistisch abzudecken, wie es im Namen demokratischer Öffentlichkeit postuliert wird (vgl. Wessler 1999:239), sind daher die Massenmedien als aktuell-universelle von der zeitlichen Verfasstheit ihrer Produktion her wenig geeignet. Sie vernachlässigen in deren Gefolge publizistisch ereignisarme Phasen. Damit wird allerdings Öffentlichkeit auch als potentieller Störfaktor von Politikherstellung eingeschränkt (Marschall 2002), was deren Effektivität auf Kosten ihrer sichtbaren Legitimität zugute kommt. Andererseits verdichten die Medienschaffenden politische Entscheidungsprozesse zwecks Steigerung ihrer Dramatik, indem sie z.B. durch den Einsatz von Hochrechnungen unmittelbar nach Ende eines Wahl- oder Abstimmungsaktes den Transformationsmechanismus des politischen Systems, das Stimmen-Zählen, durch einen publizistischen, *politische Zeit also durch Medienzeit substituieren.* Möglicherweise wird dadurch noch das Wahlverhalten in anderen Wahlregionen beeinflusst, weil dort, wie z.B. in den USA, aus geographischen Gründen nicht zur gleichen Zeit die Stimme abgegeben wird; oder aufgrund dieser publizistisch verkürzten Erwahrung der Wahlentscheidung werden bereits in der Wahlnacht erste Koalitionskontakte geknüpft und der nächste Wahlkampf verbal eingeleitet. Das Kommunikationssystem von Mediendemokratien funktioniert eben gleichermaßen gemäß Parallel- wie Gegenstrukturen zum Politiksystem.

• *Funktionalität:* Institutionell angesonnene und reale Funktionalität politischer Prozesse decken sich in keinem Fall völlig. Dies muss als Basishypothese funktionaler Analyse stets in Erinnerung behalten werden. Für die Funktionalität der Prozesse politischer Kommunikation trifft dies als Folge der Eigenart des Totalphänomens Kommunikation in ausgeprägtem Maß zu, was sich namentlich an der Verselbständigung symbolischer Politik in den modernen Demokratien ablesen lässt. Politische Kommunikation ist *Entscheidungskommunikation* (v. Beyme/Wessler 1998), soll sie doch die vom politischen System zu generierenden allgemein verbindlichen Entscheidungen herbeiführen und implementieren helfen. Diese sollen, unter gleichzeitiger Realisierung der demokratietheoretisch erwarteten Qualitäten Legitimität, Öffentlichkeit, Pluralismus, politische Partizipation, Repräsentation, Responsivität und Vertrauen/ Glaubwürdigkeit (Jarren/Sarcinelli/Saxer 1998:252ff.), gemeinwohldienlich sein. Je nach Entscheidungsmaterie ist Öffentlichkeit allerdings gemeinwohldienlicher oder nicht, leichter oder schwieriger herzustellen. Sicherheitspolitische Maßnahmen büssen z.B. durch unkontrollierte Publizität ihre Wirksamkeit weitgehend ein und komplizierte technische Regularien ermangeln allgemeiner Nachvollziehbarkeit. Überdies: Insgesamt ist Entscheidungspolitik weniger medienwirksam als symbolische Politik (v.Beyme/Wessler 1998:314).

Damit sind natürlich auch die *Entertainisierungsmöglichkeiten* dieser Prozesse je nach Entscheidungstyp ganz andere und der politische Profit aus solchem Politainment höchst unterschiedlich und vor allem auch schwer kalkulierbar. Maßnahmen, die die Einschränkung von bisherigen Rechten beinhalten, stimulieren zwar deren Gegner mit großer Wahrscheinlichkeit zu mehr oder minder innovativen Inszenierungen im Rahmen der »Theaterdramaturgie des Protestes«. Diese können aber, wenn für diese Maßnahmen der Schutz höherer Rechtsgüter, etwa die Sicherheit des Kollektivs, glaubhaft gemacht werden kann, in der Stimmungsdemokratie gegen die Protestierenden ausschlagen. Repräsentativität wiederum verträgt in präsidentiellen Systemen mehr symbolische Überhöhung als in parlamentarischen, dafür aber auch weniger sichtbar Allzumenschliches des Amtsinhabers, und Responsivität, mit populistisch-humoristischer Anbiederung demonstriert, kann andererseits notwendige politische Führungskraft beeinträchtigen (Holtz-Bacha 2004:33). Als politische Meinungsführer glaub- und vertrauenswürdig schließlich erscheint politische Prominenz in den Augen von Repräsentierten nur, wenn sie dieser »hohe moralische Qualitäten, ausgeprägte Unterhaltungskompetenz und gute Expertenfähigkeiten« attribuieren (Peters 1994:209).

- *Problemlösungskapazität*: Abschließend drängt sich auf dem Hintergrund dieser Kategorisierung der Prozesse politischer Kommunikation hinsichtlich dieser Kriterien deren Typisierung gemäß ihrer Problemlösungskapazität auf. *Drei Funktionalitätsdimensionen* sind dabei zu berücksichtigen, nämlich ihre Entscheidungseffektivität, ihre Wertkonformität und ihre Gemeinwohldienlichkeit. Welche Arten von Kommunikationsprozessen stimulieren politische Prozesse in Mediendemokratien besonders effizient? Wie förderlich bzw. abträglich sind die dabei eingesetzten Strategien der Involvierten den erwähnten demokratischen Qualitätserfordernissen? Wieweit kommen mit ihrer Hilfe gemeinwohldienliche politische Entscheidungen zustande?

Die Leistungen politischer Kommunikation hinsichtlich dieser drei Funktionalitätsdimensionen müssen im Lichte der *generellen Dynamisierung*, insbesondere auch Beschleunigung der Kommunikationsprozesse in Mediendemokratien qualifiziert werden. Die These einer generellen sozialen Akzeleration in diesen ist indes angesichts retardierender institutioneller Strukturen des politischen Systems nicht haltbar, wiewohl das Diktat des medialen Aktualitätsprinzips unübersehbar ist (Beck 1994:334ff.). Zwar hat die Zeit strukturierende Macht von Fernsehprogrammen im Gefolge der Möglichkeiten, diese privat zu speichern und gemäß eigenem Zeitplan abzurufen, abgenommen. Andererseits zieht die exorbitante Programmvermehrung verkürzte Aufmerksamkeitsintervalle nach sich. Dem entsprechen wiederum akzelerierte Präsentationsweisen der szenischen Medien, was bloßem Halbverstehen des Gehörten und Gesehenen Vorschub leistet (Sturm 1984). Deren immer komplettere und attraktivere Vergegenwärtigung von Weltstoff jedweder Art beschert indes auch bei bloß flackernder Aufmerksamkeit und rudimentärem Verstehen befriedigende habitualisierte Rezeptionserlebnisse. Der Abstand zu den Anforderungen, die komplexe, lange, gedruckte Texte an die Konzentration, das Aufnahmevermögen und die Durchhaltebereitschaft von Freizeitrezipienten stellen, wächst dabei allerdings. Der künftigen Entwicklung der Lesekultur in Mediendemokratien als Basis qualifizierter politischer Meinungsbildung (Schulz 2000:234ff.) kommt daher große Bedeutung zu. Alles andere fördert ja in erster Linie die Rezeptionsbereitschaft für entertainisierte Kommunikationsprozesse.

5.2.4 Entertainisierte Prozesse

Diesen gilt natürlich das besondere Interesse dieser Untersuchung, weshalb sie auch in Kap. 8 eingehend analysiert werden. Zugleich müssen sie aber, anders als im Großteil der mit ihnen befassten Studien, im Gesamtspektrum der Prozesse politischer Kommunikation verortet werden, soll überhaupt ihr Spezifisches deutlich werden. Dieses lässt sich aufgrund der bisherigen Beobachtungen und in Weiterführungen der Analyse *thesenhaft* folgendermaßen umreißen:

1. Intensität und Art der Entertainisierung politischer Kommunikation hängen vom jeweiligen politischen System und der dortigen politischen Kultur ab, die ihrerseits gesamtgesellschaftlich und -kulturell bestimmt sind. Unterhaltung im allgemeinen und Politainment im besonderen fungieren als expressiver Spannungsmodulator, der allerdings, seines gegeninstitutionellen Wirkungspotentials wegen, seinerseits Spannungen verursachen kann.

2. Insgesamt nimmt, weil in Übereinstimmung mit mediengesellschaftlichen Metatrends, die Entertainisierung von Politik und politischer Kommunikation zu. Funktional verlagert sich dadurch in politischen Prozessen das Gewicht stärker von der Herstellung auf die Darstellung von Politik und pragmatisch vom Diskursiven auf das Emotionale.

3. An der Gestaltung entertainisierter politischer Kommunikation in Mediendemokratien sind alle in Politik Involvierte beteiligt: die Politiker als Akteure, die Medien als Veranstalter und Vermittler, die Politikvermittlungsspezialisten als Regisseure und Arrangeure und die Bürgerschaft mit ihren Erwartungen und Präferenzen als Medienpublikum.

4. Diese Konstellation zeitigt einen erheblichen Druck, ständig innovativ weitere Muster von Politainment zu entwickeln und zugleich Selbstverständlichkeiten der politischen Mehrheitskultur zu bestätigen. Damit wird einerseits der politische Prozess entsakralisiert (Schulz 1997:136) und andererseits in veränderter Form inklusIv und auch die Konstellation politischer Arenen dynamisiert.

5.3 Arenen

Arenen konstituieren im weiteren Sinn Gestaltungsräume von Politik und im engeren Sinn Sphären, in denen die für die Formulierung und Durchsetzung allgemein verbindlicher Entscheidungen politisch relevanten Meinungen sich bilden und artikulieren, und in ihnen als Gesamtheit wird *politische Öffentlichkeit* realisiert.

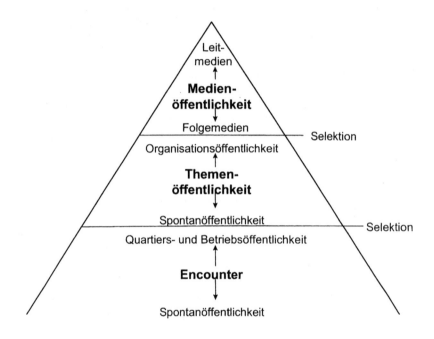

Abb. 5: Ebenen der Öffentlichkeit (Quelle: Jarren/Donges 2002:1, 121)

In der Moderne differenziert sich diese Öffentlichkeit hierarchisch, segmentär und funktional in viele Teilöffentlichkeiten, ein hochkomplexes Netzwerk von Kommunikationen (Imhof 2003a:203f.), das vor allem über und durch Massenkommunikation reintegriert wird. Zumal die von den elektronischen Medien dynamisierte Öffentlichkeit wird denn auch adäquater als Prozess denn als Raum verstanden (Weisbrod 2003:19). Die Ökonomisierung der Mediensysteme hat ja zur Folge, dass diese ihre Verbreitungsgebiete verstärkt gemäß Kriterien des

Absatzmarktes bestimmen, mithin in fluktuierenden Grenzen und kaum mehr entlang politisch definierten Territorien erschließen (Imhof 2003c:174). Begrifflich konnotiert *»Arena«* freilich den Raumbezug noch stärker und ist daher als Konzept vor allem für die Situierung von Öffentlichkeit(en) dienlich. So lässt sich die konstitutive Spannung zwischen Öffentlichem und Privatem auch als räumliche Diskrepanz von Geschehen in und neben der politischen Arena oder auch auf der (einer) Vorder- und Hinterbühne begreifen (Kepplinger 1993:211ff.). Damit ist auch der Assoziationsbogen zum neuerdings oft geäußerten Verständnis von Politik als etwas Inszeniertem (vgl. u.a. Meyer 2001), ihrem Veranstaltungscharakter und theatralischen Aspekt geschlagen. Mediendemokratien sind durch Mediendominanz der Arenenkonstellation bzw. der politischen Öffentlichkeit gekennzeichnet. Diese führt aber eben keineswegs zur »Kolonisierung der Politik durch die Medien« (Meyer 2001), und zwar nicht nur aus institutionellen Gründen, sondern weil sich die Arenen in der funktional differenzierten Gesellschaft wegen des steigenden Kommunikationsbedarfs auch vervielfältigen. So rekurrieren in kollektiven Krisen die Bevölkerungen vielfach wieder stärker auf interpersonale Kommunikation, Versammlungsöffentlichkeit (Imhof 1996b:208), aber auch im Alltag ist die Medienarena in unzählige vormediale Kommunikationsnetze eingebettet und für ihr Funktionieren auf diese angewiesen (Schmitt-Beck 2003:364).

Die *Medienarena* ist also, weil »nach unten« offen und zudem re-oralisiert, auch den entlastenden Ansprechweisen interpersonaler Kommunikation zugänglich und autorisiert auf diese Weise die Encounterebene mit ihrem stark privaten Charakter sekundär als öffentlich. Trotzdem verstärkt sich natürlich in dieser Konstellation das Gewicht der Medien als Akteure bei der Gestaltung der politischen Kommunikation, und zwar in doppelter Hinsicht: Ohne sie kommt kaum mehr politische Öffentlichkeit zustande, »sind politische Parteien heute allenfalls noch politische ‚Flüstertüten'« (Sarcinelli 2000:19), und im Gefolge dieser Gewichtsverlagerung stellen sich die anderen Akteurkategorien zum vornherein auf die Eigenrationalität des Mediensystems ein. So instrumentalisieren die Parteien die Medien soweit möglich als vergleichsweise kostengünstige Helfer zur Sicherung und Mehrung von Massenloyalität. Andererseits wird die zentrale Position des Parlaments im Prozess demokratischer Politikher- und -darstellung durch die Antagonismen zwischen Versammlungs- und Medienöffentlichkeit zunehmend beeinträchtigt (Sarcinelli 2001b:14f.).

Dabei differenziert sich die Medienarena mit dem Mediensystem selber in drei nach politischer Reichweite unterschiedliche *Medien-Subarenen*, nämlich diejenige der Massenmedien, Funkmedien und Massenpresse also, diejenige der Elitemedien, in erster Linie die Qualitätspresse, und diejenige der Individual- »Medien«, allen voran das Internet. Nicht deckungsgleich mit dieser Reichweiten- Binnenstrukturierung der Medienarena ist ihre um und unter Leitmedien profilierte Binnenhierarchie, in Deutschland »Spiegel« und »Bild«. »Die Folge: es gibt eine Bundesliga der öffentlichen Aufmerksamkeit, in der Medien, Journalisten und Politiker unter- und miteinander um Erkennung und Anerkennung buhlen« (Machnig 2003:64). Die dreifältig angesonnene elementare politische Leistung von Medienöffentlichkeit in der Zeit-, Sach- und Sozialdimension »Informationen a) dauerhaft b) über eine Vielzahl von Themen c) an ein breites disperses Publikum« (Gerhards 1994:85) zu verbreiten, kann in dieser Arenenkonstellation nur bedingt erbracht werden.

Die *Entertainisierung der Medienarena*, die sich in manchem abzeichnet, kann demnach nicht nur als Folge der mediengesellschaftlichen Metatrends, sondern auch funktionaler Defizite mediendemokratischer Kommunikation interpretiert werden. Insgesamt hat sie sich unterhaltenden Themen mehr und mehr geöffnet und zugleich unterhaltende Präsentationsformen entwickelt. So verlor die politische Richtungspresse allenthalben sehr viel an Boden zugunsten der »Zeitung für alle«, der politisch nicht festgelegten Forumspresse, und parallel dazu erstarkte auch der Typus Boulevardzeitung, die Politik, soweit überhaupt, unter Human-Interest-Optik abhandelt (Imhof 1996c: 49ff.). Mit der stürmischen Expansion der szenischen Medien und der Etablierung des Fernsehens als Leitmedium setzt sich Narration, Erzählung (Hickethier 2003:128ff.) als Standardform der Berichterstattung fast selbstverständlich durch, und der zumal in Magazinen und der Wochenpresse gepflegte literarisch inspirierte »Neue« Journalismus blendet in Abwendung vom »objektiven« Journalismus Faktisches und Fiktives ineinander. Diese und weitere Entwicklungen in dieser Richtung stimulieren denn auch nicht selten theoretisch wie empirisch unhaltbare Schreckensvisionen einer durch und durch entertainisierten Medienarena, die Politik in Mediendemokratien auf »legitimes Theater« (Sarcinelli 2002) reduziere.

Eine solche Verminderung der Problemlösungskapazität der Systeme Medien und Politik zeigt ja längerfristig für demokratische Mediengesellschaften dermaßen dysfunktionale Folgen, dass diese, als hochdifferenzierte, *kompensatorische Gegenmechanismen* hervorbringen. Auch den Spannungsmodulator Unterhaltung lassen Gesellschaften normalerweise nur soweit gewähren, als er nicht dermaßen viel mehr Probleme schafft denn löst, dass er ihr Funktionieren elementar beeinträchtigt. Dementsprechend führte auch die Dualisierung des deutschen Rundfunksystems nicht zur theoretisch denkbaren (Schatz 1994) – und vielfach befürchteten – Konvergenz des Angebots des öffentlich-rechtlichen und privaten Rundfunks einseitig in Richtung des stärker unterhaltungsbetonten des letzteren, vielmehr, zumindest in den Fernsehnachrichten, zu einer Annäherung der beiden Systeme auf einer mittleren Position zwischen Informations- und Unterhaltungsorientierung, Rundfunk-Anspruchs- und -Akzeptanzkultur (Brosius 2001:126).

Differenzierung als einer der fortwährenden und komplementär zu den derzeitigen Standardisierungstendenzen operierenden Entwicklungsmechanismen der Medienarena hat auch zur Folge, dass die szenisch-erzählerische Vergegenwärtigung von Politik durch die Television nach wie vor durch die Qualitätspresse gewissermaßen in Arbeitsteilung diskursiv fundiert wird. Intermediale Differenzierung ist für ein systemgerechtes Funktionieren mediendemokratischer Politik gerade im Hinblick auf deren vermehrte Entertainisierung wichtig. Wie die »Vorstellung von dem, was Politik ist und wer Politiker sind«, verschiedener Publikumskategorien beschaffen ist, hat ja G. Schmidtchen schon vor über einem Vierteljahrhundert ermittelt und anschaulich beschrieben: »Bei schwachen Lesern ruft das Fernsehen den Eindruck hervor, dass Politik doch eine recht unterhaltsame Sache sei und außerdem leichter als gedacht. Es gehe sehr aktiv zu, und es komme viel Streit vor. Der Eindruck, Politik sei weitblickend, wird durch das Fernsehen eher abgeschwächt. Für den schwachen Leser sind die Vorgänge auf dem Bildschirm von der Ästhetik des Kasperletheaters nicht sehr weit entfernt. Es geht dort sehr unterhaltsam zu, die Leute dreschen aufeinander ein, was auch den Eindruck des Muts begünstigt, aber das Verständnis des Sinnzusammenhangs bleibt schwach. Bei eifrigen Lesern dagegen verschiebt sich das Bild der Politik in eine eher realistische Richtung« (Schmidtchen 1977:56f.). Die Vermehrung der Informationskanäle vervielfältigt auf jeden Fall ebenso sehr die Möglichkeiten auf Seiten des Publikums, ein einigermaßen rationales Verständnis von Politik zu entwickeln oder eben »irrational durch Information« zu werden (Schmidtchen 1977; Schulz 1997: 118ff.).

Entertainisierung von Politik in Mediendemokratien heißt aber doch, dass insgesamt mehr und mehr persönliche, *private* Definitionen dessen, was Politik ist und sein soll, von der Encounter- bzw. Spontanöffentlichkeit her die Medienöffentlichkeit besetzen und dort den politischen Prozess mitbestimmen. Überhaupt strömen private Inhalte, demoskopisch und medial vermittelt, in der individualisierten Mediengesellschaft immer ungehemmter in die institutionell vormals stärker abgehobene politische Öffentlichkeit. Privatheit, in der Perspektive der erlebenden Akteure die Sphäre ihrer Autonomie (Weiss 2002b:38), drängt die allgemeinen Verpflichtungsansprüche politischer Öffentlichkeit zurück, indem sie diese mit partikulären überschwemmt. Unterhaltung bildet freilich seit eh und je ein auf Spannungsmodulation angelegtes Stilelement jeglicher Herrschaftsstrategie und figuriert auch in der Versammlungsdemokratie als durchaus legitimes, ja erwartetes Stück politischen Brauchtums. Wieweit sie indes in Mediendemokratien politische Kommunikation strukturell verändert, namentlich auch indem sie die verschiedenen Arenen politischer Öffentlichkeit perforiert und diese überhaupt ausweitet, müssen die folgenden Untersuchungen weiter klären.

5.4   Konvergenzen

An dieser Stelle kann bloß ein vorläufiges summarisches Urteil über die politische Kommunikation von Mediendemokratien im Hinblick auf das Erkenntnisziel dieser Analyse und der sie leitenden Entertainisierungsthese formuliert werden. Allerdings ist gerade bei dieser Thematik besondere Zurückhaltung gegenüber vorschnellen Generalisierungen geboten, da solche, namentlich als Ausdruck der hier virulenten Werturteilsproblematik, hierzu allzu häufig geäußert werden. In diesem Sinne sind die aufgelisteten Konvergenzen auf den Hintergrund fortlaufend weiterer Differenzierung politischer Kommunikation im Gefolge der mediengesellschaftlichen Metatrends zu projizieren. Auch das Inklusionsvermögen von Unterhaltungskommunikation darf nicht überschätzt werden, wird doch Divergierendes durch diese nur auf kurze Zeit zusammengebracht. Dies zum Stellenwert dieser Zusammenstellung *entertainisierungsfördernder Konvergenzen* mediendemokratischer politischer Kommunikation als Abschluss dieses Teils über Entertainisierung als Gesamtrahmen dieser Untersuchung.

1. *Medienkonvergenzen*: Drei Entwicklungen auf dem Level des Medien-Gesamtsystems: kommunikationstechnologisch die Digitalisierung, wirtschaftlich die Ökonomisierung und politisch die Deregulierung der Mediensysteme zeitigen Konvergenzen in Richtung einer stärkeren Entertainisierung der Medienproduktion. Trans- bzw. Intermedialität und Virtualität im Gefolge des technologisch induzierten Medienwandels erschließen der Phantasie der Medienproduzenten wie ihrer Publika zusätzliche Gestaltungs- und Erlebnisräume und lockern die Bindung an eine vordefinierte Realität. Die Unterscheidung zwischen Fakten und Fiktionen wird so durch kommunikationstechnische Konvergenzen weiter problematisiert und verwischt (Meckel 2002). Die Konzentrationsprozesse im Zusammenhang mit der Ökonomisierung der Medien fördern die standardisierte Produktion von massenattraktiven Unterhaltungsangeboten, da solche eine erfolgserprobte und international maßgebliche Stütze der Medienfinanzierung darstellen. Und politisch lockern sich mit der Entmonopolisierung vieler europäischer Rundfunksysteme die Schranken gegen eine ausufernde Produktion von Rundfunkakzeptanzkultur derselben (Schatz 1994).

2. *Kulturkonvergenzen*: In der politischen Kultur von Mediendemokratien als deren Lebenswelt werden politische Institutionen in Richtung von mehr Gefälligkeitsdemokratie flexibilisiert. Entfremdung der Bürger von ihrem politischen System droht im Gefolge von dessen schrumpfender tatsächlicher Gestaltungsmacht bei steigenden Ansprüchen an dieses. Dadurch dass die Kommunikationskultur dieser Demokratien vielfältigste Definitionen

von politischem Sinn zulässt und zugleich immer mehr Kanäle für etwaige Artikulationen derselben bereitstellt, erhalten politische Inhalte immer wieder die Chance zeitweiliger, auch unterhaltender, Vergegenwärtigung. Die latente Omnipräsenz des Politischen kann so jederzeit in virulente umschlagen, zumal wenn Erlebnisdemokratie mit den Mechanismen der Unterhaltungskultur realisiert wird. Das Fernsehen funktioniert dabei als das Konvergenzmedium schlechthin, weil es mit Hilfe vielfältiger und innovativ variierter Codes jede Thematik ohne größere kognitive Anforderungen akzeptabel macht (vgl. u.a. Holly/Habscheid 2001:229f), aber auch der Boulevardjournalismus demokratisiert die Vielfalt der Lebensmöglichkeiten zum Jedermannsalltag (Renger 2002:225).

3. *Kommunikationskonvergenzen*: Die Pragmatisierung der Kommunikationsprozesse wirkt sich gleichfalls in Richtung Lockerung der semantischen Fixierung von Politik in Mediendemokratien aus. Vor allem gewinnt in ihrer politischen Kommunikation die Darstellung von Politik auf Kosten von deren Herstellung an Gewicht, gerät dasjenige zunehmend aus dem Fokus, worum es in Politik und politischer Kommunikation letztlich immer geht: allgemein verbindliche Entscheidungen. Da die Basiselemente von Medienrealität, die Nachrichtenfaktoren bzw. -werte, ebenso Emotionen wie Kognitionen ansprechen, präsentiert die Berichterstattung vom politischen Geschehen gefühlsmäßig belastend, aber auch entlastend orientierende Bilder, jedenfalls in der gewandelten Kommunikationskultur vermehrt erlebensträchtige. Der wachsenden Konvergenz von Medien- und Alltagskultur entspricht auch, dass mittlerweile viele Rezipienten einen »transmedialen Nutzungsstil« (Schweiger 2005) entwickeln, Medien also generell gemäß ihren persönlichen Eigenschaften nutzen, z.B. gründlicher oder weniger gründlich. Mit Konvergenzen ist mithin vermehrt auch auf Nutzerseite zu rechnen.

4. *Arenenkonvergenzen*: Die Medialisierung der modernen Gesellschaften, gipfelnd im Internet, zeigt vielfältigste Konvergenzen zwischen den verschiedenen Arenen, in denen sich politische Meinung bildet und artikuliert, als auch innerhalb derselben. Die Redeweise von der Medialisierung als gesellschaftlichem Totalphänomen bestätigt sich in dieser Hinsicht sogar besonders eindrücklich. Medieninhalte bilden ja nicht nur den Gegenstand des Alltagsgesprächs, sondern die Medien öffnen sich auch ihrerseits im Zuge der zunehmenden Universalisierung ihrer Themen für Privates, das vormals unter Ausschluss der Öffentlichkeit verhandelt wurde. Hierarchien und Sphären, namentlich Vorder- und Hinterbühne geraten dadurch auf eine Weise durcheinander, wie es sonst nur in Komödien passiert. Und unter dem ehemals öffentlich Tabuisierten ist es vor allem die Sexualität, die wie die Publika selber auch ihre Medien in wachsendem Maß beschäftigt. Es handelt sich hierbei

um eine Intimisierung von Öffentlichkeit in historischem Ausmaß (Hirdmann/ Kleberg/Widestedt 2005:112). Parallelisiert wird sie durch ihre Re-Oralisierung im Gefolge des Siegeszuges der szenischen Medien, mit dem Gesamtresultat, dass Informalität ein beherrschendes Charakteristikum modernen kommunikativen Umgangs wird, die auch die politischen Begegnungsweisen auflockert, aber auch unkontrollierter macht.

5. *Genrekonvergenzen*: Binnenkonvergenz der Medienarena schließlich ist auf dem Makrolevel des Medieninstitutionalisierungstyps, dem Mesolevel der Sender und Formate und auf dem Mikrolevel der Genres gegeben, und das generelle Etikett, zumal bei den letzteren, heißt eben »-tainisierung«. Diese wird letztlich nur als Ergebnis der Ent- und Uminstitutionalisierung der Mediensysteme in Mediendemokratien verständlich, und zwar als eine veränderte Form der Problembewältigung durch öffentliche Kommunikation. Die Probleme können solche der Gesellschaft sein, strukturelle Spannungen zumal, absatzstrategische der Medien oder ungestillte Erlebnisbedürfnisse von Publika. Entsprechend vielgestaltig und immer noch zahlreicher sind die Modifikationen in der Nachfolge des ursprünglichen Labels »Infotainment«, mittels derer die institutionalisierten publizistischen Aussageformen in Unterhaltungskultur transformiert werden, vom »Edutainment« über das »Religiotainment« bis zum Politainment und dort wieder vom »Konfrontainment« über das politische »Advertainment« bis zum »Emotainment«.

Traditionelle dichotomisierende Gegenüberstellungen von Information und Unterhaltung führen angesichts dieser Fülle an Konvergenzen in die Irre. Historisch wie in der Produktionsrealität handelt es sich um unterschiedlich große Schritte, die auf einem *Kontinuum in Richtung vermehrter Entertainisierung* unternommen werden. Trotzdem ist K. Brants' Infotainment-Skala, auf der idealtypisch Informations- und Unterhaltungssendungen konfrontiert werden, dienlich, da sie einen Eindruck von der Vieldimensionalität der Mikroentscheidungen vermittelt, die beim Prozess der Genre-Uminstitutionalisierung mehr oder minder bewusst gefällt werden (Abbildung 6).

Die Skala verdeutlicht noch einmal, wie stark bei Fernseh-Entertainisierung der Nachrichtenfaktor Personalisierung und thematisch Privates auf Kosten von öffentlich Relevantem in den Vordergrund tritt und als Vermittlungsmodus Informalität gepflegt wird. Die Fernsehschaffenden setzen so zunehmend das dokumentierende Vergegenwärtigungsvermögen ihres Mediums ohne den Verpflichtungsanspruch ein, hier werde etwas angezeigt, nach dem man sich, weil Nachricht, richten müsse. Vielmehr werden den Zuschauern auch von Politikern in Talkshows »Verhaltens- und Lebensskripts« (Hermanns et al. 2002:578) präsentiert, an denen sie sich

	Informationssendungen	Unterhaltungssendungen
Themenmerkmale	Informationen über aktuelle Themen, Positionen, parteipolitische Auseinandersetzungen	Politik als solche wird nicht diskutiert
Akteursmerkmale	Qualitäten der Politiker: sachkundig, fähig, verlässlich usw.	»human interest«, menschliche Eigenschaften der Politiker wie Charakter, Charisma usw.
Stilmerkmale	Moderator ist Medienprofi, seriöser Stil, informationsorientiert, konfrontativ statt offen, objektiv ohne Werturteil	Moderator ist eine Persönlichkeit für sich, informeller, unterhaltungsorientierter Stil, emphatischer Zugang, offen statt konfrontativ
Formatmerkmale	Sachorientiertes Gesprächsklima, keine Musik oder ähnliche Elemente, keine partizipierenden Zuschauer	Mehr debattierendes Gesprächsklima, Amüsement über die Szenerie, Musik und andere Showelemente, teilnehmende Zuschauer

Abb. 6: Infotainment-Skala (Quelle: Brants 2004:97)

als Vorlagen auch von Selbstinszenierung unverbindlich orientieren und diese auch gefahrlos als Identifikations- und Projektionsfläche nutzen können. Solche *Mechanismen der Akzeptanzmehrung* durch Entertainisierung lassen sich grundsätzlich hinsichtlich aller institutioneller Verpflichtungsbereiche erfolgreich betätigen, immer vorausgesetzt, das gegeninstitutionelle Potential von Unterhaltung offenbare sich hierbei nicht zu sehr.

Die hier zu Tage tretende Flexibilität journalistischer Darstellungsformen ist denn auch durchaus unterschiedlich und variiert nach Maßgabe ihrer Institutionalisiertheit als Lösungen medialer Kommunikationsprobleme bzw. der Verpflichtung durch eine konsensuell definierte Realität. Je mehr Phantasie die Medienschaffenden bei der Umwandlung von Umwelt- in Medienrealität walten lassen dürfen, je weniger strikt die formalen Auflagen des Genres sind, z.b. von Reportage im Vergleich zum Bericht (Roloff 1982:15ff., 31ff.), desto variantenreicher wird Genrekonvergenz praktiziert. Das *Interview* veranschaulicht dies besonders eindrücklich und zugleich abschließend die Vieldimensionalität von Entertainisierung als Gesamtkonstellation, innerhalb derer sich der entsprechende Wandel politischer Öffentlichkeit in Mediengesellschaften vollzieht. In der Entwicklung des Genres Interview konvergieren auf dem Mikrolevel die Prozesse, die in den Kapiteln 3 bis 5 dargelegt worden sind:

• Weil das Interview als »vehicle of news« (im amerikanischen Verständnis) den Medienschaffenden ebenso als Darstellungsform wie als Methode des

Recherchierens dient (Reumann 2002:142), stellt es zum vornherein ein ungleich komplexeres Genre als etwa Nachricht oder Kommentar dar, eher *ein vieldimensionales Lösungspotential* bestimmter journalistischer Kommunikationsprobleme als deren institutionell definierte Problemlösung. Entsprechende Schwierigkeiten bereitet es, das Interview institutionell durch bestimmte Normen, etwa des öffentlichen Rundfunks, einzubinden, zumal die Medienschaffenden mehr und mehr auf die autonome berufskulturelle Ausgestaltung dieses Genres drängen.

- Seiner Plurifunktionalität wegen ist das Interview in die verschiedensten Richtungen ausgestaltbar; insbesondere eignen ihm hohe szenische Vergegenwärtigungsqualitäten, die von sämtlichen Involvierten, Interviewern wie Interviewten, gern zur vorteilhaften Selbstinszenierung und Rollenprofilierung genutzt werden. Das Interview weitet sich dementsprechend zum Rundgespräch, zur Talkshow, avanciert zum festen Bestandteil von Unterhaltungssendungen und etabliert sich so, angesiedelt zwischen »Klatsch und News« (Steinbrecher/Weiske 1992), vollends in der Unterhaltungskultur wie in der politischen Kultur. Und mit *wachsender Eigenkomplexität* des Genres schrumpft zugleich seine institutionelle Steuerbarkeit.

- In und von dem zu einem Format gereiften Genre Talkshow wird ja im Gefolge der entertainisierenden Metatrends, der Profilierungsbedürfnisse des privaten Rundfunks bzw. der in den Sendungen Auftretenden und der rasch wachsenden und wechselnden Orientierungs- und Erlebnisansprüche von Massenpublika mehr und mehr auch das *gegeninstitutionelle Potential* von Unterhaltung freigesetzt. Konfrontainment ist zumindest zeitweilig ein Mittel, auch mit politischen Themen Massenaufmerksamkeit für das Format und den Sender zu stimulieren, mit lautstark sich einmischenden Präsenzpublika als »gefürchtetem Bestandteil der Sendung« (Steinbrecher/Weiske 1992:41ff.). Spontaneität und sogar Authentizität werden da zumindest zeitweise demonstriert, allerdings auch wieder nur soweit und so lange als die heikle Balance des Unterhaltungserlebnisses zwischen Normgeltung und Normverletzung nicht verstörend verfehlt wird.

- Auch Prominente, gerade auch Politiker im öffentlichen Gespräch müssen ja nicht nur anders als alle anderen sein, sondern auch Menschen wie du und ich, soll das Publikum wirklich inkludiert werden. Sie brauchen zwar nicht vorgestellt zu werden wie die Anonymi aus den Präsenzpublika, mit denen sie jeweils gepaart werden, sondern sie werden begrüßt (Burger 1991:307), aber doch in einem Gesamtdekor, in dem *Macht vermenschlicht*, persönlich kommensurabel präsentiert (Brocher 1967:287), hingegen die Eigengesetzlichkeit von Politik nicht transparent wird. Es kann indes bezweifelt werden, ob der »rigide Präsentationsrahmen«, überhaupt die intensive institutionelle Kontrolle politischer Fernsehinterviews unter den Bedingungen des öffentlich-rechtlichen

Rundfunkmonopols, die den Politikern in erster Linie die »institutionell garantierte Chance positiver Selbstdarstellung« bot (Hoffmann 1982:150), der staatsbürgerlichen Sozialisation dienlicher war als die spätere Entertainisierung des Formats unter dem Einfluss privater Anbieter.

- Noch verstärkt gilt freilich auch: »Formen des Interviews sind (…) der Hauptmotor bei der Erzeugung von Prominenz im Fernsehen als Medienverbund« (Niehaus 2004:575). Zirkulär durch die Attribution von Aufmerksamkeits-Würdigkeit von Personen, werden diese »berühmt, weil sie bekannt sind« (von früheren Interviews an anderer Stelle), zu »Obertanen« (K. Kraus) kraft Medienpräsenz befördert, eher eine »Zufalls-Elite« als eine »Leistungselite« (Niehaus 2004:575). Im *Mechanismus der Prominenzierung* konvergieren Entertainisierung und politische Kommunikation der Mediendemokratie in exemplarischer Weise.

III   Politainment

Politik als Unterhaltung wird im Gesamtkontext mediengesellschaftlicher Entertainisierung in Gestalt von *Politainment* realisiert. Die für den politischen Prozess in Demokratien entscheidende Kommunikationsstruktur ist die Öffentlichkeit, weil deren Konstitution die politische Meinungsbildung maßgeblich bestimmt. In erster Linie an ihr sind daher strukturelle Implikationen von Politikentertainisierung zu untersuchen. Politainment wird von verschiedenen Akteurkategorien mit unterschiedlicher Intensität praktiziert oder auch nur perzipiert. An diesen sind vor allem die Rollenimplikationen von Politainment zu beobachten. Politainment prägt zudem in genauer zu bestimmender Weise mehr oder minder stark die politischen Prozesse generell und im speziellen die Personal-, aber auch die Sachpolitik. Und weil Mediengesellschaften im vollen Wandel begriffen sind und Entertainisierung sein Ausdruck und Modulator ist, wird Politainment systematisch in Zusammenhang mit Wandel analysiert

6   Öffentlichkeitswandel

Die Veränderungen politischer Öffentlichkeit in jüngster Zeit werden mithin als Strukturwandel interpretiert und gemäß dem in Kap. 2 entwickelten Bezugsrahmen als Problemwandel gedeutet. In der Gestalt von Politainment, so die konzeptuelle Folgerung, erwächst aus diesem *Struktur- und Problemwandel* ein umfassender problemschaffender und -lösender Mechanismus, der, wie in den folgenden Kapiteln zu zeigen ist, die politischen Prozesse und deren Träger in erheblichem Masse prägt.

Im Zentrum dieses Kapitels und auch der folgenden stehen die *zwei Fragen*: Welche Spannungen entstehen durch die Entwicklung zur Mediendemokratie und die Veränderungen politischer Kommunikation im politischen System, dass sie nach dem verstärkten Einsatz des Spannungsmodulators Unterhaltung rufen? Welche Konsequenzen hat die Entertainisierung der politischen Öffentlichkeit für deren Funktionalität? Als Spannungen werden problemtheoretisch Bedarfslagen verstanden, bei denen die Differenz zwischen erwarteter und realer Bedarfsdeckung ein Ausmaß erreicht, das Anpassungen auslöst.

6.1 Strukturwandel

6.1.1 Konstituenten von Öffentlichkeit

Öffentlichkeit fungiert als »das unentbehrliche Betriebsgeräusch der Medienmoderne«, formuliert der Publizist Zimmermann (zit. nach Hickethier 2003:204). Eine Meinungsfreiheit gewährleistende Öffentlichkeit ist für die demokratische Ordnung »schlechthin konstituierend« hält andererseits das deutsche Bundesverfassungsgericht fest (BverfGE7, 198, 208). Und der Politologe U. Sarcinelli resümiert: »Demokratische Politik ist zustimmungsabhängig und deshalb auch gegenüber der Öffentlichkeit begründungspflichtig. Politik und Öffentlichkeit, in der Demokratie sind das zwei Seiten einer Medaille« (Sarcinelli 2001b:1). Was für den Medienakteur einfach eine Selbstverständlichkeit seiner Wirkungssphäre und überhaupt jedermanns alltägliches Fluidum bildet, auf dem beruht nach Meinung der Verfassungshüter das ganze Politiksystem der Demokratie, und Leistung der Öffentlichkeit ist bzw. hat nach gängiger Auffassung der Politikwissenschaft zu sein, die freie Bildung des politischen Willens des Volkes als Souverän zu ermöglichen, vor dem die Regierenden sich zu rechtfertigen haben. Faktisch und normativ ist Öffentlichkeit für Mediengesellschaften und Mediendemokratien von *zentraler Bedeutung*.

Dass schon über ihre Konstitution selbst in der Scientific community erheblicher Dissens besteht, hängt maßgeblich mit dieser Zentralität und Ubiquität, mit den umfassenden und zugleich widersprüchlichen Erwartungen an ihre Funktionalität, mit der Vielgestaltigkeit und Dynamik politischer Öffentlichkeit zusammen. *Vier funktionale Unverträglichkeiten* sind es in erster Linie, die ihre Beobachter ebenso irritieren wie verwirren:

1. *Partizipationsberechtigung vs. -qualifikation*: Die expansive mediendemokratische Öffentlichkeit eröffnet ständig weitere Inklusions- und Artikulationschancen, ohne Teilnehmerqualifikationen zu verlangen. Die politische Öffentlichkeit von Mediendemokratien ist strukturell primär auf eine Teilnehmermaximierung und nicht auf -optimierung angelegt. Die Unvereinbarkeit des Prinzips des freien Zugangs zur politischen Öffentlichkeit und der Norm der kompetenten Mitgestaltung derselben wird in erster Linie durch deren weitere Differenzierung gemäß unterschiedlichen Qualifikationslevels gemildert. Da

bescheidenes politisches Interesse und starke Unterhaltungsorientierung zusammengehen, erweitert die Entertainisierung politischer Öffentlichkeit wohl deren Teilnehmerkreis, verstärkt aber in diesem zugleich die Unterschiede politischer Partizipationskompetenz.

2. *Komplexität vs. Nachvollziehbarkeit*: Der vermehrte Einsatz unterhaltungskultureller Mechanismen in der politischen Öffentlichkeit erhöht die emotionale Fasslichkeit von Politik und erleichtert ihre Nachvollziehbarkeit. Dies entspricht durchaus der »Sinnrationalität« von politischer Öffentlichkeit, die »laienorientierte Kommunikation« generiert, »einfach strukturierte Rationalität« und nicht »Vernunft«, gar im anspruchsvollen Habermasschen Sinn (Gerhards/ Neidhardt 1991:47). Andererseits ermutigen die in der Medienöffentlichkeit vervielfältigten expressiven Möglichkeiten zu verstärkter Inszenierung von Politik auf Kosten stärkerer kognitiver Strukturen der Darstellung von Politik.

3. *Machtlegitimation vs. -dissimulierung*: Sozialpsychologisch haben die mediengesellschaftlichen Metatrends und die Systeminterpenetration zur Folge, dass so wie die überredende Intention in der öffentlichen Kommunikation allenthalben zunimmt, so auch die kritische Sensibilität, die Reaktanz dieser gegenüber. Schon früh stufen ja z.B. Kinder, vor allem unter dem Einfluss ihrer Eltern, die Glaubwürdigkeit der Werbung als gering ein (Felsen 2001:353). Dem passt sich der Gestus der Persuasion, Resultat von Rational choice ihrer Urheber (Schimank 2002:71ff.) an, tarnt sich. Und weil wahrgenommene politische Persuasion gemäß Medienwirkungsforschung gegen deren Urheber einnimmt, dissimuliert demokratische politische Kommunikation, dass es in ihr um Anteil an der Macht geht. Diese operiert gegenüber Individuen, die sich als autonom definieren, wirkungsvoller aus der Deckung heraus, nur halb sichtbar (Soeffner/ Tänzler 2002:23). Gelegentliche Selbstironie, überhaupt unterhaltsame Relativierung des latent Bedrohlichen von Politik ist daher eine nicht selten praktizierte, wenn auch heikle, da leicht missverstandene Dissimulationsstrategie.

4. *Publizität vs. Effizienz*: Die demokratische Verpflichtung zu ständiger öffentlicher Selbstlegitimierung von Macht beeinträchtigt die Effizienz politischer Entscheidungsgenerierung, -durchsetzung und -anwendung. Die zur Dissimulationsnotwendigkeit analoge widersprüchliche Folge des Publizitätsprinzips ist denn auch, zumal unter dem Imperativ von Verhandlungsdemokratie, die komplementäre Zunahme von Arkanpolitik. Der Zwang zur öffentlichen Inszenierung von Positionen mindert deren Verhandelbarkeit; das sehr große Betreffnis von Routinepolitik kann effizient nur unter weitgehendem Ausschluss der Öffentlichkeit abgewickelt werden. Die Ambivalenz von Öffentlichkeit als funktionaler und dysfunktionaler Mechanismus wird in dieser Hinsicht besonders deutlich.

Im Lichte dieser vier – und weiterer – funktionaler Unverträglichkeiten demokratischer politischer Öffentlichkeit werden auch die Schwierigkeiten einer einvernehmlichen Bestimmung von deren Konstituenten verständlich, und ebenso wird die Unerlässlichkeit der Konzeptualisierung von Öffentlichkeitstheorie als Wandlungstheorie augenscheinlich. Was als *»neuer« oder »zweiter« Strukturwandel der Öffentlich*keit seit den 50er Jahren des letzten Jahrhunderts und seinen Implikationen diagnostiziert wird (Kamber/Imhof 2005), stellt sich jedenfalls als ein solch dynamisches In- und Gegeneinander von Kontinuitäten und Diskontinuitäten, von Parallelismen und Gegenläufigkeiten dar, dass als Haupteindruck derjenige vom Dauernden im Wechsel evoziert wird und die Konturen dieser neuen Öffentlichkeit, außer Mediendominanz und intensivierter Kampf um Aufmerksamkeit, relativ vage bleiben. Immerhin lässt sich dieser Strukturwandel »mit der Ausdifferenzierung des Mediensystems vom politischen System und der Koppelung der Medien an die Marktlogik auf den Punkt bringen« (Kamber/Imhof 2005:133).

Noch elementarer konstitutiv für diese neue mediendominierte Öffentlichkeit als die gewöhnlich auf der Ebene des Akteurhandelns und der Systemfunktionalität erörterten Konsequenzen dieses Wandels (vgl. u.a. Donges/Imhof 2005:170f.) ist freilich die Verbindung von vermehrter *Reflexivität* der sozialen, die neue *Virtualität* der räumlichen und die gesteigerte *Volatilität* der politischen Beziehungen in dieser:

- Mit der stärkeren Verlagerung von der interpersonalen auf mediale Kommunikation intensiviert sich ja auch deren fiktiver oder eben virtueller Charakter (Westerbarkey 1993), als Medienkommunikation unvermeidlicherweise viel mehr *reflexiv*, mit unüberprüfbaren Annahmen von der früher erwähnten Art: Journalisten meinen, dass Rezipienten meinen und umgekehrt, operiert. Politische Meinungen bilden sich unter diesen Umständen umso beweglicher und unkalkulierbarer und rufen, wiederum reflexiv, nach Beobachtung zweiter Ordnung durch Demoskopen.

- Mediale *Virtualisierung* andererseits »könnte auf dem Wege sein, die alten Unterscheidungen von aeternitas und tempus und von Anwesenheit und Abwesenheit vom ersten Rang der Weltkonstruktion zu verdrängen« (Luhmann 1997:1147). Raumhandeln (Löw 2001:96f.) wird dadurch illusioniert und fiktionalisiert, und so »entkoppeln sich die medial neu erschlossenen Räume von den Geltungsbereichen der territorial, insbesondere nationalstaatlich, gebundenen politischen Institutionen« (Kamber/Imhof 2005:135). Vor allem die europäische Medienöffentlichkeit und Politik treten auseinander, als die erstere »nur das Kaleidoskop nationalstaatlicher Bezüge« (ebenda) repräsentiert, während die EU-Politik fortlaufend weitere Lebensbereiche der Europäer vereinheitlicht.

- Von Seiten der Rezipienten schließlich wird die Unterstellung von medienbe-
dingter *Volatilität* politischer Meinungsbildung der anderen, der sogenannte
Third-person-Effekt (»Die Medien beeinflussen vielleicht die anderen, aber
mich doch nicht«, Brosius/Engel 1997) als paradoxes Resultat von Individualisierung und Medialisierung verbreitete politische Orientierungsmaxime.

Auf dem Hintergrund dieser Konstituenten politischer Öffentlichkeit im Wandel werden die in Kap. 8 geschilderten prozessualen Veränderungen politischer
Kommunikation leichter verständlich. Die politischen Deutungsmuster (Wessler
1999:19ff.), die in dieser Konstellation als Essenz aus den politischen Öffentlichkeiten resultieren, sind dermaßen fragil, dass sie dringend der Integration,
Stabilisierung und Kanalisierung bedürfen. Nur so lassen sie sich zur validen
Referenzbasis effizienten politischen Gestaltungswillens transformieren. Der strukturellen Entfestigung ihrer Öffentlichkeit (Jarren 1997:105) begegnen die politischen Akteure in Mediendemokratien denn auch mit dem *umfassenden Ausbau
politischen Marketings* (Kunczik 1998:330), um die erwünschten Austauschvor-
gänge mit ihren politischen Zielmärkten herbeizuführen. Der Einsatz von Politainment dient dabei in erster Linie der Stärkung der emotionalen Bindung der
politischen Klientel, der bereits gewonnenen und der potentiellen, an die betreffenden Akteure. Strategien, möglichst auch wissenschaftlich entwickelte, politischer Öffentlichkeitsarbeit kommen aber nicht nur der Optimierung der politischen Prozesse zugute, sondern auch dem Demokratiesystem als solchem in
Gestalt von »Legitimation durch Information« (Ronneberger 1977). Dem stehen freilich dysfunktionale Implikationen von verstärktem politischen Marketing
gegenüber. So können wirtschaftlich potentere politische Gruppierungen für ihre
Öffentlichkeitsarbeit mehr aufwenden, was den politischen Wettbewerb plutokratisch verzerrt.

Während der wissenschaftliche Diskurs die funktionalen Unverträglichkeiten
im Zusammenhang mit der Institution politische Öffentlichkeit relativ wenig thematisiert, ist er umso elementarer explizit oder implizit von der *Spannung zwischen
Privatheit und Öffentlichkeit* überhaupt geprägt. Dies belegt die Notwendigkeit
einer guten kommunikationsmorphologischen und symbolinteraktionistischen
Fundierung der Öffentlichkeitstheorie. Je öffentlicher Kommunikation abläuft,
desto weiter vor begeben sich ihre Teilnehmer in die Sphäre der gemeinsamen
Bedeutungen bzw. Symbole und deren Aufforderungsgehalt. Wer immer, Individuum oder Kollektiv, sich öffentlich artikuliert, exponiert sich auch noch im
kleinsten Interaktionssystem: »Öffentlichkeit als Bedrohung« (Noelle-Neumann
1977), aber auch als Chance: Flucht in die Öffentlichkeit, denn: »Öffentliche
Meinung – unsere soziale Haut« (Noelle-Neumann 1980) und praktiziert ein jeweils möglichst öffentlichkeitsgerechtes Verhalten. Durch Multifunktionalität wie

funktionale Ambivalenz ist demnach Öffentlichkeit als Kommunikationsmodus charakterisiert, und der elementarste gesellschaftliche Impact von Massen- als publizistischen Medien vor jeglicher prozessualer Kommunikationsrealisierung besteht darin, dass es sie überhaupt gibt und damit eben die Chance und die Gefahr, dass sie mit größtem Verbreitungseffekt Privates veröffentlichen, aber auch Öffentliches privatisieren können.

In der Öffentlichkeitstheorie scheint denn auch Durchlässigkeit als zentrales Merkmal der als Raum bzw. System kommunikativer Vermittlung zwischen Politik und Gesellschaft konzipierten Öffentlichkeit auf, indes in einem je nachdem stärker qualifizierenden oder quantifizierendem Sinn: Transparenz ja, aber auch Ausfilterung des gemäß irgendwelchen Kriterien nicht Dazugehörigen, eben Privates oder Unterhaltendes. Übereinstimmung herrscht dafür über die Grundfunktionalität von Öffentlichkeit, nämlich individuelle und kollektive Meinungsbildung und -artikulation zur Generierung und Implementation allgemeinverbindlicher Entscheidungen. Ebenso ist in der Scientific community akzeptiert, dass in Demokratien Meinung gemäß institutionell geregelten Verfahren in Entscheidungen umgewandelt werden muss. In den Prozess der Meinungsformung als Prozess des Für-wahr-Haltens und Meinungsartikulation kann sich hingegen grundsätzlich jedes Individuum und Kollektiv auf verschiedenen Ebenen aktiv einschalten und seine Kommunikationsstrategien, solange rechtsstaatskonform, frei gestalten. Dies gewissermaßen das wissenschaftlich konsentierte *Minimalmodell politischer Öffentlichkeit in Demokratien.*

Über die *normativen Implikationen* von politischer Öffentlichkeit gehen hingegen die wissenschaftlichen Lehrmeinungen weit auseinander – eine Folge der unterschiedlichen Konzeptionen von Demokratie: Eliten-, Pluralismus-, Partizipationstheorie, die ihnen zugrunde liegen (Beierwaltes 2002) und namentlich der 1. funktionalen Unverträglichkeit im Zusammenhang mit dem Öffentlichkeitskonzept. In J. Habermas' idealistisch-anspruchsvoller Konstruktion klingt noch F. Schillers Forderung »Man soll die Stimmen wägen und nicht zählen« nach, während R. Dahrendorfs (1974) realistische Scheidung aktiver von passiver Öffentlichkeit die ernüchternde Erfahrung demoskopischer Variabilität in modernen Massendemokratien spiegelt. Gleichberechtigte Partizipation am politischen Prozess wird postuliert, aber zugleich qualifizierte, damit dieser auch möglichst viel an Bonum commune realisiere und damit auch eine nicht enden wollende medienpolitische Kontroverse über »Publizistische Vielfalt zwischen Markt und Politik« (Rager/Weber 1992) in Gang gehalten.

Unter den für diese Untersuchung wegleitenden wissenschaftstheoretischen Prämissen und innerhalb des für diese entwickelten Bezugsrahmens drängt sich im Hinblick auf das Untersuchungsziel weniger eine Stellungnahme zu diesen verschiedenen, letztlich werturteilshaft motivierten Positionen auf, als eine entsprechende Umformulierung der die Struktur demokratischer Öffentlichkeit natürlich mitkonstituierenden normativen Dimension.

Unter dieser Optik bemisst sich die *Funktionalität der Strukturen* demokratischer Öffentlichkeit danach, wieweit und auf welche Art sie Prozesse politischer Kommunikation im Sinne der drei Funktionalitätsdimensionen: Entscheidungseffizienz, Wertkonformität und Gemeinwohldienlichkeit ermöglichen bzw. optimieren.

Dementsprechend lassen sich die normativen Implikationen demokratischer Öffentlichkeit folgendermaßen *umformulieren*:

1. *Entscheidungseffizient* funktioniert demokratische Öffentlichkeit, soweit sie, Themen und Meinungen sammelnd (Input), verarbeitend (Throughput) und vermittelnd (Output), in der Polity-, Policy- und Politicsdimension Optima des Bewertens, Wissens und Verteilens hinsichtlich Wertkonformität und Gemeinwohldienlichkeit durch Kommunikation zu realisieren ermöglicht.

2. *Wertkonform* funktioniert demokratische Öffentlichkeit, soweit sie die demokratietheoretisch erwarteten Qualitäten Legitimität, Rationalität, Pluralismus, politische Partizipation, Repräsentation, Responsivität und Vertrauen/Glaubwürdigkeit durch Kommunikation zu realisieren ermöglicht.

3. *Gemeinwohldienlich* funktioniert demokratische Öffentlichkeit, soweit sie die vier elementaren Problemkonstellationen der Adaptation, Zielrealisierung, Integration und Identitätskonstituierung einzeln und zusammen auf der Makro-, Meso- und Mikroebene durch Kommunikation optimal zu bewältigen ermöglicht.

Diese Umformulierungen sollten es gestatten, die Eu- bzw. Dysfunktionalität von Strukturwandel der politischen Öffentlichkeit in Mediendemokratien in Richtung *Unterhaltungsöffentlichkeit* sachgerechter als bis anhin zu evaluieren.

6.1.2 Funktionalität von Öffentlichkeit

Für eine *wandlungstheoretische kommunikationssoziologische Konzeption* politischer Öffentlichkeit genügt es auch nicht, eine der vier unter 1.3 erwähnten Konzeptionen im Hinblick auf Veränderungen fortzuschreiben. Die Basis einer solchen Konzeption hat vielmehr der Wandel öffentlicher Kommunikation zu bilden, und dieser ist auf die drei umformulierten Funktionalitätsdimensionen des Minimalmodells zu beziehen. Wandel und Kommunikation werden also in dieser Konzeption in den Vordergrund gerückt und die institutionellen Strukturen politischer Öffentlichkeit als deren mehr oder minder starre bzw. flexible Kanalisierungsversuche interpretiert. Dazu ist die Konzeption von Öffentlichkeit als nach

Arenen differenziertes intermediäres Kommunikationssystem analytisch und empirisch am dienlichsten, wird aber zu Recht in der neueren Diskussion zu Gunsten der Vorstellung eines hyperkomplexen, vielfach interdependenten Netzwerks von Kommunikationsarenen (Imhof 2003a:203f.; Donges/Imhof 2001:114f.) relativiert, das vielfältige Funktionalität von Öffentlichkeit zeitigt. Allein schon über das Internet konstituieren sich fortlaufend zahllose zusätzliche Gegen- und Bewegungsöffentlichkeiten (Bieber 2003:145), partielle Öffentlichkeiten von Gleichgesinnten. Politische Öffentlichkeit wird somit als ein Netzwerk von Kommunikationen in einem institutionellen Rahmen begriffen, das mehr oder minder entscheidungseffizient, wertkonform und gemeinwohldienlich funktioniert, und zwar unter sich ändernden politik- und gesellschaftsspezifischen Realisierungskonstellationen. Mit diesen wandeln sich auch die politische Kommunikation und die Funktionalität der institutionellen Regelungen, z.B. von Rundfunkordnungen.

Das hier vorgeschlagene Modell von *Strukturwandel als Funktionalitätswandel* politischer Öffentlichkeit hat dementsprechend folgendes Profil:

1. Gemäß den Analysen der Kapitel 3 bis 5 bilden die *Realisierungstrends von Mediengesellschaft und Mediendemokratie* die für die Gestalt und Funktionalität politischer Kommunikation und politischer Öffentlichkeit entscheidenden Veränderungen:

- *Medialisierung* als Totalphänomen prägt die Kommunikationsstrukturen und -prozesse durchgehend auf allen drei Gesellschaftslevels und damit nach Maßgabe der Medialisierbarkeit des politischen Systems auch die politische Kommunikation.

- Das *Mediensystem* wandelt sich selber unter dem Einfluss dieser Metatrends, gestaltet diese aber seinerseits maßgeblich mit. Die politisch wichtigsten Elemente dieses Medienwandels sind partielle Autonomisierung des Mediensystems vom politischen System, seine Expansion, seine kommunikationstechnische Leistungssteigerung und -vervielfältigung und seine Ökonomisierung.

- Im Zuge *funktionaler Differenzierung* entwickelt sich Politik zwar als spezifisches funktionales System, wird aber zugleich durch Systeminterpenetration zunehmend in andere funktionale Kontexte involviert. Dies führt einesteils zur Politisierung vormals unpolitischer Sachverhalte und anderenteils zur vermehrten Durchmengung politischer Kommunikation mit außerpolitischem, auch unterhaltungskulturellem, jedenfalls fremddefiniertem Sinn.

- Der *Mentalitätswandel*, weil alle Kategorien der in politische Kommunikation Involvierten, wiewohl unterschiedlich intensiv, erfassend, hat eine generelle Verengung bzw. Partikularisierung von deren politischer Optik zur Folge, namentlich auch im Zusammenhang mit medialer Zeitraffung und Aktualisierung die Verkürzung politischer Zeit- und Zielhorizonte. Zudem schwächt die Lockerung der Einbindung in primäre Beziehungssysteme und von institutionellen Verbindlichkeiten politische Loyalitäten.

- Weil die *Problemlösungskapazität* nationaler politischer Systeme speziell im Gefolge von Globalisierung und generell unter dem Einfluss der Metatrends in Richtung Mediengesellschaft schrumpft, jedoch bei gleichzeitiger Zunahme fundamentaldemokratischer Ansprüche an deren Leistungsvermögen, steigt ihre Legitimationsempfindlichkeit und ebenso die Bedeutung voröffentlicher Mechanismen bei der Realisierung politischer Prozesse und in der politischen Kommunikation.

- Die *Konstituierung nationaler politischer Öffentlichkeiten* wird durch diese Entwicklungen in so vielfältiger Weise verändert und auch problematisiert, dass die bislang entwickelten Öffentlichkeitskonzepte, zumal die diskursiv orientierten, den neuen Realisierungsgegebenheiten und gewandelten Konstituentenkonstellationen nicht mehr gerecht zu werden vermögen (Ludes 1993). So kann die Redeweise von »Weltöffentlichkeit« nur auf temporär identische globale Medienthematisierungen mit hoher Meinungsintensität referieren, aber auf nichts strukturell Verfasstes. Auch die empirischen Befunde zu dem, was konzeptuell nach wie vor als »Europäische Öffentlichkeit« nicht klar konturiert ist, weisen auf die Notwendigkeit, Basiskonzepte der Öffentlichkeitstheorie zu revidieren (Saxer 2006c). Immer noch wird ja überhaupt deren Existenz in Zweifel gezogen (Wessler 2004). Strukturell wird sie nämlich nach wie vor von nationalen Öffentlichkeiten getragen, während paneuropäische Öffentlichkeit sich vornehmlich als Unterhaltungsöffentlichkeit konstituiert (Eilders/Voltmer 2003).

2. Dieser Wandel des Politiksystems und der politischen Kommunikation vermehrt die Spannungen bei der Generierung und Implementation allgemein verbindlicher Entscheidungen und setzt damit die regulativen Strukturen mediendemokratischer politischer Öffentlichkeit unter verstärkten Anpassungsdruck. Deren *institutionelles Spannungsmanagement* unter diesen veränderten Umständen ist durch die folgenden Merkmale gekennzeichnet:

- Das hyperkomplexe und vielfach interdependente Netzwerk von Kommunikation und seine freiheitliche Verfassung lassen an sich schon nur ein rahmenhaftes und auch kaum koordiniertes institutionelles Spannungsmanagement zu. Unter Medialisierungsbedingungen wird die institutionelle Funktionalitätssicherung mediendemokratischer politischer Öffentlichkeit weiter *fragmentarisiert* und büsst zusätzlich an zielgerechter Wirksamkeit ein. So wurden vom Regierungsprojekt einer schweizerischen Medien-Gesamtkonzeption nur einzelne Teile weiterverfolgt. Kommunikationsstrukturen institutionell zu Gunsten entscheidungseffizienter, wertkonformer, gemeinwohldienlicher Kommunikation erfolgreich zu regulieren und gar solche

Prozesse zu stimulieren, bedingte ja ein entsprechendes Zusammenspielen sämtlicher involvierten Kräfte auf allen Gesellschaftsebenen und für sämtliche Phasen des Kommunikationsprozesses und für alle seine Partizipanten, von den Kommunikatoren bis zu den Rezipienten (Eidgenössisches Justiz- und Polizeidepartement 1982:195ff.)

- Die partielle Autonomisierung des Mediensystems und dessen radikaler Wandel beeinträchtigen die institutionellen Gestaltungsmöglichkeiten der politischen Öffentlichkeit im Sinne optimaler demokratischer Funktionalität in besonders starkem Maß. *Medienpolitik* als in Demokratien ohnehin prekär legitimiertes und mit entsprechend bescheidenen Machtressourcen ausgestattetes Handlungsfeld (Saxer 1981) kommt daher noch rascher als ehedem an ihre Grenzen (vgl. u.a. Imhof/Jarren/Blum 1999). Für die Öffnung des Rundfunks in Westeuropa auch für private Anbieter und die Einfügung neuer Kommunikationstechnologien, bis hin zum Internet, in die bestehenden Kommunikationssysteme werden wohl komplizierte institutionelle Regelungsprozesse entwickelt, die aber nur sehr bedingt programmgemäß realisiert werden können und intentionsgerecht funktionieren (Hömberg/Pürer 1996). Ähnliches gilt für die Bestimmungen gegen Medienkonzentration. Gegen die Transnationalisierung der Mediensysteme und die Nachfrage/Angebots-Eigenlogik der Medienmärkte vermögen sich die in ihrer Problemlösungskapazität ohnehin beschnittenen nationalen politischen Systeme nur rudimentär durchzusetzen.

- Da politische Kommunikation sich systemfremden Definitionen von *politischem Sinn* geöffnet hat, büssen institutionelle restriktive Politikdefinitionen, namentlich im Kontext staatlicher Rundfunkregelung, an Nachvollziehbarkeit und auch an Sanktionierbarkeit ein. Dies verstärkt den Gesamteindruck von institutionellem Spannungsmanagement, das Flexibilität mit schwindender Durchsetzbarkeit, etwa der Transparenznorm bezüglich Werbung, bezahlt. Die politische Öffentlichkeit ist eben in der mediengesellschaftlichen Realisierungskonstellation als eine Öffentlichkeit unter anderen, ihr nicht ohne weiteres untergeordneten, Öffentlichkeiten positioniert.

- Auch die politischen Teil- oder Partikularöffentlichkeiten konstituieren sich in Mediendemokratien autonomer und weniger durch ideologische Gemeinsamkeit und Programmatik auf eine gewisse Dauer integriert denn fallweise, als Themenöffentlichkeit. So leben die einen Bürger(innen) für die Politik oder doch von ihr, und alle zwar in ihrer Reichweite und viele kurzzeitig politisierbar und so in eine politische Öffentlichkeit inkludierbar. Und dies umso eher, je mehr auch politische Kommunikation als Erlebnisofferte in Erscheinung tritt und die Teilnahme daran auch als emotional lohnenswert wahrgenommen wird. Institutionelle Regelungen politischer Öffentlichkeit, die diesen *Implikationen des Mentalitätswandels* nicht Rechnung tragen, werden in der Mediendemokratie längerfristig gegenstandslos.

3. Aus solchen Veränderungen der politischen Kommunikation in Mediendemokratien und des dortigen institutionellen Managements der strukturellen und prozessualen Spannungen resultiert der folgende *Funktionalitätswandel* derselben:

- Der mediengesellschaftliche Strukturwandel der politischen Öffentlichkeit verändert die *Entscheidungseffizienz* politischer Kommunikation vor allem dadurch, dass diese in seinem Gefolge im weitesten Sinne entspezifiziert wird. Immer mehr Sachverhalte werden als politische thematisierbar oder verschwinden aus dem politischen Horizont. Damit und bis diese Thematisierungen entscheidungsrelevant werden, bedarf es indes zusätzlicher voröffentlicher und außerinstitutioneller Filter. Die Verarbeitungskapazität politischer Öffentlichkeit erweitert sich also zwar, aber unkontrollierter und unübersichtlicher als ehedem. Die politische Meinungsbildung wird dadurch vielfältiger, aber auch diffuser und jedenfalls schwieriger zu validieren.

- Wie *wertkonform* unter diesen Umständen politische Kommunikation funktioniert, lässt sich nur noch bedingt entscheiden. Die gestiegene Legitimationsempfindlichkeit und die Vervielfältigungen auch der politischen Suböffentlichkeiten lassen eine Stärkung der demokratietheoretisch erwarteten Qualitäten Pluralismus und Legitimität vermuten. Die öffentliche Präsenz des Parlaments wird zumindest größer, und dank der Intensivierung demoskopischer Kommunikation erhöht sich die Responsivität des politisch-administrativen Systems. Trotzdem bleiben die Bereitschaft zur politischen Partizipation und deren Qualität ungleich verteilt und ausgeprägt und das Vertrauen in die Politik labil. Die Rationalität politischer Meinungsbildung im Lichte der überkommenen Qualitätskriterien der Diskursivität, der Informiertheit über das politische System bzw. seine Agenda und der Orientierung an der Res publica wächst eben nicht entsprechend der steigenden Komplexität von Politik und des zunehmenden Integrationsbedarfs in Mediendemokratien.

- Die *Gemeinwohldienlichkeit* des Funktionierens mediengesellschaftlich umgestalteter politischer Öffentlichkeit ist also hinsichtlich dieses elementaren Systemproblems eher zu bezweifeln. Adaptiv hingegen sind ihre Strukturen, soweit sie nicht zu Gunsten nicht durchsetzbarer, da im Widerspruch zur gesamtgesellschaftlichen Entwicklung befindliche Normen juristisch rigidisiert werden. Den Identitätswandel moderner demokratischer Systeme spiegelt ja deren politische Öffentlichkeit entsprechend ihrer Transparenzfunktion durchaus, und auch etwaige restriktive Validierungspraktiken vermögen den Wandel zur stärker erlebnis-, befindlichkeits- und stimmungsgeleiteten Berechtigungsdemokratie nur wenig im Sinne überkommener Rationalitäts- und Gemeinwohlideale zu kanalisieren. Und weil Gemeinwohldienlichkeit in diesen Demokratien keine feste Größe darstellt, kann sie im Rahmen der letzten elementaren Systemproblematik, der Zielrealisierung, nur in offenen Prozessen angestrebt oder – je nach Kriterium – verfehlt werden. Die Koordination der Lösungen bezüglich aller vier elementaren Problem-bereiche überfordert vollends die Gestaltungsressourcen moderner demo-kratischer Systeme. Auch in dieser Hinsicht präsentiert sich die Bilanz des Funktionalitätswandels politischer Öffentlichkeit als vielfältig gemischte.

4. Da unter diesen drei Punkten tentativ eine Art Komplementärmodell politi-scher Öffentlichkeit zu den bislang im transdisziplinären Diskurs meistgenann-ten skizziert wurde, müssen daraus noch die *Folgerungen für die Entwicklung der Öffentlichkeitstheorie* gezogen werden:

- Die Skizze will nicht mehr sein als eine provisorisch organisierte Sammlung von »*educated guesses*«, die unter dem Eindruck eines gewissen Ungenügens existierender Modelle politischer Öffentlichkeit und daraus resultierender Einbußen an Realitätsgerechtigkeit der Öffentlichkeitstheorie formuliert werden.

- Sowohl J. Habermas' historische Rekonstruktion »Strukturwandel der Öffent-lichkeit« als auch K. Imhofs Konzeptualisierung eines Strukturwandels der Öffentlichkeit (Imhof 2003c:164ff.; Kamber/Imhof 2005) ordnen die Ent-wicklung politischer Öffentlichkeit in den historischen Prozess neuzeitlicher Aufklärung ein und qualifizieren deren Veränderungen nach Maßgabe der für diesen geltenden Kriterien von Rationalität. Dieses impliziert aber auch: »(…) die Berufung auf Rationalität dient in der laufenden Kommunikation dazu, die Unverhandelbarkeit einer Position zu markieren« (Luhmann 1997: 189). Dementsprechend sind ihre Modellierungen auf letztlich dasselbe diskursive bzw. deliberative Ideal fokussiert (Luhmann 1997:171). *Andere Formen politischer Rationalität*, expressivere (Ludes 1993:61) oder gar so etwas wie Erlebnisrationalität werden von dieser Optik ausgeblendet oder als defizitär abgewertet. Eine Theorie, die zentralen Entwicklungen ihres Beobachtungsbereichs analytisch so wenig Rechnung trägt, stellt sich indes selber immer weiter ins historische Abseits.

- Daher wird hier eben vorgeschlagen, Strukturwandel politischer Öffentlich-keit als *Funktionalitätswandel* zu konzipieren, mit dem *Wandel von politischem Sinn als Fokus*. Unter dieser Optik wird Öffentlichkeitswandel als grundsätz-lich offener Prozess gesehen, der dadurch gekennzeichnet ist, dass sich in sei-nem Gefolge Institutionalisierungen ständig verändern. Damit wird auch die

Identität demokratischer Politiksysteme de facto fortlaufend umdefiniert und ebenso durch institutionelle Strukturierung, formell oder informell, immer wieder stabilisiert. Auf diese Weise wird Öffentlichkeitstheorie durchgehend zur Theorie von Öffentlichkeitswandel umformuliert und behandelt diesen nicht gewissermaßen als abweichenden Zustand.

• Diese Konzeption von Öffentlichkeit und ihrem Wandel entlastet die Öffentlichkeitstheorie von normativen und weiteren strukturellen Fixierungen und erschließt dieser damit dank dem untersuchungsleitenden Bezugsrahmen *systematisch öffentlichkeitsrelevante institutionelle und ausserinstitutionelle Weiterentwicklungen*. Dies gestattet insbesondere auch die strukturierte Erfassung substantieller Verlagerungen von politischem Sinn in Richtung Berechtigungs- bzw. Erlebnisdemokratie und Unterhaltungsöffentlichkeit und überhaupt die typisierende Einordnung der eufunktionalen und dysfunktionalen Konsequenzen der Veränderungen politischer Öffentlichkeit.

6.2   Problemwandel

Dieser Strukturwandel der politischen Öffentlichkeit moderner Demokratien impliziert auch Veränderungen der dortigen Problemkonstellation, die wiederum die stärkere Konturierung von Politainment als politischem Problemlösungs- und -schaffungsmechanismus begünstigen. Die Veränderungen der Realisierungskonstellationen politischer Öffentlichkeit bzw. politischer Kommunikation betreffen Problemlagen auf allen drei Gesellschaftslevels, sämtlicher Kategorien von Involvierten und im Polity-, Policies- und Politicsbereich. Es liegt nahe, diese komplexe Dimension von Implikationen des Öffentlichkeitswandels zum einen auf den Linien des Funktionalitätsmodells auf dem Systemlevel und zum anderen als Vorstrukturierung von Kapitel 7 auf Akteurebene abzuhandeln.

6.2.1   Systemprobleme

Die Bewältigungsmuster der vier elementaren Systemprobleme von Mediengesellschaften insgesamt und ihrer politischen Systeme im besonderen sind im Idealfall kongruent, dann nämlich, wenn Politik- und Gesellschaftssystem isomorph sind. Die politische Öffentlichkeit von Demokratien soll solche Deckungsgleichheit möglichst weitgehend realisieren helfen, fungiert sie doch »als ein Beobachtungssystem der Gesellschaft« (Gerhards 1998:269). Wieweit die Medialisierung generell und das teilautonomisierte Mediensystem speziell diese *Abgleichung von Gesamt-*

system und Politik als funktionalem Teilsystem befördern, ist auch für den funktionalen Stellenwert des Spannungsmodulators Unterhaltung in Mediendemokratien entscheidend.

Hinsichtlich der vier Problemlagen im einzelnen zeigt der Problemwandel die folgenden Konstellationen:

• *Integration*: Driften die Problemlösungen im System Politik und diejenigen in der Gesamtgesellschaft auseinander, so vervielfältigen sich die Integrationsprobleme der hyperkomplexen Mediendemokratien, mangelt es ihnen an Zusammenhalt ihrer Teilsysteme wie an sozialer Integration (Vlasíc/Brosius 2002:101). Die allgemeine Erfahrung gesellschaftlicher Kontingenz in Mediendemokratien wird ja noch durch *Entfremdung vom politischen System* intensiviert. Wachsende Vielfalt von Handlungsoptionen und Orientierungsprobleme der Individuen korrespondieren in diesen negativ, und die Gesellschaft und ihre Politik sind für sie ebenso allgegenwärtig wie schwer fassbar. Individuen und politisches System produktiv zusammenzuschließen ist eine institutionelle Aufgabe, die das Leistungsvermögen jeglicher politischen Öffentlichkeit aufs äußerste beansprucht.

Bei einem heterogenen Staatsvolk flexibler oder hilfloser, multipler oder einseitig festgelegter Individuen fehlt für eine diskursive oder deliberative politische Öffentlichkeit ja mehr und mehr die entsprechende Modalpersönlichkeit, die sich unter demokratischen Wertprämissen integrieren ließe. Der Versuch der institutionellen Vereinheitlichung der in Spezial-, Gruppen- und situative Themenöffentlichkeiten fragmentarisierten Öffentlichkeit ist kaum ein gangbarer Weg der Integrationsförderung. Bedenkenswerter ist H. Wesslers Vorschlag, durch geregelte Konfliktkommunikation unterschiedliche symbolische Gemeinschaften, d.h. durch »kollektive Identifikationen, Identitätsbestimmungen oder Interessendefinitionen« (Peters 1993:168) konstituierte Bewusstseinsgruppen einander anzunähern (Wessler 2002:68ff.). Das politische System der Demokratie ist eben unter diesen Umständen für die Legitimität seiner allgemein verbindlichen Entscheidungen verstärkt auf *Mechanismen sekundärer Integration* angewiesen: staatsbürgerliche Förderung, Medienpädagogik, Politainment, namentlich auch mittels »beispielloser Privatisierung des Öffentlichen« (Imhof 2003c:167), zumal im Hinblick auf diejenigen, die sonst exkludiert bleiben. In Gestalt der Unterhaltungskultur steht ein zumindest quantitativ überaus weit reichendes Inklusionsverfahren zur Verfügung, das auch politisch instrumentiert, z.B. durch spielerischen Anschluss an politisch-kulturelle Traditionsbestände (Dörner 2001:104), und instrumentalisiert werden kann.

• *Adaptation*: Adaptiv wird das demokratische System von seiner mediengesellschaftlich differenzierten politischen Öffentlichkeit vor allem durch deren

Offenheit für alle erdenklichen, tatsächlich oder angeblich kollektiv bedeutsamen Artikulationen gehalten. Diese aus subjektivierten Politikverständnissen und individualisierten Ansprüchen an die Leistungen des politischen Systems resultierende Kakophonie von Äußerungen wird zwar im vielfach segmentierten Netzwerk von Kommunikationen, das politische Öffentlichkeit konstituiert, auch irgendwie validiert, aber zu entscheidungsfähigen Problem- und operablen Politikdefinitionen nur dank vermehrter Mithilfe aus dem politisch-administrativen System und der korporativen Politikmitgestalter verdichtet. Unter dem gestiegenen Kommunikationsdruck durch politische Öffentlichkeit verlagert sich also die Adaptationsproblematik auf die Responsivität des politischen Systems.

Dies zeigt sich in der Verlängerung der politischen Prozesse als Indikator für *wachsende Schwierigkeiten, politische Kommunikation in politische Entscheidungen umzusetzen.* Die Widersprüchlichkeit staatlicher Medienpolitik, die einerseits Pressevielfalt zu sichern und andererseits Rundfunkvielfalt zur Verstärkung der Validierungsfunktion von Öffentlichkeit einzudämmen versucht, ist Ausdruck eines entsprechenden Regulierungsdilemmas. Der ständige Anpassungsbedarf im Inneren des politischen Systems und gegen außen wird jedenfalls durch den Strukturwandel der politischen Öffentlichkeit ebenso verschärft wie gedeckt. Seine Anpassungsfähigkeit hängt ja auch maßgeblich von der Lernfähigkeit der verschiedenen Akteurkategorien im Umgang mit Medien ab. Wachsendes kommunikatives Kompetenzgefälle bekräftigt bestehendes politisches Macht-Ungleichgewicht und schafft zusätzliche Spannungen. Selbst im Internet, das die Transparenzleistungen der politischen Öffentlichkeit für individuelle Meinungskundgaben so sehr vergrößert und damit die Strukturen der politischen Kommunikation flexibilisiert, vermögen organisierte Interessen auch schon wieder ihre Selbstdarstellungsmacht zu behaupten.

- *Identität*: Mediendemokratien funktionieren eben trotz ständig leistungsstärkeren Mediensystemen nicht basisdemokratisch und schon gar nicht gegen ihre korporatistische Verfasstheit. Überhaupt garantieren die Rechtsstaatlichkeit, die durch die demokratische Verfassung berufenen Instanzen und geregelten Verfahren die institutionelle Bindung an die identitätsverbürgende Leitidee der Volksherrschaft und -souveränität. Weil aber *politischer Sinn* in Mediengesellschaften maßgeblich und fortlaufend von den Medien entsprechend ihren Nachrichtenwerten definiert und umdefiniert wird, stellt sich in Mediendemokratien das Problem eines möglicherweise wertkonträren Identitätswandels des politischen Systems besonders dringlich. In der Berechtigungsdemokratie tendieren die Massenmedien im Konkurrenzkampf um Publikumsmaximierung primär zu populistischen Verformungen von Demokratie und nur fallweise, vom Volkszorn angeblich legitimiert, zu autoritären.

Gegensteuer versuchen da jene politischen Kräfte zu geben, die mittels institutioneller Rigidisierung der Strukturen von Öffentlichkeit, namentlich durch Verpflichtung der Programme des öffentlichen Rundfunks auf Wertkonformität und Gemeinwohldienlichkeit, die Erhaltung eines traditionellen Ideals von Demokratie anstreben. Die Identitätsproblematik verlagert sich in diesem Fall eher in Richtung autoritärer Verformung von Demokratie. Weil die Ausgestaltung der Medienfreiheit einen starken Indikator für das Maß an tatsächlich in einem politischen System realisierter Demokratie bildet (vgl. Langenbucher 2003), sind ja *medienpolitische Regelungen* besonders legitimationspflichtig und werden denn auch vermehrt in Verhandlungssystemen entwickelt als vom Staat allein beschlossen. Dass institutionelle Auflagen für Rundfunkprogramme in den deutschsprachigen Demokratien regelmäßig auch irgendwelche Restriktionen bezüglich deren Unterhaltungsangebote implizieren, belegt im übrigen, wie sehr, wenn auch überwiegend latent, die mediengesellschaftliche Entertainisierung und das mediendemokratische Politainment das Demokratieverständnis mitbetreffen.

Für die Bestimmung der Systemidentität von Demokratie wirft somit Öffentlichkeits- als Problemwandel besonders schwierige *Fragen* auf: Warum eigentlich sollen nur diskursive Konzeptionen von Demokratie und nicht auch erlebnishafte deren Identität verkörpern? Wird sonst der emotionale Bezug zur Demokratie nicht ins Nationalistische oder eben Populistische abgedrängt? Wieweit und in welcher Art definiert das Zusammenwirken von medialen Selektions- und Präsentationscodes und sozialpsychologischen Publikumsbefindlichkeiten demokratische Identität? Und ist Träger dieser Identität – dies die letzte der an dieser Stelle zu erwägenden Konsequenzen des Problemwandels – in der Mediendemokratie nicht ebenso sehr das zu demokratischen Symbolgemeinschaften versammelte Publikum mit der dort praktizierten symbolischen Politik wie das Staatsvolk und die Entscheidungspolitik?

• *Zielrealisierung*: Trotzdem bilden natürlich die Generierung und Implementation allgemein verbindlicher Entscheidungen als funktionale Raison d'être des politischen Systems weiterhin dessen Hauptziel. Im Gefolge des Struktur- und Problemwandels politischer Öffentlichkeit verlangt dessen Realisierung den Akteuren zusätzliche, innovative Strategien ab. Grundsätzlich gilt es vor allem, dem gestiegenen Kommunikations- und Legitimationsdruck so zu begegnen, dass überhaupt effizient, demokratisch und wertkonform regiert und verwaltet werden kann. Die Überkomplexität von Mediengesellschaften und ihrer Politik mit den daraus resultierenden Defiziten an System- und sozialer Integration zu bewältigen erfordert ja, systemtheoretisch argumentierend, ständig ein Doppeltes, nämlich noch mehr Kommunikations- und Entscheidungskomplexität in Gestalt zusätzlicher Kommunikationsspezialisten und Verhandlungssysteme aufzubauen und diese wieder zu reduzieren. Da Publizität von Sachgeschäften in erster Linie langwierigen Dissens impliziert, wird Konsens in Mediendemokratien vermehrt nichtöffentlich angestrebt oder durch deren Personalisierung öffentlich nachvollziehbar gemacht. Neben der Mehrung und zielgerechten Kanalisierung der sich verknappenden öffentlichen Aufmerksamkeit durch entsprechende symbolische Politik, darunter auch Politainment, bildet mithin deren Vermeidung ebenso Teil der erforderlichen *Doppelstrategie* zur Realisierung demokratischer Entscheidungspolitik. »Reflexive Modernisierung« (Beck/Giddens/Lash 1996) erfüllt sich auch darin, dass die Überspannung des Öffentlichkeitsprinzips demokratischer Politik in der Mediengesellschaft zu mehr Arkanpolitik führt.

6.2.2 Akteurprobleme

Die vier elementaren Systemprobleme sind auch solche von Personen; von diesen müssen sie ja auch letztlich bewältigt werden. Für die Art der Problembewältigung entscheidend ist, wie individuelle und kollektive Akteure Probleme definieren. Der mit dem Strukturwandel politischer Öffentlichkeit verbundene Problemwandel ist denn auch maßgeblich ein *Wandel der Problemperzeptionen* Involvierter.

Umgekehrt haben die mediengesellschaftlichen Metatrends objektiv eine Labilisierung der Rollenstrukturen zur Folge, mit der die Akteure konfrontiert werden. Je nach ihrer Position im politischen System bzw. der politischen Öffentlichkeit und der Bedeutung dieser Position für sie bzw. ihre Organisation setzen sie sich mit dieser *veränderten Rollenkonstellation* mehr oder weniger intensiv, professioneller oder laienhafter auseinander. Öffentlichkeit im Wandel stellt ja zugleich ein hochkomplexes, dynamisches und höchst unterschiedlich verbundenes Rollenkonglomerat dar, in dem die Beteiligten ständig in rasch wechselnde und beschränkt routinisierbare Interaktionen verwickelt sind und deren Erfolg der schwierigen Kontrollierbarkeit von Kommunikationsprozessen wegen wenig kalkulierbar ist.

Implikationen von Wandel

Für die Problemperzeptionen und -bewältigungsmuster sämtlicher Akteure sind die folgenden *Implikationen des Gesellschafts- und Öffentlichkeitswandels* besonders entscheidend:

- Die *zunehmende Reflexivität und Virtualität* politischer Kommunikation im Gefolge der Verlagerungen von der Versammlungs- zur Medienöffentlichkeit haben sehr weitreichende Konsequenzen. Der Anteil der Face-to-face-Kommunikation an der öffentlichen politischen Kommunikation nimmt ja ab, die Steuerbarkeit der Kommunikationsprozesse durch die Kommunikanten wird dadurch zusätzlich erschwert. Umgekehrt kommen damit vermehrt die sekundären medialen Vergegenwärtigungsmöglichkeiten zum Tragen, aber eben immer gemäß Medien-Eigenlogik. Wer die medienvermittelte politische Kommunikation als immer essentiellere Voraussetzung politischen Erfolgs mitgestalten will, muss daher ständig neben realen auch virtuelle Mitkommunikanten und deren Verhalten wirklichkeitsgerecht in seine Kommunikationsstrategie mit einkalkulieren.

- Weil mediengesellschaftliche demokratische Politik unter den *widersprüchlichen Bedingungen* geschrumpfter Gestaltungsressourcen und dem Druck steigender Leistungserwartungen realisiert werden muss, bedarf auch das Funktionalitätsspektrum politischer Kommunikation fortlaufend der Erweiterung und Effizienzverstärkung. Umfassende Medienkompetenz ist daher für Politiker zur Durchsetzung ihrer Anliegen und Interessen ebenso unerlässlich wie für die Bürgerschaft zur optimalen Wahrnehmung ihres Souveränitätsanspruchs und ihrer Partizipationsrechte.

- Die differenzierte und fragmentierte mediendemokratische Öffentlichkeit verschafft vermehrt und verstärkt auch nicht institutionalisierten Konkurrenten und Bewerbungsformen um politische Aufmerksamkeit *Resonanz*. Etablierte politische Kommunikatoren müssen sich daher vermehrt auch gegen unkonventionelle politische Artikulationsweisen behaupten.

- Trotz solch vermehrter Offenheit dieser politischen Öffentlichkeit für irgendwelche politischen Meinungskundgaben durchbricht aber auch die »Theaterdramaturgie des Protestes« die *strukturelle Asymmetrie massenmedialer Kommunikation* nicht grundsätzlich (Donges/Imhof 2005:166). Diesem können ja die organisierten Interessen wie Parteien und Verbände mit dem vermehrten Einsatz professioneller Politik- und Kommunikationsvermittler begegnen. Und der insgesamt geringen Bereitschaft der Bürger(innen)-Medienpublika, ihre beschränkte Medienkompetenz durch entsprechende Schulung zu erhöhen, stehen steigende Investitionen in die Marktforschung gegenüber, die zunehmend zielgruppen- und präferenzgerechteres Kommunizieren im Sinne der Intentionen ihrer Auftraggeber ermöglichen.

- Die Aufgabe, wertkonforme allgemeinverbindliche politische Entscheidungen zu generieren und implementieren, wird bei gestiegener Legitimitätsempfindlichkeit und schwindenden politischen Loyalitätsressourcen immer anspruchsvoller. Sie nötigt die Gestalter politischer Kommunikation in Mediendemokratien zur Entwicklung und Praktizierung *neuer, ungewöhnlicher Kommunikationsstrategien und -techniken.* Dabei liegen im Gefolge der Ökonomisierung der Mediensysteme solche aus der Wirtschaft nahe, im Zusammenhang mit der Internationalisierung von Medienkommunikation die Adoption erfolgreicher Muster ausländischer politischer Persuasion und im Einklang mit Individualisierung und gelockerten institutionellen Verbindlichkeiten die Privatisierung und Entertainisierung öffentlicher politischer Kommunikation.

In dieser gewandelten Realisierungskonstellation politischer Öffentlichkeit und Kommunikation entwickeln die in den politischen Prozess involvierten *Akteurkategorien* je gemäß ihrer allgemeinen Position im politischen System, ihrem Anteil an der Gestaltung des politischen Prozesses und ihrer Rolle in der politischen Kommunikation unterschiedliche Problemperzeptionen und -bewältigungsmuster im Hinblick auf die Optimierung demokratischer Politik und ihrer Kommunikation. Selbstverständlich zeigen auch die gesellschaftsspezifischen Modelle politischer Steuerung (Münch 1996): Synthese in Deutschland, Wettbewerb in den USA, Etatismus in Frankreich, Kompromiss in Großbritannien (Jarren/Donges 2002:1, 93ff.) auch diesbezüglich je andere Akteurkonstellationen, -befindlichkeiten und -strategien.

Gesellschaftsübergreifend drängt es sich auf, die Akteure in der gleichfalls prozessübergreifenden, nämlich für den politischen Prozess, den Leistungsprozess politischer Öffentlichkeit und den Kommunikationsprozess charakteristischen *In-, Through-, Output-Abfolge* zu positionieren und ihre daraus resultierenden idealtypischen Problemperzeptions- und -bewältigungsmuster entsprechend herauszuarbeiten. Dabei ist allerdings stets zu berücksichtigen, dass diese Phasen sich wohl idealtypisch gegeneinander abheben lassen, aber natürlich ineinanderfließen, weil diese Prozesse nicht nur überaus interaktionsdicht konstituiert sind, sondern auch hochgradig reflexiv, als kybernetische ablaufen. Daraus ergeben sich, freilich strukturell limitierte, Möglichkeiten zum Rollenwechsel, und ebenso antizipieren die Akteure ständig spätere Phasen und reagieren auf frühere.

Input

Die mediendemokratische Öffentlichkeit hat sich zwar für alle erdenklichen Sprecher und Themen erweitert, überantwortet diese aber zugleich stärker den Bearbeitungsprozeduren von Politik- und Kommunikationsvermittlern. In den Problemperzeptionen potentieller und realer politischer Kommunikatoren sind diese Vermittlungsspezialisten ebenso wie die virtuellen Adressaten ihrer Botschaften präsenter denn ehedem. Auch die Adressaten, die zum Medienpublikum mutierte Bürgerschaft, sind sich der gestiegenen gesellschaftlichen Gestaltungsmacht von Medienkommunikation und ihres eigenen gewachsenen demoskopischen Gewichts in gesellschaftlichen Transaktionsprozessen zumindest teilweise

stärker bewusst und praktizieren vermehrt ein medienbewußtes Öffentlichkeits-
verhalten, wenn sie von Journalisten als Vox populi zur Meinungskundgabe ein-
geladen werden. So kommt es in der Mediendemokratie zwar zu einer gewissen
Angleichung der öffentlichen Kommunikationsrollen, dafür aber auch – unvermeidlicherweise – zur umso rigoroseren Ausfilterung der von den Vermittlungsspezialisten als irrelevant für die Verarbeitung im politischen Prozess taxierten
Meinungskundgaben. Durch *Offenheit mit bereits implizierter Selektivität* ist mithin die Inputphase charakterisiert.

Chancen, für sich selber bzw. ihre Kandidaten und Themen öffentliche Aufmerksamkeit zu wecken und diese Informationen gar erfolgreich in den politischen Entscheidungsprozess einzuschleusen, haben unter diesen Umständen in
erster Linie Kommunikatoren und Anliegen, hinter denen strukturelle Macht
steht, die exklusives, jedenfalls besonders qualifiziertes Wissen einbringen können
oder Personen und Positionen symbolpolitisch so gekonnt präsentieren, dass sie
Nachrichtenfaktoren maximieren bzw. kumulieren. Im Lichte dieser drei Kriterien:
Macht, Wissen, Inszenierung sind von den fünf Kategorien von Sprechern, die
F. Neidhardt in der Medienöffentlichkeit unterscheidet (Neidhardt 1994b:14f.),
die folgenden Inputs in die politische Kommunikation zu gewärtigen:

1. *Repräsentanten* (Sprechvertreter): Deren Gestaltungspotential in den Kom-
   munikations- bzw. Entscheidungsprozessen hängt primär von den Ressourcen
   der Interessen ab, für die sie sprechen. Je nachdem können sie nicht nur größere
   oder geringere politische Macht als Belohnungs- oder Drohpotential ins Spiel
   bringen, sondern verfügen auch über mehr oder minder reichhaltige Mittel,
   ihren Input kommunikativ wirkungsvoll aufzubereiten und durchzusetzen.
   Sprechvertreter neuer sozialer Bewegungen tendieren daher dazu, Machtdefizite
   durch innovative alternative Inszenierungsweisen auszugleichen. Je oppositio-
   neller sich diese Bewegungen selber positionieren, desto eher rekurrieren sie auf
   unorthodoxe, ja »subversive« Formen von Politainment zwecks Ridikülisierung
   ihrer politischen Gegner. Die – häufig selbsternannten – Sprecher »des« Publikums oder von Publika wiederum haben nicht nur das Problem der sehr
   beschränkten Organisierbarkeit der Rezipientenrolle zu bewältigen (Donges/
   Imhof 2001:108f.), sondern auch dasjenige von Legitimationsdefiziten, zumal
   wenn nicht in Übereinstimmung mit Befunden der Publikumsforschung.

2. *Advokaten*: Sie unterscheiden sich von den Repräsentanten, als »sie ohne politische Vertretungsmacht, wohl aber im Namen von unverfassten Gruppierungen sprechen und mit Blick auf deren Interessen Plädoyers einbringen«
   (Neidhardt 1994b:14). In Gestalt des anwaltschaftlichen Journalismus wird
   diese Inputrolle auch schon in der neueren Journalismustypologie gesondert
   ausgewiesen (Saxer 1992b:118) und überdies häufig auch von Typ 4, den
   Intellektuellen wahrgenommen. Gerade weil diese Advokaten sich inhaltlich

stark an moralischen Maßstäben orientieren, verschmähen sie auch emotionalisierende und karikierende Argumentationsformen nicht, aus der Überzeugung heraus, dass der gute Zweck auch anstößige rhetorische Mittel rechtfertige. In solchen Rollenübernahmen zeigt sich im übrigen, dass weltanschauliche Rollen generalisierbar geworden sind, weil nicht mehr an spezifische Trägerschaften, feste ideologische Gemeinschaften gebunden. Dies wiederum, parallel zum Verkümmern der Meinungs- und Richtungspresse im Zeitungssystem, spiegelt auf diesem Meso- und Mikrolevel den generellen institutionellen Wandel in Mediengesellschaften.

3. *Experten*: Weil Mediengesellschaften auch in hohem Maß Wissens- bzw. Wissenschaftsgesellschaften sind, differenziert sich gegenläufig zur Advokatenrolle diejenige des Experten entsprechend der Funktionalitäts- und Komplexitätszunahme politischer Kommunikation immer mehr aus. Effizienter Input in diese beruht zunehmend auf der arbeitsteilig realisierten Leistung von Spezialisten, wird also vermehrt von Organisationen erbracht, in die die Akteurrollen eingebunden sind. Insofern ist die Redeweise von »Rednern« im Zusammenhang mit dem Input in die politische Öffentlichkeit zunehmend irreführend. Jedenfalls bilden neben den verschiedensten Fachwissenschaftlern, die politische Kommunikation inhaltlich optimieren helfen, immer weitere Kommunikationsspezialisten, von den Demoskopen und Spin doctors über die Spezialisten des Eventmarketings bis zu den Ghostwritern und Visagisten, bereits diese Phase politischer Kommunikation radikal um.

4. *Intellektuelle*: Die Rolle der Intellektuellen, deren Sache es gemäß F. Neidhardt ist, »am kritischen Maßstab kultureller Werte sozial-moralische Sinnfragen aufzunehmen« (Neidhardt 1994b:14), wird unter diesen Umständen entprofiliert. Im Gefolge der Fragmentarisierung der großen weltanschaulichen bzw. ideologischen Systeme und ihrer Glaubwürdigkeitseinbußen wird auch der universalistische Anspruch ihrer Positionen relativiert (Dörner 2000:178), ridikülisierbar. Die »neue Form moralischer Subpolitik«, an der viele von ihnen, weiterhin »an höchst verallgemeinerten moralischen Werten orientiert«, mit ihren Meinungskundgaben mitwirken, ist denn auch vor allem »dadurch gekennzeichnet, dass sie das politische System nicht tangiert« (Donges/Imhof 2001:125).

5. *Kommentatoren*: Als Kommentatoren bringen schließlich Journalisten zusätzlich zu ihrer Hauptleistung als Berichterstatter eigenständige Beiträge in den öffentlichen politischen Diskurs ein. Sie reihen sich damit selber, entsprechend »Tendenzen zur ›Hybridisierung‹ ehemals schärfer getrennter Rollen« (Schultz 2003:248f.), zwar vermehrt akademisiert, aber kaum als Politologen unter die Politikexperten ein. Solche Weiterführung des politischen Raisonnements nach der Art von J. Habermas' raisonnierenden Privatpersonen widerspricht

denn auch der neueren Entwicklung der elektronischen Massenmedien und der Presse in den deutschsprachigen Demokratien, von denen auch Kommentierungen zunehmend als System- und Medienroutine arbeitsteilig realisiert und an Außenstehende, Kolumnisten oder Repräsentanten, delegiert wird (Saxer 1996). Auf diese Weise ersparen sich die Medienunternehmen zwar Risiken, privilegieren aber damit den Input der ohnehin mächtigen organisierten Interessen noch mehr.

Insgesamt lässt die offener, aber zugleich auch selektiver als ehedem funktionierende politische Öffentlichkeit zusätzliche Meinungsträger und -kundgaben zu, homogenisiert diese aber schon in der Inputphase vermehrt in Richtung Mediengerechtheit. Mediendemokratie heißt, dass die politischen Akteure die Regelhaftigkeiten der Medienproduktion antizipieren und diese damit zugleich nach Möglichkeit für ihre Zwecke instrumentalisieren. Und da das Selektionsraster der Nachrichtenfaktoren ebenso Nachrichten zum sich danach Richten wie zum sich Einrichten im eigenen Behagen Zutritt zur politischen Öffentlichkeit gewährt, kann dieser Input auch durchaus unerhaltenden Charakter haben. Die Bürgerschaft als Publikum definiert die Funktionalität des Medienangebots ohnehin gemäß eigenen Bedürfnissen und Präferenzen.

Throughput

In dieser Phase steht die *Validierung* des Inputs hinsichtlich seiner politischen Entscheidungsrelevanz im Vordergrund. Effizient funktioniert mithin diese Validierung, soweit sie dem politischen Prozess tatsächlich entscheidungstaugliche Ideen, Initiativen, Programme zuführt, wertkonform, wenn diese den demokratisch erwarteten Qualitäten weitgehend entsprechen, und gemeinwohldienlich, insofern Lösungen der vier elementaren Systemprobleme insgesamt dadurch befördert werden. Für die Einschätzung von Eu- und Dysfunktionalität dieser Validierung sind insbesondere auch sozialpsychologische Implikationen der Umwandlung von Kommunikation in Entscheidungen mit zu veranschlagen, namentlich etwa welches Maß an Frustration, an Entfremdung vom politischen System die Nichtberücksichtigung bestimmter Anliegen für eine politische Weiterbearbeitung mit sich bringt oder andererseits auch wie adaptationsbehindernd für das politische System eine einseitige Validierung des Inputs durch deren Öffentlichkeit in Richtung Berechtigungsdemokratie sich auswirkt.
In diesen Fragen tritt der Systemcharakter politischer Öffentlichkeit deutlicher als in der Inputphase zu Tage. Während des Throughputs wird sie ja stärker in den Prozess der Herstellung kollektiv verbindlicher Entscheidungen eingebunden,

konstituiert sich recht eigentlich das *intermediäre System* als »das Kommunikations- und Handlungsfeld zwischen der Lebenswelt von Bürgern und dem politisch-administrativen System. Es dient der Interessenvermittlung in beide Richtungen« (Rucht 1998:664). Der politischen Öffentlichkeit obliegt darin eben die Umwandlung von Meinung in Interesse, in politisch relevante Präferenzen, und diese betreffen sehr wohl und mehr und mehr auch die Freizeit und ihre Ausgestaltung, eben die ganze Lebenswelt. Auch die politische Öffentlichkeit in diesem Bereich von wachsender lebensweltlicher Relevanz mit anzusiedeln, wie dies vor allem mittels Politainment geschieht, liegt für alle Involvierten nahe.

Entsprechend prägen kollektive Akteure den Throughput noch stärker als den Input der politischen Öffentlichkeit, von deren »Rednern« vornehmlich noch Repräsentanten und Experten hier weiterwirken. Die Akteurproblemkonzeptionen sind ja interessenorientiert und ihre Strategien desgleichen. Ihre Klassifizierung erfolgt daher sinnvollerweise primär gemäß ihrem unterschiedlichen *Einfluss* auf die kollektiven Entscheidungen, in die sie kollektive, aber auch ihre eigenen individuellen Interessen einbringen können. Das intermediäre System entwickelt nämlich über seine politische Vermittlungsleistung hinaus auch ein Eigenleben und Eigeninteressen (Jarren/Donges 2002:1, 140), generiert selber gesellschaftliche Interessen, oder seine Mitglieder »deuten gesellschaftliche Interessen um, transformieren sie hinsichtlich ihrer eigenen Interessen als Akteure« (ebenda). Darin gründet nicht zuletzt sein Machtzuwachs in Mediengesellschaften. Dieser Einfluss der Akteure variiert gemäß ihrer Verankerung im öffentlichen oder voröffentlichen Raum, entsprechend ihrer unterschiedlichen strukturellen Positionierung, näher oder ferner den politischen Entscheidungszentralen, und ebenso situativ, nach Art der jeweiligen Einflussnahme, z.B. primär normierend oder programmatisch realisierend.

Die *Akteurkonstellation* in der Throughput-Phase, während der die politische Öffentlichkeit als Teil des intermediären Systems Input validiert, ist demzufolge besonders komplex, zumal Rollenkumulation in ihr häufig ist. Im Lichte der Gesamtthematik dieser Studie verdienen die idealtypischen Problemperzeptionen und -lösungsmuster der folgenden kollektiven Akteure spezielles Interesse:

1. *Parteien*: Unter den Akteuren sind sie die am ausschließlichsten mit dem Erwerb und der Sicherung politischer Macht befassten Organisationen und als Hauptakteure der Interessenaggregation und -durchsetzung in Parteiendemokratien institutionell privilegiert. Wesentlich dabei ist: »Die Fähigkeit zur politischen Kommunikation (...) gehört in der Mediengesellschaft inzwischen zum Kern des politischen Leistungsbereichs demokratischer Parteien« (Sarcinelli 1998b:698). Diese Fähigkeit müssen die Parteien nach innen wie gegen außen unter insgesamt *immer anspruchsvolleren Bedingungen* beweisen: Die politischen Loyalitäten lockern sich; der Wettbewerb um öffentliche Aufmerksamkeit verschärft sich in der

Validierungsphase zum Kampf um Zustimmung gegen konkurrierende Öffentlichkeitsstrategien von Verbänden und zivilgesellschaftlichen Gruppierungen; ihr institutioneller Rückhalt im Mediensystem schrumpft (Jarren 1997:103), und auch die Instrumentalisierung der Unterhaltungsindustrie zu parteipolitischer Kommunikation ist mit Unwägbarkeiten belastet wie überhaupt die zielgerechte Realisierung politischer Kommunikation in Mediendemokratien. Daraus ziehen die Parteien im wesentlichen *drei strategische Konsequenzen*: 1. Professionalisierung ihrer Kommunikation durch den Beizug von Vermittlungsspezialisten; 2. Preisgabe programmatischer Kontinuität und Konsistenz zu Gunsten populärer Themen und Positionen; 3. Angleichung ihrer Ansprechweisen an erfolgreiche massenmediale Muster. Damit wird auch Politainment, die Entertainisierung der Parteienkommunikation zur selbstverständlich genutzten strategischen Ressource.

2. *Verbände*: Ihre politische Kommunikation ist mit vergleichbaren Problemen konfrontiert wie diejenige der Parteien (Jarren/Donges 2002:1, 153ff.), an die ihre institutionelle Einbindung in den politischen Entscheidungsprozess sie ohnehin annähert. Strategisch liegen daher Kooperationen mit interessenverwandten Parteien und die Ausweitung der verbandspublizistischen in die massenmediale Öffentlichkeit nahe. Von den ersteren lassen sich vor allem Argumentarien, gemäß den jeweiligen Verbandszwecken modifiziert, übernehmen, von den Massenmedien erfolgreiche Thematisierungstechniken lernen. Da Verbände primär private Interessen organisieren und fördern, sind ihre PR freilich nicht ohne weiteres in Politikmarketing umsetzbar (Saxer 1993b) und mit Politainment kompatibel.

3. *Zivilgesellschaftliche Gruppierungen*: Ob die Zivilgesellschaft gleichrangig neben Markt und Staat unter die fundamentalen Regelungsinstitutionen moderner Demokratien eingereiht werden kann, ist politikwissenschaftlich umstritten. Charakteristisch für sie ist ja gerade ihre bloß rudimentäre Institutionalisierbarkeit, konstituiert sie sich doch überwiegend in temporären Solidargemeinschaften zu bestimmten Themen (Meyer 2003:265ff.). Ihr Hauptanliegen an die politische Öffentlichkeit besteht in der Problematisierung bestimmter gesellschaftlicher Zustände und Entwicklungen (Schetsche 2000), in der Problemdefinition also in Form der Validierung des Inputs von Advokaten. Deren höchst unterschiedlicher, institutionsnäherer oder -fernerer gesellschaftlichen Positionierung und Anliegen wegen setzen diese Gruppierungen auch die bunteste Palette von Persuasionstechniken ein, von der konventionellen argumentativen politischen Werbung über Straßentheater und Demonstration bis zum Streik. Ihre beschränkten wirtschaftlichen Ressourcen nötigen indes diese Gruppierungen generell zum Rekurs auf kostengünstige Kommunikationskanäle wie das Internet oder aber zur Entwicklung so außergewöhnlicher, auch unter-

haltender, Formen des Eventmarketings, dass sie die Selektionshürde der Massenmedien zu überwinden vermögen.

4. *Mediensystem*: Mit dem Rückgang der Meinungs- bzw. Richtungs- zu Gunsten der Forumspresse und der Tendenz zur Auslagerung der Kommunikatorrolle aus den Redaktionen zeichnen sich tiefgreifende Veränderungen der medialen Validierungsleistung ab, die auf generell gewandelte Problemperzeptionen und -bewältigungsmuster dieses kollektiven Akteurs hindeuten. Erkennbar wird ja nicht nur eine *Öffnung* des Inputs, sondern auch des Throughputs der politischen Medienöffentlichkeit, da diese auch in ihren Deutungsmustern (Schetsche 2000:109ff.) bzw. Frames des politischen Geschehens vermehrt den Ansprüchen einer Multioptionsgesellschaft Rechnung trägt, indem sie solche den Rezipienten als pluralistisches Nebeneinander zur Auswahl präsentiert. Der Schwerpunkt der Validierung des Inputs durch die Redaktionen verschiebt sich von der Interpretation auf die Selektion, imprägniert ihr politisches Angebot aber doch mit ihren Deutungsmustern, namentlich mittels »Instrumenteller Aktualisierung« (Kepplinger 1989), die sie entsprechend ihrer politischen Linie praktizieren.

Auch sonst verändert sich im Gefolge der fortschreitenden *funktionalen Differenzierung des Mediensystems* dessen Validierungsleistung, und zwar vor allem in Gestalt ihrer sekundären Hierarchisierung. Es etablieren sich ja wieder wie ehemals die führenden Meinungsblätter Leitmedien, etwa der »Spiegel« in Deutschland oder der BBC-Rundfunk in Großbritannien, die durch die Art ihrer Thematisierung und Beurteilung des politischen Geschehens die anderen Medieninstitutionen beeinflussen. Arbeitsteilig wird die Medienvalidierung des Inputs auch durch deren Staffelung realisiert, wenn z.B. schon gemäß Medienlogik strukturierte Kandidaten-Debatten im Fernsehen durch eine sehr umfangreiche intermediale Nachkommentierung weiter für den politischen Entscheidungsprozess aufgearbeitet werden.

5. *Unterhaltungsindustrie*: Wiewohl sie in den USA, zumal die in Hollywood domizilierte, regelmäßig als Akteur der politischen Öffentlichkeit aufscheint, aus eigener Initiative Politik thematisierend oder zur Unterstützung derselben beigezogen (Bosshart 2002) und Politainment wissenschaftlich auch als »die symbiotische Verflechtung von Politik und Unterhaltungskultur« (Dörner 2001) definiert wird, wird die Unterhaltungsindustrie von der Öffentlichkeitstheorie kaum und als Akteur der politischen Öffentlichkeit schon gar nicht zur Kenntnis genommen. Darin schlägt ebenso deren generelle Vernachlässigung von Unterhaltung als Gestaltungsfaktor politischer Öffentlichkeit wie ihr restriktives Akteurverständnis (Jarren/Donges 2002:1, 121f.) negativ zu Buch.

Dem *Publikum* wird ja, handlungstheoretisch bedingt, der Akteurstatus nicht zugestanden und entsprechend wenig Kontur erhält in den Öffentlichkeitsmodellen auch die Outputphase. Weil aber die Produkte der Unterhaltungsindustrie und entsprechend die Strukturen der Unterhaltungskultur sehr weitgehend durch die Nachfrage von Massenpublika bestimmt sind (Mühl-Benninghaus 2004), bleibt die erstere aus doppeltem Grunde außerhalb der Optik der Öffentlichkeitstheorie – als befürchte diese, gewissermaßen selber populistisch zu werden. Daher kann an dieser Stelle nur auf das Wachstum der Unterhaltungsindustrie auch in Europa und auf deren sehr zu vermutende Relevanz als politischer Akteur hingewiesen werden, auch wenn sie dies selber kaum eingesteht. Die heillose Verstrickung von Unterhaltungsindustrie, politischer Öffentlichkeit, Politik und Wissenschaft zeigt sich jedenfalls drastisch in den endlosen Debatten und Anläufen zur gesellschaftlichen Kontrolle von medialen Gewaltdarstellungen (Eisermann 2001).

Output

Den Output politischer Öffentlichkeit bildet die *entscheidungsrelevante öffentliche Meinung*, und ihre Leistung in dieser Schlussphase bemisst sich danach, wie umsetzbar, wertkonform und gemeinwohldienlich dieses Produkt politischer Kommunikation ist. An diesen Kriterien erweist es sich, wie systemfunktional die politische Öffentlichkeit operiert und informierte Meinung sämtlicher Kategorien von Bürger(innen)n zu Belangen der Res publica generiert. Als Akteur in die als Prozess verstandene Öffentlichkeit ist das Bürger(innen)publikum insofern eingeschaltet, als es seinerseits durch die Art seiner Meinungsbildung die politische Öffentlichkeit qualifiziert und rückgekoppelt über den politischen Prozess die Strukturen der politische Öffentlichkeit stabilisiert oder weiter labilisiert.

Über ihren Output und das *Bürger(innen)publikum* realisiert sich politische Öffentlichkeit nicht minder denn durch ihre Transparenz- und Validierungsleistungen als demokratische, und jede Öffentlichkeitstheorie, die die Outputphase der politischen Öffentlichkeit bloß als reaktiv und nicht kybernetisch auch als initiierend erfasst, ist für mediengesellschaftliche und -demokratische Realisierungsbedingungen inadäquat. Für die Erhellung des Prozesses der Entertainisierung und der Konstituierung von Politainment ist das Verständnis der veränderten Problemperzeptionen und -bewältigungsmuster des Bürger(innen)publikums sogar noch zentraler als dasjenige des Wandels bei den Input- und Throughputakteuren.

Kategorien von Bürger(innen)publika für die Outputphase analog zu den Rednern bzw. Validierern zu bestimmen ist mithin im Rahmen des hier entwickelten Funktionalitätsmodells von Öffentlichkeit unerlässlich. Als Kriterien liegen wiederum solche nahe, die die Akteurtypen gemäß ihrer gesellschaftlichen Position und ihrem politischen und kommunikativem Involvement charakterisieren. Die idealtypischen Kombinationen von sozioökonomischem Status, politischer Partizipation und Mediennutzung, die sich analytisch aufdrängen, sind folgende:

1. *Aktivisten*: Ihr sozioökonomischer Status, ihre Printmediennutzung und ihr politisches Involvement ist überdurchschnittlich. Entsprechend sind ihre Motivation und Kompetenz, an politischer Kommunikation und Entscheidung teilzuhaben und diese mitzugestalten. Dies kann ebenso die Wahrnehmung individueller wie kollektiver bzw. gesamtgesellschaftlicher Interessen beinhalten, da die politischen Entsolidarisierungsprozesse auch vor den Aktivisten nicht Halt machen. Insbesondere ihre höhere Printmediennutzung eröffnet ihnen ja leichteren Zugang zu anspruchsvollerem, qualifizierterem politischem In- und Throughput als Weniglesern. Milieumäßig sind sie, als flexible Modalpersönlichkeiten, wenig fest eingebunden, am ehesten dem Niveau- und Selbstverwirklichungsmilieu zugehörig (vgl. Tabelle 2; Schulze 2000:277ff.). Entscheidender ist indes, dass Aktivisten auch im Sinnbereich mehr Optionen wahrzunehmen wissen als andere Akteure, politischen Sinn und auch ihre Nähe oder Ferne zur Politik eigenständiger definieren können als Konsumenten und Desintegrierte. Ironische Distanzierung von Medienangeboten mit verpflichtendem Geltungsanspruch fällt ihnen leichter; auch journalistisch als »ernst« Präsentiertes definieren sie für sich selber eher als unterhaltend um.

2. *Konsumenten*: Sie finden sich in sämtlichen gesellschaftlichen Schichten und können noch weniger als die Aktivisten einem spezifischen Milieu zugeordnet werden, denn ihr Bezug zum politischen System gründet in der – vereinfachend formuliert – allgemein menschlichen Motivation der Begehrlichkeit. Als Modalpersönlichkeiten definieren und repräsentieren die Konsumenten den Systemtyp Berechtigungsdemokratie. Sie interpretieren ja die Bürger(innen)-rolle einseitig als eine von Empfangenden, von Rezipienten und vollziehen so den Wandel zum Bürger-Medienpublikum am ausgeprägtesten. Fallweise interessieren sie sich für Politik, sind sie für politische Kommunikation wie für andere Kommunikationsangebote ansprechbar, wie es ihren jeweiligen Bedürfnissen und Präferenzen entspricht. Durch Repräsentanten und Experten, Markt- und Meinungsforscher zumal, können auch in der politischen Öffentlichkeit diese Bürger(innen) wie Medienpublika vertreten werden, und ihre Aufmerksamkeit bzw. Partizipation lässt sich durch die unterschiedlichsten, namentlich auch unterhaltende, solange zielgruppen- und situationsgerechte Stimuli gewinnen. Mit der Entwicklung von Bürgern zu Demokratiekonsumenten parallel geht die generelle Entsakralisierung politischer Kommunikation (Schulz 1997:136).

3. *Desintegrierte*: Was bei den Demokratiekonsumenten als Labilisierung des Bezugs zum politischen System zu Tage tritt, verdichtet sich bei den Desinte-

grierten zur Entfremdung von diesem, aber noch nicht notwendigerweise zum Dauerzustand. Die mediengesellschaftliche Dynamik ist ja so umfassend, dass sie derartige Endgültigkeiten weitgehend ausschließt und entsprechende Urteile, irgendwelche Verendungstheorien zumal, fortgesetzt falsifiziert. Umfang und Intensität der Desintegration hängen von der jeweiligen Kumulation inklusions- und partizipationshinderlicher Faktoren ab, und auch solche Kumulationen sind insgesamt variabel. Statusmässig geht Entfremdung mit unterdurchschnittlichen sozioökonomischen Ressourcen zusammen, und am häufigsten wird sie im Unterhaltungs-, aber auch im Harmoniemilieu erlebt. Im ersten dominieren jüngere, weniger gebildete Stimulationsbedürftige; im Harmoniemilieu »wird die Wirklichkeit mit einer Art Ur-Mißtrauen betrachtet. Es ergibt sich eine Ordnung der Dinge nach dem Grad der Angst, die man vor ihnen haben muss« (Schulze 2000:260), und so wird dieses überwiegend von den über 40jährigen, gleichfalls wenig gebildeten Arbeitern und Kleinbürgern bevölkert. Auf diese Älteren trifft zugleich in besonderem Maß das Merkmal der »gelernten Hilflosigkeit« (Vitouch 2000:53ff.) zu, Ergebnis langjähriger unkontrollierbarer und unvorhersehbarer Lebenssituationen, das zu kompensatorischem Vielsehen von Mustern der leicht prognostizierbaren, entlastend übersichtlichen Fernseh-Unterhaltungsdramaturgie prädisponiert. Desintegration, soweit sie bloß Komplexitätsvermeidung durch Verweigerung oder jedenfalls Abwendung wenig flexibler, aber grundsätzlich noch inkludierbarer Individuen ist, die sich in politischem Desinteresse niederschlägt, kann gegebenenfalls durch attraktivere bzw. weniger verwehrende Formen politischer Kommunikation gemildert werden. Insofern bildet deren Entertainisierung zumindest eine Chance.

6.3 Unterhaltungsöffentlichkeit

Aufgrund der Darstellung von Entertainisierungsprozessen in Mediengesellschaften und ihren Ursachen in Teil II und in Kenntnis des Struktur- und Problemwandels mediendemokratischer politischer Öffentlichkeit lassen sich nun die Konturen eines Zustands derselben einigermaßen verlässlich umreißen, der in der Literatur ab und zu als »Unterhaltungsöffentlichkeit« aufscheint (vgl. u.a. Dörner 2000:181; 2001:97). Theoretisch ist ja der Begriff nur wenig abgestützt, was hier nachgeholt werden soll. Thesenhaft werden daher auf der Grundlage des in Teil I entwickelten Bezugsrahmens die Ausführungen von Teil II im Hinblick auf die Leitfragen dieser Untersuchung zu einem entsprechenden *Konzept* verdichtet, das in diesem III. Teil weiter konkretisiert wird.

6.3.1 Anthropologische Dimension

Unterhaltung als gesellschaftlicher Mechanismus federt Spannungen ab, verschärft aber solche auch. Unterhaltungsöffentlichkeit muss folglich vom Ausmaß und der Art der je gegebenen Spannungen her begriffen werden, d.h. den Differenzen zwischen erwarteter und realer Bedarfsdeckung. Weil anthropologisch fundiert strebt die Unterhaltungsmotivation in jeder Gesellschaft nach Realisierung, die freilich mehr oder weniger virulent ausfällt. Wie sich das Unterhaltungsbedürfnis äußert (äußern kann) und befriedigt wird (werden kann), hängt nicht nur von der gesellschaftlichen Spannungskonstellation, sondern auch von den jeweiligen Kontrollstrukturen ab. Je nachdem manifestieren sich Unterhaltungsbedürfnis und -befriedigung mehr oder minder deutlich, offen oder versteckt, öffentlich oder privat, geregelt oder ungezähmt, institutionsgerecht oder gegeninstitutionell. Wenn fugenlos in die bestehende Ordnung eingepasst, büßt Unterhaltung ihr entlastendes Vermögen weitgehend ein. Jedenfalls sind Unterhaltungssysteme, da stark emotional bestimmt, grundsätzlich instabil. Spaßgesellschaften sind daher mangels strukturellem Rückhalt ebenso wenig funktionsfähig wie integrale Unterhaltungsöffentlichkeiten.

Die Realisierung von *Unterhaltungsöffentlichkeit* als partielle Variante oder Zustand politischer Öffentlichkeit hängt im besonderen von der jeweiligen politischen Spannungs- und Kontrollkonstellation ab. Je stärker die politischen Spannungen desto disruptiver die Entertainisierung der politischen Öffentlichkeit für das politische System; je rigoroser und durchgehender deren Kontrolle desto geringer ihr Vermögen, politische Spannungen abzubauen. So wie total kontrollierte Kunst ihr kreatives Potential, als ästhetische Ideenbörse sozusagen, einbüßt, so verunmöglichen totalitäre und autoritäre Regimes, dass Öffentlichkeit als politische Ideenbörse den politischen Prozess alimentieren kann oder als sozialpsychologisches Ventil politische Frustrationen sich artikulieren lässt. Andererseits sind stabilisierende und selbst regulierende Strukturen für eine systemfunktionale Unterhaltungsöffentlichkeit auch in Mediendemokratien anscheinend unverzichtbar.

Die *Unterhaltungsmotivation* als anthropologisches Universale beinhaltet eben in sich selber keine restriktiven Bedingungen, außer dass intensive und längere Erregungsphasen Erschöpfungszustände nach sich ziehen. Auch die Unterhaltungsindustrie operiert ja maßgeblich darum dauernd so massenattraktiv, weil sie ihr Angebot equilibriert, so die Wiederholbarkeit der erwarteten angenehmen Erlebnisse sicherstellt und auf diese Weise zum konstitutiven Element der amerikanischen politischen Öffentlichkeit avanciert. Entlastungsbedürfnisse wurden aber schon im alten Rom durch die Institutionalisierung von »circenses« aufgefangen, und politischer Erlebnisbedarf wird seit eh und je und von allen politischen Systemen durch die Entwicklung repräsentativer Rituale systemdienlich kanalisiert. Und was das Verhältnis von Öffentlichkeit und Privatheit betrifft, so ist totale Veröffentlichung der letzteren durch kommunistische Zwangsverstaatlichung politisch ebenso wenig realisierbar wie totale Intimisierung der ersteren im Zeichen exzessiver Erlebnisdemokratie.

6.3.2 Historische Positionierung

Im Vergleich zu früheren Epochen konstituiert die »Diskontinuität der Moderne« (Imhof/Romano 1996) eine umfassende und sehr dynamische Spannungskonstellation, und die Demokratisierungsprozesse in deren Verlauf lockern die politische Kontrolle in den modernisierenden Gesellschaften. Beides schafft *günstige Voraussetzungen* für deren generelle Entertainisierung und diejenige ihrer politischen Öffentlichkeit im besonderen. Gesellschaft und politische Öffentlichkeit öffnen sich dementsprechend im Zuge der Evolution demokratischer Mediengesellschaften auf allen drei Gesellschaftslevels vermehrt unterhaltenden Formen der Lebensoptimierung, insbesondere auch der Problembewältigung. Die neue Freizeitkultur dementiert ja fortlaufend die Triebverzichte, die die moderne Zivilisation mit ihrem Komplexitätsdruck auferlegt (Elias 1976:2,316ff.; anders: Giddens 1997:296f.). Insgesamt verlagern sich in diesem Gesamtprozess die stärkeren Spannungen auf den Mikrolevel, auf dem sich andererseits soziale Kontrolle nur noch schwach als politischer Verpflichtungsdruck äußert. Von dieser Ebene aus, derjenigen der Persönlichkeit und der interpersonalen Beziehungen expandiert die Entertainisierung der politischen Öffentlichkeit.

Unter den mediengesellschaftlichen Metatrends ist also wohl die *Individualisierung* der für die Entertainisierung der politischen Öffentlichkeit am unmittelbarsten förderliche, aber eben nur im Verein mit der funktionalen Differenzierung und dem institutionellen Wandel, die die moderne Unterhaltungskultur als Basis von Unterhaltungsöffentlichkeit recht eigentlich ermöglicht haben, und generell im Gefolge der Medialisierung der modernen Gesellschaften mit ihrer Entstabilisierung überkommener Realitätskonstruktionen. Persönliche Befindlichkeiten gewinnen im Zuge der mediengesellschaftlichen Individualisierung rascher als ehedem den Status anerkannter sozialer Probleme, die nach politischer Bewältigung rufen, umso mehr als sie mit wachsender Effizienz vom Wirtschafts- und Politmarketing erkundet und im Sinne der Intentionen der Auftraggeber bewirtschaftet werden. Und da politische Öffentlichkeit unter diesen Umständen mehr und mehr vom Marktplatz der Ideen zu einem der persönlichen Befindlichkeiten mutiert, steigt auch der politische Stellenwert der Human-interest-Dimension von Politik und deren unterhaltenderer Aspekte.

Der Metatrend des *institutionellen Wandels*, parallelisiert durch einen der Mentalitäten, führt zu einer historischen Konstellation, in der sehr viele Individuen auch von Politik mehr Selbstverwirklichung und weniger Fremdverpflichtung als vormals erwarten – Stichwort: Berechtigungsdemokratie. In der differenzierten, komplexen und vielfältig durchlässigen Netzstruktur multipler Öffentlichkeiten, darunter auch die politischen, zirkulieren nun kaum mehr zensuriert die unterschiedlichsten persönlichen Ansprüche bis hin zum Recht auf Amüsiertwerden auch durch den öffentlichen Rundfunk. Freilich wird Kommunikation auch in der mediendominierten neuen Arenenkonstellation gefiltert, aber eben nicht mehr primär auf Grund institutionell-politischer Kriterien, sondern gemäß Medien-Eigenrationalität. Auch die Medien-Binnenhierarchie entwickelt sich dabei mit zunehmender Autonomisierung des Mediensystems weg von der früheren Parallelstrukturierung zum politischen System in Richtung eines pluralen Medien-Leitsystems, in dem eben z.B. das Nachrichtenmagazin »Der Spiegel« und die Boulevardzeitung »Bild« Spitzenpositionen besetzen. Auch die Reputationshierarchien verändern sich ja mit der historischen Situation, und so wird z.B. Bildschirmtauglichkeit ein neues Qualifikationskriterium für politische Karrieren. Die Fähigkeit zur mediengerechten Selbst- und Sachinszenierung sichert indes auch in Mediendemokratien, der beschränkten Medialisierbarkeit ihrer Institutionen wegen, längerfristig nur bedingt Erfolg bei der Realisierung politischer Ambitionen und der Durchsetzung kollektiv verbindlicher Entscheidungen. Immerhin ist die Bilanz von Spitzenpolitikern wie diejenige des »great communicator« und ehemaligen Filmschauspielers R. Reagan, des bildschirmbeherrschenden S. Berlusconi und des »Medienkanzlers« G. Schröder durchaus bemerkenswert.

Umfassender dürfte allerdings der historische *Wandel der Realitätsperzeptionen* unter dem Einfluss von Medialisierung die politische Öffentlichkeit verändern. Wie sehr offiziell sanktionierte Realitätskonstruktionen in der Mediengesellschaft an Verbindlichkeit eingebüsst haben, zeigt sich sogar am Bröckeln der normativen berufskulturellen Absicherung von Medienrealität selber. Die Objektivitätsnorm als Garantie für verlässliche Medieninformation und damit die Verbindlichkeit des objektiven Journalismus wird ja zunehmend relativiert, die Verpflichtung zur Abbildhaftigkeit von Medienrealität, ihrer Isomorphie zur medienexternen Wirklichkeit, von konstruktivistischen Medientheoretikern und »autonomen« Medienpraktikern als falsch, nicht praktikabel und auch als unerwünscht aufgekündigt (Saxer 1992c; 1993a). Von hier bis zur Konzeption unterhaltender »Als-ob-Wirklichkeiten« (Wagner 1994:129) ist der Schritt nicht mehr weit, ist der spielerische Umgang mit Realität doch ein zentrales Merkmal von Entertainisierung.

Was in geschichtlicher Perspektive die Entwicklung der jeweils dominierenden Realitätskonstruktion betrifft, so wird die Unterhaltungsöffentlichkeit von den Konsequenzen *medial ermöglichter und stimulierter Virtualität* jedenfalls viel elementarer geprägt, als ihre restriktivere Definition als »massenmedial vermittelte, im Modus von Unterhaltung und fiktionalen Spielhandlungen gerahmte Öffentlichkeiten« (Dörner 2001:97) suggeriert. Unterhaltung bildet für sie keinesfalls bloß eine »Rahmung«; ebenso wenig löst aber Medienkommunikation medienexterne Realität, selbst Kriege (Virilio 1986), völlig in Medienrealität auf. Immerhin wurden durch den kernkraftkritischen Appell einer Figur der fiktionalen Serie »Lindenstrasse« »viele reale Zuschauer dazu gebracht, an einem Sonntag im Jahr 1990 aus Protest den Strom abzuschalten« (Dörner 2000:395). Der Unterhaltungsöffentlichkeit eignet jedenfalls in Mediendemokratien dank dem Vermögen szenischer Medien, Fiktion als Realität zu vergegenwärtigen, durchaus auch politisches Mobilisierungspotential.

6.3.3 Rationalität

Als spezifische Öffentlichkeitsvariante kommt die Unterhaltungsöffentlichkeit im Gefolge tiefgreifender Rationalitätsverschiebungen politisch stärker zum Tragen. Ihrerseits sind diese Ausdruck von *kollektivem Sinneswandel*, von veränderten Zuschreibungen der Intentionalität oder eben des Sinns von Beziehungen und Handlungen. Weil aber in funktional differenzierten Gesellschaften die Interdependenz zwischen den Handlungssystemen wächst, wird deren Sinn bzw. Bedeutung, wie erwähnt, zunehmend polykontextural, gemäß der je anderen Perspektive der involvierten Systeme zugeschrieben. Die Hauptleistung von Sinn, nämlich Zugehöriges von Nichtzugehörigem, Politisches von Nichtpolitischem zu unterscheiden, lässt sich so schwieriger realisieren. Auch politischer Sinn ist nicht mehr gegen »Unsinn« institutionell genügend geschützt, der namentlich in Gestalt von Privatem oder Nurpersönlichem, eben von Unterhaltungsöffentlichkeit in die politische Öffentlichkeit einströmt.

Im Zuge dieses kollektiven Sinneswandels gewinnt *Erlebnisrationalität* an Gewicht und Profil als Modus, Ziele und Handlungen aufeinander zu beziehen. Erlebnisrationalität ist elementarer psychophysisch denn ökonomisch bestimmt, stärker auf subjektives Wohlbefinden denn auf Verträglichkeit mit sozialer Normativität ausgerichtet und funktioniert in mancher Hinsicht konträr oder zumindest komplementär zur offiziellen diskursiven Zweck-Wert-Rationalität demokratischer politischer Entscheidungsrealisierung. Diese lässt ja der expressiven Dimension von Politik nur institutionell eingezäumt Raum, vornehmlich in Gestalt von politischen Ritualen und verweist symbolische Politik entschieden in die hinteren Ränge. Trotzdem, expressiv-attraktiv, avanciert, gewissermaßen unter der Hand, »Unterhaltung zum Sinngenerator« (Dörner 2000:41) auch in der politischen Öffentlichkeit. Dass populärkulturelle Muster immer häufiger überkommene politische Mythen und traditionelle politische Rituale revitalisieren müssen und Bewerber um politische Ämter wie der britische Labourpolitiker T. Blair im Wahlkampf »stets die Nähe von Größen aus dem Showbusiness« (Dörner 2000:42) suchen, zeigt, wie sehr bereits auch in und von der offiziellen Politik der neuen »fun morality« Tribut gezollt wird.

Zwei Hauptdimensionen von Erlebnisrationalität werden durch die Entertainisierung der politischen Öffentlichkeit besonders wirkungsvoll erfüllt: neben der expressiven die motivationale. Ästhetische Gratifikationen und sozialpsychologisch attraktive Erregungs- und Entlastungszustände beschert sie:

- Gestiegenen *expressiven, ja ästhetischen Erwartungen* an die Politik und ihre Darstellung zu genügen bildet mehr und mehr eine wichtige Voraussetzung politischen Erfolgs in Erlebnisdemokratien. Symptomatisch dafür ist die zunehmende Verlagerung des Diskurses vom Ideologischen auf Fragen des politischen Stils und seiner Verträglichkeit mit den Erfordernissen akzeptabler politischer Kultur. Die repräsentativen Öffentlichkeiten präsidentieller Regierungssysteme sind zum vornherein stärker auch auf Befriedigung expressiv-ästhetischer Erwartungen angelegt als diejenigen der primär diskursiv konstituierten parlamentarischen Systeme. Der kulturelle Pluralismus als Resultat mediengesellschaftlicher Individualisierung hat freilich zur Folge, dass unter dem Diktat milieuspezifischer Geschmackskulturen auch kaum gemeinsame Vorstellungen vom »guten« politischen Stil sich bilden und durchzusetzen vermögen. »Expressive Rationalisierung« als Dimension von Erlebnisirrationalität kann denn auch nur für kurze Zeit die »Hegemonie zweckrationaler Ordnungszusammenhänge« (Imhof 1996a:48) durchbrechen; auch für die in dieser Beziehung besonders phantasievoll agierenden Protestakteure gilt ja: »Wollen (...) (sie U.S.) eine breite öffentliche Zustimmung für ihr Anliegen gewinnen, müssen sie in der Lage sein, ein Laienpublikum qua ›guter Argumente‹ zu überzeugen« (Baringhorst 1998:331).

- Die Unterhaltungsöffentlichkeit präsentiert Politik vornehmlich als geraffte Abfolge von Höhepunkten, mitreißend-dramatischen oder entlastend-erleichternden, jedenfalls als Sphäre voller Abwechslung und nicht als öde, schwer verständliche Routine. Im Gelingensfall bildet Unterhaltung ja das attraktive Gegenstück zu Langeweile oder öffnet Fluchtwege aus bedrückenden Lebensumständen in erfreulichere Als-ob-Welten. Kurz: Unterhaltungsöffentlichkeit verwandelt Politik in eine *angenehm erregende und entlastende Erlebnisofferte.* Das Entertainisierungspotential der Nachrichtenfaktoren kommt in ihr ebenso voll zum Tragen wie dasjenige der journalistischen Darstellungsformen und Medienformate. Mit einigem Recht wird kulturkritisch darauf aufmerksam gemacht, dass diese Erlebnisofferte stärker eine des Zeigens als des Sprechens ist (Ludes 1993:63), gerade auch in der Talkshow, und dass mit Euphorisierung als

Grundmechanismus von Unterhaltungskultur die Entertainisierung der politischen Öffentlichkeit diese mit letztlich verklärendem Licht überglänzt, politische Scheinöffentlichkeit präsentiert.

6.3.4 Konstitution

Unterhaltungsöffentlichkeit wird als Zustand der politischen Öffentlichkeit von Politiksystemen *gemäß ihrer jeweiligen institutionellen Ordnung* realisiert, also staatlich je nach dem mehr oder weniger intensiv geregelt, mit geringeren oder größeren Chancen relativ eigenständiger, ja gegenkultureller Entfaltung. In Mediendemokratien sind diese auf jeden Fall beträchtlich und ihre Strukturen entsprechend ausdifferenziert, freilich in präsidentiellen, parlamentarischen und (halb)direkten Demokratien unterschiedlich: in den ersteren besonders aufwendig, im Parlamentarismus unter spezifischem institutionellem Spannungsdruck, in der Referendumsdemokratie stark interpersonal verwurzelt. Trotzdem ist die institutionelle Absicherung der Unterhaltungsöffentlichkeit ihres potentiell gegeninstitutionellen Charakters wegen schwach, während autoritäre und totalitäre Regimes sie im Gegenteil strikt kontrollieren, für ihre Machtpolitik instrumentalisieren, wobei sie indes, wie erwähnt, viel von ihrer entlastenden Funktionalität einbüßt. Prekär institutionalisiert, dafür flexibel strukturiert ist die Konstitution von Unterhaltungsöffentlichkeit in Demokratien von solcher Art, dass sie eine Vielfalt von komplementären, freilich schwer steuerbaren Leistungen zu den von der institutionellen Ordnung vorgesehenen erbringen kann.

Die Konstitution von Unterhaltungsöffentlichkeit wird mithin noch zwingender denn die politische Öffentlichkeit insgesamt als öffentlichkeitstypisches Konglomerat von *politischen Deutungsmustern* (Wessler 1999) begriffen. Soweit diese aus sehr unterschiedlichen und rasch wechselnden Akteurkonstellationen wie namentlich in (halb)direkten Demokratien resultieren, ist ihr Systemcharakter wenig ausgeprägt. Dies ändert sich allerdings mit der wachsenden Gestaltungsmacht der Unterhaltungsindustrie als wirtschaftlicher und kultureller Akteur. So wie Medienkultur zunehmend durch Unterhaltungskultur gestützt und geprägt wird, so mehr und mehr auch mediendemokratische politische Kultur. Konstitutiver für öffentliche politische Deutungsmuster werden nun individuelle und kollektive Wunschwelten, die von den Marktforschern erkundet und von den Professionals der Unterhaltungsindustrie in erfolgsbewährten Formaten vergegenwärtigt werden. Kollektiv symbolisierte und gebündelte private Erregungs- und Entlastungsbedürfnisse strömen so auch stärker in die Medienarena als das dominante Forum politischer Meinungsbildung ein: wenig artikulierter, aber veränderter politischer Sinn. Dermaßen deutlich tritt dieser mancherorts immerhin schon in Erscheinung, dass eben politische Akteure sich vermehrt mit den realen, aber auch mit fiktiven Gestalten der Unterhaltungswelt als dessen Trägern auseinandersetzen und gerne mit ihnen koalieren.

Politainment wird unter diesen Umständen mehr oder minder gewichtiges konstitutives Element mediendemokratischer Politik überhaupt und so auch des Rollenrepertoires politischer Akteure. Das Erregungsmoment in den Kämpfen um politische Macht zumal wird mehr und mehr zum Spektakel ausgestaltet, die *Eventisierung von Politik* als partizipationsmaximierende Strategie mit wachsendem Aufwand, aber auch mit Phantasie vorangetrieben.

6.3.5 Funktionalität

Die Unterhaltungsöffentlichkeit funktioniert ihrer anthropologischen Fundierung, geschichtlichen Position, Rationalität und dynamischen Konstitution entsprechend ebenso vieldimensional wie schwer kalkulierbar als *Probleme lösender und schaffender Spannungsmodulator* in Mediendemokratien. Sie ist ja in besonderem Maß von den widersprüchlichen normativen Implikationen und den veränderten Realisierungsbedingungen politischer Öffentlichkeit in diesen gezeichnet. Die mediengesellschaftlichen Metatrends lassen nur fragmentarische und wenig koordinierte Institutionalisierungsstrukturen politischer Öffentlichkeit zu. Medienpolitische Programme zum Zwecke der Förderung qualifizierter politischer Meinungsbildung durch Medienkommunikation, etwa durch die Formulierung eines entsprechenden Programmauftrags für den öffentlichen Rundfunk, vermögen gegen den allgemeinen Mentalitätswandel wenig auszurichten.

Die entscheidende Frage ist, wieweit die politische Öffentlichkeit unter diesen Bedingungen entscheidungseffiziente, wertkonforme, gemeinwohlorientierte politische Meinungsbildung zu gewährleisten imstande ist oder zumindest für eine solche ausreichende Rahmenbedingungen bereitstellt und welche spezifische Funktionalität der Unterhaltungsöffentlichkeit dabei zukommt. Wiederum thesenhaft verkürzt lassen sich im Hinblick auf die weiteren Analysen die folgenden *vorläufigen Verallgemeinerungen* formulieren:

1. Im Lichte dieser *drei normativen Implikationen* fällt die Leistungsbilanz der mediendemokratischen Öffentlichkeit gemischt aus. Die Unterhaltungsöffentlichkeit kompensiert innerhalb dieses Handlungsrahmens einesteils funktionale Defizite und verstärkt andernteils solche vor allem wegen ihrer Tendenz zur Verselbständigung. Was die Entscheidungseffizienz dieser politischen Öffentlichkeit betrifft, so stehen hoher Transparenz bescheidene Validierungsleistungen gegenüber, während Gemeinwohldienlichkeit zunehmend in Richtung der Garantierung individuellen Wohlbefindens umdefiniert wird. Privates

besetzt im Gefolge dieser Mutation der politischen Öffentlichkeit zur stärker unterhaltenden vermehrt deren Agenda und befördert die Entwicklung einer Berechtigungsdemokratie. Insofern trägt die Entertainisierung der Öffentlichkeit auch zu einem entsprechenden Identitätswandel des politischen Systems bei. Dabei relativiert die Unterhaltungsöffentlichkeit einerseits die Verbindlichkeit demokratietheoretisch postulierter diskursiver Rationalität und steigert andererseits diejenige von Responsivität. Grundsätzlich operiert die Unterhaltungsöffentlichkeit aber wertkonform, wenn auch zu Gunsten entlastender Umgewichtungen.

2. Am unmittelbarsten fassbar wird die Funktionalität der Entertainisierung der politischen Öffentlichkeit, weil sie primär über Emotionen wirkt, auf dem *Mikrolevel der Individuen und interpersonalen Beziehungen,* aber natürlich mit sozialpsychologischen Auswirkungen auf Kollektive jeder Größenordnung. Weil auf dem politischen Willen der Individuen die Staatsform der Demokratie gründet und diese Ebene des politischen Systems im Gefolge der mediengesellschaftlichen Individualisierung noch zusätzlichen Einfluss auf dessen Gestaltung gewinnt oder zumindest beansprucht, ist die funktionale Relevanz der Unterhaltungsöffentlichkeit auf dem Mikrolevel besonders groß und vielfältig.

Dank der zunehmenden Öffnung auch der politischen Öffentlichkeit für Themen jedweder Art und dank deren unbeschränkt pluralistischen Validierung kommen auch alle erdenklichen Varianten von »-tainisierung«, namentlich auch »critictainment«, zum Zug. Sie werden allerdings entsprechend der intermedialen Hierarchie gemäß je anderer Gewichtung der Nachrichtenfaktoren gefiltert und gebündelt und schließlich auf entscheidbare politische Alternativen gebracht. Und weil die *zu Publika aggregierten Privatpersonen* im Zuge dieses Strukturwandels der Öffentlichkeit direkt oder indirekt Akteurstatus im politischen Prozess gewinnen, avanciert Politainment, zumindest »maß-« bzw. »stilvolles«, gewissermaßen zu einem Bestandteil der politischen Grundversorgung. Nicht nur reduziert es die Komplexität der politischen Prozesse auf angenehme nachvollziehbare Muster, sondern einschlägige Film- und Fernsehfiktionen vergegenwärtigen auch demokratische Traditionen und Prinzipien und tragen so an die politische Sozialisation der Bürger bei (Dörner 2000:48ff.).

Das Spektakel kann freilich die politische Botschaft völlig überlagern und diese damit den potentiellen Rezipienten gerade vorenthalten werden (Meyer/ Schicha 2002:57). Auch kann der in den Nachrichtenfaktoren mit angelegte Negativismus fortwährend zu resonanzträchtigen Skandalisierungen ausgebeutet werden mit vielleicht wertkonformen, sicher aber auch desintegrativen und destabilisierenden Konsequenzen für die demokratische Ordnung. Mentalität, Empfangssituation und allgemeine Lebensumstände der Rezipienten bestimmen jedenfalls den *eufunktionalen und dysfunktionalen politischen Impact der Entertainisierung* der Öffentlichkeit ebenso elementar mit wie deren In- und Throughput, nur noch viel weniger steuerbar. Die Resultate von Politics, der Sphäre, die von den Politikern für die Durchsetzung ihrer Programme am dringlichsten in ihrem Sinne gestaltet werden müsste, entzieht sich in Mediendemokratien ihrer strategischen Kontrolle am stärksten.

3. Auf dem *Mesolevel der Organisationen*, auf dem primär diese Programme, die Policies, und die Strategien für ihre Durchsetzung entwickelt werden, ist ja die Medienöffentlichkeit in Mediendemokratien als legitimierende Referenzgröße omnipräsent geworden. Dass diese im beträchtlichen Maß zur Unterhaltungsöffentlichkeit mutiert, ist allerdings eher am Verhalten als an den Deklarationen der politischen Akteure ablesbar. Analog zur demokratischen Machtdissimulation lässt sich bei sehr vielen von ihnen immer noch eine gewisse Unterhaltungsdissimulation beobachten, und auch auf Seiten der Medien beruft man sich lieber auf informierende als unterhaltende Meriten.

Bereits bei der Rekrutierung von politischem Personal fällt aber Fernseh- und damit de facto auch Unterhaltungstauglichkeit zunehmend ins Gewicht. Auf diese Weise hofft man bei den Parteien wie bei anderen Organisationen, die auf aktive Freiwilligenpartizipation oder zumindest -zustimmung angewiesen sind, die Attraktivität der eigenen Aktivitäten zu steigern. Da Rollen in der Mediengesellschaft generell normativ nicht mehr so zwingend überformt sind, »role making« (Schimank 2002:55ff.), *kreativ ausgreifende Rolleninterpretation und -kombination* hingegen mehr und mehr erwartet wird, droht auch von derjenigen des Unterhalters für Politiker allmählich weniger Reputationsminderung und verspricht diese dafür Popularitätsgewinne. Was auf der Makroebene bereits angelegt ist, dass nämlich systemübergreifend und im großen Stil Unternehmer Politik und Politiker PR nach deren Vorbild machen, setzt sich eben auf der Mesoebene in – trotz funktionaler Differenzierung – erleichterten Rollenübernahmen fort. So wechselt bei der mediengerechten Inszenierung von Politik, auch im Zuge der sich intensivierenden Symbiose zwischen Politik und Medien, die Regisseurrolle immer häufiger zwischen ihnen (Meyer/Schicha 2002:58).

Strukturell funktioniert also auf dem Mesolevel die partielle Entertainisierung der politischen Öffentlichkeit das politische Rollengefüge um, und in Gestalt der *Eventisierung politischer Prozesse* zeitigt sie auch Rückwirkungen auf die Organisation der kollektiven politischen Akteure. Der mit dem Strukturwandel der Öffentlichkeit verbundene Problemwandel nötigt diese ja zu strategischen Neuorientierungen. Parteien zumal müssen organisatorisch die wachsenden Anforderungen einer »dualen Kommunikationslogik« (Wiesendahl 2002:365), nämlich der Binnen- und Außenkommunikation bewältigen und lavieren »zwischen politischem Traditionsverein und Event-Agentur« (Sarcinelli 2003).

4. Auf dem *Makrolevel gesamtgesellschaftlicher Konstellationen*, des politischen Institutionengefüges zumal, sind funktionale und dysfunktionale Konsequenzen der Entertainisierung der politischen Öffentlichkeit am schwierigsten nachweisbar. Dieses verwehrt sich ja in Demokratien, mit Ausnahme der amerikanischen, den Einflüssen der Medialisierung und damit auch medial stimuliertem Politainment in erheblichem Maß. Auch ist der Makrolevel vom primären Wirkungsbereich des Spannungsmodulators Unterhaltung am weitesten entfernt. Dass in neueren Politikfeldern wie Sport, Freizeit und natürlich den Medien selber die mediengesellschaftliche Entertainisierung Folgen zeitigt, die politisch zu bewältigen sind, wird freilich allenthalben auf der politischen Agenda deutlich. Auch wären ja die Konzepte einer »Mediengesellschaft« bzw. »Mediendemokratie« zu wenig wirklichkeitsgerecht, wenn sich in ihnen für ein elementares Merkmal wie Entertainisierung auf der Makroebene keine empirische Entsprechung fände.

Es sind daher an dieser Stelle auch einige, empirisch zwar ungenügend belegte, *eufunktionale und dysfunktionale Makroimplikationen* der partiellen Entertainisierung der politischen Öffentlichkeit zumindest anzusprechen:

• Mit der »tendenziellen Verschränkung der öffentlichen Sphäre mit dem privatem Bereich« (Habermas 1962:172) »zeichnet sich gegenwärtig die Möglichkeit einer ›emotionalen Demokratie‹« ab (Giddens 1996b:330) und kommt es zur Intimisierung der Öffentlichkeit. So können sich »›sub-politische‹ Trends als ›superpolitische‹ Trends herausstellen« (Giddens 1996b:332) und Mikro- und Makrolevel sich unmittelbar durchdringen.

• Im Zuge dieses gesamtgesellschaftlichen Wandels, »in dem die Politik ihre Wirkmächtigkeit verliert« werden auch »wesentliche *normative Grundlagen* der Moderne, d.h. das Konzept von Öffentlichkeit und Privatheit (…) erschüttert« (Kamber 2004:86; Hervorhebung U.S.). In Gestalt der partiellen Entertainisierung der Öffentlichkeit wird die sich abzeichnende emotionale Demokratie weiter realisiert, Öffentlichkeit zunehmend auch als Arena privater Befindlichkeiten ausgestaltet.

• Damit büßen, vor allem auch in den neuen interaktiven Medienarenen, die Schranken gegen die *Subjektivierung von politischem Sinn* weiter an Bedeutung ein, kommt die Erlebnisdemokratie auch als Berechtigungsdemokratie recht eigentlich zu sich. Wo sich mehr und mehr »Politik als Konsum« (Sennett 2005:105ff.) präsentiert, bildet auch Politainment allmählich eine erwartbare und je nachdem beanspruchte oder verschmähte Dienstleistung des politisch-administrativen Systems.

- Hinsichtlich der vier elementaren Problemkonstellationen indiziert und induziert also die partielle Entertainisierung der politischen Öffentlichkeit in erster Linie *Veränderungen der Systemidentität*, namentlich der politischen Kultur. Diese wirken sich auch auf das Adaptations- und Zielrealisierungsvermögen und die Integration mediengesellschaftlicher Demokratien aus. Die Tragweite dieses Wandels ist in den folgenden Kapiteln weiter zu klären.

7   Akteurwandel

Wie kommen Individuen und Kollektive in Mediendemokratien und ihrer sich wandelnden politischen Öffentlichkeit zu politischen Entscheidungen bzw. wie bewältigen sie deren Konsequenzen und welche Rolle spielt dabei Politainment als problemlösender und -schaffender Mechanismus? Dies ist die *Leitfrage* dieses Kapitels, die nur in akteur-systemtheoretischer Zusammenschau sachgerecht angegangen werden kann. So wie Politainment generell nur auf dem Hintergrund gesamtgesellschaftlicher Entertainisierung wirklich verstehbar ist, so muss ein Urteil über die Tragweite von Politainment für mediendemokratische Politik auf der Akteurebene den Gesamtwandel der Akteurbefindlichkeiten, -konstellationen und -rollen und insbesondere die neuen Entertainerrollen berücksichtigen.

Das diesem Kapitel zugrunde liegende *Modell* ist demnach das folgende:

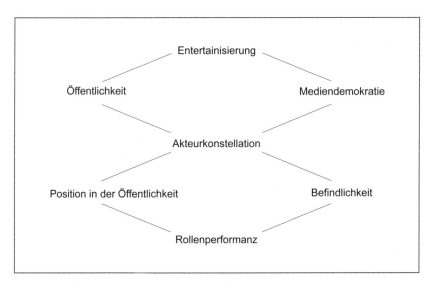

Abb. 7: Akteurwandel (Quelle: eigene Darstellung)

7.1 Akteurbefindlichkeiten

7.1.1 Konstitution

Mit »*Befindlichkeit*« wird ein Konzept der Analyse zugrunde gelegt, das primär psychophysische Zustände anvisiert (vgl. u.a. Fuchs-Heinritz 1994), aber durchaus auch soziale Konstellationen implizieren kann und damit für die hier praktizierte integrative Konzeptualisierungsstrategie dienlich ist. »Befindlichkeit« meint dementsprechend hier mehr oder minder bewusst wahrgenommene psychophysische und soziale Lebensumstände von Individuen und Kollektiven, womit ein Anschluss an die Konzepte der Erlebnisgesellschaft bzw. -demokratie geschaffen und das Verständnis von Unterhaltung als Mood management (Bonfadelli 1999:205ff.) zum Befindlichkeitsmanagement erweitert wird. In Befindlichkeiten vereinigen sich mithin Objektives und Subjektives; Lebenslagen und deren Deutungen verdichten sich zu spezifischen sozialen Milieus und Lebensstilen mit charakteristischen politischen und medialen Implikationen und mit je besonderer soziostruktureller Basis. Die generellen neuzeitlichen sozialen Transformationen und die mediengesellschaftlichen Metatrends haben die traditionellen sozial-moralischen Milieus weitgehend aufgelöst (Oedegaard 2000:214ff.), und im Zuge der Pluralisierung von Lebensstilen bilden sich neue Milieus und damit auch Erlebnis- und Symbolgemeinschaften (Wehner 1998:320ff.).

Trotzdem prägen natürlich generelle Determinanten dieses Wandels die Befindlichkeit von Individuen und Kollektiven in demokratischen Mediengesellschaften *allgemein*. Die neuen Erfahrungen mit den vervielfältigten Möglichkeiten der Multioptionsgesellschaft befördern grundsätzlich hedonistischere Lebensentwürfe, und entsprechend expandiert die Unterhaltungskultur. Die Partikularisierung der Erfahrung in je anderen funktionalen Systemen und Lebenswelten und die verstärkte Erwartung alltäglicher Erlebnisgratifikation im Sinne von »Ich will alles und sofort« (Thomas 1994:79) mindert die Bereitschaft, gesamtgesellschaftliche Verpflichtungen jenseits von kulturellen Selbstverständlichkeiten anzuerkennen und einzugehen. Die Loyalität zu Bezugsgruppen, gegebenenfalls lebensstil- oder milieuvermittelt, gewinnt Vorrang vor Rollenkonformität außer der durch die Arbeitsorganisation oder den Staat zwingend vorgegebenen. Mit der neuzeitlichen Dynamisierung des Rollensystems schrumpft ja auch das Rollenwissen, was aber zugleich die Unannehmlichkeiten von Inter-Rollenkonflikten mildert (vgl. Schimank 2002:58ff.). Dies wiederum entspricht der Schwächung der Lebensorientierung an allgemeinen Normen zugunsten der Lebenspraxis von Rational choice (Schimank 2002:71ff.). Und in Gestalt der universalisierten Publikumsrolle der im doppelten Sinn des Wortes zerstreuten Bevölkerung erhält die Staatsbürgerrolle in Mediendemokratien ihr Komplement.

Innerhalb dieser generellen mediengesellschaftlichen Akteur-Befindlichkeitskonstellation sind nun politisch erhebliche Unterschiede im Hinblick auf spezifische kollektive Positionen im gesamtgesellschaftlichen und politischen Entertainisierungszusammenhang zu erfassen (vgl. Koschnik 2006:49). Im Gefolge des Metatrends der Individualisierung prägen soziokulturelle Milieus die Mentalitäten und das Verhalten stärker als ehedem; wieweit dies soziale Schichtzugehörigkeit als determinierende Größe relativiert, ist soziologisch freilich umstritten (Koschnik 2006). Es ist daher von einem allgemeinen Konzept der *Lebenslagen* auszugehen, die die generelle Befindlichkeit und insbesondere den Bezug zur politischen Kultur und die Mediennutzung am stärksten bestimmen. Weil es nach wie vor »durchaus *typische Entsprechungen zwischen neuen sozialen Lagen und neuen Lebensweisen*« gibt (Vester et al. 2001:364), gilt die Formel »from status to style« (Otte 2006:100) gerade für den politischen Bereich nur bedingt und trifft in erster Linie für neue soziale Bewegungen zu (Otte 2006:112), die Statusdefizite durch die Praktizierung auffälliger, vielfach unterhaltender und jedenfalls medienwirksamer Inszenierungsstrategien, durch Stil also, wettzumachen suchen.

Die für die Erkenntnis des Operierens und der Funktionalität von Politainment wesentlichen allgemeinen und spezifisch politischen Befindlichkeiten sind mithin lage- bzw. lebensstil- und milieubedingt und -typisch. Und regelmäßig kommt natürlich der Mediennutzung für die Qualität mediengesellschaftlicher Befindlichkeiten zwar je unterschiedliche, aber zentrale Bedeutung zu. Diese *Konstituenten* müssen im Folgenden einzeln im Hinblick auf ihre Relevanz für die Entertainisierung mediendemokratischer Politik gewürdigt werden.

7.1.2 Lebenslagen

Die Differenzierung der Lebenslagen bzw. -umstände der Mitglieder von Mediengesellschaften, der durch soziodemographischen Status und soziokulturelle Milieus konstituierten objektiven Dimension ihrer Befindlichkeit also, eröffnet diesen *insgesamt weitere Handlungs- und Gestaltungsräume, aber in durchaus unterschiedlichem Maß*. Ihre Partizipation am politischen System wird dadurch schwerer kalkulierbar, die These von der Multi-Optionsgesellschaft für den Bereich der Politik aber auf jeden Fall relativiert. Je mehr im Gefolge von Schwächen des Wirtschaftssystems und des Sozialstaats Lebenssicherung gegenüber Lebens(stil)gestaltung wieder prioritär wird, desto mehr verändern sich auch die politischen Problemlagen und Befindlichkeiten und schlagen von neuem Kriterien der sozialen Schichtung zu Lasten derjenigen von Differenzierung und Individualisierung durch. Da die Grenzen zwischen den Sphären Arbeit und Freizeit im Zuge der generellen Systeminterpenetration durchlässiger werden, verlieren in der letzteren, zumal bei schrumpfenden disponiblen Ressourcen, die für die Ausbildung eines modernen Lebensstils zentralen expressiven und ästhetischen Komponenten (Haas/Brosius 2006:163) an Gewicht (Otte 2006:119f.). Medienunterhaltung erfüllt unter diesen Bedingungen stärker kompensatorische Funktionen, als dass sie mit Selbstverständlichkeit in den Lebensalltag eingebettet ist. Sie führt vielmehr aus »gelernter Hilflosigkeit« (Vitouch 2000:55; 158) dank leicht voraussehbaren Ablaufmustern unterprivilegierte Rezipienten endlich in eine sicherere Befindlichkeit. Die Positionierung und Perzeption von Politik sind unter diesen Umständen diffus und unsicher.

7.1.3 Mediennutzung

Die *Mediennutzungszeit* kommt in Mediengesellschaften an die Arbeits- und Schlafenszeit heran. Damit strukturiert medienbezogenes Handeln den Alltag vergleichbar umfassend und elementar wie Rekreation und Daseinsvorsorge, aber in spezifischer Weise. Zum einen wird Mediennutzung, namentlich etwa in Gestalt von anspruchsvoller Lektüre oder systematischer Computerrecherche als eigenwertige Tätigkeit erfahren und praktiziert, die volle Aufmerksamkeit beansprucht. Zum anderen aber wird sie vermehrt auch als Sekundäraktivität ausgeübt, im Zustand von Halbaufmerksamkeit, begleitend, reaktiv oder stimulierend, während der Arbeit oder der Freizeit. Mediennutzung bildet daher zu einem wesentlichen Teil auch Ressource für die Realisierung extramedialer politischer, wirtschaftlicher und kultureller Ziele. So vermag Medienkommunikation als Totalphänomen sämtliche Sphären des gesellschaftlichen Seins zu durchwirken, weil sie dank ihrer Funktionalitätsvielfalt und Flexibilität den Alltag zugleich eventisierend wie banalisierend prägt.

In welcher Weise schichtgeprägte Lebenslagen und Mediennutzung zusammenhängen, veranschaulicht U. Hasebrinks *Typologie*, die dieser auf der Basis des deutschen ALLBUS-Datensatzes entwickelt hat (Tabelle 1).

Extrem deutlich scheinen die politischen Akteurkategorien der Aktivisten bzw. Desintegrierten (vgl. 6.2.2) in Gestalt der höchstqualifizierten Singles und Familien aus der Mittelschicht bzw. der allein stehenden Rentner(innen) aus der Arbeiterschicht auf. Für die *politische Befindlichkeit* haben solche unterschiedlichen Konstellationen sehr weitreichende Konsequenzen (Weiß 2001). Da ist auf der einen Seite die Gruppe der Rentner(innen) aus der Arbeiterschicht: Ökonomisch, sozial, kulturell ressourcenschwach und von der Erfahrung materieller Abhängigkeit und unsicherer Lebensumstände gezeichnet, haben sie auch kein Interesse am politischen Gemeinwesen, das ihnen ja doch nicht als die gewünschte patronisie-

	Wenig-nutzer	Wenig-seher	Informa-tions-nutzer	Action-seher	Nicht-zeitungs-leser	Unter-haltungs-seher	Viel-nutzer	Anteil Sozio-typen
Junge Singles	**292**	**135**	74	**131**	**162**	34	61	5
Singles MS	**190**	**192**	84	**178**	91	24	49	9
Familie AS ger. Ausb.	114	96	56	**155**	110	69	114	12
Familie AS mittl. Ausb.	98	**168**	**128**	**136**	78	20	90	9
Familie MS Facharbeit	117	93	**131**	**144**	77	40	96	5
Single MS höchsqual.	**217**	**223**	**156**	104	65	0	57	3
Familie MS höchstqual.	**152**	**193**	**225**	51	83	12	49	7
Hausfrau MS-Familie	56	49	74	**124**	**129**	**152**	81	11
N.berufstät. höchstqual.	83	**130**	**229**	64	56	18	90	4
N.berufstät. Single	75	93	89	26	63	116	**188**	4
N.berufstät. Familie	23	41	**172**	42	106	78	**146**	3
Rentner AS Paar	10	20	76	43	52	**200**	**170**	14
Rentner AS Single	50	38	38	58	**164**	**232**	92	13
Anteil Nutzungsmuster	5	10	19	18	10	18	20	N=2777

Anteil einzelner Mediennutzungsmuster bei den Lebenswelten in Prozent des Durchschnittswertes. Lesebeispiel: Der Anteil des Mediennutzungstyps »Wenignutzer« bei den jungen Singles entspricht dem 2,9-fachen Wert (292 Prozent) des Anteils, den dieser Mediennutzungslyp im Durchschnitt hat.

Tab. 1: Muster der Mediennutzung in verschiedenen Lebenswelten (Quelle: Weiß 2001:354)

rende autoritative Ordnung entgegentritt. Und da ist die Gruppe der höchstqualifizierten Angehörigen der Mittelschicht: »Die Angelegenheiten der Allgemeinheit begreifen und behandeln Akteure dieses Typs als die ihren. Sie etablieren damit das Gegenmodell zu der Verknüpfung von individueller Perspektive und Sphäre der Allgemeinheit, wie sie in der Weltanschauung der Arbeiterschicht-Rentner anzutreffen war: dort eine Anspruchshaltung aus dem Geist der Abhängigkeit, beides verknüpft mit einem autoritätsfixierten Politikverständnis; hier die Verschmelzung von individueller und allgemeiner Perspektive aus dem Geist individueller Handlungsmacht durch den einzelnen selbst, der sich damit als *politisches Subjekt*, als Citoyen, begreift und bestimmt. Diese weltanschauliche Perspektive lässt sich an dem hohen Rang ablesen, den Akteure dieses Typs den liberalen Prinzipien der Meinungsfreiheit und der Partizipation zuweisen« (Weiß 2001:364).

Die zentrale Rolle von *Mediennutzung* insgesamt bei der Konstitution politischer Befindlichkeit erhellt aus dieser Tabelle ebenso wie die unterschiedliche Funktionalität von Zeitungslesen und Unterhaltungsfernsehen im besonderen. International bestätigen sich ja immer wieder die Befunde der Wissenskluftforschung, dass Zeitungslektüre, namentlich von Qualitätsblättern, das Verständnis von Politik differenziert und politische Integration fördert, Fernsehnutzung hingegen nur im Verein mit der ersteren (Brettschneider/Velter 1998:470). Unterhaltungsfernsehen, seinerseits, erweist sich in dieser Typologie als funktionsreicheres Angebot, als summarische Abqualifizierungen wahrhaben wollen. So ist actionorientierte Fernsehunterhaltung nicht nur in bescheiden situierten Arbeiterfamilien, sondern auch bei Bessergestellten und -qualifizierten gefragt (Weiß 2001: 354f.).

Zu welch unterschiedlichem Stimmungsmanagement actionorientierte Medienunterhaltung gebraucht werden kann belegen, wie schon erwähnt, die Befunde von T. Peled/E. Katz zur Mediennutzung der israelischen Bevölkerung während des ihre nationale Existenz gefährdenden Yom-Kippur-Kriegs. Diese rezipierte zur Equilibrierung von Realitätsstress sogar in erhöhtem Maß Aktions- und Abenteuerprogramme, die diesen realen Stress »in eine fiktionale Welt transportieren, wo die Spannung eskaliert, auf einen Höhepunkt gebracht und schließlich gelöst wird« (Übersetzung U.S.), »with very little need to worry about what the likely outcome is going to be« (Peled/Katz 1974:62). Medienunterhaltung kann auch als Mittel kollektiver Krisenbewältigung fungieren, allerdings solche Krisen, sogar transkontinentale, auch verursachen, wie besonders drastisch 2006 die kulturpolitischen Konflikte im Nachgang zur Veröffentlichung von Mohammed-Karikaturen in der dänischen Zeitung »Jyllands Posten« zeigen. An solchen Beispielen wird immer wieder deutlich, dass zum besseren Verständnis der Zusammenhänge von mediengesellschaftlichen Befindlichkeiten und Medienunterhaltung bzw. Politainment neben Lebenslage und -stil auch *situative Konstellationen* berücksichtigt werden müssen.

Nur auf dieser Grundlage lassen sich überhaupt Medienwirkungen kontextgerecht konzipieren, wie gerade auch die *Medienwirkungsforschung* in ihrer langen, von vorschnellen Verallgemeinerungen und deren Falsifizierung geprägten Geschichte lernen musste. Entsprechend vorsichtig überschreibt M. Jäckel seine diesbezügliche Veranschaulichung (Abbildung 8).

Idealtypisch zeitigen also spektakuläre Medienereignisse im Lichte der heutigen Erkenntnisse der Medienwirkungsforschung besonders dramatische Rezipientenreaktionen, die aber bald verpuffen. Die immer intensiver und aufwendiger praktizierte Eventisierungsstrategie im Rahmen symbolischer Politik weckt also nur bedingt erfolgreich Aufmerksamkeit. Themen hingegen vermögen Medien vielfach effektvoll zu lancieren, weit herum zu verbreiten und gegebenenfalls über längere Zeit im öffentlichen Diskurs zu halten, bis ihre eigene

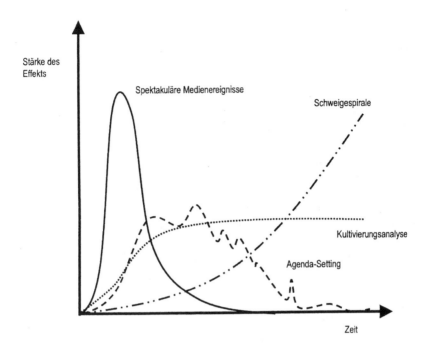

Abb. 8: Idealtypische Darstellung von Wirkungsverläufen (Quelle: Jäckel 2005:82)

Aktualitätsproduktion diese wieder verdrängt. Auch Skandalisierung braucht, um Emotionen zu stimulieren, ständig neuen Stoff. Kultivierungseffekte durch Medienkommunikation jedoch im Gefolge ständiger medialer Präsentation von Welt und Politik als bedrohlich oder unterhaltungs- und werbekulturell aufgeschönt bleiben langfristig stabil, wenn auch widersprüchlich. Schließlich zeitigt auch die unter Medieneinfluss vorgenommene Selbstpositionierung von Rezipienten als der Mehrheit oder Minderheit zugehörig Wirkungen, indem sie gemäß E. Noelle-Neumann bei der letzteren eine »Schweigespirale« in Gang setzt und damit unter Umständen das politische Meinungsklima tatsächlich in der vermuteten Richtung umkippen lässt (Noelle-Neumann 1980). Euphorie, die zumal Politainment als Zielzustand durch Medienkommunikation zu suggerieren versucht, vermag also gegebenenfalls politische Meinung in die gewünschte Richtung zu beeinflussen. Ingesamt bestätigen aber auch die Befunde der Medienwirkungsforschung die beschränkte Kalkulierbarkeit von Medieneffekten und damit auch des Erfolgs von Politainment.

7.1.4 Milieus

Dementsprechend kann auch das kultursoziologische Konzept des Milieus die Konstitution mediengesellschaftlicher Akteurbefindlichkeiten nur partiell erhellen, so wie ja auch das Verständnis von Mediengesellschaft als Erlebnisgesellschaft nur eine, wenn auch zentrale Prägung moderner Existenz erfasst. Wohl gilt: »Im rauen Wind der Individualisierung gruppieren sie (die Leute U.S.) sich um soziokulturelle Fixpunkte« (Schulze 2000:335), bleiben aber weiterhin auch in schicht-typische Lebenslagen eingebunden. Beide definieren die jeweilige Befindlichkeit, und zwar unterschiedlich stark. Die Betonung ästhetischer Präferenzen wie überhaupt die Entwicklung differenzierungsreicher Lebensstile ist nach wie vor ein Zeichen existenzieller Privilegierung und differenziert auch die Teilhabe an der Erlebnisgesellschaft. Weil andererseits Emotionen als Träger und Ausdruck von Erleben konstitutiv für Unterhaltungserlebnisse sind, bestimmt die *jeweilige Teilhabe an der Erlebnisgesellschaft* auch deren Art und Intensität. Milieus dürften auch in je spezifischer Weise die Disponibilität für Politainment prägen,

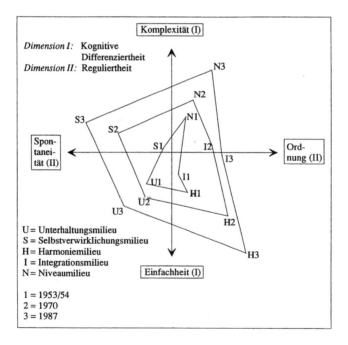

Abb. 9: Milieukristallisation in der Bundesrepublik 1953–1987
(Quelle: Schulze 2000:721)

	Harmonie-milieu	Integrations-milieu	Niveau-milieu	Selbstverwirk-lichungsmilieu	Unterhaltungs-milieu
Status	• über 40 Jahre • niedrige Bildung • Arbeiter/Klein-bürger	• über 40 Jahre • mittlere Bildung • Mittelstand	• über 40 Jahre • höhere Bildung • Freie Berufe/ Oberschicht	• unter 40 Jahren • höhere Bildung • mittlere Status-gruppen	• Unter 40 Jahre • niedrige Bildung • niedriger beruf-licher Status
Kulturelle Positionierung	Populärkultur (Trivialschema)	Elite-/ Populärkultur	Elitekultur	Elitekultur (Szenenkultur)	Populärkultur (Spannungsschema)
Alltags-ästhetik	Gemütlichkeit	Gemütlichkeit/ Perfektion	Distinktion	Narzissmus/ Perfektion	antikonventionelle Dynamik
Weltbezug	Bedrohung	soziale Erwartungen	Hierarchie	Künstler/Ich	persönliche Bedürfnisse
Existentielle Problem-definition	Geborgenheit	Konformität	Rang	Selbst-verwirklichung	Stimulation

Tab 2: Soziokulturelle Milieus (Quelle: eigene Darstellung nach Schulze, 2000)

während über ihren Einfluss auf die politische Organisierbarkeit die einschlägige Theorie keinen Aufschluss gibt. Umso zentraler für die Definition von soziokulturellen Milieus und die Zugehörigkeit zu solchen ist die Art der Mediennutzung (Kombüchen 1999), und damit verweist auch diese Perspektive auf intensivste Beziehungen zwischen Medienerlebnissen und Unterhaltungsdisposition.

Die Stärke von *Schulzes kultursoziologischer Milieutypologie* gründet darin, dass sie Lage, Milieu und Mediennutzung in einen theoretisch stringenten Zusammenhang bringt. Der Bezug zum politischen System wird von ihm freilich nur in Gestalt von Kulturpolitik hergestellt. Seine Typologie ist daher für die Charakterisierung unterschiedlicher politischer Befindlichkeiten als Reaktionspotentiale für Politainment nur bedingt dienlich. Immerhin kollektivieren diese Milieus, »Personengruppen, die sich durch gruppenspezifische Existenzformen und erhöhte Binnenkommunikation voneinander abheben« (Schulze 2000:174), als »Deutungsgemeinschaften« (Schulze 2000:271) aller Voraussicht nach auch individuelle Formen der Auseinandersetzung mit Politainment und werden daher als Referenzbasis der Interpretation hier ausgewiesen, wenn auch in für die Ziele dieser Untersuchung leicht modifizierter Form (Tabelle 2, Abbildung 9).

Die von G. Schulze entlang den drei alltagsästhetischen Dimensionen des Hochkultur-, Trivial- und Spannungsschemas in Abbildung 9 wiedergegebene Entwicklung der fünf Milieutypen über 34 Jahre bezeugt sowohl deren *Persistenz* als auch ihre *Expansivität*. Beides spricht für ihre solide mediengesellschaftliche Verortung und lässt eine gewisse Verallgemeinerbarkeit über Deutschland hinaus vermuten. Die entsprechenden Muster von Mediennutzung (z.B. Präferenz für »Bild« und »Abendzeitung«., Distanzierung von »Zeit«, »Spiegel« und überregionaler Tagespresse im Unterhaltungsmilieu) verdeutlichen, welch konstitutives Merkmal diese für die Typusbildung und -zugehörigkeit sind und wieweit Erlebnis- und Mediengesellschaft doch in mancher Hinsicht zusammenfallen

Da Medien wohl nur ein, aber ein wesentlicher »Teil der sinnstiftenden symbolischen Umwelt des Menschen« (Schenk 1994:174) in Mediengesellschaften geworden sind, ist überdies gemäß dependenztheoretischen Erkenntnissen (Rubin 2000:144f.) zu erwarten, dass man im kommunikativ ressourcenschwächeren Harmonie- und Unterhaltungsmilieu die medialen Definitionen von »Sinn« und »Unsinn« gefügiger übernehmen wird als in den anderen Milieus. Zugleich beweist die je andere Milieubesetzung des alltagsästhetischen Trivial- bzw. Spannungsschemas einmal mehr die Notwendigkeit, *Unterhaltungsorientierung als komplexe Größe zu behandeln und zu differenzieren.*

7.1.5 Unterhaltungsdisposition

Bei allen lage-, milieu- und lebensstilbedingten Unterschieden mediengesellschaftlicher Befindlichkeit wächst ja im Gefolge der Metatrends und im Zuge der Entertainisierung der Mediengesellschaft die Unterhaltungsdisposition ihrer Mitglieder. Diese entfaltet sich entsprechend *multifunktional*, in überkommener wie in neuer Gestalt und wirkt sich grundsätzlich auch auf sämtlichen Akteurpositionen aus, auf denen der In-, Through- und Output demokratischer Öffentlichkeit realisiert wird. Die Unterhaltungsdisposition äußert sich namentlich in rascherer Emotionalisierung (Schimank 2002:107ff.), die – etwa bei Straßenbefragungen – auch expressiveren Darstellungsregeln, »display rules« (Weber 2000:144), beim Bekunden von Begeisterung oder Betroffenheit folgt als ehedem und von den Medien entsprechend bewirtschaftet und fortlaufend mit Erlebnissen genährt wird.

Über *parasoziale Interaktion* mit Medienfiguren (Schramm/Hartmann/Klimmt 2002:446ff.), fiktiven wie realen, wird aufgrund von Hinweisreizen, die von diesen ausgehen, von Rezipienten insbesondere eine innere Simulation aufgebaut, die nur bedingt mit realen Merkmalen derselben korrespondieren muss. Die moralische Beurteilung der medialen Bezugspersonen spielt allerdings für das affektive Verhältnis, das positive oder negative Involvement zu und mit diesen (Hartmann/Schramm/Klimmt 2004:448f.), eine erhebliche Rolle, was wiederum verständlich macht, dass gerade in Mediengesellschaften Politikerakzeptanz auch von – zugeschriebenen – moralischen Qualitäten abhängt. Immer aber werden diese symbolischen Interaktionen maßgeblich von den wechselseitigen Befindlichkeiten der Involvierten bestimmt.

7.2 Akteurkonstellationen

7.2.1 Systemwandel

Die *politische Kultur* demokratischer Mediengesellschaften ist maßgeblich Medienkultur, und diese wiederum funktioniert zunehmend als Unterhaltungskultur. Zugleich dynamisiert sich sozialstrukturell das Rollengefüge und zeitigt neue Rollenkonstellationen und Statusinkonsistenzen, die von den politischen Akteuren Anpassungsleistungen verlangen. Gegen die Plethora einnehmender Ansprech- und Inklusionsmechanismen, die Unterhaltungs- als Akzeptanzkultur entwickelt, ihr euphorisierendes Stimmungsmanagement, das permanente Feel-good-Befindlichkeit verströmt, vermögen sich freilich politische Anspruchskultur und Kommunikation, die möglicherweise Verzichte oder sonstige beschwerliche Adaptation fordern, mehr und mehr nur noch mit Mühe durchzusetzen. Auf größere Störungen des Alltags hingegen reagieren die Bürgerpublika in dieser politischen Kultur in erster Linie entrüstet oder betroffen, emotional bzw. moralisch also, denn auch dafür bereitet die Unterhaltungskultur mit entsprechend spannenden Erlebnis- und Bewältigungsofferten fortlaufend das sozialpsychologische Terrain vor. Im zur Erlebnisdemokratie gewandelten politischen System ist mithin auch die Akteurkonstellation eine andere, und Operationsfelder für Politainment und Entertainer eröffnen sich auf alle Fälle viele.

Die anforderungsreiche Grundkonstellation, in der Akteure demokratische Politik realisieren, wird ja durch den Systemwandel zusätzlich problematisiert. Die *Ökonomisierung* als weiterer Metatrend neben Individualisierung und den übrigen machen J. Heinrichs »Ökonomische Theorie der Personalisierung des Politischen« (Heinrich 1998) besonders tauglich, weil sie die Unverzichtbarkeit von Politainment als elementarem unterhaltungskulturellem Mechanismus in der Politik auch wirtschaftswissenschaftlich darzutun vermag. Die Beziehung zwischen Stimmbürger als Auftraggeber/Prinzipal und Politiker als Auftragnehmer/ Agent sieht er durch Unsicherheit, Informationsasymmetrie und Opportunismus gekennzeichnet. Als idealtypische und daher empirisch differenzierungsbedürftige politische Befindlichkeit hält der Autor fest: »Der Prinzipal – der Stimmbürger – weiß, dass es sich für ihn nicht lohnt, besser informiert zu sein (...) den Agenten – den Politiker zu überwachen und zu kontrollieren, weil seine individuelle Kontrolle praktisch keinen Einfluss auf das Ergebnis hat. Und der Agent, der Politiker, kann keine einklagbaren Garantien auf das Ergebnis seiner Politik geben, weil dies nicht nur von ihm abhängt. Er kann nur die Einsatzbereitschaft seiner Person betonen« (Heinrich 1998:336). »Das rationale Marketingkonzept der Politik wird also stark auf eine Personalisierung der Politik und auf eine persönliche Medienpräsenz von

Politikern abzielen: der Stimmbürger ist nur dazu bereit, sich über Parteien und/oder Politik zu informieren und seine Stimme abzugeben, wenn er daraus einen Nutzen erzielt, der seine Kosten übersteigt. Ein denkbarer Nutzen ist vor allem der private Animationsnutzen bestehend im Unterhaltungs- und Gesprächswert politischer Information, und dies bietet vor allem die Person und ihr Umfeld« (Heinrich 1998:338). Im Zuge des Systemwandels legen mithin konstitutive Elemente von Politainment an Polyfunktionalität zu.

Mit den drei Gestaltungsdimensionen von Politik: Polity als ihrer institutionellen, Policies als ihrer inhaltlichen und Politics als ihrer prozessualen verändern sich die Handlungsbedingungen der Akteure überhaupt, allerdings in zum Teil *paradoxer* Art und Weise. So eröffnet die moderne Beteiligungsdemokratie (vgl. Sartori 1992:113ff.) der Bürgerschaft reichere Partizipationsmöglichkeiten als früher, die aber von dieser insgesamt weniger wahrgenommen werden. Die Kluft zwischen der politischen Vorder- und Hinterbühne, zwischen Medien- und Verhandlungsdemokratie nötigt die Politiker zum Dauerspagat zwischen demonstrativer öffentlicher Inszenierung von Souveränität und Führungsstärke und kompromisslerischer Routinepraxis in den abgeschotteten Sitzungsräumen, und die Verwirrung und auch Enttäuschung im Bürgerpublikum ob der Ergebnisse solch »öffentlichen Theaters« (Armingeon/Blum 1995) sind beträchtlich. Politiker und Medienakteure schließlich realisieren laut Demokratietheorie Gemeinwohl und Meinungsbildung sauber arbeitsteilig und gegen außen vielfach antagonistisch, in Wirklichkeit aber mehr und mehr symbiotisch (kritisch dazu: Hoffmann 2003:37ff.), in einer intransparenten Win-Win-Konstellation, in der Information gegen Publizität getauscht wird, und praktizieren so gemeinsam Elitenkommunikation vor dem Volk, für das Volk, aber kaum mit dem Volk. Die wachsende Dysfunktionalität dieser Paradoxien wird indes durch die Entwicklung kompensatorischer Mechanismen gemildert, darunter namentlich demoskopische und professionelle Optimierung der politischen Kommunikation und, schwer zu positionieren, auch Politainment.

Der *Medienwandel* multipliziert ja die In-, Through- und Outputkapazitäten demokratischer Öffentlichkeit. Diese optimal zu nutzen verlangt von allen Akteurkategorien hohe Innovationsbereitschaft, flexible Situationsbewältigung und vielfältige kommunikative Kompetenz. Diese Qualitäten sind indes, außer bei den professionellen Politikvermittlern, nur in sehr unterschiedlichem Maß gegeben; insbesondere ist Cultural lag, nachhinkende Nutzungskompetenz und -bereitschaft bei jeder neuen Kommunikationstechnik, zumal in den ressourcenschwächeren Soziallagen und soziokulturellen Milieus weit verbreitet. Die generellen kommunikationsgeschichtlichen Regelhaftigkeiten wiederholen sich eben auch in der Mediendemokratie: Auch in ihr verdrängen neue Medien etablierte ältere nicht, ergänzen diese vielmehr, zumindest für längere Zeit. Und so bleiben selbst in Wahlkämpfen »die Anwendungsmöglichkeiten des Mediums (des Internets U.S.) bisher weit hinter den optimistischen Visionen zurück. Vielmehr reiht sich das Internet als eine preiswerte und zielgruppengenaue Informations- und Werbeplattform nahtlos in den Reigen der etablierten Mittel der Wahlkampfkommunikation ein« (Sarcinelli 2005:210; vgl. auch Leggewie 1998). Überhaupt legen die kommunikationstechnischen wie die thematischen Zugangsbarrieren zur politischen Information den vielfältigen Rekurs auf erfolgsbewährte Mechanismen der Unterhaltungskultur nahe.

Der *Wandel der Arenenkonstellation* dynamisiert vollends die Handlungsfelder der Akteure der politischen Öffentlichkeit, als diese dadurch einerseits spezifischer und damit selektiver, andererseits durchlässiger werden. Weil die Vervielfältigung der Kanäle und Netze die Zirkulation von Kommunikation, auch von politischer, ins Unbegrenzte steigert, wird verstärkte Selektivität, ja Informationsverweigerung zur Überlebensnotwendigkeit und -strategie. Diese wird schon bei der Herabstufung des Hörfunks zum Begleitmedium eingeübt, und auch die Fernsehnutzung bewegt sich in diese Richtung, während die Lesemedien weiterhin ungeteiltere Aufmerksamkeit, wenigstens in ihrer gegenwärtig noch dominierenden Gestalt, beanspruchen. Radio und Fernsehen relativieren hingegen mit einer gewissen Notwendigkeit ihre Ansprüche zu Gunsten vermehrter Rundfunk-Akzeptanzkultur. Sie beziehen als szenische Medien mit hohem Vergegenwärtigungsvermögen ihre Publika in eine insgesamt angenehme sekundäre Oral- und Alltagskultur ein, eine unterhaltungsoffene und -nahe, auch wenn sie von Politik berichten bzw. erzählen. Anders die Printmedien. Da sie die Kulturtechnik Lesen elementar voraussetzen, konfrontieren sie ihre Rezipienten mit grundsätzlich distanzierenden Botschaften in linearisierter Abfolge (McLuhan 1967), die es diesen eher erlauben, strukturiertes politisches Wissen aufzubauen. Der Vorrang der (Qualitäts-)Presse als Vermittlerin politischer Kenntnisse und derjenige der szenischen Medien als Generatoren politischer Emotionen erhellt schon aus diesen unterschiedlichen Bereitstellungsstrukturen je anderer medialer »Dispositive« (Hickethier 2003:197ff.).

Dass die mediengesellschaftliche Kommunikationskultur eine Hybridkultur und bei allen differenzierenden Mechanismen auch durch die mannigfaltigsten *Konvergenzen* gekennzeichnet ist, bereitet den politischen Akteuren ständig Profilierungsprobleme und bringt sie auch fortwährend in Gefahr, die optimale Arena, Medien und Genres zu verfehlen. Politik wie Wirtschaft, Wissenschaft oder Religion scheinen ja in der mediendemokratischen Öffentlichkeit, da durch die grundsätzlich identische Medienlogik der Nachrichtenfaktoren gefiltert, alle als letztlich vergleichbare Realsphären auf und erst recht in Parallele oder gar vermischt mit Fiktionen. Selbstprofilierung als individueller oder kollektiver Akteur ist da mit Notwendigkeit stets auch mediale Fremdprofilierung, das öffentliche

Erscheinungsbild des Parlaments (Sarcinelli 2005:222ff.) und der einzelnen Politiker nur mehr oder weniger den eigenen Selbstdarstellungsbedürfnissen entsprechend. Dies umso mehr, als eben in der politischen Konvergenzkultur zur richtigen Zeit in der richtigen Arena und im richtigen Format mit dem richtigen Code sich und sein Anliegen zu präsentieren nicht bloß entsprechende Verfügungsmacht über Kanäle und Themen, sondern auch hohe Kompetenz bedingt, unterschiedliche Kommunikationsrollen zu meistern. Was in der Encounter-Öffentlichkeit als diskursiv, witzig oder ironisch gut ankommt, wird in der Medienöffentlichkeit leicht als Schulmeisterei oder Flachsinn empfunden oder schlicht nicht verstanden. Im falschen Format wird der kommunikativ schlecht beratene Politiker, etwa der im Swimmingpool planschende deutsche Verteidigungsminister Scharping (Hickethier 2003:93), als pflichtvergessener Tölpel, der in der Show zu wenig profiliert auch als Politiker agierende Politiker nur als mäßiger Entertainer wahrgenommen. Weil Unterhaltungssysteme essentiell instabil sind, ist der Erfolg unterhaltend gemeinter Auftritte von Laiendarstellern auch so schwer kalkulierbar. Das Bürgerpublikum hingegen mag ungestraft Privates und Öffentliches und damit die politische Kommunikation durcheinander bringen.

Polity, Policy und Politics unter den allgemeinen Bedingungen von Systemwandel und den besonderen temporär oder dauernd sich konstituierender Unterhaltungsöffentlichkeit zu realisieren beinhaltet mithin für die politischen Akteure in zeitlicher, sachlicher und sozialer Hinsicht veränderte Handlungsmöglichkeiten und -imperative. Wie sie mit diesen umgehen, spiegelt sich im Wandel der Gesamtprozesse, der Integrationsmechanismen und des Rollengefüges:

- *Polity*: die demokratische Funktionalität der politischen Institutionen zu sichern verlangt von den Akteuren in der sozialen Dimension, die schrumpfenden politischen Loyalitätsressourcen zu mehren und für diese zu mobilisieren und in zeitlicher Hinsicht institutionelle Zeit gegen Medienzeit zu behaupten. Grundsätzlich ist Emotionalisierung von Politik durch ihre Eventisierung eine Möglichkeit, dem zeitlich verkürzten Horizont medial konditionierter öffentlicher Aufmerksamkeit mit entsprechenden Offerten zu begegnen. Überhaupt erscheint der Einsatz unterhaltungskultureller Darstellungsmittel für die politischen Institutionen unbedenklich, soweit sie nicht deren Identität als Garanten demokratischen Zusammenlebens beeinträchtigen.
- *Policies*: Die Überkomplexität immer weiterer Problemfelder erfolgreich auf allgemein akzeptable Problemlösungen zu bringen erfordert von den Politikern, diese auf die Befindlichkeit, Verarbeitungskapazität und Akzeptanzbereitschaft der je betroffenen Bürger(innen) abzustimmen. Hierfür sind unterhaltende Popularisierungen und eine spielerische Politikdidaktik (Sarcinelli 2005:229) durchaus funktional, Mittel, wie sie auch für die unerlässliche komplementäre Anhebung der allgemeinen Medienkompetenz zur Verfügung stehen.

• *Politics*: Dem Eindruck zunehmender Kontingenz der konkurrierenden politischen Positionen im Gefolge des Systemwandels wird vielfach auch mit unterhaltungskulturellen Profilierungstechniken, mit Politainment entgegen ge-
wirkt. Dabei ist freilich eine schwierige Balance zwischen Institutions-,
Sachgerechtigkeit und qualifizierter Inklusion der Bürgerschaft und der Spektakularisierung von Politik zu finden.

7.2.2   Prozesswandel

Im Zuge dieses Gesamtwandels verändern sich die politischen Prozesse und damit auch die politische Kommunikation grundsätzlich und demzufolge auch die
Akteurkonstellationen und Problemlagen. Die sich differenzierenden Akteurbefindlichkeiten bedürfen vermehrter Abstimmung, damit die politische Kommunikation überhaupt genügend demokratiedienlich funktioniert, und die Akteure
müssen lernen, mit den *Fährnissen*, aber auch den *Chancen* dieser neuen Konstellation umzugehen. Weil Mediengesellschaften essentiell Kommunikationsgesell-
schaften sind, verlagert sich mediengesellschaftliche Politik zunehmend in Richtung
symbolischer, und in der Entertainisierung gilt es andere Qualitäten politischer
Kommunikation zu entdecken und zu entwickeln und nicht bloß kulturkritisch
deren Verschlechterung zu diagnostizieren: den Wandel zur Erlebnisdemokratie
wenn auch nicht zu begrüßen, so doch produktiv aufzufangen.

In erster Linie reagiert das politische System auf den Gesamtwandel mit der
Steigerung der Komplexität seiner Kommunikationsprozesse. Nur so kann seine
Problemlösungskapazität vor weiteren Beeinträchtigungen bewahrt werden. Entsprechend verlängern und amplifizieren sich, wie in 5.2 dargelegt, die Kommunikationsprozesse, analog zur Zunahme der Politikfelder und ihrer wachsenden
Komplexität und zur Vermehrung der Bürgerkategorien, Netzwerke, Milieus und
Submilieus mit inflatorischen Berechtigungsansprüchen an die Leistungen des
politischen Systems, die berücksichtigt werden wollen. Entfremdung zwischen den
primär den Input in die politische Öffentlichkeit realisierenden Akteurkategorien
von denjenigen, für die sie ihn bereitstellen, die Bürger(innen), wird unter diesen Umständen wahrscheinlicher. Politiker, Public Relations-Spezialisten und
Journalisten, in ständiger Koorientierung, bestätigen sich ja auch wechselseitig
die politische Gestaltungsmacht der Medien und damit ihre eigene, zumal sie sich
davon unabhängiger als deren Publika perzipieren (vgl. z. B. Johansson 2004).

All dies macht *Funktionalitätsverstärkungen* unerlässlich, und diese erfolgen in
den drei Hauptrichtungen der Rollenvermehrung, der Professionalisierung und
des Ereignismanagements:

1. *Rollenvermehrung:* Entsprechend den allgemeinen Regelhaftigkeiten von Systembildung und Komplexitätssteigerung wird die letztere auch in der politischen Kommunikation strukturell durch Vermehrung der Elemente realisiert. Damit werden zusätzliche Leistungen ermöglicht und die Zuständigkeiten neu geordnet. *Politikvermittlungsspezialisten* als Experten für »Politikvermittlung als Kunstprodukt« (Sarcinelli 1987:24) erheben Kommunikation, die ursprünglich selbstverständliche Begleit- zur eigenständigen Hauptleistung, und Politainment (re)etabliert sich in diesem Zusammenhang unscharf als neu-alter Zuständigkeitsbereich. Als Politmarketing bzw. Public Relations operieren denn auch vielfach bereits kommunikative Polity-Basisdienste zum Zwecke der dauernden Imageoptimierung der politischen Institutionen und der demokratischen Ordnung als solcher, flankiert von spezifischeren anlass- und themen-, organisations- und personenbezogenen Kommunikationsdiensten in der Policy- und Politics-Dimension. Entertainisierte Prozesse sind da ihres zugleich ganzheitlichen und punktuellen Charakters wegen rollenmäßig-organisatorisch schwierig festzumachen, am ehesten als Element von Ereignismanagement, während Politainment primär in Gestalt von entsprechendem individuellem oder auch kollektivem Verhaltenstraining als professionalisierte Rolle in Erscheinung tritt. Politikvermittlung insgesamt ist hingegen mittlerweile als eigenständiges komplexes Interaktionssystem in Mediendemokratien identifizierbar.

Dieses basiert maßgeblich auf der *Demoskopie* (vgl. u.a. Engel 1987; Noelle-Neumann 1998), die als zentrales strategisches Instrument der Politik- wie der Mediensteuerung durch die Abstimmung von Angebot und Nachfrage sich überhaupt zu einer durchgehenden, hocharbeitsteiligen mediengesellschaftlichen Infrastruktur entwickelt hat. Diese registriert natürlich auch die verstärkte Unterhaltungsorientierung in den Mediengesellschaften, der unter anderem auch mit der Dualisierung verschiedener europäischer Rundfunkordnungen und – weniger explizit – in Gestalt stärker entertainisierter politischer Kommunikation und struktureller Anpassungen in Richtung Unterhaltungsöffentlichkeit Rechnung getragen wird.

2. *Professionalisierung:* Vermehrte Professionalisierung ist Voraussetzung qualifizierterer Leistungen, führt aber auch zu subkulturellen Eigenmächtigkeiten der Professionals. Analog zum Verhältnis von Stimmbürgern und Politikern spielt sich ja auch zwischen Politikern und Vermittlungsspezialisten eine Prinzipal/Agent-Beziehung ein, in der es zu Interessendivergenzen kommen kann oder auf Systemebene zu Defiziten ihrer Koppelung. Zumal wenn strukturstarke Vermittler, namentlich die Unterhaltungsindustrie, mehr und mehr auch eigenständige Akteurrollen im politischen Prozess wahrnehmen, nötigen sie zu Umdefinitionen der Politikerrolle, eben von Politikherstellern in

Richtung von Politikdarstellern. Neu-alte *Probleme der Professionalisierung, der Professionalisierbarkeit* von Kommunikationsrollen überhaupt sind denn auch besonders im Zusammenhang mit Politikerrollen und gar ihrer Entertainisierung offenkundig.

Wie bereit die Träger der verschiedenen Akteurrollen sind von einander zu *lernen*, ist ebenso für ihre eigene Qualifikation erheblich wie für die Qualität der von ihnen mit geprägten politischen Kommunikation. Empirisch international nachweisbar ist vor allem, wie gut mittlerweile Politiker die Mechanismen der Medienproduktion durchschauen und, freilich auch mit Hilfe ihrer Kommunikationsberater, für ihre eigenen Zwecke zu instrumentalisieren verstehen (Jarren/Grothe/Rybarczyk 1993:16). Ihrerseits entwickeln die Journalisten allerdings Abwehrstrategien des »fighting back« dagegen (Plasser 2000:54). Die Kenntnis des journalistischen Selektions- und Präsentationscodes der Nachrichtenfaktoren dürfte jedenfalls unter Politikern in Mediendemokratien allmählich ähnlich verbreitet sein wie einiges Wissen über Imagebuilding und -transfer, vielleicht auch über »impression management« und wahrscheinlich über »issues management«. Wie demokratiegerecht eine Partei handelt, wenn sie ihren Wahlkampf durch eine Werbeagentur betreuen lässt, die für ihre Aufgabe, Sympathie für eine Produkt aufzubauen, zwischen den Produkten Katzenfutter oder Kanzlerkandidat lediglich den Unterschied sieht: »In diesem Fall ist das Produkt lebendig« (Th. Schadt, zit. nach Adam/Berkel/Pfetsch 2005:84), ist freilich umstritten. Kaum Reputationseinbußen sprächen indes gegen einen noch intensiveren Einsatz einer spielerischen Politikdidaktik gerade auch durch namhafte Repräsentanten des politischen Systems im Dienste einer attraktiveren Sozialisation zur Demokratie.

Das *Bürgerpublikum* »verstreut sich« (Hasebrink 1994) ja und ist durch kohärentes politisches Räsonnement mehrheitlich noch weniger ansprechbar als ehedem. Dafür mehren sich im Gefolge der medialen Populärdemoskopie der Straßenumfragen die mikrophon- und kamerabewußten Statements und Gesten der »Laienprominenten« (Gmür 2002:54), die gelernt haben, in der Medienöffentlichkeit die Rolle politischer Sekundärakteure zu spielen. Vor allem die szenischen Medien befördern eben dilettantische Formen der öffentlichen politischen Selbstpräsentation nicht minder als professionalisierte Auftritte entsprechend beratener politischer Eliten. Freilich bedürfte die Bürgerschaft zur Erfüllung ihrer politischen Rolle in der Mediendemokratie gemäß den traditionellen demokratietheoretischen Postulaten professioneller Unterstützung anderer Art, nämlich vermehrter Förderung ihrer weiterhin ungenügend entwickelten Medienkompetenz.

3. *Ereignismanagement*: Das professionelle Ereignismanagement, wie es zumal in der und für die Unterhaltungsöffentlichkeit von Mediendemokratien prak-

tiziert wird, zielt indes auf Inklusion durch Medienereignisse mittels Emotionalisierung, die durch analytische Durchdringung, wie Medienpädagogik sie schult, gerade reduziert wird. Dem Ereignismanagement als besonders leistungsfähiger *Strategie effektvoller Politikdarstellung* galten und gelten seit eh und je mehr oder minder große Investitionen der verschiedensten politischen Regimes. Wie die absolutistischen Herrscher Spätroms und des Barocks hielten sich auch die Diktatoren der jüngsten Vergangenheit ihre Eventspezialisten, und nun beanspruchen eben auch demokratisch gewählte Regierungen und Parteien mehr und mehr deren Dienste. Neue soziale Bewegungen konstituieren sich sogar maßgeblich als Systeme von Ereignismanagement.

Die Konsequenzen des vermehrten Einflusses der Spezialisten des Ereignismanagements in der Akteurkonstellation, die demokratische Öffentlichkeit realisiert, sind mithin *eufunktional und dysfunktional.* Diesen verdankt sich ja wohl die zeitweilige Inklusion von Segmenten der Bürgerschaft in die politische Kommunikation, die sonst von dieser ausgeschlossen wären. Dies allerdings erfolgt um den Preis einer weiteren Lockerung der semantischen Fixierung dieser Kommunikationsprozesse auf politische Inhalte, Belange der Res publica also. Immer wieder scheitert auch das kundigste Ereignismanagement, das an nationalen Feiern oder Parteitagen Politainment als Darstellungsstil demokratischer Politik popularisieren will, an der Instabilität von Unterhaltungssystemen und der geringen Kontrollierbarkeit von Unterhaltungserlebnissen.

7.3 Stilwandel

7.3.1 »Stil« als analytisches Konzept

Mit dem *Stilbegriff* wird allerdings ein weiteres Konzept in die Analyse eingebracht, über das wenig mehr Übereinkunft besteht, als dass damit die Art und Weise gemeint ist, wie Individuen und Kollektive Dinge erledigen, wobei oft auch wertende Konnotationen (»stilvoll«, »stillos«) einfließen. Auf politische Verhaltensweisen bezogen hält denn auch U. Sarcinelli (2005:98) fest: »Es scheint geradezu typisch für den Gebrauch des Stilbegriffs in der Politik, dass formelle und informelle, institutionelle und personelle, sachliche und ästhetische, strukturelle und ethische Aspekte miteinander vermischt werden«. Da Kultur in der Kulturanthropologie auch als je typisches Ensemble von Lebensstilen – dem Basiskonzept der entsprechenden Forschungsrichtung – verstanden wird, und seiner Ganzheitlichkeit und auch seines starken ästhetischen Bezugs wegen ist das Stilkonzept bestgeeignet, für Individuen und Kollektive in Mediendemokratien charakteristische Modi der Interaktion und der Rollenperformanz zu erfassen. »Stillos« ist in diesem Begriffsverständnis ein »Stilbruch« (Sarcinelli 2005:95ff.), was von einem jeweils anderen Stilideal aus als defizitär oder mit einem bestimmten Stil nicht vereinbar erscheint.

Weil die Bedingungen für die Akteure, politische Öffentlichkeit zu realisieren, in Mediendemokratien andere als ehedem sind, verändern sich auch ihre Rollenprobleme, Problemperzeptionen und *Problemlösungsstile* insgesamt und im einzelnen stark oder weniger stark. An der Unterhaltungsöffentlichkeit unterscheidet sich innovatorische und traditionalistische Rollenperformanz besonders deutlich und in der Art und Weise, wie Politainment in die politische Praxis eingebracht wird, das Stilbewusstsein der jeweiligen Akteure. Als »Stilbrüche«werden, nun genauer gefasst, von anderen Akteuren Problemlösungen qualifiziert, die gegen bestimmte Verhaltenserwartungen verstoßen, deren normative Basis aber in unterschiedlich entwickelten ästhetischen oder ethischen Sensibilitäten in der Erlebnisgesellschaft gründet. Auf dieser konzeptuellen Grundlage lassen sich diese Problemlösungsstile auf der Ebene der Akteurkonstellationen tentativ dimensionieren, wobei jeweils nur ein bestimmter, aber speziell politainmentrelevanter Aspekt fokussiert wird.

7.3.2 Aufmerksamkeitsmanagement

Alle Akteurkategorien sind mit der Aufgabe konfrontiert, das sich verknappende Gut öffentliche Aufmerksamkeit bei Realisierung eines optimalen Kosten-Nutzen-Verhältnisses möglichst ertragreich, d.h. mit maximaler bzw. optimaler öffentlicher *Akzeptanz* zu bewirtschaften. »Akzeptanz« ist dabei freilich eine komplexe Größe, als sie neben der jeweiligen inhaltlichen Botschaft auch die sie vermittelnden Zeichensysteme betrifft, und Reputation kann durch Stilgerechtheit bzw. -losigkeit auf beiden Dimensionen gewonnen oder verspielt werden.

Reputation ist damit eine für die Positionsbehauptung zentrale Voraussetzung, die kein kompetentes Aufmerksamkeitsmanagement bedenkenlos quantitativer Akzeptanzmehrung aufopfert. Ihre soziale Funktionalität ist ja eine mehrfache: »Sie bündelt vertrauensvolles und kontinuierliches Handeln mit Bezug auf die Reputationsträger, sie reduziert die Komplexität hinsichtlich deren Auswahl, sie befreit von Kontrolle und lässt allfällige Machtpositionen als legitim erscheinen« (Eisenegger 2004b:31). Funktionale Reputation ist dabei von sozialer zu unterscheiden; die erstere wird aufgrund von Fachautorität, die letztere für moralische Integrität verliehen, aber öffentliches Ansehen, Prestige im Sinne von Reputation impliziert beides (Eiseneger 2004b:188ff.). Auf G. Francks Skala der Wertigkeiten von Aufmerksamkeit (Franck 1998:115ff.) nimmt daher Reputation eine Sonderstellung ein, als sie qualifizierte Beachtung voraussetzt, während Prestige und Prominenz als dessen Steigerung nur für unterschiedlich große quantitativ akkumulierte Aufmerksamkeit attribuiert werden. Damit Politainment als Stil von Politikern im Aufmerksamkeitsmanagement auch wirklich Reputation und nicht bloß Prominenz auf deren Kosten einbringt, müssen mithin das Vermögen, Entscheidungen durchzusetzen bzw. Wählerstimmen zu gewinnen, ästhetische und moralische Geltung und massenhafte Bekanntheit zusammenkommen.

Aufmerksamkeitsmanagement als Dimension von Problemlösungsstrategie ist natürlich nicht politikspezifisch, sondern Element der Akteur-Problemlösungsstrategien in mediengesellschaftlichen Funktionssystemen überhaupt. Ebenso wird es in positionsspezifischer Version, aber in unterschiedlichen Stilen, außer von Politikern auch, sogar prioritär, von den Medienschaffenden praktiziert. *Medien bzw. Medienschaffende* werden denn auch ganz elementar gemäß ihrem Aufmerksamkeitsmanagement typisiert: Die Qualitätszeitung sucht primär Reputation, das Boulevardblatt Prestige, ja Prominenz dank Massenaufmerksamkeit mit sekundärem politischen Drohpotential derselben, und der mehr oder minder intensive Einsatz unterhaltungskultureller Ansprechtechniken bildet dabei, zumindest im deutschen Sprachbereich, ein vorrangiges Medienklassifikationskriterium. Medienökonomischer Erfolg basiert ja maßgeblich auf optimalem Aufmerksamkeitsmanagement. Viele neue soziale Bewegungen haben denn auch einen höchst erfolgreichen, weil zum Medien-Aufmerksamkeitsmanagement komplementären Stil entwickelt, der zudem, trotz schockierender Eventstrategie, vielfach sogar reputationsträchtig ist, da sonst vernachlässigte Moralisierungsfelder besetzend.

Auch die *Bürger* sind indes tagtäglich mit der Herausforderung konfrontiert, ihr allseits immer heftiger umworbenes Aufmerksamkeitsbudget, auch das politische, optimal zu bewirtschaften, und sie entwickeln dabei eben befindlichkeitstypische Stile. Institutionell ist ihnen die höchste Reputation angesonnen, die sie aber insgesamt nur in bescheidenem und auch sehr unterschiedlichem Maß verdienen. Anders als durch Abwahl sanktionierbare Politiker mit defizitärem Aufmerksamkeitsmanagement kann das Bürgerpublikum als Prinzipal nicht direkt in die Verantwortung genommen werden, auch wenn es seine Aufmerksamkeit politischer Kommunikation weitgehend versagt. Andererseits ist seine Rolle als politischer Sekundärakteur wenig reputationsträchtig. Unterhaltungsorientierung vollends, obwohl im Bürgerpublikum weit verbreitet, wird von der Wissenschaft wie im allgemeinen politischen Diskurs als politisch defizitärer Aufmerksamkeitsstil kritisiert. Schon in dieser ersten Dimension erweist sich somit Politainment als schwer zu qualifizierender Problemlösungsstil.

7.3.3 Positionsbehauptung

Weil demokratische Politiker von Amtes wegen Entscheidungen durchsetzen und als Individuen und Kollektive, letzteres als gewählte Behörde oder auch als ›Klasse‹, öffentliche Zustimmung vom Souverän gegen andere Bewerber um politische Macht gewinnen müssen, geht es bei ihrem Handeln vor diesem regelmäßig um die Behauptung einer möglichst günstigen Position in der Öffentlichkeit, um *Selbst- und Fremdprofilierung*. Kompetentes Kommunikationsmanagement erfordert ja die ständige Beobachtung der Konkurrenz. Auch in dieser Hinsicht gilt: Nicht weniger als die einzelnen Akteure determinieren die Akteurkonstellationen die politischen Prozesse und entwickeln spezifische Kollektivstile und -mechanismen der Positionsbehauptung, darunter namentlich »Prominenzierung« und »negative campaigning«.

1. *Prominenzierung*: Mit der Perfektionierung des *Mechanismus der Prominenzierung* (Peters 1994:199ff.), gipfelnd im Starsystem (Kepplinger 1997, Saxer 1997), entwickelt die Mediendemokratie das stilistisch prägnanteste Merkmal ihrer Lösung des Problems der Positionsbehauptung. Weil dieser Mechanismus die institutionelle demokratische Norm personaler Transparenz der Machtausübung zumindest teilweise erfüllt und zugleich Erfordernisse der Unterhaltungsöffentlichkeit befriedigt, kooperieren sämtliche Massenmedien und anderen Akteurkategorien bei seiner Realisierung. Ihrer Multifunktionalität wegen kann sich, allen kulturkritischen Einwänden zum Trotz, damit werde Politik noch mehr »öffentliches Theater« (Armingeon/Blum 1995), keine Gruppe der Prominenzierung dauernd verweigern. Entsprechend komplex und etabliert ist der Systemzusammenhang, sind die »Wege der ›Prominenzierung‹« (Abbildung 10).

Vor allem im Fernsehen und dort zumal im Interview entfaltet sich der mediendemokratische Stil der Positionsbehauptung am umfassendsten (Niehaus 2004). Dieses Medium bzw. Genre realisiert ja die Personalisierung von Politik auch noch als ihre körperlich-szenische Vergegenwärtigung und führt zugleich den Vorgang der Prominenzierung, der Zuschreibung von Status, ständig vor Augen, denn der Prominente wird als ein auch aus anderen Medien und früheren Interviews bekannter Prominenter begrüßt etc. Damit wird er auch in den weiteren euphorischen und euphorisierenden Zirkel der »mutual adoration society« aufgenommen, wo gleicherweise »a distinguished man congratulates a distinguished whisky which, through the manufacturer, congratualates the man of distinction on his being so distinguished as to be sought out for a testimonial to the distinction of the product« (Lazarsfeld/Merton 1964:102). In dieser Strukturanalogie zur Warenwerbung beweist sich Prominenzierung vollends

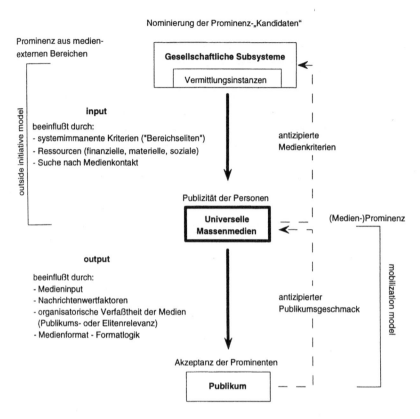

Abb. 10: Wege der »Prominenzierung« (Quelle: Peters 1994:205)

als populärkultureller Elementarmechanismus und als *universelles Merkmal mediengesellschaftlichen Positionierungsstils.*

2. *»Negative campaigning«*: Dies trifft aufgrund eines kursorischen Vergleichs in viel geringerem Maß für die Positionierungs- und Profilierungsstrategie des »negative campaigning«, der *Negativprofilierung politischer Konkurrenten* zu. Die Art und Weise, eben der Stil, wie mit diesen umgegangen wird, hängt von der jeweiligen politischen Kultur, insbesondere der nationalen Streitkultur (vgl. Sarcinelli 1990a) ab und variiert zudem je nach Situation. Beides definiert auch die Aktionsmöglichkeiten von Politainment als Strategie der Positionsbehauptung, den ihm zugestandenen Toleranzraum. So wird eine Zunahme von »negative campaigning« in Wahlkämpfen vielfach als ein Merkmal ihrer »Amerikanisierung«

interpretiert (Plasser 2000) und einem stärker auf Harmonisierung angelegten deutschen Stil der politischen Auseinandersetzung gegenübergestellt (Holtz-Bacha 2000; Leggewie 1990; Prätorius 1990). Aussagekräftiger als solche Kulturkomparatistik sind in diesem Fall freilich Systemvergleiche, und diesbezüglich lässt sich dem Typ Mehrheitsdemokratie eine manifester aggressive politische Streitkultur zuordnen als Koordinations- oder Konkordanzdemokratien (Sarcinelli 1990b:42f.). In beiden nimmt aber im ausgehenden 20. Jahrhundert die negative Tönung von Politik, insbesondere der Wahlberichterstattung zu (Donsbach 1995:23f.), was einerseits mit Negativismus als international sich verbreitender Nachrichtenideologie in Zusammenhang gebracht wird, sehr wohl aber auch ein Niederschlag von verstärktem »negative campaigning« der politischen Konkurrenten sein kann; und in diesem wiederum dürfte auch der Anteil an negativem Politainment, an Ironisierung, Karikierung und weiterer Formen der Verspottung von Mitbewerbern um die Macht und ihre Positionen angewachsen sein.

Politainment und »negative campaigning« verbinden sich aber natürlich seit eh und je, *kommunikationsgeschichtlich* sogar zu eigentlichen »Kampfmedien« (Faulstich 1998:176f.) von je nach politischer Kultur und Adressatenkreis massiv verunglimpfendem oder auch subtil verhöhnendem Zuschnitt: gröbste Unterhaltungskost wie verfeinertes Entertainment zu Lasten politischer Feinde. Mediengesellschaftliches »negative campaigning« unterscheidet sich etwa von demjenigen in der Epoche der protestantischen Flugblätter und -schriften (Schottenloher/Binkowski 1985:59ff.), die die Tradition polemischer interpersonaler Face-to-face-Kommunikation fortsetzten, als es in sekundärer audiovisueller Vergegenwärtigung nach den Regeln der szenischen Medien praktiziert wird. Stärker als in der Encounter-Öffentlichkeit geht es bei der Positionsbehauptung in der modernen Medienöffentlichkeit um Imagebuilding und -transfer, um Images öffentlicher Personen, konstituiert aus ihren »realen Merkmalen (…), ihrer öffentlichen Selbstdarstellung, ihrer Darstellung durch die Medien (z.B. Präsentationstechniken) und aus Determinanten des Rezipienten (Prädispositionen)« (Donsbach1995:33). Die Probleme wie die Chancen optimaler öffentlicher Selbstprofilierung vermehren sich mithin für Kandidaten politischer Ämter und entsprechende Medienkompetenz wird für politische Karrieren immer zentraler.

Die Charakterisierung von »negative campaigning« als »negatives Politainment« impliziert, dass es dazu auch ein positives Gegenstück gibt, als strategisches Komplement zur erheiternden öffentlichen Abkanzelung der politischen Konkurrenz das – allerdings schwierigere – lockere Eigenlob. Bloß solchermaßen *zweipolig* werden die strategischen Möglichkeiten des Spannungsmodulators Unterhaltung bei der Positionsbehauptung richtig ausgeschöpft. Das gleiche

Prinzip wird auch bei der Favorisierung und Defavorisierung durch die publizistische Strategie der »Instrumentellen Aktualisierung« (Kepplinger 1989) befolgt: Imagedienliche Sachverhalte werden gehäuft von der bevorzugten Partei bzw. Position berichtet, Imageabträgliches von ihrer politischen Konkurrenz bzw. der Gegenposition. Die stimulierenden wie die entlastenden Komponenten des Unterhaltungserlebnisses werden durch entsprechend gekonntes negatives und positives »campaigning« gleichermaßen und zudem politisch positionsdienlich erfüllt, das Schulze'sche Spannungs- wie Trivialschema, wenn Aggressionen sich am skandalisierten politischen Widerpart entladen können und zugleich mit dem hochverdienten, aber bescheidenen, gar selbstironisch (Holtz-Bacha 2000:45) und doch selbstsicher sich gebenden, hochwahrscheinlichen Sieger, da »Siegertyp« (Winterhoff-Spurk 1999:125), behaglich Erfolg ausgekostet oder vergnüglich antizipiert werden kann.

Den Spielraum zwischen positivem und negativem »campaigning« beuten im übrigen neue *Protestbewegungen* wie Greenpeace (Baringhorst 1998) mit sensationalisierenden Eventstrategien besonders effektvoll aus, da sie Gegenspieler als amoralisch skandalisieren und zugleich das unterhaltungskulturelle Spannungsschema erfüllen. Ursprünglich als Basisinitiative gedachte »Politik von unten« werden Protestinitiativen mehr und mehr wie Kampagnen des werblichen Produktmarketings zielgruppen- und mediengerecht aufbereitet (Baringhorst 1998:329) und funktionieren so, in ein professionelles Ereignismanagement eingebunden, als eine moralische Variante mediengesellschaftlicher Populärkultur. Auch wenn »negative campaigning« von der Bevölkerung eher kritisch aufgenommen wird, zeitigt es doch Wirkungen, zumal bei den vielen meinungsmäßig noch nicht Festgelegten (Holtz-Bacha 2000:51f.) und belegt einmal mehr die nach wie vor beschränkte Kalkulierbarkeit mediendemokratischer politischer Kommunikation.

7.3.4 Präsentation

Umso zentraler wird für erfolgreiche mediendemokratische Rollenperformanz *Präsentationskompetenz*, das Vermögen, Personen und Sachlagen wirkungsvoll in der öffentlichen Kommunikation zu präsentieren und damit entsprechend in den politischen Entscheidungsprozess einzubringen. Je stärker die Mediendemokratie tatsächlich zur »medial-präsentativen Demokratie« (Sarcinelli 2000:23) mutiert, desto wichtiger sind die Präsentationsstile für effizientes Aufmerksamkeitsmanagement und Positionsbehauptung. Die zusätzlichen Rollen von Politikvermittlern als Spezialisten der Politikdarstellung (Sarcinelli 2005:168f.) und die Professionalisierung der politischen Auftritte perfektionieren alle eine politische

Präsentationsästhetik, die es dem Souverän geradezu nahe legt, die Staatsbürgerrolle in derjenigen des Publikums aufgehen zu lassen. Die Medien, ihrerseits, befördern durch vermehrt vergegenwärtigende statt schildernder Formen der Berichterstattung, als Erzählung (Hickethier 2003:128ff.) oder in Gestalt des literarisierenden Journalismus (Weischenberg 1995:122) Erlebnisrationalität als idealtypische mediendemokratische Politikerfahrung.

Politische wie Medienakteure suchen denn auch die Medien so einzusetzen, dass sie ihren Interessen dienliche Rezeptionserlebnisse begünstigen, die ersteren zur Optimierung ihrer Position in der politischen Öffentlichkeit durch Imagebuilding und -transfer, die letzteren zur publikumsmaximierenden Kumulation von Nachrichtenfaktoren. Im *Leitmedium Fernsehen* kommt es so einerseits zu Auseinandersetzungen zwischen den beiden Akteurkategorien um den angemessenen Sendungsort, das adäquate Format für Politikerauftritte, und andererseits um die Vormacht während der Sendungen. So drängten amerikanische Präsidentschaftskandidaten schon 1992 aus den Informationssendungen und deren von kritischen Journalisten verantworteten negativen Nachrichtenwerten in die populären Talkshows, die sie besser kontrollieren (Donsbach 1995:19) und in denen sie ungehinderter ihr eigenes Impressionsmanagement vor dem Bürgerpublikum praktizieren konnten. Dass das Beispiel Schule machte, zeigt eben unter anderem des ehemaligen Bundeskanzlers Schröder Auftritt in »Wetten dass«. Gestatten Talkshows mit ihren vielfältigen Möglichkeiten der gefälligen Selbstpräsentation Politikern die Erzeugung der für Unterhaltungskultur konstitutiven generellen Feel-good-Befindlichkeit auch gegenüber Ihresgleichen, so befriedigt »confrontainment« (Holly 1993) als agonales Kampfspiel zwischen Politiker und Journalist im komplementären Format des kritischen Interviews bzw. der »Combat Talkshow« das Bedürfnis nach emotionaler Stimulierung durch Unterhaltung. Und auch hierzu liefert ein deutscher Kanzler, H. Kohl, eine Veranschaulichung, hier aber wie ein angeblich wenig mediengewandter Politiker den öffentlichen Schaukampf mit den Medienakteuren durch offensive Strategie sogar zum Imagegewinn für sich entscheidet (Holly 1993:185ff.).

Immer ist aber persönliche, organisatorische und institutionelle öffentliche Kundgabe von Politischem als Präsentation mit Selbstexposition in der je gemeinsamen Bedeutungswelt verbunden, dem Bereich kollektiver Übereinkünfte über richtig und falsch, gut und böse, attraktiv und abstoßend, notwendig und überflüssig. Darum ist Stilwandel eben nicht bloß Änderung von Politikdarstellung, sondern auch von Politikherstellung, so wie symbolische Politik *politischen Sinn* sowohl produziert als auch reproduziert (Hoffmann 1998b:438). Und dieser Sinn verlagert sich in der Mediendemokratie unter den veränderten strukturellen Bedingungen stärker auf Darstellungspolitik, und diese wandelt sich vermehrt zur unterhaltenden.

Freilich rangiert in politischen Großwetterlagen, die einen hohen Entscheidungs-
bedarf mit sich bringen, im Medienresonanzraum Fakt vor Gestus, so z.B. in
der Deutschlandberichterstattung der deutschen Qualitätspresse der zweiten Häl-
fte des 20. Jahrhunderts. In dieser gingen die Handlungsankündigungen und
-anforderungen während der deutschen Wiedervereinigung massiv zurück, nah-
men aber »potentielle und z.T. virtuelle politische Handlungen« insgesamt sehr
zu (Kepplinger 1998a:159f.) – als geböten Politiker noch immer mit der gleichen Verfügungsmacht über gesellschaftliches Geschehen wie ehedem. Die *Selbstreferentialität von Politik* wächst mit der Möglichkeit der gesellschaftlichen Selbstbeobachtung durch die Medien, deren Dauerbedarf an publizierbaren Ereignissen
wiederum diese Selbstbezüglichkeit stimuliert.

Im Zuge des politischen Stilwandels verändert sich auch der Konsens über
»das angemessene öffentliche Erscheinungsbild« (Weiss 2002c:525) von Personen,
Positionen und Organisationen. In der individualisierten Mediengesellschaft wird
er jedenfalls brüchiger. »Das Verblassen des Amtsethos« ist z.B. für U. Sarcinelli
(2005:103f.) eines der gravierenden »Stildefizite der Mediendemokratie«, da zugleich wohl Ausdruck von schleichendem Legitimitätswandel in der Politik. »Der
Trend zur ›Informalisierung‹ erlaubt (ja U.S.) nicht nur, sondern fordert geradezu, auch in formalisierten sozialen Kontexten wie beruflichen Arbeitszusammen-
hängen oder öffentlichen Versammlungen das Handeln mit Zeichen zu verse-
hen, die das situationsadäquate Ausfüllen einer Rolle wie die Darstellung eines
originellen, jedenfalls besonderen Selbst erscheinen lassen« (Weiss 2002c:525).
Über »*richtige*« *öffentliche Präsentation* wird denn auch zunehmend milieuspezifisch oder massenmedial gemäß den dortigen Präsentationsnormen befunden.
Und weil es sich hierbei überwiegend um wenig artikuliertes, habitualisiertes
Einverständnis handelt, bereitet dessen positive Umschreibung und Umsetzung
in konkrete Präsentationsregeln erhebliche Schwierigkeiten.

Erkennbar wird dieser Konsens am ehesten, wenn größere *Stilbrüche* empörtes,
erheitertes oder auch schadenfrohes Aufsehen erregen: gewolltes viele Events
von Greenpeace, ungewolltes 1919 das legendäre Foto der Berliner Illustrierten
Zeitung von Reichspräsident Friedrich Ebert und Reichswehrminister Gustav
Noske in Badehose (Schottenloher/Binkowski 1985:Tafel XV). Mit ihrem Prä-
sentationsstil bekennen Individuen und Kollektive explizit oder implizit, wie sie
zur jeweiligen gemeinsamen Bedeutungswelt stehen. In Mediendemokratien wird
dementsprechend die Wahl der richtigen Arena, des passenden Genres, der thema-,
situations- und zielgruppengerechten Argumentation und überhaupt des adäquaten Inszenierungscodes mehr und mehr für politischen Erfolg entscheidend.
Politainment, der Labilität von Unterhaltungssystemen wegen, ist hierbei eine
besonders risikoreiche Strategie.

7.4 Rollenwandel

Diese Strategie wird seit eh und je von politischen Akteuren praktiziert, aber in unterschiedlichen politischen Kulturen je anders: als Rolle institutionalisiert und dadurch kontrolliert in Gestalt des Hofnarren der Feudalgesellschaft (Faulstich 1996:55), als subversives Handeln klandestiner Gegenkulturen in totalitären Herrschaftssystemen und als wandlungsfähige politische Strategie in der dynamisierten mediendemokratischen Öffentlichkeit, strukturell verdichtet zur Unterhaltungsöffentlichkeit. In dieser entwickeln sich als Resultat von Entertainisierung, Öffentlichkeitswandel, veränderten Befindlichkeiten, neuen Akteurkonstellationen, Stilwandel und als Antwort auf das gewandelte Problemgemenge *Rollenmuster mit stärkerer Affinität zu Politik als Unterhaltung und entsprechendem Funktionsakzent.*

7.4.1 Rollen im Öffentlichkeitswandel

Die allgemeine *Labilisierung von Rollenstrukturen und -interpretationen* im Zuge von institutionellem Wandel und Individualisierung kommt auch in der mediendemokratischen Kommunikationskultur zum Tragen, und hier wohl besonders stark, ist die Kommunikationskultur doch, zumal wenn maßgeblich durch Massenmedien und Medienkommunikation konstituiert, ein speziell sensibler Indikator und zugleich Motor gesellschaftlichen Wandels, ein »index and agent of change« (D. Lerner). Die Rollen von Kommunikatoren und Publika in der politischen Öffentlichkeit bestimmten Trägerkategorien fest zuzuschreiben, wie es die institutionelle Ordnung der Demokratie in gewissem Maß tut, widerspricht denn auch der Dynamik der mediengesellschaftlichen Kommunikationskultur. Spannungen zwischen institutionell angesonnenem und durch die sich ändernden Handlungsbedingungen nahegelegtem Rollenverhalten nehmen in der Mediendemokratie daher zu, und durch Rollenvermehrung sucht das politische System, durch Rollenübernahme die eine oder andere Akteurkategorie und durch Rollenuminterpretation der einzelne politische Akteur diese zu bewältigen. Der Rekurs auf das Private und auf Personalisierung sind da besonders Erfolg verheißende Akteurstrategien in der Erlebnisdemokratie, eine unterhaltungskulturelle Interpretation von politischer Öffentlichkeit. Inter- und Intrarollenkonflikte häufen sich aber in dieser veränderten Rollenkonstellation.

Öffentlichkeitsgerechtes Akteurverhalten wird unter diesen Umständen vermehrt zum Problem persönlicher Selbstdarstellung, da die diesbezüglichen Rollenerwartungen diffus geworden sind und nur noch bedingt verpflichten, *politische*

Öffentlichkeit überhaupt und politischer Sinn stärker zur ständigen individuellen Strukturierungs- und Definitionsaufgabe mutieren. Weil Gesellschaft im ganzen und politische Öffentlichkeit im besonderen viel elementarer als in stärker traditionsgeleiteten Gesellschaften Prozess und nicht Gefüge sind, verändert dies die Rollenkonstellation als ganze und die Input-, Throughput- und Outputrollen je insgesamt und im einzelnen:

- Das *ganze Rollensystem* operiert ja unter veränderten »constraints« (Gerhards 1994:80f.) und der Notwendigkeit für seine Akteure, in dieser dynamisierten Situation institutionsgerechte und zugleich positionsoptimierende Verhaltensmuster zu entwickeln. Die Toleranz für innovative Rolleninterpretationen ist gewachsen, zugleich haben aber auch die diffusen Erwartungen an Rollenperformanz zugenommen, deren Nichterfüllung mit Akzeptanzverweigerung geahndet wird. Am sanktionsfreiesten kann da das Bürger(innen)publikum agieren, obwohl oder gerade weil seine Akteurrolle zumindest in der politischen Kommunikation vom politischen Marketing in der Mediendemokratie aufgewertet wird. Von ihm, vor allem aber auch von den Trägern der Throughputrollen der Medienschaffenden und der Unterhaltungsindustrie gehen die für die Erlebnisgesellschaft und -demokratie charakteristischen Erlebniserwartungen an das politische System aus, für die, als Kundenpräferenzen interpretiert, die letzteren auch immer weitere Angebote entwickeln. Die Gewichte im Rollensystem mediendemokratischer Öffentlichkeit verschieben sich entsprechend, aber erst in den USA erfüllt, wie erwähnt, die Unterhaltungsindustrie eine institutionalisierte, eigenständige und gestaltungsmächtige Akteurrolle im politischen System. Im übrigen beinhaltet die mediendemokratische Labilisierung des Rollensystems auch vermehrte Chancen zu Rollenwechsel und Rollenkumulation, vom Stimmbürger über den Blogger zum Advokaten, und dank ihrer Medialisierung inkludiert die mediendemokratische Öffentlichkeit überhaupt grundsätzlich alle Gesellschaftsmitglieder.
- Die Träger der *Outputrollen* nehmen diese zusätzlichen Möglichkeiten, an der politischen Öffentlichkeit teilzuhaben, entsprechend ihren je anderen Befindlichkeiten unterschiedlich wahr, insgesamt aber expandiert in der Mediendemokratie die freilich nur sehr beschränkt aktivistisch organisierbare Medienpublikumsrolle auch als politische stärker denn die Staatsbürgerrolle. Dieses Bürgerpublikum, als individualisiertes zwar fragmentiert und wohl in verschiedenen Milieus angesiedelt, ist trotzdem auch noch durch die »feinen Unterschiede« (Bourdieu 1987b) vor allem bezüglich seines kulturellen Kapitals klassenmäßig geschichtet und perzipiert seine politischen Partizipationschancen auch entsprechend unterschiedlich, weil es Politik zum Teil auch noch schichtspezifisch erlebt und definiert: als Gestaltungs-, Berechtigungs- oder Exklusionsraum. So artikulieren sich Politikkonsumenten und – falls überhaupt –

Desintegrierte vor allem, wenn von Medienschaffenden befragt, als politische Sekundärakteure öffentlich. Zur Übernahme von Throughput- und Inputrollen sind hingegen fast nur Aktivisten willens und befähigt. Bildungsunterschiede generell und disparitäre Lesekompetenz und -motivation im speziellen differenzieren auch das Vermögen, abstrakte politische Informationen kognitiv zu bewältigen und die Bereitschaft, Lernwiderstände (Sturm 1968:112ff.) bei der Mediennutzung zu überwinden. Die Massenmedien mit ihrer Strategie, komplexe Zusammenhänge zu personalisieren, gewissermaßen zu privatisieren und Politik als spannendes, empörendes oder auch erheiterndes Geschehen, jedenfalls als Erlebnisquelle zu präsentieren, kommen dieser verbreiteten Unterhaltungsdisposition entgegen und bestätigen sie zugleich. Auf diese Weise stabilisiert sich die Unterhaltungsöffentlichkeit.

- Die Träger von *Throughputrollen*, derjenigen der Validierer und Selektionierer des Inputs in die mediendemokratische Öffentlichkeit zu dessen Weiterverbreitung werden am elementarsten mit den kommunikationstechnischen Konsequenzen der Medialisierung konfrontiert: mit immer noch mehr effizienten und attraktiven, aber zum Teil auch aufwendigen und redundanten Möglichkeiten, politische Inhalte aufzubereiten und an Bürgerpublika weiterzuleiten. Die hier involvierten kollektiven Akteure des intermediären Systems operieren denn auch vielfach zugleich in Inputrollen und ziehen zunehmend Kommunikationsspezialisten zu, die in ihrem Sinn optimal Politik vermitteln sollen. Bei diesem arbeitsteiligen Zusammenwirken kommunikationstechnischer und politischer Kompetenz kommt es kaum zu Rivalitäten in der öffentlichen Positionsbehauptung, umso mehr hingegen zwischen Politikern und Journalisten, da die letzteren auch in der Rolle von Kommunikatoren auftreten oder in ihrer Zeitung bzw. Sendung eine bestimmte politische Linie verfolgen. Dies erklärt die, wie erwähnt, wachsende Neigung von Politikern, aus den Informations- in die Unterhaltungsgenres auszuweichen.

Elementarer, umfassender und sehr viel heikler als zu Imagebuildern, Impressionmanagern und Politainmenttrainern ist aber das Verhältnis von Politikern zu den Medienschaffenden, da es in diesem überhaupt darum geht, wer stärker den *jeweiligen politischen Stil definiert*, also außer der öffentlichen Position auch das Aufmerksamkeitsmanagement und den Präsentationsmodus. Beiderseits ist das Strategielernen vom anderen und Strategieausrichten auf diesen ausgeprägt, so dass weder generell von einer Übermacht der Politiker noch der Journalisten, sondern nur von grundsätzlich labiler, aber dauerhafter Interdependenz (Blumler/Gurevitch 1981:470ff.) gesprochen werden kann, in der je nach Konstellation und Situation die einen oder die anderen stärker stilbestimmend sind. So kann Politainment als politische Strategie wie jede andere auch ebenso zu Gunsten oder, durch entsprechendes journalistisches Framing (Harden 2003:263ff.), zu Lasten der Selbstprofilierung von Politikern medial vermittelt werden.

Immerhin ist insgesamt die zunehmend erfolgreiche Instrumentalisierung der journalistischen Selektions- und Präsentationsroutinen durch die Politiker zu ihren Zwecken ebenso wenig zu übersehen wie komplementär von Seiten der Medienschaffenden die wachsende Nötigung der Politiker, Politik publikumsmaximierender, mediengerechter zu popularisieren. Ein *stärker hedonistisches Verständnis von Politik* oder zumindest von Politikvermittlung und damit eine Verschiebung des Sinns von Politik zeichnet sich jedenfalls bei beiden Gruppen ab: Bei den Journalisten, ablesbar unter anderem an der »-tainisierung« von Informationsgenres, einer verbreiteteren Unterhaltungsorientierung (Winterhoff-Spurk 1999: 125f.) und bei den Politikern in einer vermehrten Praktizierung von Politainment.

Drei Entwicklungen verändern die Konstitution von *Inputrollen* in der mediendemokratischen Öffentlichkeit und damit die von ihren Trägern zu bewältigenden Problemkonstellationen besonders stark: deren Öffnung für immer mehr Bewerber und damit Rivalen um öffentliche Aufmerksamkeit und optimale Positionierung im Konkurrenzkampf um politische Macht; die wachsende Medienabhängigkeit des Erfolgs von politischem Input in diese und damit verbundene Constraints und Chancen, vor allem dank Zugang zu weiteren Kommunikationskanälen wie dem Internet; die zugleich erschwerte und erleichterte Ansprechbarkeit potentieller Adressaten von politischem Input im Gefolge – namentlich ideologisch – labilisierter und fragmentarisierter Befindlichkeiten.

Diese gewandelte Problemkonstellation verändert das *Profil der Inputrollen* und der mit ihnen verbundenen Anforderungen insgesamt, aber auch spezifisch. Durchwegs und in erster Linie wird allen, den Repräsentanten, Advokaten, Experten, Intellektuellen und Kommunikatoren gesteigerte Sensibilität für einen je optimalen politischen Stil und die Fähigkeit, diesen auch zu praktizieren, abverlangt. Ohne den vermehrten Einsatz entsprechender Kommunikationsprofessionals ist dies nicht zu leisten, der fortdauernde Zweifel an deren Unentbehrlichkeit für die Bewältigung der gestiegenen Komplexität mediendemokratischer politischer Kommunikation kommunikationssoziologisch schwer nachvollziehbar. Nur so kann die zumal von Politikern erwartete Rollenversatilität, hier als basisnaher Parteienrepräsentant, da als moralischer Advokat zu Unrecht vernachlässigter Anliegen, dort als rundum kompetenter Experte, zuweilen gar als intellektuell räsonierender Staatsmann, dann wieder als überlegener Kommentator des politischen Geschehens und immer und überall zugleich als fundamentaldemokratischer Jedermann je situationsgerecht realisiert werden. Und jede dieser Rollen im einzelnen und vollends deren Insgesamt ist durch komplex-widersprüchliche und entsprechend ambivalente Erwartungsprofile geprägt: Der Experte verdient

Vertrauen für seine Kompetenz und Misstrauen für etwaige Partikularinteressen, der Intellektuelle Aufmerksamkeit als Sachwalter politischen Sinns und Desinteresse als schierer Theoretiker, der Advokat Achtung als Repräsentant einer gemeinsamen Wertwelt und Missachtung ihrer geringen Verbindlichkeit wegen. Neue Formen der Expressivität sind unter veränderten Umständen auf jeden Fall gefragt (Wehner 1998:325) und darunter auch unterhaltende, aber stets unter der Auflage ihrer Stilverträglichkeit.

Die *Rolle von Politikern als Inputgebern* in die mediendemokratische Öffentlichkeit variiert allerdings je nach Demokratietyp: parlamentarisch, referendumsdemokratisch, präsidentiell, konstitutionell-monarchisch und basalem Organisationsprinzip von Politik: Synthese, Wettbewerb, Etatismus, Kompromiss (Jarren/Donges nach Münch 2002, 1:95) erheblich, da diesen eine je andere politische Kultur bzw. Kommunikationskultur eignet. Trotzdem bildet sich z.B. in der vom Sächsischen Staatsminister der Justiz Th. de Maizière aus der Erfahrung im Synthesemodell parlamentarischer Demokratie entworfenen Politikertypologie auch in vielem die dieser Analyse zugrunde gelegte systemübergreifende Typologie von Inputrollen ab, was darauf hinweist, dass dieser Rollenwandel sich systemübergreifend vollzieht. Die damit verbundenen Akteurprobleme sind in allen diesen Kulturen letztlich die gleichen, da und soweit von mediendemokratischen Funktionsimperativen und Handlungsbedingungen geprägt. Der »symbolhafte« und der »inszenierte« Politiker, die Th. de Maizière herausstellt, ebenso wie der »provokative« oder der »saubere« repräsentieren alle gewisse Strategien, bestimmte Kommunikationssituationen in der mediendemokratischen Öffentlichkeit zu bewältigen. Zum »inszenierten« Politiker im speziellen hält der politische Praktiker anspielungsreich fest: »(…) wer als Politiker in sogenannten ›guten Zeiten‹ seine ›gute Ehe‹ selbst popularisiert und inszeniert, der darf sich nicht wundern, wenn in ›schlechten Zeiten‹ dies umgekehrt passiert. So wird das Opfer auch deshalb zum Opfer, weil es früher Täter war« (de Maizière 2003:44). Und damit charakterisiert er genau auch die Fährnisse von Politainment.

Insgesamt wird im Zusammenhang mit dem Rollenwandel im Gefolge der Dynamisierung der politischen Öffentlichkeit zur mediendemokratischen eine zunehmende *Asymmetrie* dieses Rollensystems deutlich. In dessen Verlauf wird dem Bürgerpublikum, namentlich in Gestalt von Medien- und Politikmarketing, kommunikativ responsiver begegnet, analog deutliche Rollenmuster kommunikativer politischer Beteiligung wie in der Inputphase werden indes in der Outputphase kaum erkennbar. So wie sich das Medienpublikum verstreut, so auch das Bürgerpublikum. Dieses wird in der Mediendemokratie zwar politisch vielfältiger hofiert, aber nur wenig handlungsfähiger. Inwiefern und wieweit das Internet diese Asymmetrie korrigiert oder noch weiter verstärkt, lässt sich generell schon gar nicht beurteilen. In der unübersehbaren Vielfalt von Einsatz und Nutzungsweisen computervermittelter Kommunikation (Hartmann 2004) bereitet es auf jeden Fall Schwierigkeiten, politische Kommunikation, insbesondere auch Politainment (vgl. z.B. Bieber 2003:145), zu identifizieren, herauszufiltern und ihre Anteile zu gewichten. Zu wenig berücksichtigt, weil nicht ausreichend untersucht, ist in diesem Fazit freilich auch der politische Impact der interpersonalen Kommunikation in der Mediendemokratie, zumal in einer Ära medial stimulierter Re-Oralisierung. Dass interpersonale Kommunikation mit ihren besonders reichen Möglichkeiten für spontane und informelle Artikulation und Vermittlung von Bedeutungen auch vielfältige Formen von Politainment generiert, steht indes außer Zweifel.

7.4.2 Rollen in der Unterhaltungsöffentlichkeit

Welche Probleme von Akteuren löst und schafft Politainment in Mediendemokratien? Diese Leitfrage dieses Kapitels kann nur rudimentär beantwortet werden, nicht nur wegen, stets als Entschuldigung dienlicher, ungenügender empirischer Erhellung, sondern weil sich zumal auf dieser Ebene der proteische Charakter des anthropologischen Universale Unterhaltung einer Erfassung mit dem herkömmlichen wissenschaftlichen Instrumentarium widersetzt. Zudem werden hier die bekannten Schwierigkeiten, Mikro- und Makroanalyse in ein stringentes Verhältnis zu bringen, offenkundig. Dass das Konstrukt einer Unterhaltungsöffentlichkeit bislang vom interdisziplinären Diskurs erst so unzulänglich strukturiert worden ist, widerspiegelt vollends die *erkenntnistheoretischen Probleme*, mit denen der Versuch einer integralen Theoretisierung von Politik als Unterhaltung fortlaufend konfrontiert ist.

Immerhin kann vornehmlich mit Hilfe sozialpsychologischer, rollen- und strukturierungstheoretischer Konzepte im system- und handlungstheoretischen Gesamtrahmen die Funktionalitätsanalyse von Politainment auf der Grundlage der Teilanalysen dieses Kapitels *thesenhaft* weiter vorangetrieben werden:
1. In den verschiedenen Typen von Mediendemokratie differenziert sich Politainment *rollenmäßig* unterschiedlich deutlich, aber insgesamt nur schwach aus. Darin schlägt sich der gegeninstitutionelle Charakter von Unterhaltung nieder. Dies wiederum hat zur Folge, dass die auch bezüglich Politik gewachsene Unterhaltungsdisposition großer Bevölkerungssegmente soziologisch nur rudimentär kanalisiert und diffus abgesättigt wird. Als sozialpsychologischer Spannungsmodulator operiert Unterhaltung primär auf der intra- und interpersonalen Ebene und erbringt dort wie auch auf dem Meso- und Makrolevel Anpassungsleistungen, während integrativen Entertainisierungseffekten durchaus auch desintegrative, namentlich im Gefolge aggressiver Unterhaltung, gegenüberstehen. Vor allem dieser sozialen Ambivalenz, aber auch ihres öko-

nomischen Potentials wegen drängen sich denn auch deutlichere – und kontrollierbarere – Rollenprofilierungen von Unterhaltung auf. Für die Erreichung politischer Ziele ist hingegen die Rollenfixierung von Politainment grundsätzlich hinderlich, da dieses, institutionell eingebunden, weniger frei und kreativ eingesetzt werden kann und viel von seinem sozialpsychologischen Entlastungspotential einbüßt. Strukturell stabilisiert wird daher die Unterhaltungsöffentlichkeit durch den Beizug der erwähnten externen Politainment-Spezialisten ins politische System oder, wie in der präsidentiellen Wettbewerbsordnung der USA, durch Kooperationen auf der Meso- und sogar Makroebene von Parteien, ja der Regierung mit dem vergleichbar gestaltungsmächtigen kollektiven Akteur Unterhaltungsindustrie.

2. Mit der Entertainisierung der modernen Gesellschaften im Gefolge der vier Metatrends und mit ihrer Medialisierung expandiert auch die Unterhaltungskultur und mit ihr die Nachfrage nach Unterhaltungserlebnissen, auch politischen, und das Angebot von solchen. Die *Hauptleistung der Unterhaltungsöffentlichkeit* besteht in der Maximierung von politischen Unterhaltungserlebnissen, und das politische Leitmedium Fernsehen wird auch primär in diesem Sinne genutzt, denn: »Die für die Zuschauer wichtigste TV-Erlebnisweise ist Emotionalität, das heißt Spaß, Spannung, Entspannung und Abwechslung« (Dehm/Storll/Beeske 2005:91). Eine generelle Entspezifizierung der Erfahrung von Politik wird so fortlaufend auch noch durch massenmediale Angebote alimentiert, die gemäß durchgehenden unterhaltungskulturellen Erfolgsroutinen produziert werden. Politik in der Unterhaltungsöffentlichkeit wird so in ähnlich ubiquitärer, aber zugleich auch rudimentärer Weise zugänglich wie Religion, Kunst oder Wissenschaft, nämlich als Populärkultur, und wird vom Bürgerpublikum auch entsprechend gemäß Low-cost-Entscheidungsstrategien rezipiert (Jäckel 2005:85), und zwar grundsätzlich von allen Akteurkategorien.

3. Die Prinzipien, gemäß denen Medien Realität konstruieren, bilden Welt nicht nur ab, sondern vergegenwärtigen sie zugleich, und zwar grundsätzlich in doppelter Weise, als explizite oder implizite Verhaltensanweisung und als Erlebnisofferte und schaffen so zu ihr stets einen instrumentellen und einen emotionalen Bezug. Selbst Nachrichten sind ja nicht nur Orientierungen über Faktisches, zum sich nach ihnen Richten, sondern auch Erzählungen, Anlass zum Phantasieren. Als Informatoren vergegenwärtigen Medien ebenso Nah wie Fern, den eigenen Alltag wie die Sphären der Prominenz, die letzteren unter den Restriktionen obrigkeitlicher Zensur geschichtlich sogar noch früher als die lokalen, gegebenenfalls kritisierbaren Zustände. Die Unterhaltungsöffentlichkeit ist mithin in der Medienrealität, deren Erfolg ja in der Befriedigung universeller, da anthropologisch fundierter kognitiver und emotionaler Bedürfnisse

gründet, stets mit präsent, mehr oder minder profiliert und nach Maßgabe der jeweiligen politischen Ordnung und Kultur gewährt sie auch unverblümtere, in der USA-Präsidialdemokratie, oder institutionell gebändigtere, in der europäischen parlamentarischen Demokratie, *politische Unterhaltungserlebnisse.* Mit der mediengesellschaftlichen Realitätslabilisierung mindert sich aber auch das Gewicht allgemein verbindlicher Realitätsdefinitionen und mit dem institutionellen Wandel der Verpflichtungsgehalt demokratischer Normen, so dass auch in der europäischen Unterhaltungsöffentlichkeit immer ungebremster der hedonistische Gehalt von Medienerlebnissen politisch bewirtschaftet werden kann. M. Edelmans Redeweise von dieser Politik als »Zuschauersport« (zit. nach Sarcinelli 1987:5) charakterisiert diesen Wandel, auch von politischem Sinn, schlagend und umfassend für Mediendemokratien überhaupt.

4. Auf dieser Grundlage können schließlich zum Abschluss dieser Analyse von Politainment und seinen Implikationen auf Akteurebene, natürlich wieder nur idealtypisch, *Strategien der Träger der verschiedenen Input-, Throughput- und Outputrollen* zur Maximierung von Unterhaltungserlebnissen in der mediengesellschaftlichen Öffentlichkeit und ihr politisches Problemlösungs- und -schaffungspotential umrissen werden:

- *Inputrollen:* Weil die Erwartungen an den politischen Stil von Parteirepräsentanten, Regierungsmitgliedern, Parlamentariern, Advokaten, Experten und Intellektuellen differieren, ist nur *rollenspezifisches* Praktizieren von Politainment eine Strategie, die für sie mehr Probleme löst als schafft. Ironie z.B. als vieldeutiges Mittel unterhaltender Distanzierung zeitigt in der Massenkommunikation mehrheitlich eher Missverständnisse denn den gewünschten Eindruck von Überlegenheit. Selbstironie von Regierenden zumal kann namentlich in Harmoniemilieus als Schwächezeichen verstanden werden. Weil Ironie als politisches Zeichen relativ bedeutungsoffen ist, variiert ihre Interpretation je nach Rezipientenbefindlichkeit besonders stark, und sie ist als Öffentlichkeitsstrategie entsprechend risikoreich. Auch scheinbar eindeutigere Politainmentstrategien wie z.B. die Selbstinszenierung als populistischer Jedermann zum Zwecke der Anbiederung an das Bürgerpublikum werden freilich nicht minder lage- und milieuspezifisch wahrgenommen und je nachdem mit politischer Zustimmung belohnt oder, weil als nicht authentisch taxiert, weiterer Anlass zu Politikverdrossenheit. Angesichts dieser *Erfolgsungewissheit* von Politainment in Inputrollen liegt es nahe, dessen Realisierung vermehrt den erwähnten Kommunikationsspezialisten zu überbinden. Ebenso verbreitet sind die verstärkten Bemühungen, auch in dieser Hinsicht vom Input her den Throughput zu kontrollieren und namentlich die Regie bei der Inszenierung von Politik nicht den Medienschaffenden zu überlassen (Meyer/Schicha 2002:58). Nicht zu übersehen ist indes auch die komplementäre Tendenz, nämlich seit eh und je das Ausgreifen von Throughput-Rollenträgern auf die Inputphase, etwa in Gestalt journalistischer Kommentatoren, allerdings auf die Gefahr hin, der Kompetenzüberschreitung bezichtigt zu werden. Die Charakteristika zumal des idealen Politiker-Entertainers lassen sich auf jeden Fall rollenmäßig kaum generell festlegen, da sie von jedem »great communicator« wieder anders (Meyer 1992:94), aber auf seine Weise personen-, situations- und stilgerecht erfüllt werden.

- *Throughputrollen*: Da also »mediengerechte Inszenierung des Politischen (…) zu einer Hauptdisziplin der Politik selbst geworden« ist (Meyer/Schicha 2002:58), fungiert auch die Unterhaltungsöffentlichkeit immer wieder zumindest als *flexibel positionierbare temporäre Hauptarena* öffentlicher Policies und Politics, umso mehr als sich ja z.B. auch die deutschen Journalisten viel mehr als Unterhalter verstehen (Schneider/Schönbach/Stürzebecher 1993: 23) denn ehedem. Trotzdem scheinen solche Schwankungen der journalistischen Rollen-Selbstdefinition und -praxis ungeachtet wiederholt registrierter Glaubwürdigkeitseinbußen das Vertrauen in diese in Mediendemokratien nicht so nachhaltig zu erschüttern, dass es »zu einer signifikanten Abkehr von Informationsangeboten« (Jäckel 2005:82) derselben käme.

Unzweifelhaft wird aber von Trägern von Throughputrollen in Mediendemokratien ein hohes Maß an Rollenversatilität – um den Preis von Imagelabilisierung – erwartet und zugleich Authentizität der Rollenperformanz: von Politikern die öffentliche Demonstration von Responsivität und Führung (Hoffmann 2003:160), von Journalisten diejenige von Exzellenz als Politikexperten und von Emphatie als Publikumsanwälten, die Politiker andauernd unter Legitimationsdruck zu setzen verstehen. Immer gilt es auch in den Throughputrollen politische Positionen stilgerecht zu behaupten und in der Erlebnis- und Stimmungsdemokratie die Erfahrung individueller Souveränität und kollektiver Euphorie, von Spannung und Entspannung, eben Unterhaltungserlebnisse mit zu vermitteln

Spannungen sind freilich vielfältige in der Interaktion zwischen Politikern und Journalisten vor dem Bürgerpublikum angelegt, und die Möglichkeit ist auch immer gegeben, dass sich diese eben stärker in Richtung Zuschauersport denn erlebte Demokratie profiliert, gerahmt auch noch von einer Metaberichterstattung (Esser 2004:317ff.) über politische Kampagnen im Stil einer Matchreportage, die Politik damit vollends in die Sportöffentlichkeit umplatziert. Selbst das Parlament mag unter dem Einfluss seiner erhöhten medialen Präsenz in prekärer Umkehrung der Rollen und Prioritäten sich in Talkshows und weiteren Medienveranstaltungen gewissermaßen als

Exekutive der Mediengesetze präsentieren statt als deren politischer Urheber (Mai 2003:19)

- *Outputrollen:* Unter den drei *idealtypischen Ausprägungen* der Outputrollen in der mediendemokratischen Öffentlichkeit bilden Konsumenten und vom Milieu her die Mitglieder des Harmonie- und Unterhaltungsmilieus das primäre Bürgerpublikum von Unterhaltungsöffentlichkeit und Politainment. Verstärkte Unterhaltungsdisposition prägt dieses aber im Zuge mediengesellschaftlicher Entertainisierung insgesamt, wenn auch eben befindlichkeitsspezifisch. So sind die Bedürfnisse, erlebnisarme Existenzbedingungen mit unterhaltender Medienkommunikation anzureichern oder auch »gelernte Hilflosigkeit« im Nachvollzug simpler Handlungsschemata psychisch zu kompensieren in den weniger privilegierten Bevölkerungssegmenten besonders groß und diese den eher handfesten Formen von Politainment zugänglicher als andere.

Rollenprofile, zumal bezüglich Politainment, zeichnen sich in der Outputphase dennoch nur sehr diffus ab, weil Unterhaltungsmotivationen und -erlebnisse in hohem Maße situationsabhängig und individuell bestimmt sind. Immerhin lässt sich die für die Gesamtbefindlichkeit mediengesellschaftlicher Publika symptomatische, vermutlich – da noch wenig untersucht (Kepplinger/Noelle-Neumann 2002:621f.) – generelle Verbreitung des »*Andere-Leute-Effekts*« unter diesen mit dem Offertencharakter von Medienkommunikation als solcher und der grundsätzlichen Attraktivität von Medienerlebnissen, insbesondere unterhaltenden, erklären. Das Souveränitätsgefühl, das Unterhaltungserlebnisse bescheren, mag Rezipienten sehr wohl auch im Glauben bestärken, andere Leute seien für negative Medienwirkungen anfälliger als sie selber (vgl. auch Blumler/McQuail 1968:11). Dieser Effekt zeitigt unter Umständen bei konformistischen Mentalitäten, wie sie für Harmonie- und Integrationsmilieus typisch sind, komplementäre Folgewirkungen. Im Sinne der These von der Schweigespirale kann dadurch nämlich die Scheu gesteigert werden, sich in öffentlichen Kontroversen gegen vermutete Mehrheitsmeinungen zu exponieren oder aber die Bereitschaft, diese anderen Leute vor negativen Medienwirkungen zu schützen. Solche »Gemeinwohlorientierung« auf prekärer kognitiver Grundlage kann also in ebenso komplexer Weise aus der Unterhaltungsöffentlichkeit resultieren wie z.B. unter dem Eindruck von Medien-Skandalisierungen die empörte Rückbesinnung von Rezipienten auf rechtsstaatliche Normativität.

Überhaupt legen die Re-Oralisierung der Medienöffentlichkeit, die Deprofessionalisierung von Journalismus in der computervermittelten Kommunikation und die neuen Gruppen- und Netzbildungen in deren Gefolge eine *Modifikation des Medienwirkungs- wie des Rollenkonzeptes* gerade im Kontext der Unterhaltungsöffentlichkeit nahe. »Wirkung im Sinne von Mitwirkung thematisieren« postuliert M. Jäckel zu Recht (Jäckel 2005:89). Prekäre politische Meinungsführerschaft können Bürger(innen) auch als mediale Sekundärakteure ausüben, und zwar nicht nur in Straßenumfragen, sondern auch in den heftig diskutierten Reality-Formaten oder überhaupt durch kommerzielle und politische Werbung »mass customized«, d.h. in die mehr oder minder vergnügliche Mitproduktion von Dienstleistungen einbezogen (Jäckel 2005:85). Dass auch Politiker, etwa der Parteivorsitzende der deutschen FDP G. Westerwelle ebenso wie der rheinland-pfälzische Ministerpräsident K. Beck die zusätzliche Gelegenheit nutzen, durch die Teilnahme im Real-People-Format »Big Brother« oder durch die Forderung von dessen Verbot, öffentliche Aufmerksamkeit zu erregen (Werner/Stadik 2001:416, 424), wie überhaupt die internationale Ausbreitung dieses Events über sämtliche Massenmedien und Akteurkategorien belegen, welch umfassendes Kommunikationssystem die Unterhaltungsöffentlichkeit mittlerweile geworden ist.

Abschließend lässt sich rollenanalytisch festhalten, dass in der mediendemokratischen Unterhaltungsöffentlichkeit Entertainment sein rollensprengendes und -generierendes Vermögen immer stärker entfaltet. Nicht nur entlastet Unterhaltung zeitweise von Rollenzwängen, sondern sie ermöglicht insbesondere auch individualisiertes »*role making*« (Schimank 2002:55ff.) oder die konsentierte Entwicklung von Spielrollen und ganzen Spielrollensystemen, besonders elaboriert, öffentlichkeitsträchtig und komplementär-symbiotisch zum politischen Rollensystem dasjenige des Sports. Beispielhaft bewältigt die Institution Sport das Problem der beschränkten Organisierbarkeit der Publikumsrolle in derjenigen seiner Fans, der weltweiten Integration und Stimulierung seiner Anhänger in die vielfältigsten Emotions- und Handlungsgemeinschaften. Wiewohl das Potential von Fan-Kulturen normativ ambivalent ist (McQuail 1994:290f.), bündeln und entfesseln sie doch zugleich allenthalben flottantes emotionales Involvement. Dass neue politische Bewegungen sich vielfach und erfolgreich nach Art von Fan-Clubs organisieren und die Erlebnisdemokratie sich so sehr mit dem Sport identifiziert, signalisiert Wandel in mehrfacher Hinsicht: Rollenwandel, Wandel von politischem Sinn und Wandel politischer Akteure zu Entertainern.

8 Prozesswandel

Demokratische Politik soll ihrem institutionellen Sinn nach kontinuierlich gemeinwohlorientierte, allgemein akzeptierte und -verbindliche Entscheidungen hervorbringen und in entsprechend legitimiertem und qualifiziertem Regierungs-
und Verwaltungshandeln auf den verschiedenen Politikfeldern realisieren. Die
in den vorangehenden Kapiteln dargelegten Entwicklungen erhöhen generell
die Komplexität und Störanfälligkeit der politischen Prozesse und damit auch
deren *Kommunikationsbedarf.* Die veränderte Problemkonstellation nötigt auf der
Makro-, Meso- und Mikroebene zu verstärktem Kommunikationsmanagement,
und zwar in der Personal- wie in der Sachpolitik. Politainment als Strategie und
problemlösender und -schaffender Mechanismus in der mediendemokratischen
Öffentlichkeit durchwirkt zunehmend alle drei Levels und realisiert immer umfassender symbolische Politik in der Gestalt von Eventpolitik.

8.1 Kommunikationsmanagement

Kommunikationsmanagement wird seit eh und je in jedem politischen System und
bei jeglicher Art von Politik praktiziert, da Politik, auch ihre autoritärste Variante,
für die Realisierung ihrer Ziele zumindest auf ein Minimum von Akzeptanz angewiesen ist. Politainment bzw. Eventpolitik werden mithin unter funktionalis-
tisch-systemtheoretischer Perspektive primär als Elemente von Kommunikationsmanagement interpretiert, und ihre Normengerechtheit wird erst sekundär zur
Diskussion gestellt. Solch intensiviertes Kommunikationsmanagement ist Ausdruck eines stärker instrumentellen Verständnisses politischer Prozesse und neuzeitlicher Desakralisierung von Politik.

Kommunikationsmanagement, vom Medienrecht bis zu den spezifischen Strategien der Akteure in den verschiedenen Phasen politischer Kommunikation, stößt
aber zugleich auch immer mehr an *Grenzen von deren Steuerbarkeit.* Die vier mediengesellschaftlichen Metatrends operieren ja alle in Richtung verstärkter Kom-
munikationskontingenz. Die Entfaltung der Unterhaltungskultur als mediengesellschaftliche Makrosphäre und im politischen System diejenige der Unterhaltungsöffentlichkeit können als Ergebnis dieser Entwicklung und zugleich als deren
Strukturierung interpretiert werden. Restriktives Kommunikationsmanagement in

der Unterhaltungskultur und -öffentlichkeit hat besonders große Legitimations- und Effizienzprobleme zu bewältigen, als ein solches dem Leistungspotential seines Objekts widerspricht und dieses zugleich wie kaum ein zweites sich der Steuerbarkeit entzieht. Dementsprechend vermag Kommunikationsmanagement unter den veränderten mediendemokratischen Bedingungen mangels genügend effizienter Mittel politische Kommunikation, insbesondere Politainment nur bedingt im Sinne bestimmter Ziele zu optimieren.

8.1.1 Bedingungen

Im Gefolge des *Wandels* zur Mediendemokratie verändern sich die Bedingungen, unter denen Kommunikationsmanagement zwecks Optimierung politischer Kommunikation praktiziert wird, die politischen Prozesse als dessen Objekte und demzufolge auch die Probleme der mit Kommunikationsmanagement befassten Akteure.

- *Bedingungskonstellationen*: Die Bedingungen von Kommunikationsmanagement sind in Mediendemokratien in vielen Beziehungen andere als ehedem. Die mediengesellschaftlichen Metatrends, die daraus resultierende Überforderung des politischen Systems und der Mentalitäts- und Befindlichkeitswandel befördern eine *Berechtigungsdemokratie*, insbesondere auch in kommunikativer Hinsicht als Erlebnisdemokratie. Die Anforderungen an politisches Kommunikationsmanagement steigen unter diesen Umständen auf dem Mikro-, Meso- und Makrolevel. Umgekehrt wächst auch dessen Leistungsvermögen dank struktureller Sicherung von Responsivität des politischen Handelns durch Demoskopie, der Expansion des Mediensystems und den Investitionen in das mit Kommunikationsmanagement befasste Personal.
Weil Mediendemokratie nicht mit integraler Medialisierung des politischen Systems identisch ist, darf indes auch nach der Jahrtausendwende effizientes politisches Kommunikationsmanagement weiterhin keinesfalls die *Sphären nichtmedialer Kommunikation* außer Betracht lassen. Politik wird nach wie vor primär in anderen Arenen als den medialen hergestellt, und die innerbetriebliche Organisation von politischer Werbung bzw. Agitation, überhaupt die ganze Encounter-Öffentlichkeit bildet seit eh und je auch einen Strategiebereich des Kommunikationsmanagements von Parteien und sozialen Bewegungen. Lokale Öffentlichkeit und direkte Demokratie zumal konstituieren sich immer noch maßgeblich vormedial, und vormediale Politikinszenierungen, etwa das Straßentheater, feiern fröhlich Urständ und werden, soweit erlebnisträchtig, gern auch von Massenmedien weiterverbreitet. Ohnehin bietet das Theater Managern politischer Kommunikation einen unerschöpflichen Fundus für

effektvolle Inszenierungen, für Politainment (Meyer/Schicha 2002:57). Auch eröffnen sich im Zuge der Re-Oralisierung der politischen Öffentlichkeit, bis hin zur Entwicklung alltagsnaher informeller geschriebener Sprechstile in Mobilfunk und Internet, neue Möglichkeiten zur Verlebendigung politischer Inhalte, die politisches Kommunikationsmanagement gleichfalls noch systematischer als Mikrooptimierung wahrnehmen könnte.

Die veränderte Bedingungskonstellation verschärft andererseits die *funktionalen Unverträglichkeiten mediendemokratischer Öffentlichkeit* (vgl. 6.1.1), Spiegel wachsender Diskrepanz zwischen demokratischer Norm und Praxis, von Anomie also. Objektiv nimmt ja die Komplexität des politischen Geschehens zu, das aber von den Massenmedien mit Hilfe ihrer Selektions- und Präsentationsroutinen in erster Linie effizient entdifferenziert und vor allem in leicht nachvollziehbare Erzählungen (Schenk/Döbler 1998:147) oder emotional stimulierende Ereignisse umgewandelt wird. Die gesteigerte Legitimationsempfindlichkeit der Bürger(innen) führt zu dauernder Machtdissimulation, die ihrerseits wieder Misstrauen gegenüber dem politischen System schürt, wenn dessen Macht trotzdem spürbar wird. Das Missverhältnis zwischen Partizipationsberechtigung und -qualifikation wiederum nimmt mit weiterer Öffnung der mediendemokratischen Öffentlichkeit noch mehr zu und gefährdet die Qualität der politischen Entscheidungen, so dass die demokratietheoretisch wünschendwerte Publizität die Effizienz von Politikherstellung beeinträchtigt und diese verstärkt in die Nichtöffentlichkeit abdrängt. Dass die mediendemokratische Öffentlichkeit unter diesen Bedingungen von den Akteuren vermehrt entertainisiert wird, stellt eine besonders umfassende Variante von Kommunikationsmanagement zur Meisterung der veränderten Problemkonstellation dar.

• *Prozesse*: Politische Kommunikation in der Mediendemokratie wird dementsprechend immer erfolgsungewisser, da sie unter erschwerten Bedingungen politische Meinung generieren muss, die Politikherstellung legitimiert. Mittlerweile ist ja unter dem Einfluss der Systeminterpenetration der Sinngehalt von Politik, das überkommene Konzept von *politischem Sinn* von anderen Sinnsphären her überlagert worden, dermaßen in der Tat, dass es in der polykontexturalen Gesellschaft mehr als früher darum geht, einen solchen ständig und soweit möglich überhaupt im Sinne demokratischer institutioneller Normen zu (re)konstruieren und zu vermitteln.

Weil aber die semantische Bindung von Kommunikationsprozessen in modernen Gesellschaften generell sich lockert und komplementär dazu deren *Pragmatisierung* sich verstärkt, werden auch Begriffe von hohem Verpflichtungsgehalt bzw. von Reputation freier verfügbar, was zumal von Public Relations-Strategen systematisch als »Begriffe besetzen« instrumentalisiert wird. Gegen solche kommunikationsgesellschaftlichen Metatrends vermag auch kompetentes politisches Kommunikationsmanagement nur wenig auszurichten, und so wird das etwaige Bemühen um die einvernehmliche Etablierung von politischem Sinn, z.B. als kollektiv realisiertes Gemeinwohl, zunehmend illusorisch. Prioritär im Instrumentarium des politischen Kommunikationsmanagements sind denn auch mittlerweile Strategien der Stiloptimierung, also der Aufmerksamkeitsmehrung, Positionsbehauptung und Präsentationsverbesserung unter variablen semantischen Vorzeichen.

• *Akteurprobleme*: Diese Entwicklung bringt freilich neue Schwierigkeiten hinsichtlich der erforderlichen unverwechselbaren *Profilierung* von Politikern und Politiken in einer wachsenden Schar von Mitkonkurrenten um Aufmerksamkeit, Verständnis und Zustimmung. Sie alle operieren, nach der Auszehrung der großen politischen Ideologien, nur noch von ideologischen Restbeständen aus und stützen sich bloß auf rudimentäre ideelle Bezugssysteme, die sie nur in beschränktem Maß von einander unterscheidbar machen. Strukturierte, verpflichtende Basisideologien würden ihnen ja ein flexibles Eingehen auf das labile Meinungsklima in der Stimmungsdemokratie erschweren.

Um ihrer Profilierung willen sind daher die Konkurrenten um politische Macht bzw. ihre Kommunikationsmanager gezwungen, auf vorideologische, »nichtdiskursive« Unterscheidungsmerkmale zurückzugreifen oder solche als politische Kennmarken zu entwickeln. Dies führt mit einer gewissen Selbstverständlichkeit außer zur Praktizierung von Techniken kommerziellen Marketings, namentlich solchen des Brandings (Sjurts 2004), zur *Übertragung unterhaltungskultureller Erfolgsmuster* auf die politische Kultur und damit, analog zur Kultur des öffentlichen Rundfunks, zur Überlagerung politischer Anspruchs-durch Akzeptanzkultur. Personalisierung, Eventisierung, Equilibrierung und Euphorisierung sind dementsprechend auch konstitutive Elemente der Unterhaltungsöffentlichkeit von Mediendemokratien geworden. Und ebenso selbstverständlich resultieren daraus neue Folgeprobleme für das politische Kommunikationsmanagement. So kommt es im Zuge der Personalisierung der politischen Öffentlichkeit teilweise auch zu deren Privatisierung und umgekehrt, im Zeichen verstärkten Persönlichkeitsschutzes, zur öffentlichen Tabuisierung von Privatheit. Guter Stil ist da teuer.

8.1.2   Ziele

In dieser veränderten Bedingungskonstellation sind die Anforderungen an effizientes, und das heißt zielgerechtes Management politischer Kommunikation sehr vielfältig und die Wahrscheinlichkeit von Misserfolgen ist ebenso groß wie von Erfolgen. Das erste, allen anderen vorgelagerte Ziel ist daher überhaupt die Realisierung effizienter Strategiesysteme, d.h. von Handlungssystemen zur Erreichung spezifischer Ziele unter gewissen Bedingungen mit bestimmten Mitteln. Die Zielbildung kompetenten modernen Kommunikationsmanagements ist daher gleichermaßen darauf ausgerichtet, *negative Effekte zu vermeiden wie positive zu erreichen und auf jeden Fall sehr flexibel.* In der Medienarbeit amerikanischer Wahlstrategien nimmt dementsprechend »opposition research«, die systematische Gegenbeobachtung als Voraussetzung von »instant campaigning«, der sofortigen Reaktion auf jedes wahlkampfrelevante Vorkommnis, eine prominente Position ein. Nur so ist erfolgreiches »instant rebuttal« bzw. »prebuttal campaigning« möglich, für das wiederum spezialisierte »rapid-response teams« eingesetzt werden (Brunner 2002:63).

Die elementarste Herausforderung für politisches Kommunikationsmanagement in der Mediendemokratie ist dabei der *anomische Zustand* von deren Öffentlichkeit. Weil Ziele und Mittel institutionell immer weniger zwingend gekoppelt, die letzteren aber trotzdem zum Teil noch normativ besetzt sind, ist die Wahl der optimalen Strategiemittel weiterhin mehr als bloß eine Frage der Effizienzmaximierung, nämlich der Wertverträglichkeit, nun aber stärker der ästhetischen als der politischen. Die Pragmatisierung der politischen Kommunikation vermehrt einfach die Probleme in der syntaktischen Dimension der Zeichenprozesse, der Relation von Zeichen zu Zeichen, der Stimmigkeit der Elemente politischen Stils. Bei der essentiellen Labilität von Unterhaltungsprozessen bzw. -erlebnissen erregen demzufolge Inkongruenzen unterhaltender politischer Inszenierung, etwa mit Amtswürde, besondere Aufmerksamkeit, sei's als Wagnis, sei's als Ärgernis. Offensives politisches Kommunikationsmanagement ist auf die Wahrnehmung von Chancen ausgerichtet, die aus einem innovatorischen Image erwachsen, defensives auf die Vermeidung von Reputationseinbußen eines traditionalistischen Erscheinungsbildes. Beide Strategien sind indes bei ihrer Zielrealisierung ständig mit Unwägbarkeiten partieller politischer Anomie konfrontiert.

Die Zielformulierung und -realisierung durch Kommunikationsmanagement in der mediendemokratischen Öffentlichkeit muss überdies deren Fragmentarisierung, Überfremdung und eben auch partielle Entertainisiertheit in Rechnung stellen. Instrumentelle politische Zielkonzeptionen nach Art der AIDA-Formel: Attention, Interest, Desire, Action – für politische Strategien modifiziert: Aufmerksamkeit, Verständnis, Zustimmung, Handlungsbereitschaft – haben ja zum vornherein elementar unterschiedliche Grade und Arten von *politischem Involvement* bei Aktivisten, Konsumenten und Desinteressierte zu berücksichtigen. Dies relativiert zum vornherein die Unterscheidbarkeit dieser Stufen und überhaupt die faktische Bedeutung dieser Stufung politischer Kommunikation, weil das politische Involvement, ablesbar namentlich am je anderen Interesse, Kenntnisstand, anderer Identifikation mit dem politischen System und dem politischen Aktivitätsspektrum den entscheidenden Faktor bildet. Und dieser ist auch wegen seiner Komplexität nicht einfach nach den Rezepten des »Markteasing« zu beeinflussen: »Lassen Sie Ihre Etiketten vom Kunden gestalten. Lassen Sie Ihr Produkt durch den Kunden selbst zusammenbauen« (Röthlingshöfer 2006:32).

Diese allgemeinen Determinanten politischer Kommunikation in der Mediendemokratie wirken sich natürlich auch bei der notwendigen Differenzierung der Strategieziele des politischen Kommunikationsmanagements nach Zielgruppen und Situationen aus. Zudem kann dieses nur auf Erfolg hoffen, wenn es sich bei der Festsetzung seiner Ziele und überhaupt bei der Gestaltung seiner Kampagnen und sonstigen Interventionen an die *Haupterkenntnisse der Medien-Rezeptionsforschung* hält. Aus dieser überaus differenzierten, mit höchst unterschiedlichen Ansätzen und sich zum Teil widersprechenden Ansätzen arbeitenden Forschung lassen sich nämlich, außer ernüchternd relativierenden Einsichten in das beschränkte Wirkungsvermögen von Kommunikationsmanagement, zumindest Hinweise über zu Vermeidendes gewinnen:

1. »Die Massenmedien sind (...) erfolgreich in der Bekanntmachung von Themen und Ereignissen. Sie erzielen dabei beträchtliche Awareness-Effekte. Interpersonale Kommunikation ist demgegenüber Ausschlag gebender bei der Einstufung bzw. Einordnung der wahrgenommenen Themen und Ereignisse, z.B. nach ihrer Relevanz (»Salience«)« (Schenk 2000:81). Politisches Kommunikationsmanagement darf mithin gerade auch in Mediendemokratien *außermediale Formen politischer Kommunikation* nicht außer Acht lassen, muss vielmehr auch Direktkontakte mit Zielgruppen pflegen.

2. Beeinflussbar durch Massenkommunikation sind in erster Linie ungefestigte politische Einstellungen und Meinungen. Grad und Art von *Involvement* der Rezipienten, ihrer Auseinandersetzung mit Medienangeboten und Politik, bedingen sich dabei gegenseitig und können je nachdem die vom politischen Kommunikationsmanagement angestrebten kognitiven und affektiven Wirkungen befördern oder verhindern (Rubin 2000:143). Unter den drei Typen von politischem Involvement bilden demzufolge die Konsumenten grundsätzlich die lohnendste Zielgruppe politischen Kommunikationsmanagements.

3. In der Erlebnisdemokratie ist es zweckdienlich, wenn das politische Kommunikationsmanagement auch den Erlebnisgehalt von Politik zu steigern sucht. Dieses Ziel vermag aber nur eine Strategie zu realisieren, die die medienspezifischen *Vergegenwärtigungsmöglichkeiten* für ihre Botschaften maximiert. Das hierbei zentrale Präsenzerlebnis ist nämlich keineswegs nur durch szenische Medien oder Virtualität bewirkbar, sondern auch durch Printmedien (Wirth/Böcking/In-Albon 2006). Freilich wirkt auch dieser Faktor regelmäßig

im Verein mit weiteren. So können sich Sympathie und Antipathie und mediale Vergegenwärtigung von Politikern gegenseitig verstärken und mithin der so ungestüm angestrebte Medienauftritt eines Politikers, der seine Sympathiewerte überschätzt, diese noch weiter vermindern

4. Wie schwierig es ist, Bürgerpublika gezielt in einer bestimmten politischen Zielrichtung zu *emotionalisieren*, zeigt sich denn auch vor allem bei den Bildmedien. Emotionen werden ja »als ›Syndrome‹ begriffen, das heißt als komplexe prozesshafte Zustände, die sich aus mehreren Komponenten zusammensetzen« (Kappas/Müller 2006:5), und Film und Fernsehen bündeln als Kommunikationskanäle die verschiedensten Zeichensysteme zu einer Art totaler Offerte. Durch diese werden, selbst wenn konsequent auf ein bestimmtes Persuasionsziel hin konzipiert, unterschiedliche Rezipientenkategorien in je andere emotionale Befindlichkeiten versetzt, und erst gemeinsamer Empfang von Präsenzpublika, möglichst unter entsprechend anfeuernder Moderation, homogenisiert diese – gegebenenfalls.

5. Auch das Wirkungsvermögen von Politainment hängt natürlich von den *unterschiedlichen Rezipientenbefindlichkeiten* ab. Zusätzlich zu bereits erwähnten Differenzen sind diejenigen zwischen Informationssuchern und -vermeidern und von Introvertierten und Extravertierten von Bedeutung. Extravertierte gehen tendenziell im Unterhaltungserleben auf, Introvertierte wollen dieses eher kontrollieren und sind daher durch reizstarkes Politainment weniger ansprechbar (Arendt 2006:81ff.). Ferner, was die Einebnung der demokratietheoretisch problematischen Wissensklüfte betrifft: »Helfen Emotionen in den Medien, Wissensunterschiede zwischen einzelnen Bildungsschichten auszugleichen, oder verführen sie nur sozioökonomisch benachteiligte Bevölkerungsgruppen dazu, sich »Unwichtiges« zu merken?« ist noch völlig ungeklärt (Schramm/Wirth 2006:43). All dies sollte Kommunikationsmanager zu zurückhaltenden Erwartungen bei ihrem politischen Medieneinsatz veranlassen.

Aus allem Bisherigen wird ja deutlich, dass Politainment als Strategie auf jeden Fall nur bedingt zielgerecht funktioniert. Dies trifft, ungeachtet der zunehmenden Professionalisierung des Kommunikationsmanagements nach wie vor auch für die Optimierung politischer Kommunikation in Medien- bzw. Erlebnisdemokratien zu. Und weil Strategien als *zielrealisierende Handlungssysteme* operieren, hängt ihre Effizienz auch maßgeblich von der gegenseitigen Abstimmung ihrer Elemente ab, also ihrer Träger, Ziele und Mittel. Erfolg versprechende »tainisierung« von politischer Kommunikation in der veränderten Bedingungskonstellation impliziert daher die vorgängige Abklärung, wie weit und in welcher Form sie als politischer Stil überhaupt mit der jeweiligen Trägerschaft, politische Organisation oder politisierendes Individuum, kompatibel sei. Die Entscheidung für das Mischgenre

Infotainment zum Beispiel kann dann im Lichte von dessen Wirkungsvermögen (Mangold 2004:530ff.) in der Zielreihe Aufmerksamkeit, Verständnis, Zustimmung, Anschlussverhalten stimulieren sinnvollerweise nur das erste und bedingt das zweite betreffen, und als Zieladressat kommt in erster Linie die freilich große Bevölkerungskategorie der Politikkonsumenten in Betracht. Auf dieser Basis kann schließlich die entsprechende politische Botschaft sachgerecht konkretisiert werden.

8.1.3   Mittel

Die Mittel, die mediendemokratisches Kommunikationsmanagement einsetzt, sind der Komplexitätssteigerung mediendemokratischer Politik und politischer Kommunikation und den wachsenden Ansprüchen an beide entsprechend überaus vielfältig. Für ihre Wahl sind außer der generellen Bedingungskonstellation rudimentäre institutionelle Vorgaben, grundsätzlich beschränkte Ressourcen und eben die jeweiligen Zielsetzungen *maßgebend*:

- *Institutionell vorgegeben* sind alle jene Prozesse und Vollzüge, Anlässe und Termine, in und an denen die Mediendemokratie sich öffentlich darstellt: als institutionelle Ordnung (Polity), als für die verschiedensten Felder allgemein verbindliche Entscheidungen generierendes und vollziehendes System (Policies) und als geregelte Auseinandersetzung um die Zuteilung von Macht (Politics). Zeitlich rhythmisiert wird da fortlaufend auf dem Makro-, Meso- und Mikrolevel Sachliches durch Symbolisierung sozialisiert.
- Wiewohl mehr und mehr in diese Darstellung investiert wird, stehen für diese nur beschränkte und ungleich verteilte *Ressourcen* zur Verfügung. Zumal in den Mitteln, über die politisches Kommunikationsmanagement disponieren kann, von der Infrastruktur über Professionalität bis zum Medienzugang, spiegelt sich die jeweilige gesellschaftliche Machtverteilung. Die große Resonanz und vor allem der Thematisierungserfolg mancher Protestbewegungen zeigen indes, dass die wirkungsvolle Entfaltung kommunikativer, insbesondere agitatorischer Phantasie nicht primär an wirtschaftliche Ressourcen geknüpft ist, sondern durch die Mobilisierung latenter Gefolgschaften ihren Anliegen neue Artikulationsforen und öffentliche Arenen jenseits der institutionellen zu schaffen versteht.

Effiziente Mittel politischen Kommunikationsmanagements müssen ja situations-, adressaten- und themengerecht gewählt sein, und das heißt in der mediendemokratischen Bedingungskonstellation in erster Linie durchsetzungsfähig und zugleich normativ, vom Stil her (noch) akzeptabel. Darum sind auch die *Qualitätskriterien* von Wirtschaftswerbung und PR nicht einfach ins System Politik transferierbar (Saxer 1993b). Spektakularisierung der politischen Botschaften und Simplifizierung ihrer Inhalte sind keineswegs verallgemeinerbare Rezepte für die kurz- und langfristige Realisierung der Zielreihe politischen Kommunikationsmanagements. Allein schon der optimale Medieneinsatz zur Stimulierung von Aufmerksamkeit und Verständnis für Politisches setzt ja voraus, dass die unterschiedlichen Erwartungen der Bürgerpublika an die medien- und format- bzw. genrespezifischen Angebote befriedigt und die Möglichkeiten dieser Kommunikationskanäle zugleich in origineller und doch nachvollziehbarer Weise weiter ausgereizt werden.

Modernes politisches Kommunikationsmanagement geht diese Aufgaben mittels eines vielgestaltigen Instrumentariums von Strategien und Techniken an, integralen und punktuellen Problemlösungen. Bezeichnenderweise existieren hierzu keine wissenschaftlich anerkannten Typologien, fehlt es doch an konsentierten Typisierungskriterien. Innerhalb des für diese Analyse gewählten Bezugsrahmens und im Hinblick auf deren Zielsetzung liegt es nahe, als Oberkriterium für dies Typisierung dasjenige der *Erlebnishaftigkeit* anzusetzen. In diese Richtung zielt ja auch die ganze Eventisierungspolitik, auf die das mediendemokratische Kommunikationsmanagement zusteuert, und generell sind die erlebnisträchtigen Elemente in der modernen Medienkultur besonders stark weiterentwickelt und vermehrt worden. Am Siegeszug der szenischen Medien wird dies ebenso ablesbar wie an der Boulevardisierung vieler Presseorgane. Die ständige Konfrontation der Bevölkerung mit solchen auf Erlebnishaltigkeit und Abwechslung hin konzipierten Medienangeboten beschleunigt freilich deren generellen Erlebensrhythmus, und die Überbrückung ereignisarmer Perioden durch exzessive Vorinformation und die Produktion von Ereignissen zu Ehren der Medien veralltäglichen vollends das Erlebnis des Außergewöhnlichen. Politainment, das als Strategie bzw. Technik so ausschließlich auf Erlebnishaftigkeit angelegt ist, muss daher fortwährend das Doppelproblem der Kurzlebigkeit von Unterhaltungserlebnissen als solchen und der Schwächung von deren Intensität durch ein entsprechendes Medienüberangebot zu lösen versuchen.

Was die meistgenannten Mittel mediendemokratischen Kommunikationsmanagements, nämlich *Kampagnen* (vgl. Röttger 2006), *Inszenierungen* (Hoffmann 2003:80ff.) *und Aktionen* (Schröder 2000:198ff.), anbelangt, so handelt es sich bei ihnen allesamt um Antworten von Kommunikationsmanagern auf komplexe kommunikative Herausforderungen, die im Sinne bestimmter politischer Ziele zu bewältigen sind. Idealtypisch geht es, gemäß den Kriterien der Erlebnishaftigkeit, bei Aktionen um punktuelle Eingriffe, bei Inszenierungen um optimale Vergegenwärtigung und bei Kampagnen um die systematische Erwirkung politischer Entscheidungen. Weiter lassen sich Aktionen als Techniken von Kampagnen als Strategiesystemen abgrenzen, während bei Inszenierungen die Dramaturgie im

Vordergrund steht. Wohl unterscheiden sich die drei Mittel strukturell, sind aber durchaus kombinierbar. Aktionen werden z.B. zunehmend in Gestalt dramatischer Inszenierungen realisiert und in Kampagnen eingebaut. Deren Struktur ist ja systemisch, während Inszenierungen als Generatoren politischer Images auf Gestalthaftigkeit und Ganzheitlichkeit des Effekts angelegt sind.

Auf *Politainment* rekurrieren die Manager politischer Kommunikation im Zuge der mediengesellschaftlichen Entertainisierung und der Entwicklung zur Erlebnisdemokratie immer häufiger – mit all den Risiken, die dieser Rückgriff in sich birgt. Sie positionieren und gewichten dieses Mittel je nach politischer Trägerschaft freilich unterschiedlich, wobei das Ausmaß an Kooperationen mit entsprechenden Spezialisten wie Kleinkünstlern, Eventmachern etc. von den verfügbaren Ressourcen abhängt und ohnehin über Planungen von Politainment wenig bekannt ist. Tendenziell dürfte aber in dieser Hinsicht mit dem globalen Erstarken der Unterhaltungsindustrie das amerikanische Beispiel, wo namentlich die Filmindustrie auch als Akteur in der politischen Öffentlichkeit in Erscheinung tritt, auch in Europa vermehrt Schule machen. Im übrigen prädestinieren die beschränkte Kalkulierbarkeit und die Kurzlebigkeit von Unterhaltungserlebnissen Politainment eher zum Einsatz in politischen Aktionen und dort namentlich zur Ridikülisierung von Gegnern bis hin zu deren Malträtierung in Puppengestalt oder in satirischen Inszenierungen, während in Kampagnen, mit Greenpeace als Vorbild, eher auf das erregende Moment von Unterhaltung in Form von Sensationalisierungen gesetzt wird. Im Internet und in der vormedialen Öffentlichkeit manifestiert sich schließlich Politainment in einer Vielzahl von Varianten jenseits der normativen Schranken allgemeiner beobachteter Öffentlichkeit.

8.1.4 Eventisierung

Mediendemokratisches Kommunikationsmanagement kulminiert, zumindest unter dem hier angesetzten Bezugsrahmen, in extensiverer und intensiverer *Eventisierung* politischer Kommunikation, d.h. in der Verschiebung des Schwergewichts der Bedeutungsvermittlung auf die Generierung und Präsentation von Ereignissen. In der Medienöffentlichkeit, vor allem in den szenischen Medien, impliziert dies eine Akzentuierung des emotionalen Elements auf Kosten des kognitiven von Kommunikation. Zugleich wird damit einer der Akzeptanz steigernden Mechanismen der Unterhaltungskultur als bewährter Erfolgsgarant eingesetzt. Da durch Eventisierung Sachverhalte und Personen stärker vergegenwärtigt werden, ist diese Darstellungsweise auch für Bevölkerungskategorien, denen Abstraktes weniger zugänglich ist, leicht nachvollziehbar. Die Hauptleistung der Strategie der Eventisierung besteht also in der Mehrung politischer Inklusion.

Die institutionell dem Publizitätsprinzip unterstellten oder freigegebenen Tatbestände und Verfahren sind unterschiedlich leicht eventisier- und entertainisierbar und auch der Art von Öffentlichkeit, die durch sie geschaffen wird, eignen je spezifische Ereignisqualitäten. Auch hierzu fehlen allerdings irgendwie konsentierte Typologien, was ebenso mit der Vernachlässigung dieses Aspekts durch die Wissenschaft wie mit der schwierigen Fasslichkeit des Sachverhalts zusammenhängt. Der *Argumentationslogik* dieser Analyse entsprechend ist 1. von der unterschiedlichen Systemfunktionalität solcher institutioneller öffentlicher Selbstdarstellungen der Mediendemokratie auszugehen. Daraus sind 2. tentativ der damit verbundene spezifische Kommunikationsbedarf und der potentielle Erlebnisgehalt dieser öffentlichen Demokratiedarstellungen abzuleiten und hierauf 3. die jeweiligen Eventisierungsmöglichkeiten und darin das Einsatzpotential von Politainment abzuschätzen.

1. *Systemfunktional* sind nach dem hier gewählten theoretischen Ansatz soziale Erscheinungen, soweit sie die vier elementaren Systemprobleme bewältigen helfen. In dieser Hinsicht lassen sich drei Idealtypen öffentlicher Selbstvergegenwärtigung von Demokratien unterscheiden: nationale Feiern, Wahl- bzw. Abstimmungskämpfe und öffentlicher Rechtsvollzug. Ihrem institutionellen Sinn nach sollen die Feiern die nationale Identität, die Einheit der Nation, ihre Leistungen und künftigen Aufgaben vergegenwärtigen und bekräftigen; bei den Kämpfen geht es hingegen allein um Zielrealisierung, nämlich um die Durchsetzung allgemeinverbindlicher Entscheidungen für die eigenen Programme bzw. des eigenen politischen Personals. Je nach Situation stehen bei den ersteren die eine oder die andere Problemkonstellation im Vordergrund: Reintegration nach Konflikten, Beschwörung nationaler Identität, Siegesfeier für nationale Errungenschaften, Anpassung an Wandel. Charakteristisch für Autokratien ist die Umdefinition von Machtkämpfen in nationale Akklamationsfeiern, aber auch in Demokratien zielt die Spektakularisierung von Parteitagen, sei es in den USA (Lang/Engel Lang 1968:78ff.), sei es in Leipzig an der sogenannten »Krönungsmesse« der deutschen Sozialdemokraten (Dörner 2002), in diese Richtung. Der dritte Idealtyp öffentlicher Selbstdarstellung von Demokratien neben der feierlichen nationalen Selbstvergegenwärtigung und dem generellen Machtkampf ist der öffentliche Rechtsvollzug durch Parlament, Regierung, Administration und Judikative mit dem institutionellen Sinn von deren Kontrolle durch den Souverän. Wahrnehmung – im doppelten Sinn – von dessen Teilhabe an der politischen Macht bildet hier die funktionale Raison d'être des Publizitätsprinzips, der geregelte Kampf um die politische Macht hingegen deren Sicherung. Solche Systemfunktionalität dieser institutionalisierten Öffentlichkeit ist aber im einzelnen trotz Vollzugsnormen interpretationsoffen,

so etwa in Richtung permanenten Wahlkampfs in Mediendemokratien oder in der Forcierung von Öffentlichkeit für immer andere Anliegen.

2. Institutionell intendiert ist auf jeden Fall ein dosierter *öffentlicher Kommunikationsbedarf*, klassisch namentlich in Gestalt der Öffentlichkeit der Rechtspflege. Hier zumal, aber auch sonst in Demokratien konstituiert Öffentlichkeit nur einen Wert unter anderen: Persönlichkeitsrechten, wirtschaftlichen Interessen, individueller und kollektiver Sicherheit oder auch der Dignität der Justiz. Das dysfunktionale Potential von Öffentlichkeit muss daher stets gleichermaßen wie das funktionale im sozialen Umgang generell und kommunikationsstrategisch speziell in Rechnung gestellt werden. Die demokratische Öffentlichkeitsverpflichtung stimuliert ja zugleich alle möglichen Varianten von Arkanpolitik, Verschleierungstechniken, »Scheinöffentlichkeiten« (Ludes 1993) und begründet recht eigentlich die Doppelverortung demokratischer Politik auf einer Vorder- und einer Hinterbühne (Hoffmann 2003:90ff.). Dabei werden mit Notwendigkeit je andere Strategien der Problembewältigung und Effizienzkriterien entwickelt, dermaßen in der Tat, dass es zusätzlicher, freilich kaum erhellter Mechanismen bedarf, Verhandlungs- und medial präsentative Demokratie aufeinander abzustimmen.

Der Kommunikationsbedarf selber, der im Zusammenhang mit den drei Typen institutioneller Demokratiedarstellung geweckt und im Erfolgsfall abgedeckt wird, ist denn auch wieder je nach Strategen- und Adressatenkategorie höchst unterschiedlich. Generell investieren aber die ersteren, in Reaktion auf die entsprechenden größeren Ansprüche in der Erlebnisdemokratie, mehr und mehr in die Steigerung der *Erlebnishaftigkeit* ihrer Anlässe:

- Für *nationale Feiern* stehen gewöhnlich die vielfältigsten Ressourcen zur Verfügung. Allenthalben sind Bemühungen erkennbar, Feiern vermehrt in (Volks)Feste überzuführen, Ritual und Spontaneität also zu vereinigen. Bei Feier und Fest handelt es sich ja um zwei verschiedene Typen von sozialem Handeln mit dem Zweck, den Alltag zu transzendieren, nämlich durch spezifische hohe Regelung bzw. durch Lockerung fremdgesetzten Regelzwangs (Gebhardt 1989). Feiern, wenn ausschließlich dem erbaulich-Erhabenen verhaftet, geraten in einer Epoche massenmedialer Veralltäglichung des Außergewöhnlichen leicht ins sozialpsychologische Abseits, werden mehrheitlich als Veranstaltungen wahrgenommen, in denen die Elite sich selbst feiert, oder gar als folkloristische Relikte. Nationale Feiern sind mithin zur Erzielung allgemeinen erlebnishaften Nachvollzugs auf Eventisierung geradezu angewiesen.
- Anders der zweite Typ öffentlicher Selbstdarstellung von Demokratien, ihre *Wahl- und Abstimmungskämpfe*: Da Konflikt, Dissens ihre Verlaufsform bestimmen, sind sie, freilich nach Maßgabe der Umstrittenheit der Kandi-

daturen und Abstimmungsmaterien, informationstheoretisch, weil voller Überraschungen, besonders ergiebig und rangieren in der Hierarchie der Nachrichtenwerte entsprechend hoch oben. Da mit Agonalem regelmäßig Erfolg/Misserfolg als weiterer Nachrichtenfaktor gekoppelt ist und natürlich Sympathien und Antipathien bzw. Zustimmung und Ablehnung Wahl- und Abstimmungskämpfe in starkem Maß emotionalisieren, ist deren Erlebnisträchtigkeit grundsätzlich hoch, für Aktivisten allerdings mehr und anders als für Desintegrierte. Kommt dazu, dass Demokratie ja nach dem Prinzip »We agree to disagree« funktioniert, was als weitere Dauerspannung die Auseinandersetzung um den Einsatz normgerechter oder nicht mehr tolerierbarer Mittel in diese Kämpfe bringt.

- Der potentielle Erlebnisgehalt von *öffentlichem Rechtsvollzug* variiert je nach Behörde und Politikfeld sehr stark und so auch der Bedarf der Bevölkerung nach diesbezüglicher öffentlicher Kommunikation. Nach Maßgabe der Reich- und Tragweite administrativer Maßnahmen, aber auch der Artikulationsfähigkeit und -bereitschaft der von diesen Erfassten wird deren Ruf nach öffentlicher Begründung und Rechtfertigung derselben lauter, Dramatisierung der expressive Standard entsprechender Publikumsinitiativen und Skandalisierung die erlebnisträchtigste Bezichtigungsstrategie. Umgekehrt werden in Europa allenthalben beträchtliche Anstrengungen unternommen, das Wirken der Verwaltung bürgernäher, interaktiv (vgl. Riedl 2002) und dadurch auch transparenter zu gestalten. Auf das Regierungshandeln, andererseits, konzentriert sich zum vornherein das politische Kommunikationsmanagement von allen Seiten. Wird eine Materie gar zur »Chefsache« erklärt und damit besonders stark personalisiert (Sarcinelli 2001b:13), steigert dies zudem ihre Erlebnishaftigkeit.

3. Allen drei Typen öffentlicher Selbstdarstellung von Demokratien eignen spezifische Kommunikationsmöglichkeiten, aber auch -schwächen, die kompetentes Kommunikationsmanagement berücksichtigt. Wieweit dies tatsächlich der Fall ist, müsste natürlich systematisch untersucht werden. Auch diese wie viele andere Passagen dieser Analyse kann sich nur auf mehr oder minder gut belegte Eindrücke abstützen. Unbezweifelbar ist freilich die Gesamttendenz, die Eventisierung öffentlicher politischer Selbstdarstellung zu forcieren und damit das Erstarken des Event-Managements (Bentele 2005) im Rahmen des politischen Kommunikationsmanagements. Dieses, gleich ob praktiziert von einzelnen oder kollektiven politischen Akteuren, muss eben ständig die Risiken dieser Strategie, insbesondere des Einsatzes von Politainment, mindern und überhaupt die je gegebenen *Eventisierungs- bzw. Entertainisierungsmöglichkeiten* erkennen und optimal nutzen.

Generell ist die *Dynamisierung der drei Typ*en öffentlicher politischer Selbstdarstellung unübersehbar, und zwar in Richtung intensiverer gegenseitiger Durchdringung wie ihrer Ausweitung in bislang vor- oder außerinstitutionelle Publizitätssphären. Die »unterhaltende, emotionale Komponente« als »Strukturmerkmal« (Bentele 2005) solcher inszenierter Ereignisse bzw. Sachverhalte wird ebenso verstärkt wie deren Ausbau – zumindest der Intention nach – zu »Mega-Events«, totalen Erlebnisofferten zwecks Reputations- bzw. Imagemehrung sogar schon auf kommunaler Ebene häufiger. Insgesamt kann auch die Vorbildhaftigkeit sozialer Bewegungen bei der öffentlichen Politisierung von Sachverhalten durch vor-, außer- und gegeninstitutionelle Eventisierungstechniken gar nicht überschätzt werden.

Die *politische Feier* als der Typ von Kommunikationsarrangement mit dem vielfältigsten Problemlösungs- und -schaffungspotential unter den dreien steht in einem besonders gespannten Verhältnis zu Unterhaltung im allgemeinen und zu Politainment im besonderen als dem sozusagen prinzipiell Unfeierlichen. Der Typ Feier lädt dementsprechend seit eh und je oppositionelle Kräfte jedweder Art zur satirischen, jedenfalls humoristischen Ridikülisierung oder zumindest erheiternden Relativierung seines die Alltäglichkeit transzendierenden Erlebnisanspruchs geradezu ein. Die als umfassende emotionale Verpflichtung inszenierte öffentliche Selbstvergegenwärtigung ernsten politischen Sinns reizt in einer grundsätzlich entsakralisierten Kultur zu emotionaler Verweigerung, und sie muss überdies, weil sie in der immer längeren Reihe der alltäglichen Medienangebote an Außergewöhnlichem nur als eines unter vielen figuriert, mit diesen die überhaupt noch ausschöpfbaren sozialpsychologischen Ressourcen an Ergriffen- und Betroffensein teilen. Die Banalisierung vermindert wohl den Erlebnisgehalt politischer Feiern mehr noch als ihre Ridikülisierung.

Unter den strategischen Problemen, die Kommunikationsmanager bei der Eventisierung von *Wahlen und Abstimmungen* meistern müssen, ist dasjenige der Weckung von mehr als bloß punktueller Aufmerksamkeit, und zwar auch für wenig eingängige Sachverhalte, und gar von Zustimmung zu den von ihnen vertretenen Kandidaturen und Positionen gegen stets mehr konkurrierende vordringlich. Pro- und Contra-Kampagnen erlebnishaltig über längere Zeiten zu realisieren ist angesichts der Raschheit, mit der intensive Erregungszustände sich und ihre Träger erschöpfen, viel anspruchsvoller als mit Aktionen kurzfristig Akklamation oder Abscheu zu stimulieren. Durch Unterhaltung zumal, auch Politainment, kann am ehesten behäbiges Wohlbehagen, aber kaum entflammte Parteinahme konserviert werden, von einer »langen Wut«, über deren Schwierigkeiten schon Mutter Courage in B. Brechts gleichnamigen Theaterstück einen aufgebrachten jungen Soldaten belehrt (Brecht 1949), durch Gräuelpropaganda ganz zu schweigen. Obwohl es vielerlei Möglichkeiten gäbe, die Erlebnishaltigkeit von Wahl- und

Abstimmungskämpfen zu steigern, setzen im übrigen Kommunikationsmanager außer auf durch neue Normen der »political correctness« gemilderte traditionelle Konfliktrhetorik mit erstaunlicher Einseitigkeit, nicht nur in den USA, auf deren Stilisierung als Sportereignisse, und so werden diese vor allem auch von den Massenmedien thematisiert (Esser 2004:327ff.). Grundsätzlich stellt sich schließlich die Frage, ob die durch Eventisierung in diesen Kämpfen stimulierte Emotionalisierung rationales Argumentieren nicht überhaupt dermaßen überlagert, dass dieses kaum mehr durchdringt. Wenn aber die diskursive Demokratie vollends zur Erlebnisdemokratie mutiert, kommt ein Identitätswandel des politischen Systems von erheblicher Tragweite in Gang, und wenn durch rhetorisch gekonnte Verteufelung und Verhöhnung politischer Gegner am Rande der Legalität diese recht eigentlich aus der Mitbürgerschaft hinausdefiniert werden (Eggs 1993:109f.), dann gefährdet politische Selbstdarstellung demokratische Basisintegration.

Was die Eventisierungsmöglichkeiten *öffentlicher Rechtsvollzüge* betrifft, so sind diese bei verschiedenen Behörden im Gefolge je anderer Erwartungen an deren Stil bzw. Selbstpräsentation auch unterschiedlich. Insbesondere die Position des Parlaments ist in dieser Beziehung prekär, als Verhandlungseffizienz und Medienöffentlichkeit gegensätzliche Prioritäten implizieren und zähes Ringen um Konsens über Details in Subkommissionen gemäß Journalistenansicht für Bürgerpublika weniger erlebnisträchtig ist als spektakulärer Dissens von politischen Stars in Plenardebatten (Sarcinelli 2001b:14). Tendenzen der Verwaltung, unter der Devise von mehr Bürgernähe ihre externe Kommunikation zu »entoffizialisieren«, das Publikum informeller, persönlicher, auch humorvoller anzusprechen, markieren ihrerseits einen weiteren Schritt in Richtung eines vermehrt permissiven statt autoritativen Stils öffentlichen Rechtsvollzugs.

Gerade solche eher unauffälligen Veränderungen wie diejenigen in der externen Verwaltungskommunikation sollten vom Kommunikationsmanagement aller Involvierten aus Politik und Zivilgesellschaft, aber auch von der Wissenschaft sorgfältiger als bislang beobachtet werden, denn sie sind Ausdruck weiterer *gesellschaftlichen Wandels*, den alle ständig zu bewältigen haben. Dasselbe gilt in besonderem Maß für das Wirken der Medien, das in der Mediengesellschaft natürlich fortgesetzt und in steigendem Maß Kommunikationsmanagement ist, je nachdem stärker ökonomisch, politisch oder soziokulturell motiviertes Mitgestalten von Öffentlichkeit als allgegenwärtiger Akteur. Aus vielen Gründen dissimulieren ja die Medienverantwortlichen unter öffentlichen Dienstleistungsparolen ihre Wahrnehmung durchaus eigener Interessen. Politainment als besonders chancen- und risikoreiche Strategie schließlich bildet zunehmend einen Prüfstein für die Qualität von Kommunikationsmanagement in der stärker entertainisierten modernen Gesellschaft. Nicht nur scheiden sich die Geister über seinen optimal effizienten und normgerechten Einsatz, sondern über sein problemlösendes und -schaffendes Potential überhaupt.

8.2 Personalpolitik

Politik verwirklicht durch den Vollzug allgemeinverbindlicher Entscheidungen Anliegen, die für das Kollektiv von Belang sind. Sachpolitik in diesem Sinn wird durch entsprechendes Personal realisiert, das in Demokratien von den Bürgern dazu mandatiert wird. *Personalpolitik* als geregelte Einstellung und Auswechslung dieser Mandatsträger ist daher Voraussetzung und zugleich Komplement von Sachpolitik, für normengerechtes Funktionieren von Demokratie prioritär und für das politische Kommunikationsmanagement in diesen absolut zentral. In Wahlen kumulieren denn auch dessen neue Möglichkeiten, aber auch Limiten unter den widersprüchlichen Bedingungen der sich wandelnden mediendemokratischen politischen Öffentlichkeit. In diesem Teilkapitel gilt es wiederum, insbesondere die Position, Operationsmodi und Funktionalität bzw. Dysfunktionalität von Politainment in der Wahlkommunikation als der Essenz demokratischer Personalpolitik genauer zu erkennen.

Im Zentrum mediendemokratischer Wahlkommunikation stehen *Kampagnen*, und allen Kritiken an ihnen zum Trotz (Röttger 1998) kann nicht bestritten werden, »dass Kampagnenpolitik zu offenen Gesellschaften gehört« (Leggewie 2006:120). Die vorwurfsvolle Feststellung eines britischen Journalisten: »America's Politicians Campaign Too Much and Govern Too Little« (Leggewie 2006:105) echot ja z.B. neu-alte Besorgnisse über sichtbarlich mehr symbolische Politik denn ehedem und über die Expansion von Kampagnenpolitik über die institutionellen Anlässe Wahlen und Abstimmungen hinaus auf sämtliche Politikfelder. Allerdings wurde seit eh und je diese (Ur)Form politischen Kommunikationsmanagements praktiziert, nur weniger professionell als in der mediengesellschaftlichen Öffentlichkeit. Professionalisierung in diesem Fall impliziert aber eben den Zu- und Einbezug politikfremder Kampagnen- und Eventspezialisten und damit die strategiebedingte Einfärbung von politischem Sinn mit Elementen der Werbe- und Unterhaltungskultur. Systeminterpenetration als durchgehendes Merkmal von Mediengesellschaften prägt gerade Kampagnen als sehr komplexe, in und über die verschiedensten Kommunikationsebenen realisierte Handlungssysteme in vielfältiger Weise.

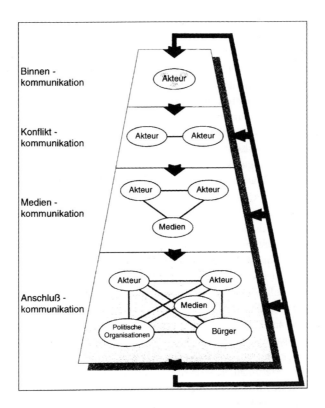

Abb. 11: Kommunikationsebenen von Kampagnen (Quelle: Vowe 2006:80)

G. Vowe betont in seinen Ausführungen zu diesem Modell zu Recht die große Bedeutung der Binnenkommunikation Kampagnen realisierender Gruppen bzw. Organisationen für deren Erfolg, aber auch: »Kein Akteur kann einen Erfolg planen« (Vowe 2006:93), denn: »Die einzelnen Kommunikationsebenen tragen nicht in gleichem Maße zum Kampagnenergebnis bei; der Beitrag wächst von Ebene zu Ebene« (ebenda:92). Sie werden aber entsprechend ihrer steigenden Eigenkomplexität immer weniger steuerbar. Dies wiederum erhöht für die Organisatoren von Kampagnen die Attraktivität von innovativen, auch *riskanten Praktiken* wie Politainment, da sonst bewährte Strategien nur sehr beschränkte Realisierungsmöglichkeiten der Zielreihe von politischem Kommunikationsmanagement verbürgen. Die Medien als ihre Zielpartner auf der dritten Kommunikationsebene, dem »Herzstück einer Kampagne, in der es um die öffentliche Meinung geht« (Vowe 2006:83), legen ihrerseits mit ihren Nachrichtenfaktoren und ihrer wachsenden Orientierung an den Erlebnis- und Unterhaltungsansprüchen der Rezipienten den vermehrten Einsatz von unterhaltungskulturellen Mitteln nahe.

Manager der politischen Kommunikation sehen sich also unter den gewandelten Bedingungen und zumal angesichts der Labilisierung der Wahlbereitschaft der Bürger dazu veranlasst, um ihres Mobilisierungseffektes willen (Schulz 1997:192f.) verstärkt auf Kampagnen zu bauen und in diesen Sachpolitik, politische Themen primär als »Stimmungsmacher« zwecks »politischer Emotionalisierung der Wähler« (P. Radunsky 1986, zit. nach Glotz 1991:26) einzusetzen. Dass bei der Kür von Kandidaten in den politischen Organisationen vermehrt auf deren Akzeptanz als Personen denn als Protagonisten genereller Programme und spezifischer Positionen und mithin auf ihre Human-interest-Qualitäten und Präsentationskompetenz im Hinblick auf die Kampagnengestaltung geachtet wird, liegt in der Logik dieser *strategischen Gesamtausrichtung*. Kampagnenfähigkeit zählt in ihr nicht minder als Regierungsfähigkeit und trotz allen Schwierigkeiten, sie zu steuern, wird Eventisierbarkeit, weil als Voraussetzung von deren Erfolg perzipiert, zu einem – wenn nicht dem – Hauptgestaltungskriterium von Wahlkampagnen. Dies hat in verschiedener Hinsicht weitreichende Konsequenzen nicht nur für die Wahlkommunikation in Mediendemokratien, sondern für deren politische Kultur überhaupt. Und mit der Massierung besonders emotionalisierender Nachrichtenfaktoren, namentlich Aggression und Konflikt, und der Kampagnenausrichtung auf Personalisierung, Eventisierung und Euphorisierung wird insbesondere die Entwicklung der Medien- zur Erlebnisdemokratie, die Privatisierung der politischen Öffentlichkeit und die Überführung von politischer Kultur in Unterhaltungskultur weiter vorangetrieben.

Dabei ist eben der Erfolg auch professionalisiertester Wahlkampagnen nach wie vor alles andere als gewiss, und bezüglich der Eufunktionalität bzw. Dysfunktionalität der zunehmenden Umwandlung politischer Kampagnenkultur gehen, wie erwähnt, die Ansichten diametral auseinander. Gesamthaft lassen sich vor diesem Hintergrund die *Entwicklungen des Kommunikationsmanagements* mediendemokratischer Personalpolitik am Beispiel Wahlkampagnen und der Bedeutung von Politainment in diesem folgendermaßen interpretieren:

1. *Medienwandel*: In der Bedingungskonstellation ist für die Entwicklung der Wahlkampagnen die *Erweiterung des Printmediensystems* erst um die elektronischen und dann um die Onlinemedien zentral. Dadurch werden nicht nur die Foren von Wahlkampagnen und ihr Multiplikationspotential überhaupt vergrößert, sondern zugleich auch die Medialisierung vormals nicht medialer Kommunikationsmodi und neue Maxima der Vergegenwärtigung durch Medien ermöglicht. Die Realisierung multimedial orchestrierter Wahlkampagnen setzt freilich erhebliche finanzielle Ressourcen und umfassendes organisatorisches und kommunikatives Know how, vielfach jenseits der Mittel

kleinerer kollektiver Akteure voraus, ein weiterer Grund für diese, überraschende, provokative Aktionen, Confrontainment zwecks Aufmerksamkeits- und Akzeptanzmaximierung für ihre Kandidaten anzustreben. Die Machtasymmetrie zu Gunsten der großen Akteure wie Volksparteien gestattet ihnen ja nur sehr beschränkt, dauernde öffentliche Präsenz in Gestalt aufwendiger Langfristkampagnen zu realisieren und zwingt sie, diese vor allem punktuell, eben durch Aktionen, zu markieren. Ihre kanppheitsbedingte strategische Präferenz für Kleinmedien wie Flugblätter oder auch entsprechende Onlinemedien eröffnet dafür besondere Chancen für flexibles Reagieren auf sich rasch ändernde Wahlkampfkonstellationen. Diese verbauten sich indes z.b. die Kommunikationsmanager der deutschen FDP durch die frühe Festlegung ihrer Partei auf das letztes Mal erfolgreiche optimistische Fun-Image, reputationsabträglich hingegen während der Endphase des Bundestagswahlkampfs 2002, da inkompatibel mit der allgemeinen Krisensituation (Müller 2004:101).

Die Volatilität nicht nur der Wähler, sondern auch der Gesamtkonstellation und die im Gefolge der Dynamisierung des Mediensystems vermehrten Koordinationsprobleme zeitigen denn auch *unterschiedliche Strategien* zur optimalen Bewältigung dieser extrem komplexen und labilen Bedingungskonstellation durch Wahlkampf-Kommunikationsmanager. So reduzierte z.B. der amerikanische Präsidentschaftskandidat B. Clinton seine Präsenz in Nachrichten- und Politiksendungen zugunsten von Auftritten in weniger von Journalisten kontrollierten Formaten, Talkshows zumal und anderen Unterhaltungssendungen oder überhaupt in außermedialen Unterhaltungsanlässen (Dörner 2002:319f.). Das Internet wiederum inspiriert ebenso Kampagnen »von unten« wie »von oben«, womit die ohnehin rudimentäre Steuerbarkeit von solchen Strategiesystemen noch einmal vermindert wird. Der Einsatz von Fernsehen als Leitmedium wird daher zunehmend rigiden Zugangs- und Präsentationsregeln, ausgehandelt zwischen politischen Eliten und TV-Verantwortlichen, unterworfen, gipfelnd in den streng ritualisierten Fernseh-»Duellen« der Hauptkombattanten am Schluss des Wahlkampfes. Diese dritte Variante von Management der Medialisierung in Wahlkämpfen unterscheidet sich also elementar von den zwei anderen. Diese zielen ja auf Umgehung journalistischer Thematisierungs- und Themenstrukturierungskontrolle, sie hingegen auf deren Einbindung in ein strategisches Gesamtkalkül, das freilich von den Medienorganisationen bzw. den Journalisten zumindest in gleichem Maße mitbestimmt wird.

Das Ergebnis, eben die »great debates« (Lanoue/Schrott 1991), die *Fernseh-»Duelle«*, ist stärkstes reguliertes Confrontainment. Und weil sich in ihm die »reflexive Verschränkung« (Kaase 1986:370) zwischen Politik- und Mediensystem, ihre Symbiose (Sarcinelli 1994:39) zu einer Art Superstruktur auf Kosten der institutionell vorgesehenen demokratischen Gewaltenteilung abzeichnet, erregt dieser institutionalisierte verbale televisionäre Schlagabtausch größtes Publikumsinteresse, aber auch, zum Teil besorgte, wissenschaftliche Aufmerksamkeit:

- In dieser koordinierten Anstrengung, medialen Impact möglichst genau zu *kontrollieren* und auf ein mühsam ausgehandeltes Programm festzulegen, spiegeln sich besonders exemplarisch die Wucht neuzeitlicher Medialisierung und die Grenzen ihrer Regulierbarkeit. Die hier vereinbarten Spielregeln sind ja in Wahrheit Kampfregeln, stets neu umstrittenes Resultat des Ringens um die Kampfmittel, unter ihnen vorrangig die unablässigen Innovationen der Kommunikationstechnologie, die sich mehr und mehr verselbständigen. Das totale Problemlösungs- und -schaffungspotential des politischen Leitmediums manifestiert sich hier geradezu drastisch in seinem Auge und Ohr bannenden Vergegenwärtigungsvermögen, dessen fortdauernde Anziehungskraft für Massen-Bürgerpublika, dem ungebrochenen Glauben der Politiker an die Steuerbarkeit von dessen Wirkungen im Sinne ihrer Intentionen und der gewaltigen inter- und transmedialen Resonanz diese Confrontainments (Scheufele/Schünemann/Brosius 2005).
- Dabei sind diese *Wirkungen* im Gefolge der Komplexität von Fernsehbotschaften bzw. der Wahlkonstellation und der Heterogenität der Bürgerpublika auf jeden Fall sehr unterschiedlich und selbst durch totalitär kontrollierte Rezeption nur beschränkt homogenisierbar (vgl. u.a. Schmitt-Beck 2000). Da die Kandidaten in diesen Debatten nicht nur sich selber als Personen, sondern auch ihre Sicht politischer Themen exponieren, rufen sie bereits damit unterschiedliche Rezeptionsreaktionen hervor, und selbstverständlich variieren auch die Erwartungen an die Kandidaten je nach Rezipientenkategorie, und entsprechend können insbesondere Witz, demonstrative Lockerheit und weitere Formen von Politainment ihre Akzeptanz ebenso erhöhen wie vermindern. Immerhin gilt generell, dass »TV-Duelle Kandidatenpräferenzen eher bekräftigen als verändern (...) Imageveränderungen sind dagegen häufig festzustellen« (Scheufele/Schünemann/ Brosius 2005:404). Dass manche politische Kommunikationsmanager den Imagefaktor »Schein statt Sein« (Sarcinelli/Tenscher 2003:19) höher gewichten als Sachkompetenz, sollte auch nicht darüber hinwegtäuschen, dass Imagewandel unter dem Eindruck von TV-Performanz kaum genügt, um eine Änderung der Wahlintention von Bürgern herbeizuführen (vgl. Lanoue/ Schrott 1991:146). Wenn aber in der Schlussphase des Bundestagswahlkampfs 2002 für die Bürgerpublika die Imagekomponenten sympathisch und vertrauenswürdig den Vorrang vor denjenigen der Sachkompetenz der Kandidaten gewinnen (Kepplinger/Maurer 2003:229ff.), dann zeugt dies

von diskursiver Verarmung der politischen Meinungsbildung im Gefolge solcher TV-Duelle.

- Dies wird noch durch den Befund bekräftigt, dass viele Rezipienten den streng geordneten TV-Kandidaten-Disput »langweilig« fanden und dafür vor allem das Regelkorsett verantwortlich machten (Scheufele/Schünemann/ Brosius 2005:400). Mit diesem Kriterium definieren sie freilich politische Öffentlichkeit als Unterhaltungsöffentlichkeit, und die elementare *Widersprüchlichkeit* der von den Politikern und Medienverantwortlichen hier praktizierten Kontrollstrategie wird offenbar: Durch diese wird ja das im Zeichen der Eventisierung des Wahlkampfs geförderte Confrontainment der TV-Duelle seines unterhaltenden Charakters in erheblichem Mass beraubt und damit gerade in seiner Eventhaftigkeit beschnitten. Darum auch immer wieder neue Anläufe, Mediendynamik und politische Selbstdarstellungsbedürfnisse in Übereinstimmung zu bringen.

2. *Zielverschiebungen*: »Entgegen weit verbreiteter Meinung gibt es keinen generellen Trend zur Personalisierung der Politik, auch nicht in Wahlkämpfen« (Sarcinelli/Tenscher 2003:19). Diese wohl eher die deutsche als die amerikanische Situation charakterisierende Feststellung verdeutlicht einmal mehr die Vieldimensionalität und auch Widersprüchlichkeit der hier analysierten Entwicklungen. Sicher wird im Verlauf von Wahlkampagnen je nach Situation von den Kommunikationsmanagern Parteiprogrammatisches mehr in den Vordergrund gerückt als das kandidierende Personal. Im Zuge der mediengesellschaftlichen Metatrends wird aber bei dessen *Rekrutierung* generell stärker auf Medien-, insbesondere Fernsehtauglichkeit geachtet, und bei seiner Präsentation werden ebenso parteiübergreifend neben sachlichen Qualifikationen Eigenschaften betont, die gewissermaßen die mediengesellschaftlich akzeptable politische Führungs-Modalpersönlichkeit verbürgen sollen, denn: »In allen politischen Milieus ist der Bedarf an demokratischer Leadership gestiegen« (Korte 2003:78). Gerade im verstärkten Ruf nach Führern, nach »Entscheidern« (ebenda) zeigt sich aber, wie sehr doch das Prinzip der Personalisierung, auch auf Kosten kollektiven Handelns, sich durchsetzt, und die vermehrte Betonung privater Vorzüge von Kandidaten für politische Ämter markiert einen weiteren Schritt in Richtung der Entertainisierung der mediendemokratischen Öffentlichkeit.

Die Hauptziele, da funktionale Raison d'être von Wahlkämpfen, bleiben freilich die gleichen: Machterwerb und -erhalt der Kandidierenden bzw. der Organisationen, die sie vorschlagen. Insofern handelt es sich bei etwaigen Zielverschiebungen in erster Linie um strategische Umdisponierung von Personalpolitik und dabei namentlich um die *Lockerung von deren Bindung an langfristige Programme*. Entsprechend häufiger setzen zumal kleinere Parteien bei ihrer Kandidatenkür auf Nachrichtenwert-Optimierer statt auf Parteikarrieristen (Holtz-Bacha 2002:52f.; Lütjen/Walter 2002:416f.), labilisieren damit aber zugleich ihre ganze Wahlkampfstrategie, indem sie diese primär auf Erfolge in der extrem volatilen Medien-, Erlebnis- und Stimmungsdemokratie basieren.

Ausmaß und Tragweite der Verschiebung der Kampagnenziele von der Durchsetzung primär inhaltlich definierter auf *akzeptanzorientierte politische Kandidaturen* hängen in starkem Mass davon ab, wieweit Parteien- zu Mediendemokratien mutieren (Sarcinelli 1998d). Und Aufmerksamkeit um jeden Preis für ihr Personal zu wecken kann wohl kaum das Ziel von Volksparteien sein, die bei tradierten Reputationsrücksichten und Organisationsstrukturen nur in beschränktem Mass die Kandidaturen von unterhaltenden Politikrepräsentanten und Provokateuren unterstützen können. Ohnehin ist noch eine andere Zielrichtung von Wahlkampagnen zu bedenken, nämlich die Eröffnung und Besetzung neuer Politikfelder, für die je nachdem andere Politikertypen als die bisherigen gefragt sein können: unkonventionelle Innovatoren oder aber gerade Garanten der Einbindung von Umwelt-, Verkehrs-, Technologie- oder Freizeitpolitik in die seit eh und je praktizierten politischen Problemlösungsmuster. Insgesamt ist jedenfalls zumindest die Tendenz der Parteiführungen unverkennbar, in Wahlkämpfen die Macht vermehrt durch Personen und weniger durch politische Programme zu erreichen, gemäß der Devise: Die Person und ihr Image sind die Botschaft (Falter 2002:422). In diesem Sinne werden auch Parteitage vermehrt zu vielfältig medienwirksam orchestrierten öffentlichen Akklamationsevents zur Kandidatenkür umgestaltet.

3. *Strategienwandel*: Freier als früher von institutionellen Rollenzwängen bei der öffentlichen Inszenierung ihrer selbst und ihrer Anliegen setzen *Politiker* in Mediendemokratien, gegebenenfalls unterstützt von Imagespezialisten, umfassender ihre Person und ihr privates Umfeld als Präsentationsressource ein. Die Intimisierung der Fernsehöffentlichkeit, derjenigen ihres Leitmediums in Gestalt immer weiterer Real-Life-Formate, leistet dem ebenso Vorschub wie diese Intimisierung nun ihrerseits auf diese Weise, gewissermaßen auch von diesen öffentlichen Leitfiguren sanktioniert und wieder weiter vorangetrieben wird. Einen viel kommentierten Höhepunkt dieses unterhaltungskulturellen Zusammengehens bildet der Auftritt des deutschen Politikers G. Westerwelle, bezeichnenderweise Repräsentant einer kleinen Partei, im Real-Life-Format »Big Brother« (Werner/Stadik 2001:424).

Auch die *Journalisten* rapportieren das Wahlgeschehen anders als ehedem: dramatisieren es analog der Sportberichterstattung, personalisieren es intensiver und üben vermehrt Stil- statt Programmkritik. Das für Mediengesellschaften bezeichnende Überhandnehmen reflexiver Mechanismen äußert sich denn auch

in der Zunahme von Wahl-Metaberichterstattung (Esser 2004). Die Öko-
nomisierung der Medien und die Dualisierung der Rundfunksysteme auf
der einen Seite und die veränderten Akzeptanzbedingungen für Politik und
Politikvermittlung in der Erlebnisdemokratie auf der anderen stellen neue
Problemkonstellationen dar, denen auch die Medienschaffenden mit anderen
Strategien begegnen können und müssen als zu den Zeiten ihrer zwingenderen
Einbindung in das politische System.

Den *drei Phasen des Öffentlichkeitsprozesses* entsprechend praktizieren die verschiedenen Akteurkategorien in der gewandelten Bedingungskonstellation je
andere Problemlösungsstrategien in Wahlkampagnen:

* Die verschärfte Konkurrenz um öffentliche Aufmerksamkeit in der ständig
  sich weiter öffnenden mediendemokratischen Öffentlichkeit nötigt während
  der *Inputphase* die Kandidaten und ihre Helferteams zu immer wieder anderen Aktionen und Auftritten, die die richtigen Nachrichtenfaktoren für deren
  Bewerbung maximieren sollen. Der mit diesem Impression-Management
  angestrebte Imagetransfer ist freilich im Lichte der Befindlichkeiten des
  Wählerpublikums überaus schwer zu realisieren, sind dessen Erwartungen an
  seine politischen Repräsentanten doch nicht bloß je nach Kategorie unterschiedlich, sondern auch insgesamt widersprüchlich, z.B. gleichermaßen
  durch »Anspruchshaltung und Unterordnung« (Weiss 2002b:74) gekennzeichnet. Dem Profil des rundum idealen mediendemokratischen Politikers:
  kompetente, krisenfeste, glaubwürdige, responsive Führungspersönlichkeit
  und zugleich ebenso vorbildlicher wie durchschnittlicher Privatmensch
  genügt denn auch kaum irgendein Kandidat. Auftritte in journalistisch
  wenig kontrollierten Formaten wie Talkshows werden daher mittlerweile
  von manchen Amtsträgern und -anwärtern bevorzugt, denn in solchen hoffen sie, weil sie die Themen stärker selbst bestimmen können, dem Idealprofi
  noch am ehesten zu entsprechen.
* In der *Throughputphase* gilt es, den Input so aufzubereiten, dass er es den
  Bürgerpublika ermöglicht, politische Meinung zu bilden, d.h. sich zwischen politischen Alternativen zu entscheiden. Der Logik funktionaler
  Differenzierung in der Mediendemokratie gemäß wäre die Wahrnehmung
  der Protagonistenrolle durch die Politiker, diejenige der Vermittler durch die
  Medienschaffenden. Mit der stärkeren Emanzipation der Medien aus dem
  politischen System gewinnt unter deren Mitarbeitern in Gestalt des objektiven Journalismus tatsächlich eine entsprechende Berufsauffassung zeitweise
  die Oberhand (vgl. Wyss/Pühringer/Meier 2005:312f.). Die Eigenrationalität von Massenkommunikation mit ihren Imperativen der Inklusions-
  und Akzeptanzmaximierung durch Erlebnismehrung begünstigt indes das
  Wiederaufkommen von Meinungsjournalismus anwaltschaftlicher wie auch

mehr populistischer, jedenfalls stark auf Emotionalisierung setzender Art. Mit dem angestrebten Status des politischen Experten ist freilich die zugleich vielfach praktizierte Rolle des Vermittlers von Politik als Unterhaltung schwer vereinbar. Die Politiker, ihrerseits, weiten ihre Anstrengungen, Zustimmung für ihre Kandidaturen und Anliegen zu gewinnen, auf den ganzen Öffentlichkeitsprozess aus, was ebenso zu heftigen Kämpfen zwischen den zwei Akteurkategorien um die Behauptung der dominierenden Position in diesem wie zu temporären Koalitionen führt. Der daraus resultierende Throughput entbehrt zwar nach wie vor wegen der generellen Expansion mediendemokratischer Öffentlichkeit keineswegs der Vielfalt, ist aber in der Massenkommunikation doch zunehmend durch entschiedene Simplifikationen, Personalisierung und weitere unterhaltungskulturelle Mechanismen geprägt. Die Unterhaltungsindustrie als weiterer Akteur intensiviert natürlich diese Sinnverschiebung bei der Validierung des Inputs durch den Throughput in Richtung Unterhaltungsöffentlichkeit.

- Im *Output* mediendemokratischer Öffentlichkeit, der Meinungsbildung des Bürgerpublikums zu Kandidaturen für politische Ämter, konvergieren die verschiedenen Dimensionen politischer Kommunikation und insbesondere die Strategien der in den Öffentlichkeitsprozess Involvierten und deren Unverträglichkeiten, aber auch Komplementaritäten kommen dabei in vielfältigster Weise zum Tragen. Dass das komplexe Funktionieren moderner Demokratien gleichermaßen opake Ansprüche und Abhängigkeitserfahrungen, »information overload« und Orientierungsdefizite zeitigt und ihre Kommunikationssysteme unterschiedlichste kognitive und emotionale Bedürfnisse abdecken sollen, schwächt, im Verein mit den vier mediengesellschaftlichen Trends, auch das Problemlösungsvermögen mancher überkommener Mechanismen politischer Meinungsbildung: Akzelerierter Wandel bestraft Loyalität, und bei der mediengesellschaftlichen Virtualisierung der sozialen Beziehungen operiert Vertrauen im Makrobereich blind und zieht sich in die interpersonalen Netzwerke zurück. Erlebnissuche und Eventisierung von Politik durch ihre Akteure schließen da, weil komplementär, gerade in Wahlkampagnen gewissermaßen zum mediendemokratischen Modaltyp politischer Meinungsbildung zusammen. Und mit ihrer Umdeutung politischer Wahlen zu sportlichen Großanlässen passen die Träger der politischen Öffentlichkeit diese zentrale demokratische Institution in die mediengesellschaftliche Event- und damit Unterhaltungskultur ein.

4. *Öffentlichkeitswandel*: In der Wahlkommunikation wird also die Entertainisierung der mediendemokratischen Öffentlichkeit besonders augenfällig. Wohl waren Wahlsiege stets Anlass zu Feiern, von den Gewinnern gern dazu benützt, sie als Siege des Gesamtvolkes zu interpretieren und zugleich die während des

Wahlkampfes mit allen erdenklichen Aggressionsstrategien zutiefst polarisierte Bevölkerung zumindest symbolpolitisch wieder zu integrieren. Die umfassende Übertragung der Sportrhetorik auf das Wahlgeschehen durch Politiker und Stammtische nicht minder als durch Medienschaffende verwandelt *politischen Sinn* auch sprachlich in *sportlichen*, Politiker in Athleten. Die Abschlussrituale, vollends, sind die nämlichen: Sieger dürfen feiern, Verlierer müssen erklären (Stiehler/Marr 2001:128). Und der Einsatz des Fairnessvokabulars im Sport wie beim Wählen dient der – nachträglichen – Zivilisierung des Agonalen. Stimulierung als eine zentrale Dimension des Unterhaltungserlebens vermag der Sport in besonders umfassender Weise zu bewirken.

Nicht nur die Institution demokratischer Wahlen wird indes eventisiert und entertainisiert, sondern ihrerseits *expandiert* diese, Sinnverschiebungen zugänglich, als kollektiv allgemein akzeptables unterhaltendes Entscheidungsverfahren in andere Funktionssysteme und in die moderne Lebenswelt überhaupt (Soeffner 1992). Mit der Kür einer Miss Majorette aus dem Tross der Wahlhelferinnen entfaltet das Prinzip demokratische Wahl schon innerhalb des politischen Systems in unerwarteter Art seine Attraktivität als unterhaltender Prämierungsevent weit über dieses hinaus, Vorbild für all die Miss- und Mister-, Star- und Superstarwahlen und sonstigen Rankings landaus landein. In der Wahlkommunikation und ihrer Öffentlichkeit realisiert sich die politische Kultur von Mediendemokratien beispielhaft vieldimensional als synkretistische eventisierte Unterhaltungskultur.

8.3   Sachpolitik

Durch *Sachpolitik* werden laut demokratietheoretischer Norm Tätigkeitsfelder bzw. Probleme, die von der Bürgerschaft als Gemeinschaftsaufgaben definiert werden, von dazu mandatierten Amtsträgern gemäß dem Willen des Souveräns sachgerecht und gemeinwohldienlich bearbeitet. Die Ziele im Sinne anzustrebender Zustände, die sachpolitisches Kommunikationsmanagement erreichen sollte, sind grundsätzlich die gleichen wie in der Personalpolitik, nämlich Aufmerksamkeit, Verständnis, Zustimmung und gegebenenfalls entsprechendes Handeln, nur geht es hier um Programmrealisierung und nicht um Personenwahl.

Sachpolitik in der *Öffentlichkeit* zu personalisieren impliziert da zwar, diese über den Mechanismus Akzeptanzkultur letztlich auch an die Unterhaltungskultur anzuschließen. Dies aber ist normgerecht, da Legitimation durch Öffentlichkeit natürlich gerade auch persönliche Verantwortung für Sachpolitik einbegreift. Insofern rechtfertigt die ständige öffentliche persönliche Zurechnung legislativen, exekutiven und judikativen Handelns von der Sache her die oft beklagte Praxis des »Nach dem Wahlkampf ist vor dem Wahlkampf«, und der Akzeptanzmechanismus Personalisierung kann als Ausdruck bürgernaher Politik sogar begrüßt werden. Zudem kann Öffentlichkeit in der Sachpolitik ebenso als befreiend wie als bedrohend (Noelle-Neumann 1977) empfunden werden, und wie funktional bzw. dysfunktional Politainment sich bei der Realisierung von Gemeinschaftsaufgaben auswirkt, hängt davon ab, wer es wann wie praktiziert.

8.3.1 Akteure

Sachpolitik wird durch Regierung, Verwaltung und Parlament, aber auch durch Interessenvertreter vor den Medien für die Bürgerschaft realisiert. Diese normgerechte Arbeitsteilung wird in Mediendemokratien durch den Strukturwandel der politischen Öffentlichkeit, weil diese die Problemkonstellationen verändert, in verschiedener Hinsicht verunklärt. Optimierung von Sachpolitik heißt noch mehr als früher auch Optimierung von Öffentlichkeit, und da die Ansprüche an das politische System und dessen reales Leistungsvermögen mehr und mehr auseinander gehen, operieren Regierung, die exponierten Verwaltungszweige und das Parlament permanent belastet durch *Effizienz- und Legitimationsprobleme*. Die steigende Komplexität der Sachgeschäfte vermindert ja deren Nachvollziehbarkeit, der Öffentlichkeitsdruck, den die Medienorganisationen ständig ausüben, gefährdet die Arbeit der Verhandlungsdemokratie, und die labilen Befindlichkeiten des Souveräns verunsichern auch die anderen politischen Akteure. Politainment als sozialpsychologische Strategie der Spannungsmodulation und der Erlebnisoptimierung stellt in dieser Problemkonstellation für diese alle eine Option dar, allerdings eben nur unter entsprechenden Umständen eine sachdienliche.

Weil *Regierungshandeln* am unmittelbarsten legitimationspflichtig ist, da unablässig allgemein verbindliche Entscheidungen nicht nur fällend, sondern durch Gestaltung auch implementierend, ist es grundsätzlich auch der stärksten öffentlichen Beachtung ausgesetzt. Die Regierung und mit ihr die Regierungsfraktion genießen daher als die mit realer Durchsetzungsmacht Agierenden einen – freilich ambivalenten – Aufmerksamkeitsbonus, gegen den die Opposition mit besonderer verbaler Brillanz im Parlament und mit möglichst spektakulären Aktionen außerhalb desselben halten muss. Satirisches Politainment und Regel durchbrechende Selbstinszenierungen als Strategien liegen ihr daher näher als der Regierung, die ihre Amtsautorität eher durch Feiern symbolisch überhöht. Die für Mediendemokratien charakteristische Widersprüchlichkeit der Erwartungen an die politische Selbstrepräsentation der Träger von Regierungsverantwortung als der Allgemeinheit verpflichtet und doch im einzelnen und für den einzelnen responsiv, schränkt ihr strategisches Repertoire erheblich ein. Ihre Identität als Amtinhaberin, vollends in Präsidialsystemen, macht die Regierung gegenüber Reputationseinbußen besonders verletzlich und gestattet ihr, anders als der Opposition, nur ein vergleichsweise konventionelles Aufmerksamkeitsmanagement. Auch die imagedienliche Selbstinszenierung von Regierungsmitgliedern als Privatmenschen setzt von diesen dementsprechend in besonderem Maß ein Wissen um »Grenzen öffentlichen Zeigens« (Wunden 1994) voraus. Da es ja auch die für das Regierungswirken institutionell legitimierten Geheimzonen gibt, ist das gekonnte Einhalten und Umspielen dieser Grenzen ohnehin wichtiges strategisches Element jeder demokratischen Regierungskunst. Schließlich sind auf einer ganz anderen Ebene die Kooperationen von Verteidigungsministerien mit der Filmindustrie als »Militainment« (Virchow/Thomas 2004) in diesem Zusammenhang erwähnenswert.

Das *Parlament*, Mit- oder Gegenspieler der Regierung, hat nicht nur analoge Effizienz- und Legitimationsprobleme zu denen der Regierung zu bewältigen, sondern auch noch dasjenige eines traditionalistisch verzerrten öffentlichen Images seiner Arbeit als Forum der erbitterten und darum erregenden Rededuelle. Die Forderung nach Responsivität wird ja noch von derjenigen nach steter sichtbarer Repräsentation seiner Wähler überlagert, was das mühselige und wenig spektakuläre Hinwirken auf konsensuelle Problembewältigung in Ausschüssen zusätzlich erschwert. Diese tagen daher hinter verschlossenen Türen und rufen damit erst recht die Medienschaffenden auf den Plan. Dies wiederum eröffnet für die einzelnen Parlamentarier Chancen zur persönlichen Profilierung in den Medien im Austausch zu Indiskretionen. Ohnehin ist die Position der Medienschaffenden gegenüber den Parlamentariern stärker als gegenüber der Regierung, weil diese kein solidarisches Kommunikationsmanagement praktizieren können und wollen. Die funktionalen Unverträglichkeiten der gewandelten mediendemokratischen Öffentlichkeit kulminieren in diesen Rollendilemmata der Abgeordneten, die sich in der parlamentarischen Arena, aber mehr und mehr auch in der Unterhaltungsöffentlichkeit zu bewähren suchen. Schließlich konkurrieren sie maßgeblich auch um Medienprominenz (vgl. Sarcinelli 2001a und b), ohne die sie eben »Flüstertüten« bleiben. Der Status des politischen Stars (Kepplinger 1997) bildet so einen, wenn nicht den Höhepunkt mediendemokratischer Politikerkarrieren, freilich mit der Konsequenz des Verlustes der »Deutungshoheit über sein Verhalten« (Depenheuer 2000:13), das, dermaßen in die Öffentlichkeit gestellt, Objekt abenteuerlichster Interpretationen wird. Die Bereitschaft von Politikern, sich in Formaten von Reality-TV auszustellen, die ja beispielhaft den Kampf um eigene und fremde Deutungshoheit über Personen und ihr Verhalten inszenieren, gemahnt da an Geständniszwang in einer widersprüchlichen Konstellation.

Da die *Akteurrollen* entsprechend dem Rollenwandel in der mediendemokratischen Öffentlichkeit sich entprofilieren und neue hinzu kommen, labilisieren sich im Gefolge des generellen institutionellen Wandels auch die Normen bezüglich adäquaten sachpolitischen Stils und werden demgemäß auch die Vorbehalte gegen Politainment und die Entertainisierung der politischen Öffentlichkeit schwächer. Die Verwaltung agiert in dieser Hinsicht natürlich je nach Leistungsbereich unterschiedlich, aber insgesamt für weniger formelle soziale Bewegungsformen mit ihren Klienten aufgeschlossener als ehedem. Korporatistische Akteure und soziale Bewegungen fühlen sich im Zuge der generellen politischen Entpflichtungsprozesse freier, unkonventionelle Stile in die Sachpolitik einzubringen, umso mehr als diese größere Medienaufmerksamkeit versprechen. Überhaupt definieren als mediale Selektions- und Präsentationsraster die Nachrichtenfaktoren immer durchgängiger den öffentlichen Stellenwert, die Tragweite, die Bedeutung auch des politischen Geschehens in der Mediengesellschaft. Und da dieser Raster als Schablone journalistischer Weltwahrnehmung die soziale Wirklichkeit erlebnishaltig und unterhaltungsnah strukturiert, ist er der einflussreichste Beförderer von Politainment auch in der mediendemokratischen Sachpolitik.

8.3.2   Tätigkeitsfelder

Es gibt *leichter und weniger leicht medialisierbare und entertainisierbare Politikfelder bzw. Policies.* Politische Kommunikation variiert ja generell je nach Politikfeld (Jarren/Sarcinelli 1998:19). Die fortschreitende generelle Medialisierung von Funktionssystemen und Lebenswelt (Imhof/Blum/Bonfadelli/Jarren 2004), die weltweit verstärkte Prägung des sozialen Geschehens durch Medienereignisse (Dayan/Katz 1992) und die zunehmende Eventisierung von Politik (Boorstin 1964) lassen indes weitere Verschiebungen in Richtung Medialisierung und Entertainisierung erwarten. Zwar lässt der rudimentäre Stand der empirischen Forschung unter der hier analyseleitenden kommunikationssoziologischen Perspektive auch wieder nur idealtypische Deduktionen aufgrund von »educated guesses« zu, aber immerhin bestätigt z. B. die neuere Kampagnenforschung (Röttger 2006) ein Umsichgreifen dieser Art von Politik und in deren Gefolge die zunehmende Durchmischung politischer Kultur mit Ansprechtechniken, auch unterhaltenden, kommerzieller Werbung. Weitere frühere kulturelle Unvereinbarkeitsregeln werden also mit dieser Entwicklung außer Kraft gesetzt.

Es lohnt sich denn auch im Sinne der künftigen Forschungsagenda, Politikfelder hinsichtlich Grad und Art ihrer Entertainisierbarkeit bzw. Entertainisiertheit tentativ zu typisieren. Als Hauptkriterium unter dem gewählten Bezugsrahmen drängt sich deren *Erlebnis- bzw. Ereignishaftigkeit* auf. Allerdings unterscheiden sich diesbezüglich demokratische Regimes und politische Kulturen erheblich, so dass nur sehr vorsichtige Verallgemeinerungen möglich sind. Die Aufgabe der Kommunikationsmanager ist indes auch hier grundsätzlich überall die gleiche, nämlich Mediendemokratie so als Erlebnisdemokratie auszugestalten, dass die Adaptations-, Integrations-, Zielrealisierungs- und Identitätsprobleme der involvierten Systeme und Individuen optimal bewältigt werden und dazu unterhaltungskulturelle Mechanismen, Politainment entsprechend einzusetzen. Kommunikationsstrategisch geht es also darum, durch Aktionen, Inszenierungen und Kampagnen diese Politikfelder bzw. -programme Aktivisten, Konsumenten und Entfremdeten dergestalt zu präsentieren, dass diese sich mit diesen in für sie selber und das politische System produktiver Weise auseinandersetzen.

Im Handbuch »Politische Kommunikation in der Mediengesellschaft« (Jarren/Sarcinelli/Saxer 1998) werden 13 zentrale Politikbereiche im Hinblick auf *Unterschiede und Ähnlichkeiten* der für sie charakteristischen politischen Kommunikation analysiert. O. Jarren und U. Sarcinelli fassen die Befunde folgendermaßen zusammen. »So gibt es einen generellen Trend zur bereichsspezifischen Professionalisierung von Öffentlichkeitsarbeit/PR. Dabei sind allerdings der Grad an Öffentlichkeitsorientierung und die kommunikativen Beziehungen zum Teil doch sehr unterschiedlich. Diese hängen vor allem ab vom jeweiligen öffentlichen und/oder medialen Interesse an dem Politikfeld und damit in Verbindung stehend vom Grad der Betroffenheit bestimmter Publika sowie von der Anzahl wie auch von der Handlungssouveränität beteiligter Akteure« (Jarren/Sarcinelli 1998:18).

Außenpolitik weckt da gemäß dem *Kriterium der (unmittelbaren) Betroffenheit* generell geringere Aufmerksamkeit denn Innenpolitik. Auch Sicherheitspolitik hatte noch 1998, zumindest nach Einschätzung H. Prayons, »in der öffentlichen Agenda einen nachgeordneten Stellenwert« (Prayon 1998:525), blieb primär Expertenkommunikation. Seither rangiert sie, Ausdruck globaler Terror- und sonstiger Bedrohungsängste, im öffentlichen Bewusstsein viel höher. Dabei decken sich in der Erlebnisdemokratie Betroffenheitsempfinden und objektive Tragweite von sachpolitischen Programmen nur in geringem Maß, was dem politischen Kommunikationsmanagement umso weiteren, aber auch schwerer kalkulierbaren sozialpsychologischen Manövrierraum eröffnet. Politiker wie Journalisten, die mit heilsamen oder unheilvollen Konsequenzen politischer Programme argumentieren oder immer häufiger solche emphatisch oder auch satirisch vergegenwärtigen, operieren zwar mit Belohnung und Drohung als Stimuli, aber vor Bürgerpublika, die ihrerseits ebenfalls mit Sanktionsvermögen in Gestalt von Missachtung oder Ablehnung dieser Appelle ausgestattet sind. Gesundheitspolitik wiederum mit ihren elementaren wirtschaftlichen und gesundheitlichen Konsequenzen für jedermann zeigt als hyperkomplexes politisches Verhandlungssystem analog vielfältige Kommunikationssysteme, die unablässig auf fundamentale (Betroffenheits-)Werte unter einem ständig sich erweiternden Gesundheitskonzept referieren (Groser 1998). Dabei gewinnen mehr und mehr auch Möglichkeiten der Gesundheitsförderung durch Unterhaltung (Lampert 2003) als eine Variante von Edutainment die Aufmerksamkeit von Gesundheitspolitikern.

Gesundheitspolitik wie viele andere neuere Politikfelder ist im übrigen *ressortübergreifend* definiert (Jarren/Sarcinelli/Saxer 1998:506ff.). So konstituieren Umwelt- und Energiepolitik, Verkehrspolitik, Sozial- und Gesellschaftspolitik und erst recht Technologie- und Medienpolitik charakteristische Handlungs- und Funktionszusammenhänge moderner Gesellschaften, die im Gefolge von deren wachsender Systeminterpenetration nicht mehr innerhalb klassischer Politikressorts bearbeitet werden können. Für sie gilt in gesteigertem Maß F. Nullmeiers allgemeine Feststellung: »Benennungen und Abgrenzungen von Politikfeldern sind selbst Gegenstand und Resultat politischer Kommunikation und unterliegen deren Konjunkturen« (Nullmeier1998:574). Dasselbe trifft aber auch auf die Ressortgliederungen der Massenmedien zu. Selbst von den traditionsbewußten Zeitungen wird diese zunehmend zu Gunsten flexiblerer Organisationsformen aufgegeben (Meier 2002:424ff.).

Institutioneller Wandel als Metatrend impliziert eben auch, dass überkommene Problemdefinitionen und institutionelle parteilich-behördliche bzw. publizistische Deutungshoheit des politischen Geschehens an grundsätzlicher Akzeptanz und Verbindlichkeit einbüßen und auch in dieser Hinsicht integrale kommunikative Kontrolle politischer Prozesse mehr und mehr illusorisch wird. Insbesondere werden mit Selbstverständlichkeit die verschiedensten Deutungsmuster auf diese veränderten Problemkonstellationen projiziert, und unter diesen machen neben den gewissermaßen klassischen politischen Basisframes (Dahinden 2006:108) Wirtschaftlichkeit und Fortschritt die stärker erlebnisdemokratisch geprägten und auch unterhaltungsnäheren Konflikt, Moral/Ethik/Recht, Personalisierung an Boden gut. Außer Politikbereichen, die Betroffenheitsgefühle durch – zugeschriebene – Konsequenzen von Policies im Alltag auslösen, sind also auch komplexe neue Politikfelder, weil sie sozusagen *flottanten politischen Sinn* generieren, in besonderem Maß medialisier- und entertainisierbar.

Mit dem Stichwort »Expertenkommunikation«, von H. Prayon als charakteristisch für Sicherheitspolitik genannt, kommt ein drittes Kriterium ins Blickfeld, das für die Medialisier- und Entertainisierbarkeit von Politikfeldern erheblich ist, nämlich Art und Grad ihrer *Technizität*, d.h. der relativ allgemeinen Einsehbarkeit und Nachvollziehbarkeit ihrer Eigenlogik und der sie gestaltenden politischen Programmregelhaftigkeiten und damit auch ein etwaiger politischer Gestaltungsbedarf. Wirtschaft und Wissenschaft z.B. sind, weil am adäquatesten statistisch abbildbar oder von der Sache her abstrakt, besonders schwer populär zu vermitteln. Der entsprechende öffentliche Diskurs ist denn auch insgesamt durch geringe Kompetenz gekennzeichnet, maßgeblich auch eine Folge der schwachen Dotation der Redaktionen mit qualifizierten Wirtschafts- und Wissenschaftsjournalisten, und etwaiges Politainment operiert, so wenigstens der kursorische Eindruck, mehr mit Karikaturen von der Art des Konsumtölpels und Unternehmerschurken bzw. des weltfremden oder dämonischen Wissenschaftlers, mit unterhaltungskulturellen Stereotypen also, denn mit sachgerechteren humoristischen Inszenierungen. Immerhin ist analog zu gesundheitspolitisch relevantem Edutainment auch Konsumenteninstruktion durch Unterhaltungsfernsehen erwähnenswert (vgl. u.a. Hamm/Koller 1989), die längerfristig Wissensdefizite bildungsferner Konsumenten verringern und damit Konsumentensouveränität im Sinne demokratischer Wirtschaftspolitik mehren kann.

Ihre spezifische inhärente Rationalität ist es also, die Politikfelder umfassend unterscheidet und ihre je andere Erlebnisträchtigkeit, Emotionalisier-, Eventisier- und Entertainisierbarkeit begründet. Unterschiedlich vordringlich ist es denn auch für die Involvierten, als Deutungsrahmen den »*Moral-Frame*« an sie anzulegen, sie also als primär ethisch definierte, nach sittlichen Prinzipien politisch zu regelnde zu interpretieren. Es ist offenkundig, dass Sozialpolitik und erst recht Entwicklungspolitik in viel elementarerer Weise moralisierbar sind und im öffentlichen und nichtöffentlichen politischen Diskurs auch werden als etwa Verkehrs-, Forschungs- und auch Sicherheitspolitik. Moralisierung, die Inanspruchnahme universeller sittlicher Werte (Dahinden 2006:108f.), bietet sich allerdings im Gefolge institutionellen Wandels und labilisierter kontexturaler Sinnkonfigurationen immer genereller als leicht nachvollziehbare Strategie emotionaler Mobilisierung an. Und so greift sekundäre Moralisierung außer auf Umweltpolitik auch vermehrt auf Forschungspolitik und überhaupt fast jedes politische Tätigkeitsfeld über, denn mit ihr kann ja jederzeit höchst erlebnisträchtig der Mechanismus der Skandalisierung in Gang gebracht werden. Moralisierung ist denn auch für die Entertainisierung der politischen Öffentlichkeit ähnlich zentral wie Personalisierung.

Bleibt als weiteres, für die Medialisierung und Entertainisierung von Policies wichtiges Merkmal und letztes Kriterium dieses Typisierungsversuchs das von O. Jarren und U. Sarcinelli angesprochene der »Handlungssouveränität beteiligter Akteure«. Damit, mit *Handlungssouveränität* rückt nicht nur ein Merkmal noch ins Blickfeld, entlang dem die politischen Systeme der repräsentativen und der direkten Demokratie sich elementar unterscheiden, sondern zugleich eine nicht minder elementare Dimension des Unterhaltungserlebens. Zwar müsste natürlich diese Parallele auf ihre jeweilige reale Bedeutung hin überprüft werden, aber dass hierin eine spezifische, vor allem auch vormediale Entertainisierbarkeit direkt demokratischer Sachpolitik gründet, ist wohl unbestreitbar. In dieser kommen ja auch verstärkt die informellen, unterhaltungsnahen Mechanismen interpersonaler Kommunikation zum Tragen.

Die hier tentativ erstellte Liste: Betroffenheit, Sinnlabilität, Technizität, Moralität und Handlungssouveränität von Kriterien, die für die Medialisier- und Entertainisierbarkeit von Politikfeldern bzw. Policies besonders erheblich sind, spiegelt in ihrer Heterogenität die Komplexität der Konstellationen, mit denen Manager der politischen Kommunikation in Mediendemokratien hier konfrontiert sind. Politische Aktivisten, Politikkonsumenten und politisch Entfremdete bilden dabei sehr unterschiedliche und schwer kalkulierbare Antwortpotentiale auf Beeinflussungsversuche durch politische Kommunikation, so auch durch Aktionen, Inszenierungen und Kampagnen. *Politainment* operiert daher im Hinblick auf *vier Zielhorizonte*: 1. als Strategie der maximalen Inklusion von Bürgerpublika mittels Aufmerksamkeitsstimuli; 2. als Verständigungsstrategie über leicht nachvollziehbare Informationsangebote; 3. als Zustimmungsgewinnstrategie durch euphorisierende, Akzeptanz maximierende Inszenierungen politischer Problemlösungen; und 4. als Aktivierungsstrategie durch kontinuierliche, abwechslungsreiche, emotional gratifizierende Kampagnenarbeit. Hauptadressaten solchen Politainments sind bei realistischer Einschätzung von dessen Möglichkeiten die immerhin sehr vielen Politikkonsumenten, die auf diese Weise zumindest eher gezielt mit Sachpolitik in Kontakt gebracht werden können.

8.4 Eventpolitik

Auch der Trend zur Eventisierung mediendemokratischer Politik wird von politik- und publizistik- bzw. kommunikationswissenschaftlicher Seite, soweit überhaupt, vornehmlich mit Bedauern registriert. Darin schlägt einmal mehr deren normativer Bias für diskursive und gegen Erlebnisrationalität zu Buch. Entsprechende Besorgnis weckt das steigende Gewicht von Darstellungspolitik im Insgesamt von Politikrealisierung und wird symbolische Politik weiterhin von einem essentialistischen Politikverständnis aus grundsätzlich abgewertet (Sarcinelli 1998c:729). Darob wird die systematische Analyse der Eventisierung mediendemokratischer Politik, deren Positionierung innerhalb derselben und die fundierte Abschätzung von deren Funktionalität vernachlässigt. Dies muss *ansatzweise* in diesem abschließenden Teilkapitel der Politainment-Analyse dieser Untersuchung geleistet werden.

8.4.1 Eventpolitik als Politik

Politik hat seit eh und je auch Züge von Spektakel, denn sie betrifft alle, aber nicht nur Machtentfaltung, sondern auch Machtverschleierung sind gleichermaßen strategische Elementarvarianten ihrer Praxis. Und zeitweilige Entlastung von Machtdruck gehört ebenso zu den Mechanismen gesellschaftlicher Selbstregulierung wie deren Zähmung im Dienste institutioneller Disziplinierung. Der *Generierung und Ausgestaltung von Erlebnissen* kommt in diesem Zusammenhang besondere Bedeutung zu, denn solche vermögen, namentlich in der Kombination von Feier und Fest, das Erlebnis von Ordnung und Freiheit auf Zeit hin zu vereinen. Denn diese Verbindung ist grundsätzlich labil, die erwähnte wissenschaftliche Bedenklichkeit zumindest von daher nachvollziehbar und die Überschrift des von der Nationalen Schweizerischen UNESCO-Kommission 1996 veranstalteten Kolloquiums »Mehr-Medien-Spektakel – weniger Polit-Kultur?« (UNESCO-Kommission 1996) weiterhin aktuell.

Der in diesem Kapitel beleuchtete *Prozesswandel* kulminiert ja maßgeblich unter dem Einfluss moderner Medienkultur in der alltäglichen Eventisierung demokratischer Politik. So mutiert die Krönungsmesse, die im mittelalterlichen Aachen zur Inthronisation der deutschen Herrscher zelebriert wurde, eben zur »Krönungsmesse« des Kanzlerkandidaten am Parteitag der deutschen Sozialdemokraten von 1998 in Leipzig (Brosda 1999). Der Standesvorbehalt der Barocktragödie, der diese Theatergattung den Potentaten reservierte und die Beschwernisse der kleinen Leute in der Komödie der allgemeinen Belustigung überantwortete, hat sich mittlerweile in das Gegenteil, nämlich zur dramatisch überhöhten Dauerreverenz demokratischer Politikeliten vor etwaigen Kümmernissen der letzteren gewandelt. Das öffentliche schweizerische Fernsehen schließlich, institutionell zur Widergabe des wichtigen politischen Geschehens verpflichtet, rapportierte am 9. 12. 2004 anlässlich einer Ministerwahl, analog zum Horoskop des Boulevardblatts »Blick«, die Prophezeiung eines Wahrsagers zum mutmaßlichen Resultat dieser Parlamentsentscheidung. Alles scheint eventisierbar geworden zu sein, und nichts ist, was nicht von einem Medienverbund eventisiert werden könnte.

Eventpolitik, wiewohl nicht als solche institutionalisiert, expandiert zu einem universellen politischen Vollzugsprogramm, zu *einer Art Metapolitik*, zum Dauer-»Megaevent«. Diese Entwicklung ruft im Lichte der vorgängigen Analyse weniger nach weiteren Erklärungen als nach vertiefter Interpretation ihrer Konsequenzen für demokratische Systeme und deren Bürger. Weil moderne demokratische Politik von allgegenwärtiger Undurchschaubarkeit geworden ist, bedarf sie zur allgemeinen kognitiven Reduktion ihrer Hyperkomplexität und zur Erhöhung ihres emotionalen Profils intensivster symbolischer Verdeutlichung und Vergegenwärtigung. Eventpolitik als Darstellungspolitik in Antwort auf den veränderten Kommunikationsbedarf von Erlebnisdemokratien will und soll dies in besonderem Maße leisten. Sie bildet die dominante Weiterentwicklung und spezifisch mediengesellschaftliche Ausdifferenzierung symbolischer Politik in Mediendemokratien, für die »Information und Kommunikation (...) *die* politisch-strategischen Ressourcen« (Sarcinelli 1996:21) sind und »Medienpräsenz (...) eine der wichtigsten ›Machtprämien‹« (ebenda, 23) ist.

Institutionell setzt Eventpolitik als symbolische Politik bei den Akten staatlicher Selbstrepräsentation, bei der Realisierung von Personal- und Sachpolitik und beim öffentlichen Rechtsvollzug durch die Verwaltung an, wird aber mittlerweile als Strategie der Aufmerksamkeits-, Verständnis-, Zustimmungs- und Partizipationsgenerierung von sämtlichen Akteurkategorien mehr oder minder häufig praktiziert. Damit wird allerdings ein Prozess ständiger gegenseitiger Abwertung solcher Events in Gang gebracht und gehalten. Da diese zudem allesamt auf die Kumulation von Nachrichtenfaktoren angelegt sind, resultiert aus dem Überhandnehmen von Eventpolitik in erster Linie zusätzliche Macht der Medien, die politische Öffentlichkeit zu prägen, eben als Medien- und auch als Unterhaltungsöffentlichkeit. Nicht allein das Einflussgefälle unter den Öffentlichkeitsakteuren verschiebt sich indes im Gefolge zunehmender Eventisierung der Politik, sondern zugleich wird dadurch der Raum öffentlicher Politikdarstellung noch einmal erweitert, indem namentlich vormals Privates wie das familiäre Umfeld politischer Akteure als politisch gleichfalls relevant eventisiert wird. Dies wiederum verknappt die Aufmerksamkeit der Bürgerpublika für die institutionellen Politikbelange noch mehr.

Als zentral für die Konstitution von Eventpolitik erweist sich mithin das *Medienereignis*, weshalb auf seine Implikationen auch für die Entertainisierung politischer Öffentlichkeit noch weiter eingegangen werden muss. Durch ihre Eventisierung wird ja politische Kultur in Akzeptanzkultur transformiert und damit mediendemokratische Politik weiter mediengesellschaftlicher Unterhaltungskultur anverwandelt.

8.4.2 Konstituenten von Eventpolitik

Mediendemokratische Eventpolitik ist in den politisch-institutionellen und den unterhaltungskulturellen Kontext eingebunden. Aus dieser doppelten Positionierung resultiert eine *besonders flexible, aber auch widersprüchliche Konstellation von Konstituenten*, in der die funktionalen Unverträglichkeiten der sich wandelnden politischen Öffentlichkeit voll zum Tragen kommen, nämlich zwischen Partizipationsmaximierung und -qualifizierung, zwischen politischer Wirklichkeit und

Medienrealität und zwischen Publizität und Effizienz. Als zunehmend sich verselbständigendes politisches Subsystem entwickelt Eventpolitik dafür Strukturen in Gestalt bestimmter Mechanismen, die spezifische Leistungen zu erbringen vermögen.

Auch die Realisierung von Eventpolitik setzt komplexe Lernprozesse der in sie Involvierten voraus, und zwar nicht nur der Eventpolitiker, sondern ebenso der Bürger. Die *Ausdifferenzierung eines bzw. zahlreicher Subsysteme von Eventpolitik* ist ja Ausdruck von Makrowandel, der Veränderungen auf dem Meso- und Mikrolevel beinhaltet und nicht einfach das Ergebnis abweichenden Verhaltens. Bezeichnenderweise sieht sich U. Sarcinelli als Politikwissenschaftler bereits genötigt, das »medienöffentliche Parteienbild«, weil »unterkomplex«, und seine implizite Botschaft, »die Professionalität demokratischer Parteien beweise sich vornehmlich in ihrer Kompetenz zu medialer Eventisierung von Politik« (Sarcinelli 2003:51f.) zu korrigieren. Dennoch ist Eventmanagement in Mediendemokratien unzweifelhaft ein viel zentralerer Aufgabenbereich politischen Kommunikationsmanagements als in früheren Entwicklungsphasen des politischen Systems und treibt die Medialisierung der politischen Institutionen weiter voran.

Dass *Eventmanagement* dermaßen unverzichtbar für erfolgreiches Politisieren geworden ist, gründet freilich in der entsprechend gewandelten Gesamtbefindlichkeit der Bürgerschaft, veränderten Problemkonstellationen der Medienschaffenden und den wachsenden Akzeptanzproblemen demokratischer Politik und ihres Personals. Entsprechend groß sind die Investitionen, die ins Eventmanagement zu leisten sind, von der dauernden Beobachtung der dynamischen politischen Märkte über den Beizug professioneller Issue- und Riskspezialisten aus der Wirtschaft bis zur Schulung der eigenen Mitarbeiter in Administration und Parteizentralen. Auch konkurrierende oder adverse Eventpolitik muss ja ständig antizipiert und observiert und die eigenen Aktionen, Inszenierungen und Kampagnen müssen in allen Phasen des politischen Prozesses optimiert werden. Mit der Zeit entsteht so ein ganzes Manual von Regeln für erfolgreiche Event-Produktion auch in der Politik, für mediengerechtes Event-Design (Imhof/Eisenegger 1999:198f.) wie für Event-Marketing und ebenso für das je passende, gegebenenfalls also auch unterhaltende Framing.

Medienereignisse will und soll ja Eventpolitik in Mediendemokratien, deren politische Öffentlichkeit dominant Medienöffentlichkeit ist, in erster Linie schaffen. Konstitutiv für solche ist allerdings nicht bloß die Umkehr der Priorität von extramedialem Geschehen und dessen medialer Konstruktion, sondern auch ein hohes und ständig wachsendes Mass an Reflexivität, da Medienereignisse immer häufiger auf einander und sich selbst verweisen. So rückt nach der Person der Kandidaten, die bereits ihr bzw. ihrer Partei Programm in den Hintergrund gedrängt hat, vermehrt ihr Stil, die Wahlkommunikation ins Zentrum der Medienaufmerksamkeit und schließlich thematisiert sich die politische Berichterstattung in Wahlkämpfen international mehr und mehr selber (Esser 2004; vgl. auch Brosda 1999)

Es reagiert also der professionelle Journalismus auf seine Instrumentalisierung durch Eventpolitik mit Eventisierung seiner selbst. In Fortschreibung und Abwandlung von M. McLuhans berühmten Diktum. »The medium is the message« kann diese weitere Drehung der modernen Reflexivitätsspirale (Beck/Giddens/Lash 1996) in die Formel gefasst werden: *der Bericht ist das Ereignis*. Und wo er es nicht ist, da sind es zumindest die Früchte von Medienereignissen, die die Berichterstattung erntet. So ergab eine Langfriststudie: Deutsche »Blätter griffen vorwiegend Politiker-Stellungnahmen auf, die selbst schon mit Blick auf die Medien gestaltet worden waren« (Kepplinger 1998a:171).

Eventisierung als Hauptmechanismus der Unterhaltungskultur öffnet Politik für diese. Insofern ist *Politainment* für Eventpolitik grundsätzlich konstitutiv, d.h. immer und überall als flexible Strategie einsetzbar, erfolgreich aber nur, soweit sie in der jeweiligen Situation mehr Probleme löst als schafft. Strukturell unverzichtbar ist Eventisierung hingegen für die Medienproduktion und damit für einen Hauptträger von Eventpolitik, zwar kostenintensiv, aber für deren Wirtschaftlichkeit zentral (Friedrichsen/Göttlich 2004).

8.4.3   Funktionalität von Eventpolitik

Die Funktionalität von Politainment als Strategie im Rahmen von Eventpolitik hängt allerdings davon ab, was diese überhaupt an das Funktionieren von Mediendemokratien beiträgt. Dass die Eventisierung von Politik in solch universellem Mass praktiziert wird, verrät jedenfalls großes Vertrauen der politischen Akteure in deren Problemlösungspotential und entsprechende Risikobereitschaft. Die Gefahr, dass weitere Bevölkerungssegmente sich dem politischen System entfremden, ist ja in Mediendemokratien gegenwärtig, der Rekurs auf unterhaltungskulturelle Techniken zur Steigerung der Erlebnisträchtigkeit von Politik nahe liegend. Der *Dialektik reflexiver Modernisierung* entspricht es freilich auch, dass damit als unkalkulierbare Nebenfolge strategischen Handelns funktionale Unverträglichkeiten der politischen Öffentlichkeit verschärft werden. So ist die Qualität der durch Eventpolitik realisierten Inklusion in den politischen Prozess durchaus umstritten und müsste durch systematische Vergleiche zwischen eventisierter und nicht eventisierter Politik erst erhoben werden. Auch ist ungewiss, welche Art von Identität der demokratischen Ordnung, welches Bild von ihr längerfristig und mit welchen politischen Konsequenzen so vermittelt wird.

Innovationstheoretisch lässt sich argumentieren, dass Eventpolitik soweit an die Lösung von Problemen moderner Demokratien beiträgt, als sie, die Merkmale durchsetzungsfähiger Neuerungen kombinierend, die Anpassung des politischen Systems an veränderte Bedingungskonstellationen verbessert. Insbesondere ist dabei auch die Rolle zu bedenken, die massenhaft zusätzlichen Unterhaltungserlebnissen von Politik zukommt, namentlich den durch Euphorisierungstechniken geschürten übersteigerten und entsprechend enttäuschungsanfälligen Erwartungen hinsichtlich des Problemlösungsvermögens von Policies. Auch Eventisierung von Politik durch Verlagerung von politischem Sinn mittels ihrer Um-Framing aus der Verpflichtungs- in die Freizeitsphäre, etwa durch die Übertragung des Deutungsmusters Pferderennen auf institutionelle politische Entscheidungsprozesse (Esser 2004:327), bringt weitgehend unerforschte sozialpsychologische Reaktionen mit vielfältigen Implikationen für das Image und damit für die Identität von Demokratie in Gang. Schon aus diesen Beispielen erhellt, dass auch als Innovation Eventpolitik auf allen drei Gesellschaftslevels politisch relevante Implikationen hat.

Zur *vertieften und weiterführenden innovationstheoretischen Analyse* der Funktionalität von Eventpolitik wird diese daher in einem allgemeinen Modell Politik-Innovationssystem positioniert:

Politik				
Entwicklungs- system	Politik- Innovation	Kommunikations- form	Öffentlichkeit	Adoptions- konstellation
Legislative	Relativer Vorteil	Autoritäten- kommunikation	Eliten- öffentlichleit	Akzeptanz- konstellation
Exekutive	Kompatibilität	Medien- kommunikation	Medien- öffentlichkeit	Adoptions- phase
Intermediäres System	Kompaktheit	Experten- kommunikation	Organisations- öffentlichkeit	Adoptions- typen
Zivilgesellschaft	Aufwand	Laien- kommunikation	Encounter- öffentlichkeit	Adoptions- relevanz

(links: Ressourcen; rechts: Märkte; unten: Kultur)

Abb. 12: Modell Politik-Innovationssystem (Quelle: eigene Darstellung)

Eventpolitik, wie auch Politainment, ist eine *Innovation*, soziologisch definiert als »die Hervorbringung, Durchsetzung, Übernahme und Anwendung neuer Ideen und Techniken, bisher unbekannter Produkte oder Rollen in einem sozialen System oder Subsystem« (Wittig 1994). Innovationen bilden ein konstitutives Element soziokulturellen Wandels und sind in den modernen dynamischen Gesellschaften »zur Norm geworden« (ebenda), zeitigen stets aber auch irgendwelche Widerstände, Innovationsresistenz. Ihr Durchsetzungserfolg hängt von den im

Modell aufgeführten fünf Determinanten von Innovationsprozessen ab, derjenige politischer Neuerungen in Demokratien speziell auch von deren Öffentlichkeit, aber auch von der weiteren Bedingungskonstellation. Innovationen beanspruchen Ressourcen und benötigen aufnahmebereite Märkte; Kultur und Politik definieren und sanktionieren ferner Neuerungen je nachdem als konformes oder abweichendes Verhalten. Die unterschiedliche Akzeptanz von Eventpolitik bzw. Politainment in der amerikanischen und westeuropäischen Politik ist maßgeblich auch Folge je anderer Innovationstoleranz der dortigen politischen Kultur.

Unter den vier für ihren Durchsetzungserfolg entscheidenden *Merkmalen von Politik-Innovationen* scheint denn auch für diese transatlantische Differenz wesentlich dasjenige ihrer unterschiedlichen Kompatibilität mit der sonstigen politischen Kultur zu sein. Eventpolitik, lässt sich generalisieren, ist durchsetzungsfähig und entfaltet ein Problemlösungs- und -schaffungspotential, soweit sie mit der jeweiligen politischen Kultur, namentlich auch mit deren Stilnormen, verträglich ist. Der relative Vorteil hingegen, den sie für die politischen Akteure verspricht, die Eventpolitik praktizieren, ist ein anderer als für deren Adressaten: für die ersteren gesteigerte Realisierungschancen ihrer Policies, für die letzteren Politik als Erlebnis. Auch der Aufwand ist natürlich für beide höchst unterschiedlich und variiert je nach Ereignis- und Erlebnishaftigkeit von Politik und Politikfeld. Generell wirft aber dieser Aufwand auf den übersetzten Aufmerksamkeits- und Erlebnismärkten je länger desto geringere Renditen ab. Von den Entwicklungssystemen müssen daher mehr und mehr Ressourcen angezapft werden und die Akzeptanzkonstellation für den einzelnen politischen Event verschlechtert sich zusehends.

Die Funktionalität, die die Innovation Eventpolitik entfalten kann, bemisst sich des weiteren gemäß den Zugriffsmöglichkeiten der verschiedenen *Entwicklungssysteme* auf die gleichen oder auch andere Ressourcen. So sind nicht nur die Mittel der Regierungen, ihre Politik als Spektakel zu inszenieren, vielfältiger als diejenigen des durch die erwähnten Constraints reglementierten Parlaments, sondern auch der institutionelle Nimbus ihrer Inszenierungen ist größer als derjenige sonstiger Entwicklungssysteme. Für die Eventpolitik zivilgesellschaftlicher Entwicklungssysteme ist daher auch die Illegitimierung dieses institutionellen Nimbus namens einer umfassenderen Solidargemeinschaft prioritär und für die kleineren Parteien überhaupt die Profilierung ihrer Politik als spezifisch und darum beachtungswürdig. Die Medien wiederum als intermediäres Entwicklungssystem reproduzieren nicht, vielmehr formatieren sie die Innovation Eventpolitik recht eigentlich, ja generieren sie letztlich in Gestalt von Medienereignissen.

Diffundiert wird die Innovation, für das System Politik spezifisch, gleichgewichtig über verschiedene Kommunikationsformen und Öffentlichkeitsarenen in gleichfalls überaus komplexen Adoptionskonstellationen. Eventpolitik wird mittlerweile über vielkanalige Medienkommunikation verbreitet, von Experten und in Partei- und Verbandsöffentlichkeiten kommentiert und in der Encounter-Öffentlichkeit von Laien desgleichen. Die verschiedenen Befindlichkeiten der Bürger zeitigen allerdings je andere Grade der Adoptionsbereitschaft für Neues, und in den verschiedenen Adoptionsphasen, von der etwaigen Wahrnehmung über die Evaluation bis zur Annahme oder Verwerfung der eventisierten politischen Kandidatur, Programmatik oder Bilanz entscheiden sie durchaus eigenmächtig über die Funktionalität der Innovation Eventpolitik. Generell gilt daher lediglich, dass diese wohl temporär mehr Aufmerksamkeit für Politik wecken kann. Vor allem aber etablieren die politischen Akteure mehr und mehr, überzeugt vom Third-person-Effekt von Medienkommunikation und der Adoptionsrelevanz von Eventpolitik für die Realisierung ihrer Politiken, diese als eine Art Metapolitik auf der Basis reflexiver Selbstbestätigung.

Trotzdem oder gerade auch deshalb ist das innovative Vermögen von Eventpolitik sehr beträchtlich, da es gewissermaßen spiralförmig expandiert. Die besonders spektakuläre und deshalb Beobachter auch speziell faszinierende Eventisierung deutscher *Parteitage* ist hierfür ein Paradebeispiel. Gänzlich zum tragenden Element von Wahlkampagnen umfunktioniert (Müller 2002) demonstrieren sie so durchgehend Euphorie wie jede – andere – Unterhaltungsveranstaltung und positionieren sich damit und mit ihrer sonstigen Selbstinszenierung neu ins Zentrum der Unterhaltungsöffentlichkeit. Wechselseitig und, reflexiv, jeder für sich steigern sich, wie schon an den Conventions der amerikanischen Parteien (Lang/Engel Lang 1968:150ff.), die Akteure und Aktionen zum Event, und: »Nicht die Handlungsfähigkeit per se, sondern das über die Medien vermittelte Image der Handlungsfähigkeit ist (…) das zentrale Ziel und angestrebte Ergebnis der Parteitage« (Müller 2002:150). Dass dabei die kalkulierte Visualisierung der Vorgänge absoluten Vorrang hat und die Television die Presse und so die Reflexion in den Hintergrund drängt, versteht sich fast von selbst. Euphorisierung als strategische Generalmaxime von Wahlkampagnen schließt allerdings deren Differenzierung in Richtung aggressiver Emotionalisierung gegen politische Konkurrenten keineswegs aus. So richten sich entsprechende angriffige Werbemittel der Parteien im Bundestagswahlkampf 1998 vor allem an Journalisten, werden in der Berichterstattung tendenziell in Nachrichten umformatiert und so für eine nicht zum vornherein polarisierte und polarisierende Berichterstattung den integrativen politischen Ambitionen der Volksparteien dienlicher (Müller 2000:365f.). Online durchgeführte Parteitage zeigen vorläufig noch primär Experten- bzw. Elitenkommunikation (Hebecker 2002:244), dürften aber in absehbarer Zeit mehr Gewicht als »Event im Event« gewinnen.

Allein das Beispiel der Umgestaltung von Parteitagen illustriert jedenfalls, dass es sich bei der Eventisierung von Politik um ein Element des Öffentlichkeitswandels in Mediendemokratien handelt, dessen Funktionalität schwer abschätzbar, aber unzweifelhaft vieldimensional ist. Was Eventpolitik zumindest immer wieder zustande bringt, ist *temporäre kulturell-expressive Sozialintegration* (Heitmeyer 1997) von mehr Bürgern unter solche symbolpolitischen Inszenierungen als ohne diese. Eventpolitik vollzieht ja die mediengesellschaftliche Entertainisierung mit, eröffnet aber durchaus auch innovative, demokratiefunktionale Gestaltungsmöglichkeiten: Mediengesellschaft und Mediendemokratie finden in ihr recht eigentlich zueinander. Wissenschaft und politische Praxis sind aufgerufen, die daraus resultierenden Chancen zum stärkeren Erleben von Demokratie vermehrt zu erkunden und zu nutzen.

IV   Politik als Unterhaltung?

Auch diese ganze Studie wird ja aus einer doppelten Motivation heraus unternommen: erstens, um die tatsächliche Relevanz von Unterhaltung für Politik zu klären und zweitens, um normativ bedingte Einseitigkeiten der Öffentlichkeitstheorie zu korrigieren. In diesem Sinne ist der Schlussteil dieser Untersuchung *zweigliedrig*: Kapitel 9 zieht aus dem Vorangegangenen eine vorläufige Funktionalitätsbilanz von Politainment, und Kapitel 10 formuliert darauf basierende Ideen zur Weiterentwicklung der Öffentlichkeitstheorie. Und weil trotzdem noch sehr viel offen bleibt, steht hinter der Überschrift dieses Schlussteils ein Fragezeichen – als Aufforderung zur vertieften empirischen und theoretischen Überprüfung der Befunde dieser Studie.

9   Funktionalität

Dem Argumentationszusammenhang dieser Untersuchung entsprechend wird die Funktionalität von Politainment zuerst rückblickend im Gesamtprozess mediengesellschaftlicher Entertainisierung und mediendemokratischen Öffentlichkeitswandels verortet und ihr allgemeines Profil umrissen. Hierauf wird im Sinne des analytischen Bezugsrahmens das spezifische Problemlösungs- und -schaffungspotential von Politainment hinsichtlich der vier elementaren Problemkonstellationen bestimmt. Auf dieser Grundlage kann schließlich unter dem Etikett »labile Multifunktionalität« tentativ die mediendemokratische Funktionalität von Politainment als Ganzes anvisiert werden.

9.1 Allgemeine Funktionalität

Politainment, dies das Fazit aus den bisherigen Erörterungen, ist eine Strategie demokratischen Kommunikationsmanagements, die aus der mediengesellschaftlichen Entertainisierung ihre Motivation und Legitimation schöpft. Die diese Entertainisierung befördernden *Metatrends* erhöhen auch die Erfolgschancen einer solchen Strategie. Funktionale Differenzierung zeigt Multioptionsgesellschaften mit ihrer Angebotsvielfalt und ihrer neuen Komplexität, Entlastung und Belastung zugleich. Institutioneller Wandel mindert den sozialpsychologischen Verpflichtungsdruck des politischen Systems, und die Individualisierung zieht gesteigerte und entsprechend leichter enttäuschbare Erwartungen an dessen Leistungsfähigkeit nach sich. Ebenso nimmt die Verbindlichkeit von Realitätskonstruktionen mit Allgemeinheitsanspruch ab. All dies schafft Raum für Neuerungen auch in der Politik und, gewissermaßen als kollektiver Horror vacui, vielfältigen Erlebnisbedarf.

Die Unterhaltungskultur, die im Gefolge dieser Metatrends von modernen Gesellschaften ausdifferenziert wird, ist der umfassende Niederschlag dieses Erlebnisbedarfs und die Unterhaltungsindustrie der potente Motor, der immer weitere erregende oder behagende (Zillmann 1994) Innovationen zu dessen Befriedigung entwickelt. Damit eröffnet sich zugleich den politischen Akteuren ein ständig wachsendes Reservoir von erfolgserprobten Inklusionsmustern und -techniken, die, entsprechend adaptiert, durchaus auch aktuelle und potentielle Politikinteressenten und -flüchtlinge ansprechen können. Dazu bedarf es freilich eines nicht minder potenten Transformators von allgemeiner Kultur in *politische Unterhaltungskultur*, und als dieser operiert hier wie in den anderen Funktionssystemen dieser Gesellschaften natürlich deren Medialisierung, diese immer durchgehender »-tainisierend«. In neuen, nicht mehr innerhalb oder entlang der Grenzen der funktionalen Teilsysteme positionierten, sondern diese gerade transzendierenden Funktionskomplexen wie namentlich dem Sport oder, auf anderer Ebene, Design schließen Kultur, Wirtschaft, Politik, Mediensystem und Unterhaltungsindustrie zu eigenständigen sinnstiftenden Konstellationen zusammen.

Der partielle Wandel des politischen Systems zur *Mediendemokratie* folgert aus dieser Gesamtentwicklung ebenso selbstverständlich wie Politainment als strategische Option, der veränderten Problemkonstellation zu begegnen. Weil zudem Erlebnisrationalität in immer weiteren Daseinssphären, wenigstens solange ein gewisser Wohlstand herrscht, zunehmend als valable Alternative zur dominanten Zweck-Mittel- Rationalität praktiziert wird, büsst der traditionell definierte politische Sinn an identitätsstiftender Verbindlichkeit ein. Wie viel weniger politischer Sinn unter diesen Umständen institutionell noch gebunden ist zeigt sich unter anderem daran, dass er nicht nur vermehrt von Freizeitmustern wie dem Sport und ihren Bedeutungszuschreibungen überlagert, sondern, vor allem in den USA, auch fundamentalistischen Umdeutungen zugänglich wird. Die Intensität der Resakralisierung der Öffentlichkeit moderner Demokratien dank immer kompetenter praktiziertem »Religiotainment« (Meyer 2005) hängt allerdings maßgeblich von der jeweiligen politischen Kultur ab. Dies setzt auch der Medialisierung demokratischer Politik, der Entertainisierung der politischen Öffentlichkeit und damit auch der Verbreitung von Politainment unterschiedlich hohe Schranken.

Konsequenzen, eufunktionale und dysfunktionale, kann die Expansion von Politainment als Strategie politischer Akteure auf dem *Makro- und Mesolevel wie auf der Mikroebene* haben. Das höchst variable Funktionalitätsspektrum, das auch eine sachgerechte Einschätzung der Relevanz dieser Strategie und ihrer Implikationen erschwert, ist eine Folge der Eigenart des Objekts von Politainment, der Optimierung des Erlebens von Politik nämlich:

- Politainment wirkt sich mithin am unmittelbarsten auf dem *Mikrolevel* aus, sind seine primären Adressaten doch die einzelnen Bürger(innen), der Souverän in Demokratien. Von multipler Identität, unterschiedlicher politischer Befindlichkeit und in je anderen Milieus verkehrend, ist auch ihr Erlebnisbedarf fluid, vielfältig geprägt, entsprechend heterogen und daher weniger als ehedem durch Jedermanns-Angebote ansprechbar. Zudem können die politischen Akteure kaum mehr auf ungebrochene politische Loyalitäten zählen. Umso mehr müssen sie mit gestiegenen und oft intoleranten, aber auch wieder unterschiedlichen Erwartungen an politischen Stil rechnen und außer tradierten institutionellen auch lebensweltlichen, namentlich ästhetischen Normen zu genügen suchen. Politisches Kommunikationsmanagement muss also beim Rückgriff auf allgemeine Erfolg verheißende unterhaltungskulturelle Inklusionstechniken allmählich auch sein Bewusstsein für die spezifischen Unvereinbarkeitsregeln von Unterhaltungskultur und politischer Kultur schärfen. Nur so kann es ihm gelingen, unter den Bedingungen fragmentarisierter Gesamt- und pluralisierter politischer Öffentlichkeit mit dem Einsatz von Politainment mehr emotionale Gratifikation denn Frustration bei den Bürgern zu erzielen.
- Dies gilt natürlich auch für die politischen Akteure auf dem *Mesolevel,* die Organisationen. So wie Unvereinbarkeiten zwischen Elite- und Populärkultur bestehen und deren Missachtung risikoreich und jedenfalls reputationsrelevant ist, so variiert die institutionelle und sozialpsychologische Toleranz gegenüber dem Einsatz von Politainment durch verschiedene Akteurkategorien entsprechend den ihr Handeln determinierenden Constraints. Ist Politainment auf der Mikroebene eher eine Substrategie ihrer Politics, so dient sie den Organisationen primär zur Steigerung der Erlebnishaltigkeit ihrer Policies, ist Eventpolitik zur effektvollen Lancierung von Kandidaturen und Programmen. Zur Sicherung

der auf dem Mikrolevel angestrebten maximal funktionalen Inklusionseffekte durch unterhaltungskulturelle Mechanismen wie Euphorisierung und Personalisierung werden die Erfolgschancen von Eventpolitik durch die professionelle Unterstützung von Marktforschern und Marketingspezialisten vergrößert, während zur Risikominimierung wenn immer möglich die Verträglichkeit unkonventionellen Politainments mit dem Image der jeweiligen politischen Organisation geprüft wird. Insgesamt stellt jedenfalls wegen der Konkurrenz von immer mehr Organisationen, kommerzieller, kultureller wie politischer, um öffentliche Aufmerksamkeit Politainment als Strategie der unterhaltenden Interesse- und Zustimmungsmaximierung an das Kommunikationsmanagement immer größere Anforderungen.

- Die allgemeine Funktionalität von Politainment in der Mediendemokratie auf der *Makroebene* ist am schwierigsten zu erfassen, aber die unübersehbare, wenn auch partielle Entertainisierung ihrer politischen Öffentlichkeit und die Etablierung von Eventpolitik als zunehmend durchgängige Metapolitik deuten auf eine Entwicklung hin, die das politische System als Ganzes affiziert. Diese ist durch kollektive Mentalitätsverschiebung, Rationalitätswandel und Umdefinition von politischem Sinn in diese Richtung zu mehr symbolischer und stärker entertainisierter Politik gekennzeichnet. Strukturell wäre dies unter anderem am Wandel der Kandidatenprofile, der Umgewichtung der Aktivitäten der politischen Organisationen, eben der Eventisierung von Politik und generell an entsprechendem politischen Stilwandel abzulesen. Auch Polity, das institutionelle Gefüge von Mediendemokratie trägt allmählich Zeichen von Identitätswandel in Richtung Erlebnisdemokratie.

Auf dieser Basis kann nun vorgängig zur Analyse des spezifischen Problemlösungs- und -schaffungspotentials von Politainment eine knappe Bilanz seiner allgemeinen eufunktionalen und dysfunktionalen Konsequenzen, seiner Systemdienlichkeit und -abträglichkeit gezogen werden. Dies ist ein Interpretationsansatz, der die Beurteilung der gesellschaftlichen Qualität sozialer Phänomene impliziert und darin dem gleichfalls normgeprägten Untersuchungsgegenstand und dem ihm geltenden Diskurs entspricht. Umso unerlässlicher ist es, dabei auf einigermaßen konsentierte Kriterien zurückzugreifen, um mit der Interpretation nicht einfach die hier dominierenden, wissenschaftlich nicht weiter diskussionsfähigen Werturteile noch zu vermehren. Demgemäß wird im Folgenden auf den Linien des unter 6.1 abgeleiteten *Minimalmodells politischer Öffentlichkeit* argumentiert. Zu evaluieren ist mithin, wieweit und wie Politainment dazu beiträgt oder behindert, dass die mediendemokratische Öffentlichkeit transparent, validierungs- und outputmächtig, effizient also, individuelle und kollektive Meinungsbildung und -artikulation zur Generierung und Implementation wertkonformer, gemeinwohldienlicher allgemein-verbindlicher Entscheidungen ermöglicht.

In diesem Sinne lassen sich die allgemeinen eufunktionalen und dysfunktio-nalen Konsequenzen von Politainment folgendermaßen *bilanzieren*:

1. *Politische Kommunikation*: Politainment ist primär eine Kommunikationsstrate-gie, geeignet, Politik erlebnishaft zu vergegenwärtigen. Der Gratifikationsgehalt dieser *Erlebnisse* ist sehr vielfältig. Sie können Überraschung oder beruhigende Gewissheit, Begeisterung oder Empörung, Anteilnahme oder Schadenfreude, Spannung oder Entspannung beinhalten. Immer aber ist das Unterhaltungs-erleben von einer positiven Grundstimmung getragen (Früh 2003b:28ff.), weil das Individuum gemäß seinen eigenen Präferenzen seine Energien einsetzen kann und dabei mit Erfüllungs- und Entlastungserfahrungen belohnt wird: Erfüllung durch Entrückung in Phantasiewelten, durch Identifikationschancen, durch kontrollierten Kontrollverlust in kurzzeitigen Befriedigungsrhythmen und Entlastung von institutionellem Zwang, von kognitiver Überforderung, von Langeweile. Die Attraktivität von Unterhaltungserleben ist denn auch gerade in den komplexen modernen Gesellschaften so groß, dass sie sich auch in entspre-chenden Lockerungen im alltäglichen Zusammenleben und in der immer eif-rigeren Nutzung der wachsenden Angebotsvielfalt der Unterhaltungsindustrie niederschlägt. Allen kulturkritischen Bedenken zum Trotz kann daher am viel-fältigen Problemlösungspotential von Unterhaltung als mediengesellschaft-lichem Spannungsmodulator nicht gezweifelt werden, ebenso wenig aller-dings auch daran, dass diese Art von Erlebnisrationalität das systemgerechte Funktionieren von Mediendemokratie beeinträchtigt, wenn sie kontrollier-tere, weniger elementar subjektive Arten von Rationalität im Verhältnis der Bürger zu ihrem politischen System nach dem Modell der »Spaßgesellschaft« stark in den Hintergrund drängt. Eine politische Öffentlichkeit, die kaum mehr anders denn als Unterhaltungsöffentlichkeit funktioniert, ist bloß einsei-tig, nämlich für Privates, transparent und erbringt auch nicht die systemnot-wendige Validierungsleistung.

Politainment betätigt als Strategie einen sehr flexiblen, darum freilich auch labilen *Mechanismus*. Weil auf keinen festen semantischen Bezug, Sinn, fixiert, keiner bestimmten Realitätskonstruktion verpflichtet, ist Politainment als Unterhaltung, als »-tainment« letztlich beliebig einsetzbar und bleibt entspre-chend unverbindlich. Wenn Politik als das allgemein Verbindliche definiert ist, dann bildet phänomenologisch Unterhaltung ihr genaues Gegenstück, sind Spannungen mit dem Spannungsmodulator Unterhaltung vorprogrammiert. Politainment muss ja, will es die mit Unterhaltung verbundene angenehme Grundstimmung verbreiten, die Mechanismen von Unterhaltungskultur betä-tigen, euphorisieren und nicht strapazieren, eventisieren und nicht deliberieren.

Politainment obliegt es, zumal in den deutschsprachigen Demokratien, in Bezug auf Politik ein produktives Verhältnis zu realisieren, das in Mediengesellschaften generell ein Dauerproblem darstellt, nämlich deren Unterhaltungskultur so zu regeln, dass Akzeptanzkultur auch für die Verpflichtungskultur akzeptabel ist. Systemdienlich funktioniert ja Unterhaltungsöffentlichkeit nur, wenn die von ihr mitgeprägte politische Kultur öffentliche Meinung generiert, die, entsprechend stimuliert, gemeinwohldienliche allgemeinverbindliche Entscheidungen zeitigt.

Die *Bürgerschaft* indes, die diese Meinung bilden soll, zerfällt mittlerweile in Aktivisten, Konsumenten und Desintegrierte. Politainment vermag primär nur das zwar sehr große Segment der Politikkonsumenten in den politischen Prozess zu integrieren, und einigermaßen normgerecht auch nur, wenn diese dadurch zu einem etwas verpflichtenderen Verständnis der politischen Ordnung als bloß einer Berechtigungsdemokratie finden. Die dahin führende politische Sozialisation kann aber natürlich nicht einfach den Massenmedien überbunden werden, sondern der Erwerb und die Konsolidierung demokratischer Einstellungen benötigen das Mitwirken von Mechanismen sekundärer Reintegration wie staatsbürgerliche Förderung. Desintegrierte hingegen, in ihren Milieus zwar intensive Rezipienten von Medienunterhaltung, werden auch bei attraktivstem Politainment den mitchiffrierten politischen Sinn kaum entziffern können oder wollen und direkter politischer Persuasion darin als einer Attacke auf ihr souveränes Unterhaltungserleben sich ohnehin verweigern. Politische Aktivisten schließlich sind in erster Linie der satirischen Demontage ihrer politischen Gegnerschaft zugänglich. Auch hinsichtlich des Bezugs zum Bürgerpublikum ist also die Funktionalitätsbilanz von Politainment gemischt.

2. *Politiken*: An Politainment wird deutlich, wie sehr, ihrer institutionellen Verschiedenheit ungeachtet, *Personal- und Sachpolitik* in Mediendemokratien ineinander übergehen. Dem unterhaltungskulturellen Akzeptanzmechanismus der Personalisierung steht eben in der Verpflichtungskultur kein analog effizient Komplexität reduzierender Mechanismus der Rationalisierung durch Versachlichung gegenüber. Popularisierung als breitenwirksamer Mechanismus der Bewältigung von Sachkomplexität ist ja durch seine Nähe zu »populistisch« negativ konnotiert. In der Unvereinbarkeit von Differenzierung als zentralem Instrument von Analyse und »-tainisierter« Eventisierung als Hauptstrategie von Image- und Impressionsmanagement konkretisiert sich der Gegensatz von Politik als Sphäre der Verbindlichkeit und von Unterhaltung als Rekreation von dieser. Immerhin wird, weil in der politischen Öffentlichkeit zunehmend die Person vor dem Programm rangiert, deren Präsentation in dieser differenzierter, als mehr und mehr statt bloß eines politischen ein multiples Individuum inszeniert wird. Dysfunktional wirkt sich eine solche Verschiebung politischer

Rationalität in Richtung Erlebnisrationalität aus, wenn dabei mangels deliberativer Qualität der politischen Kommunikation ein Meinungsklima entsteht, das zu gemeinwohlabträglichen Entscheidungen führt. Dafür werden auf diese Weise Bürgerkategorien in den Entscheidungsprozess über Politiken überhaupt inkludiert, die ihm ohne Personalisierung und Eventisierung fernblieben.

Die Funktionalitätsbilanz von Politainment hängt im übrigen auch davon ab, ob und wie sehr Politik in *unterschiedlichen Politikfeldern* überhaupt als solche von den Bürgern erlebt wird, als politische Gestaltung. Mit Finanzpolitik zum Beispiel wird jedermann in Form von Steuern und Berechtigungen konfrontiert, unmittelbar oder auch zunehmend indirekt. Die Personalisierung des politischen Systems als Vater Staat oder unerbittlicher Steuervogt sind da seit eh und je leicht nachvollziehbare soziale Konkretisierungen abstrakter politischer Zusammenhänge. In der Moderne, in der das staatliche Walten allgegenwärtig, aber letztlich unfassbar geworden ist, drängt sich auch in der Politik der vermehrte Rückgriff auf die Ansprech- und Präsentationstechniken der kommerziellen Werbung auf, die es versteht, jedes denkbare Objekt als angenehmes Erlebnis zu inszenieren. Diskrepanzen zwischen negativen Alltagserfahrungen mit den Resultaten von Politik und deren euphorischer Eventisierung zeitigen indes Frustration statt besserer Akzeptanz derselben.

Auf jeden Fall wird die Funktionalität von Politainment bezüglich verschiedener politischer Aktivitätsbereiche maßgeblich von der Art der Medienberichterstattung über sie bestimmt. Entscheidend dabei ist, wie viele und welche Nachrichtenfaktoren ihnen von den Journalisten zugeschrieben werden, ihre Medialisierbarkeit gemäß diesem Kriterium, die wiederum ihre Eventisier- bzw. Entertainisierbarkeit mit determiniert. Außen- und Ausländerpolitik überlagern sich zum Beispiel in vielfältiger Weise, und ihre Konsequenzen werden von jedermann in durchaus anderer Art auf Auslandsreisen oder zu Hause im Umgang mit Immigranten erfahren, und die hier besonders wichtige *Medienöffentlichkeit* kompliziert die ohnehin erhebliche spezifische Legitimationsproblematik dieser Politiken zusätzlich. Europakritik in den Medien zum Beispiel, Satirisches zumal über manche Entscheidungen der Europäischen Kommission, kann auf der einen Seite die Skepsis auch gegenüber sachlich gerechtfertigten transnationalen Beschlüssen bestätigen, aber andererseits auch die EU-Institutionen zur demokratietheoretisch wünschenswerten verstärkten Selbst-Legitimierung nötigen (Latzer/Saurwein 2006:19). Temporäre europäische Gesamtinklusion wird des weiteren durch mediale Unterhaltungsöffentlichkeit für Anlässe wie den »Eurovision Song Contest« gestiftet, aber dabei zugleich nationalstaatlicher Dissens nur scheinbar spielerisch öffentlich ausgetragen (Saxer 2006c:79; Schweiger/Brosius 2003:291). Andererseits unterschätzten zum Beispiel die Medien die wachsende Ausländerfeindlichkeit in Deutschland (Brosius/Esser 1995:190ff.), »dramatisierten, namentlich die Boulevardpresse, dann aber umso mehr ›die Asylantenflut‹, verhalfen damit vielen Rezipienten zum Erlebnis rechtschaffener Empörung und legitimierten so, auch mit der Insinuation bloßer symbolischer Politik der Behörden, letztlich Gewaltbereitschaft gegenüber Immigranten«. »Ist dann einmal eine Gewalttat eskaliert, so dass ihr Nachrichtenwert sie zu einem nationalen Ereignis macht, wird sie zum Schlüsselereignis« (ebenda 192), und die Sensationalisierungs-, Emotionalisierungs-, Gewaltsamkeitsspirale dreht sich weiter. Unterhaltungskulturelle Mechanismen, wie Politainment und Medien sie zur stimulierenden Eventisierung einsetzen, können so im Kontext bestimmter Politiken außer Kontrolle geraten.

3. *Politisches System*: Politainment ist Ausdruck und Motor von Erlebnisdemokratie und affiziert in *dreifacher Weise* das politische System der Demokratie als Ganzes: Indem es die Identität des Systems verändert, indem es gegeninstitutionelles Potential entfaltet und indem es Ressourcen bindet und freisetzt:

- Die *Identität* politischer Systeme manifestiert sich an und in ihnen überall, als Verständnis von Demokratie und als demokratische Praxis. Identität wird konstituiert durch gemeinsamen politischen Sinn, der ständig bestätigt (Luhmann 1997:46f.) oder auch verändert wird, je integrierter das System, desto übereinstimmender, aber gerade nicht einhellig, denn: »We agree to disagree«. Demokratische Identität heißt ja: Jeder ist Souverän, freilich in institutionell konsentierten Bahnen, und dysfunktional ist Identitätswandel, wenn demokratischer Sinn autoritär verhärtet oder anarchisch verkommt. Politainment, eine in allen politischen Systemen praktizierte, weil semantisch nicht festgelegte Kommunikationsstrategie, kann ebenso flexibel demokratische Identität realisieren helfen wie Autoritarismus als Akklamationstheater bestätigen oder anomisch demokratische Institutionen schwächen. Politischer Sinn wird im übrigen in Verfassungen, offiziellen Erlassen und Akten symbolischer Selbstdarstellung des politischen Systems festgehalten, und bezeichnenderweise scheint die Entertainisierung der Mediendemokratien in diesen Dokumenten kaum auf und ist entsprechend schwer fassbar.

- Die Demokratie, wie jedes politische System, ist eben durch *Institutionen* geregelt, Ausdruck kollektiven Willens, Dinge so und nicht anders zu tun, je wichtiger der Gegenstand, desto zwingender die Regelung. Unterhaltung, als Entlastung von Verbindlichkeiten, stellt solche Normativität grundsätzlich in Frage. Politainment operiert daher stets in einem limitierten Toleranzraum, entfaltet gegeninstitutionelles Potential nur gegen bestimmte Elemente der institutionalisierten politischen Ordnung. In Bezug auf die demokratischen Grundwerte der Legitimität, Repräsentativität, Responsivität und Rationalität setzt Politainment in erster Linie gegen Monopolansprüche diskursiver bzw. deliberativer Rationalität mehr Erlebnisrationalität durch und damit auch eine andere Art von Responsivität des politischen Systems, nämlich für private Anliegen der Bürger. Elementareres Labilisierungsobjekt von Politainment ist freilich institutionelle Korrektheit als solche und damit die Bändigung des Außerinstitutionellen. Dieses politisiert Politainment auf seine Weise in den verschiedensten Formen, von den Clownerien fundamentaloppositioneller Straßentheater bis zur fordernden öffentlichen Inszenierung intimer Befindlichkeiten.

- All dies erfordert indes *Ressourcen*: politische, wirtschaftliche, kulturelle. Ohne politische Gefolgschaft verpufft Politainment im Leeren; ohne erhebliche wirtschaftliche Mittel kann der Aufwand für professionell gekonnte unterhaltende Selbstpräsentation und eindrückliche Eventpolitik nicht bestritten werden; ohne kulturelle Kreativität, das Vermögen, innovative Muster politischen Aufmerksamkeits- und Positionsmanagements mit höheren Nachrichtenwerten als Konkurrenten zu entwickeln, hat auch Politainment geringe Chancen, von den Medien beachtet zu werden. Grundsätzlich dysfunktional, nämlich gewissermaßen plutokratisch wirtschaftliche Macht mit politischem Einfluss belohnend, operiert Politainment immerhin nicht, da, wie zumal neue soziale Bewegungen beweisen, mehr Kreativität ökonomisches Übergewicht in der politischen Öffentlichkeit kompensieren kann. Die Funktionalitätsbilanz von Politainment ist also auch in dieser Hinsicht ambivalent.

9.2 Problemspezifische Funktionalität

Ambivalent ist auch das Potential der Kommunikationsstrategie Politainment, *spezifische Systemprobleme zu lösen und zu schaffen*. Essentiell ein Spannungsmodulator, sind das unmittelbarste Wirkungsfeld dieser Kommunikationsstrategie Adaptionsprobleme. Als Erlebnisgenerator integriert oder desintegriert Politainment die Bürgerschaft. Da primär auf Entlastung angelegt, operiert Politainment in besonders komplexer Weise als Mechanismus von Zielrealisierung, und eine spezifische, eben Erlebnisrationalität befördernd, definiert Politainment politischen Sinn um und damit die Identität demokratischer Politik. Auch zeitlich instabil, da stark situationsbedingt, sind die Effekte von Politainment insgesamt und sein Funktionalitätspotential im einzelnen, weil diese systemisch zusammenhängen und überdies auf die gesamte demokratische Wertkonstellation zu beziehen sind, schwer kalkulier- und einschätzbar.

9.2.1 Adaptation

Von Individuen wie sozialen Systemen, unablässig konfrontiert mit einer Vielfalt von Situationen, werden ständig innere wie äußere Anpassungsleistungen verlangt. Dabei gilt: »Angepasstheit (ist U.S.) Voraussetzung nicht Resultat von Evolution« (Luhmann 1997:446). Das hoch institutionalisierte rechtsstaatliche Verfahren als demokratischer Verhaltensimperativ erwirkt zwar ein Höchstmaß an Erwartungssicherheit, operiert damit aber auch wandlungshinderlich. Dabei setzt zumal die wachsende Systeminterpenetration moderner Gesellschaften ihre individuellen und kollektiven Akteure unter steigenden *Anpassungsdruck*. Unterhaltung als anthropologisch fundierter, daher vergleichsweise selbstverständlicher und, da sinnmäßig bzw. institutionell nicht festgelegter flexibler Spannungsmodulator, kann da auch im politischen System adaptationsförderlich fungieren. Allerdings verursacht das gegeninstitutionelle Wirkungspotential von Unterhaltung seinerseits Spannungen in Bezug auf das demokratische Ordnungsgefüge, dessen regulative, nicht-freiheitliche Implikationen. Neue Hindernisse gegen wandlungsgerechte Anpassung politischer Strukturen in Gestalt rigider Stil- bzw. Artikulationskontrolle können daher sehr wohl auch aus Politainment resultieren, wenn dieses die komplexen Erfolgsbedingungen politischer Unterhaltung nicht erfüllt und daher negativ sanktioniert wird.

Individuellen politischen Akteuren eröffnet Politainment andere als herkömmliche Möglichkeiten der Selbst- und der Programmpräsentation und -durchsetzung, den Bürgern als politisch souveränem Publikum, allein, in Kleingruppen oder ihren Netzwerken eine zusätzliche Dimension von Politik, nämlich gewissermaßen ihre Privatseite. Das politische Kommunikationsmanagement und seine medialen Weiterverbreiter weiten so im Gefolge des sonstigen Gesellschaftswandels die politische Öffentlichkeit zum komplex unübersichtlichen Kommunikationsraum analog zur modernen Gesellschaft selber. Politik als unterhaltsame Offerte unter anderen trägt also wohl der generellen Dynamik der Mediengesellschaft, insbesondere ihrer Entertainisierung Rechnung, überbindet aber auf diese Weise einfach den Bürgern verstärkt die Selektion des für sie politisch Erheblichsten. Die Validierungsleistung der in unterschiedlichste Relevanzsphären fragmentarisierten und normativ pluralisierten politischen Öffentlichkeit hält ja mit deren Vergrößerung nicht Schritt. Da aber verschiedene Bürgerkategorien, ihrer je anderen Milieuzugehörigkeit wegen, auch für Politainment mehr oder weniger disponibel, seinem persuasiven Impact zugänglicher oder weniger zugänglich sind, fördert oder behindert es auf dem *Mikrolevel* flexible oder immobile Mentalitäten. Soweit nämlich Politainment als Unterhaltungskultur einfach mehrheitsfähige Vorurteile bestätigt, vergrößert es auch Anpassungsdisparitäten, milieuspezifischen Political lag.

Auch auf dem *Mesolevel* der organisierten Akteure funktioniert Politainment je nachdem evolutionierend oder retardierend. Dass neue soziale Bewegungen und reaktionäre Machthaber gleichermaßen auf diese Strategie zurückgreifen wie überhaupt ihre generell weit gespannte ambivalente Funktionalität hinsichtlich der vier elementaren Systemprobleme bestätigen, wieweit die Entertainisierung der Mediengesellschaft fortgeschritten ist und Unterhaltung überall als Totalphänomen in Erscheinung tritt. Konservative politische Organisationen praktizieren Politainment in erster Linie mit dem Ziel, einen ihnen dienlichen Status quo mittels seiner ästhetischen Repräsentation und durch die Ridikülisierung alternativer Zustände zu stabilisieren. Progressive Kräfte zielen hingegen idealtypisch nicht auf Bestätigung, sondern auf Veränderung von Mentalitäten und Systemidentität und visieren mithin mit grundsätzlich gleicher Strategie das Gegenteil der ersteren an. Binnen- und Außenkommunikation müssen sich dabei funktionsmäßig ergänzen: Satirisches gegen die Anderen, Majorettes für die Eigenen. Zwar kann Politainment mit großen und kleinen Budgets erfolgreich realisiert werden, aber längerfristig dürften sich unterschiedliche Kooperationsmöglichkeiten politischer Organisationen mit Spezialisten aus der Unterhaltungskultur doch differenzierend auswirken. Von mitglied- und finanzstarken politischen Akteuren dürfte Politainment noch mehr zum Majoritätenprogramm, Typus »Krönungsmesse« (Dörner 2002), ausgestaltet werden, von weniger potenten Organisationen zum eher aktionszentrierten Minoritätenprogramm. Elitenpromotion und Agenda-setting als strategische Hauptzielrichtungen dürften weiterhin entsprechend unterschiedlich aufwendig und aggressiv entertainisiert verfolgt werden. Immer ist aber natürlich zu berücksichtigen, dass erlebnisträchtige Eventisierung von Politik nur ein, wenn auch zunehmend zentraler Teil von Politikrealisierung ist.

Auf der *Ebene des Gesamtsystems*, des politischen wie des gesellschaftlichen, ist denn auch die Funktionalitätsbilanz von Politainment ebenso unter dem Differenzierungsaspekt wie demjenigen der Systemdienlichkeit zu interpretieren. Funktionale Differenzierung als Metatrend und Hauptmotor mediengesellschaftlicher Evolution schlägt eben in der konflikthaltigen Gestalt »reflexiver Modernisierung« auch bei der Frage der Systemanpassung zu Buch, und entsprechend ist bei Politainment mit der Adaptations- auch eine Differenzierungsproblematik verbunden. Unter den entspannenden und mobilisierenden Erlebnisdimensionen von Unterhaltung setzt Politainment als auf Massenakzeptanz zielende Strategie der Unterhaltungsöffentlichkeit und orientiert an den Erfolgsmechanismen der Unterhaltungskultur Priorität auf die ersteren. Damit wird aber analog zu den Wissensdisparitäten zwischen Viel- und Weniglesern zusätzlich die Flexibilitätsdisparität zwischen Viellesern und unterhaltungsorientierten Vielsehern durch politisches Kommunikationsmanagement verstärkt. Die Mitglieder adaptationsschwacher Milieus werden in diesem Defizit auch noch durch eine Art von

Politainment bestätigt, das ständig unmittelbare Befriedigung gewährt, damit ihre Frustrationstoleranz für aufgeschobene Gratifikation weiter vermindert und sie so mentalitätsmäßig an einer produktiveren Mitgestaltung der politischen Dynamik behindert. Auch die Differenzierungsperspektive darf indes in der Adaptationsbilanz von Politainment nicht verabsolutiert werden. Eine innovationstheoretische Sicht korrigiert jedenfalls einen überwiegend dysfunktionalen diesbezüglichen Befund: Eventpolitik, die Lösungen für anstehende politische Probleme präsentiert, die Wandlungsgerechtheit mit den Attributen durchsetzungsfähiger Neuerungen kombinieren, kann gerade auch über Unterhaltungserleben deren Annehmbarkeit erhöhen und damit fällige Anpassungen des politischen Systems erleichtern und sogar dessen Bereitschaft für neue Herausforderungen erhöhen.

9.2.2 Integration

Solche kulminieren nach übereinstimmendem Urteil der Beobachter im Problembereich Integration, und Politainment wird von politischen Akteuren maßgeblich zu dessen Bewältigung praktiziert, mit der Begründung und dem Ziel nämlich, damit vermehrt Bürger in die politische Kommunikation und damit in die Mitgestaltung des demokratischen Gemeinwesens einzubeziehen. Die Qualität dieser ohnehin bloß temporären Inklusion in den politischen Prozess ist allerdings so umstritten, dass ihr Dysfunktionalität nicht minder als Eufunktionalität attestiert wird. Dem liegen natürlich unterschiedliche Urteile über die Demokratiegerechtheit deliberativer und emotionaler politischer Rationalität zugrunde, die in entsprechende Forderungen an die Struktur und den Output der politischen Öffentlichkeit in Gestalt repräsentativer, gemeinwohldienlicher, entscheidungsförderlicher Meinungsbildung münden. Eventpolitik als symbolische Politik und zu unterschiedlichen Teilen Politainment stiftet günstigenfalls *temporäre kulturell-expressive Sozialintegration* und genügt allein keinesfalls für volle politische Partizipation der Bürger, für die Politik mehrheitlich »ein peripherer Bereich ... (ihrer U.S.) Lebenswelt« (Sarcinelli 1987:312) ist. Dazu bedarf es vielmehr weiterer Mechanismen politischer Integration, sekundärer wie namentlich der Vermittlung fundierten staatsbürgerlichen Grundwissens und von Medienkompetenz, die die Bürgerschaft überhaupt befähigt, in der verwirrenden Medienöffentlichkeit die für ihre qualifizierte politische Meinungsbildung unentbehrlichen Informationen herauszufiltern und zu evaluieren.

Demokratietheoretisch ist *Integration* im Sinne von Vereinheitlichung weder als Ideal noch in der Realität ein erstrebenswerter Zustand, denn Demokratie ist nicht primär eine Staatsform der Integration, sondern der schiedlich-friedlichen Konfliktregelung, eben des »We agree to disagree«. Das Individuum, gemäß der institutionellen Konstruktion mit politischem Willen begabt, ist in dieser Staatsform der Souverän, funktionale Differenzierung die Chance, seine Optionenvielfalt zu vergrößern, Vieldimensionalität von Integration Ausdruck der Komplexität demokratischer Gesellschaften und unterschiedliche Integrationsintensität gerade dem ursprünglichen institutionellen Sinn von Demokratie gemäß. Die Heterogenität von Mediennutzungsmustern stellt daher ebenso wenig ein Verfehlen dieses Sinns dar (vgl. auch Wessler 2002:66ff.) wie die Differenzierung der Bürgerschaft nach Grad und Art ihrer politischen Partizipation in Aktivisten, Konsumenten und sogar auch Desintegrierte, sondern dies sind lediglich Weiterentwicklungen desselben im Zuge mediengesellschaftlichen Gesamtwandels. Integration entsprechend der jeder Gesellschaft auferlegten Aufgabe, ihre Ressourcen und Gratifikationen so zu verteilen, dass dagegen nicht ständig revoltiert wird, wird in Mediendemokratien mithin dann verfehlt, wenn diese nicht mehr imstande sind, allgemein verbindliche Entscheidungen zu realisieren, die diese Verteilungsqualität garantieren. Und die hier entscheidende Funktionalitätsfrage im Rahmen dieser Analyse ist, welches diesbezügliche Problemlösungs- und -schaffungspotential Politainment eignet.

Auf dem Hintergrund dieser weiteren Präzisierung der Argumentationsbasis können tentativ die folgenden Thesen zum integrativen und desintegrativen Impact von Politainment formuliert werden:

1. Politainment integriert prozessual Bürger in das politische System, indem es diese Demokratie als angenehmes *Erlebnis* erfahren lässt. Dieses verdankt sich in erster Linie dem zunehmend gekonnten Einsatz unterhaltungskultureller Mechanismen: Dank Personalisierung wird auch Politik nachvollziehbar, durch Equilibrierung werden ihre beunruhigenden Aspekte ausgeglichen und durch Euphorisierung wird das Bild von Politik aufgehellt. In Gestalt von Aktionen, Nachrichtenfaktoren wie Überraschung, Emotionalisierung und Betroffenheit stimulierend, als Inszenierung Politik vergegenwärtigend und als Eventpolitik erregend und verblüffend operiert Politainment mehr und mehr mit unterhaltungskulturellen Illusionierungstechniken, so dass der Vorwurf der Scheinhaftigkeit der so gezeichneten Politik vielfach zu Recht erhoben wird. Wieweit namentlich Angehörige von Harmonie- und Unterhaltungsmilieus überhaupt zum politischen Sinn von Politainment vordringen, ist jedenfalls ungewiss und damit auch ihre Inklusion in den politischen Prozess.

2. Strukturell nähert Politainment politische Kultur und *Unterhaltungskultur* einander an. Die Integration von Politik in die moderne Erlebnisgesellschaft wird dadurch erleichtert. In der Medienkultur zumal wird freilich Politik dadurch, ähnlich wie Religion durch »Religiotainment« (Meyer 2005), entspezifiziert, ihres Verpflichtungscharakters entkleidet und zu einem Unterhaltungsangebot unter vielen. Die temporäre kulturell-expressive Sozialintegration geht also mit partieller normativer Desintegration der Bürger einher, besonders offen-

kundig z.B. im Ausufern hochritualisierter politischer Feiern in mehr oder weniger zügellose Volksfeste, in staatsbürgerliches Laissez-faire. Wo politische Öffentlichkeit als Unterhaltungsöffentlichkeit fungiert, vereint sie weniger Bürger denn amüsierfreudige Privatleute zu Publika von Politikern, die zu Entertainern mutieren und damit den entsprechenden Tadel traditionsbewusster politischer Kulturkritik herausfordern: »Kein Politiker, der sich weigerte in einer Talk-Show über den größten anzunehmenden Unsinn zu quasseln, in einer Show den Affen zu spielen, durch Säle zu hopsen und Schlager anzustimmen« (Leder 1996:92). Damit agieren diese aber nach dem Urteil des ehemaligen Unterhaltungschefs des schweizerischen öffentlichen Fernsehens, K. Felix, durchaus mediums- und zukunftsgerecht, denn: »Die TV-Zukunft gehört den Veralberern« (Felix 2000:184).

3. Dauerhaft integriert werden die Bürger in das demokratische Gemeinwesen über die Entwicklung entsprechender *Einstellungen* zu diesem. Diese beinhalten in erster Linie die Zustimmung zu den demokratischen Grundwerten, namentlich zur Freiheit individueller Lebensgestaltung und zur Verantwortung als Souverän für gemeinwohldienliche Ausgestaltung und Wirken des politischen Systems, was auch Akzeptanz konsensuell institutionalisierter Verfahren zur Implementation dieser Werte impliziert. Im Zuge des neuzeitlichen Wertewandels (Inglehart 1997) gewinnen allerdings auch politische Werte der Selbstverwirklichung auf Kosten solcher der Gemeinwohlrealisierung an Gefolgschaft. Verschmilzt politische Kultur vermehrt mit Unterhaltungskultur, wandelt sich auch die erstere stärker aus einer Ver- in eine Entpflichtungskultur und Politainment reduziert mithin die normative Integration von Demokratien. Auch der Toleranzgewinn für Andersartiges, Nichtkonformes, der aus der Entertainisierung durch Relativierung politischer Verbindlichkeiten resultieren kann, wird dadurch, dass erfolgreiche Massenunterhaltung Mehrheitsvorurteile respektieren muss und damit zementiert, wieder vermindert.

4. Politainment als unterhaltende symbolische Politik ruft umso mehr Enttäuschungen hervor, je mehr die Erfahrung von Politikherstellung ihrer Darstellung widerspricht. Diesen Realitätstest bestehen freilich andere Formen euphorisierender politischer Kommunikation wie Wahlversprechen bzw. optimistische Voraussagen bezüglich der Konsequenzen des eigenen politischen Programms auch nicht besser. Weil allerdings Unterhaltung in besonderem Mass individuell oder zumindest gruppen- bzw. klassenspezifisch erlebt wird (vgl. Bleicher 2002; Kotthoff 2002; Wehn 2002), ist die *temporäre kulturell-expressive Sozialintegration* durch Politainment auch besonders fragil. Es kann, zumal als Eventpolitik, politischen Randsiedlern Demokratie neu als attraktiven Erlebnisraum öffnen und sie zumindest für kurze Zeit in den politischen Prozess inkludieren, gegebenenfalls zurückholen. Dass diese damit an irgendeinen politischen Diskurs ihrer

Gruppenöffentlichkeit oder einer situativ entstehenden Themenöffentlichkeit angeschlossen werden (Wessler 2002:65) ist allerdings ungewiss. Größere Erfolgschancen als Politainment mit harmonisierender Zielrichtung hat im übrigen wohl häufig solches, das auf Konfliktkommunikation setzt (Wessler 2002:71f.) und mit Inszenierungen von Politik als mehr oder minder spektakulärem Kampf um Machtanteile politisch entfremdete Bürger auf prekäre Weise reintegriert. Wie problematisch das Verhältnis von Unterhaltungsöffentlichkeit und Politikherstellung gerade in Bezug auf die Integration des politischen Systems und in dieses sein kann, zeigt schließlich besonders eindrücklich das Beispiel der Europäischen Union (Saxer 2006c).

9.2.3 Zielrealisierung

Politische Ziele müssen in Mediendemokratien unter *erschwerten Bedingungen*, können aber auch mit *mehr Mitteln* realisiert werden als ehedem. Es gilt ja, Strategien in einer hochdynamischen, von wachsender Systeminterpenetration geprägten Gesamtkonstellation in einem System von schrumpfender Problemlösungskapazität für Mitglieder mit wachsenden Ansprüchen und immer schwerer kalkulierbarem Verhalten zu verwirklichen. Dafür können die politischen Akteure und das politische System als solches auch zahlreichere und effizientere Instrumente zur Erreichung politischer Ziele einsetzen als früher: wissenschaftliche Beobachtungs- und Steuerungsverfahren, mehr und andere Kommunikationsmittel, modernes Marketing, unterhaltungskulturelle Ansprechtechniken.

Politainment bedient sich als *Strategie* vor allem der letzteren, um über Unterhaltungserlebnisse Kandidaturen, Programme und überhaupt allgemein verbindliche Entscheidungen durchzusetzen. Diese Strategie ist freilich der hohen Labilität von Unterhaltungskommunikation wegen mit besonders vielen Risiken verbunden, und daher muss die strategische Gesamtausrichtung sein, Eufunktionalität im jeweiligen Zielhorizont zu maximieren ebenso wie Dysfunktionalität zu minimieren. Dazu kommt, dass der politische Ertrag des steigenden Aufwands für professionelles Politainment überaus schwierig zu messen und sicher nur ist, dass diese Mittel für andere Aufgaben dann nicht zur Verfügung stehen. Dass trotzdem immer mehr in diese Strategie investiert wird, verrät einiges über die wachsenden Unwägbarkeiten demokratischen Politisierens.

Personalpolitische Ziele werden, bei idealtypischem Politainment, vorrangig über private statt über politische Qualitäten und über Programminszenierung vor Programmexplikation angestrebt. Selbst für Persönlichkeitswahlen genügt indes Politainment in keiner Weise für den Erfolg von politischen Kandidaturen. Es braucht vielmehr dazu auch eine effiziente Organisation und erhebliche Finanzmittel, um ein Image von politischer Kompetenz und moralischer Vortrefflichkeit in der Encounter- und der Medienöffentlichkeit zu etablieren und zu verbreiten. Gerade Moralisierung als Teilstrategie von Personalpromotion durch Politainment zum Zwecke der Stimulierung des wohltuenden Erlebnisses sittlicher Bestätigung bzw. gerechter Empörung ist dabei besonders schwer steuerbar: Die Journalisten als unerlässliche Multiplikatoren skandalisieren gemäß ihren Erfolgsprinzipien und nicht nach politischen Vorgaben; an einem gemeinsamen ethischen Fundament als Referenzbasis gebricht es im kulturellen Pluralismus; die Strategie moralischer Skandalisierung kann, wenn nicht voll überzeugend, rückwirkend die Reputation der sie praktizierenden Organisation beeinträchtigen, diejenige moralischer Idealisierung durch »negative campaigning« in ihr Gegenteil umkippen und auch das Image der die Kandidatur forcierenden Partei in Mitleidenschaft ziehen.

Politainment verwandelt auch *Sachpolitik*, sofern Akzeptanz versprechend, in Personalpolitik. Dies liegt auf seiner strategischen Hauptlinie der System-, Sphären-, Sinnvermischung, der Vermischung von politischer und Unterhaltungskultur, von allgemein und individuell Relevantem, von Sach- und Erlebnisrationalität zu maximal annehmbaren Kommunikationsofferten. Wenn Ministerpräsidenten, Bundeskanzler und andere Regierungsverantwortliche Aufgaben öffentlich zur »Chefsache« erheben, damit deren Dringlichkeit und ihr persönliches Problemlösungsvermögen demonstrierend, wird einerseits der zentrale unterhaltungskulturelle Mechanismus der Personalisierung aufs augenfälligste betätigt und andererseits Eventpolitik initiiert, denn auf markige Ankündigungen müssen auch spektakuläre Taten folgen. Systemfunktional operiert diese Strategie soweit und so lang, als sie der Qualität der entsprechenden Problemlösung zugute kommt und nicht auf Kosten anderer Aufgaben und Problemlösungen praktiziert wird.

Dies trifft auch für die Realisierung *sachpolitischer Ziele* generell zu, wobei entscheidend ist, wieweit überhaupt in unterschiedlichen Politikfeldern Sach- in Erlebnisrationalität umgesetzt werden kann, dass die Bürger eine auch noch kognitiv und nicht bloß affektiv begründete Meinung dazu bilden. Auch politische Meinung formt sich allerdings maßgeblich emotional. Dies liegt zwar in der Natur von Meinungsprozessen als solchen, ist aber hier, namentlich auch im Gefolge lebensgeschichtlich früh erworbener symbolischer Prädisposition (Sears 2001:17ff.) von besonderer Tragweite, da auf viele politische Symbole vorbewusst reagiert wird, Politainment als symbolische Politik also auf jeden Fall Wirkungen zeitigt.

Dem unterschiedlichen Vergegenwärtigungsvermögen von Zeitung, Radio und Fernsehen kommt demzufolge bei der Umsetzung von Sachpolitik in Medienrealität besondere Bedeutung zu. Abstrakte politische Sachzusammenhänge werden vom letzteren, dem »Leitmedium« elementarer gemäß spezifisch emotionalisierender *Medien-Eigenrationalität* präsentiert, als in parlamentarischer Diskussion erarbeitete sachpolitische Programme im Printmedium. Statistisches vollends, und damit ein wesentlicher Teil von Finanzpolitik, ist für ein Großteil der Bürger wenig nachvollziehbar, aber auch schwer sachgerecht eventisierbar. Die Wissensdisparitäten zwischen den verschiedenen Bevölkerungskategorien und deren je andere Mediennutzerkarrieren als Vielleser oder -seher machen zumal bildungsschwache Bürgerkategorien von Politainment auch in Materien besonders abhängig, wo es kaum das Minimum an unerlässlicher kognitiver Meinungsbildung befördert. Finanzpolitik der Angst, geschürt durch die Dämonisierung ihrer Hauptakteure und bestimmter Maßnahmen, und des Herzens, Mitleidsparolen verpflichtet, funktioniert offenbar weder gemeinwohldienlich noch im Interesse gerade jener weniger Privilegierten, die dieser Art von Politainment folgen.

Gemeinwohldienlich, effizient und den demokratischen Grundwerten getreu soll schließlich *das politische System als solches* seine Ziele realisieren, und allem anderen vorgelagert ist natürlich seine institutionelle Aufgabe, entsprechende allgemein verbindliche Entscheidungen zu generieren. Dabei kommt die ganze Bedingungskonstellation zum Tragen, unter der Mediendemokratien funktionieren und in der Politainment seine labile Multifunktionalität entfaltet. Auf der Ebene des Gesamtsystems durchwirken sich ja die Konsequenzen von Bewältigungsversuchen der vier elementaren Systemprobleme besonders dicht, so dass eine Bilanzierung von Eu- und Dysfunktionalität der hier zu realisierenden Prozessoptimierung nur rudimentär möglich ist und Aufgabe umfangreicher Forschungsprogramme wäre.

Hier, idealtypisch überprofiliert, nur *drei knappe Feststellungen*:

1. Politainment ermöglicht dank der Entertainisierung politischer Kommunikation die *Inklusion* von Bürgerkategorien, die ohne Unterhaltungserleben sich politischer Kommunikation wohl verweigern würden. Je ausschließlicher allerdings unterhaltende Kommunikation für sie als politische Kommunikation fungiert, desto geringer ist ihr kognitiver Einbezug in den politischen Prozess. Insofern steigert Politainment wohl die Reichweite politischer Kommunikation, vermindert damit Wissensdisparitäten aber nicht und operiert günstigenfalls bloß als Türöffner für umfassendere politische Partizipation.

2. Politainment erweitert die *politische Öffentlichkeit* um zusätzliche Inhalte, auch um Stile und damit zugleich den Orientierungsraum für politische Meinungs- und Entscheidungsbildung. Diesem möglichen Gewinn an weiteren Optionen für politische Präferenz- und Programmentwicklung steht indes vermehrte Ineffizienz von Politikherstellung durch Spektakularisierung und Privatisierung der politischen Öffentlichkeit gegenüber, in der durch Schaukämpfe verhandlungsdemokratisches Problemlösen erschwert und durch öffentliches Aktualisieren privater, ja intimer Belange die politische Agenda belastet wird.

3. Ohne Politainment in der Gestalt von Eventpolitik kann in Mediendemokratien kaum mehr *Kampagnenpolitik* realisiert werden (Bonfadelli 2000:93ff.). Diese ist für die Durchsetzung von Problemlösungen, deren Erfolg die massenhafte Mobilisierung der Bevölkerung voraussetzt, die übliche und in manchem auch bewährte strategische Praxis geworden. Da Kampagnenpolitik in sehr starkem Mass direktiv angelegt ist, fungiert indes Politainment in ihr vorrangig als Persuasionsstrategie, euphorisierend, was die Ziele anbelangt, und als elitegesteuerte aktivierende Unterhaltungspopulärkultur, nicht als Partizipationskultur.

9.2.4 Identitätskonstitution

Individuen und soziale Systeme müssen um ihrer inneren Koordination willen und um von ihren Umwelten unterscheidbar und mit diesen überhaupt interaktionsfähig zu sein, *Identität* ausbilden. Identität wird ihnen umgekehrt aber auch von der Umwelt zugesprochen, und diese Reziprozität ist für Identität konstitutiv. Schon dies führt dazu, dass Identitätsbildung, -erhaltung und -wandel regelmäßig mit Spannungen verbunden sind, in die auch Unterhaltung als Mechanismus von Spannungsmanagement interveniert. Dadurch dass das Identitätskonzept von der Individual- auch auf die Sozialsphäre übertragen wurde und zudem stark ideologisiert wird, deckt es mittlerweile eine solche Vielfalt von Dimensionen ab, dass es ständiger Präzisierung bedarf. G. Schmidtchens akteurtheoretisch fundierte und sozialpsychologisch verortete Formulierung fasst das Entscheidende zusammen: »Ein Selbst hat man nur in einem Weltzusammenhang (...) Identität ist eine Informationsmatrix zur Koordination der Rollenbeziehung und zu ihrer Kontrolle. Identität ist wie ein Monitor, der eine definitorische Funktion hat«. Und: »In der Informationsgesellschaft erhebt sich der radikalste Zweifel an der Identität (...)« (Schmidtchen 2002:256ff.). A. Hochschild differenziert den Kontrollaspekt noch mit dem Hinweis auf »feeling rules« (Hochschild 1983), Gefühlsnormen als Konstituenten von Rollenidentität und benennt mit der emotionalen Dimension auch das zentrale Operationsfeld von Unterhaltung bzw. Politainment bezüglich Identitätsmanagements.

Identität, ihre Bildung, Bewahrung und Veränderung stellt mithin für Personen und Sozialsysteme stets eine elementare und zumal in Mediengesellschaften besonders *vieldimensionale Aufgabe und Problemkonstellation* dar und deren Lösung bzw. Bewältigung eine Leistung und einen Wert für die Betreffenden. Jedes Individuum und jedes soziale System muss ja sein Zielrealisierungspotential durch interne und externe Koordination über identifizierbare Referenzgrößen optimieren, heißen diese nun »Sinn« (bei Handlungssystemen), »Gewissen« (bei Personen) oder »Demokratie« (bei politischen Systemen), und dazu gehört wesentlich auch, die jeweilige Referenzgröße durch ein entsprechendes Image als positiven Identifikationsfokus auszuweisen. Alles in dieser Studie an mediengesellschaftlichem Wandel Registrierte ist letztlich identitätsrelevant für die in ihn involvierten Personen und Systeme, so dass eine isolierte Analyse der Identitätsproblematik des politischen Systems ebenso zu Verkürzungen führt wie eine Interpretation der diesbezüglichen Eu- bzw. Dysfunktionalität von Politainment unter Vernachlässigung des Kontextes mediengesellschaftlicher Entertainisierung. Daher muss das identitätsrelevante Wirken von Politainment in dieser ganzheitlichen Perspektive gewürdigt werden.

Wiederum idealtypisch überprofiliert und tentativ, weil auf rudimentärer theoretischer und empirischer Basis, lassen sich hierzu folgende *Thesen* formulieren:

1. In den *Wandel mediendemokratischer Identität* insgesamt ist Politainment vor allem auf der Ebene der Mentalitäten, der Rollen, der prozessualen Verläufe, der Institutionen, der Politiken und auf dem Makrolevel des politischen Systems involviert. Ursprünglich nur subsidiär oder lediglich als Teilstrategie operiert Politainment mittlerweile in mancher Hinsicht autonom, als Gefälligkeitsstrategie freilich vornehmlich trendverstärkend, als gegeninstitutionelle hingegen auch trendsetzend und häufiger Ein- und Ausschließungsgrenzen verwischend als solche markierend, aber sie ausweitend. Politainment definiert die Mediendemokratie recht eigentlich als Erlebnis- und Berechtigungsdemokratie.

2. So befördert das um sich greifende Wirken von Politainment im politischen System sozialpsychologisch den allgemeinen *Mentalitätswandel* auch politisch in Richtung individueller hedonistischer Selbstverwirklichung zu Lasten der Orientierung am kollektiv zu schaffenden Gemeinwohl. Dieser Impact von Politainment ist aber nur ein verstärkendes Element von vielen, die im Gefolge der vier Metatrends zu dieser Privatisierung von politischem Sinn führen. Psychologisch vollzieht sich dieser Prozess in erster Linie über die vermehrte Gewöhnung an unmittelbare statt aufgeschobener Gratifikation und entsprechend erhöhte Erwartung von solcher.

3. Erlebnisrationalität wird unter dem Einfluss von Politainment und der generell fortschreitenden Interpenetration der Alltags- durch Unterhaltungskultur auch in der Politik zum dominierenden Verarbeitungsprinzip des Geschehens und delegitimiert gewissermaßen Sachrationalität und Diskursivität als einzig normgerechte demokratische Problembewältigung. Damit begünstigt die Expansion des Wirkungsfeldes von Politainment den Wandel der *Rollenidentität* der politischen Akteure und sein vermehrter Einsatz ist selber schon Ausdruck dieses Wandels. Was da die Rolle des Bürgers umprägt, sollten ja auch zur Responsivität verpflichtete und auf Erfolg erpichte demokratische Politiker berücksichtigen, und so verstehen mehr und mehr von ihnen ihre Rolle auch

als unterhaltende. Damit gehen sie freilich Risiken ein, umso mehr, je limitierter der diesbezügliche Toleranzspielraum ihrer jeweiligen Rolle ist.

4. Politische Kommunikation in Mediendemokratien steigert im Zuge der wachsenden Bedeutung von Politikdarstellung für die Herstellung demokratischer Politik ihre Komplexität, schafft damit aber auch, zumal für Bürger mit geringer Politik- und Medienkompetenz, zusätzliche Orientierungs- und Zugänglichkeitsprobleme. Diesbezüglich sensibilisiert setzt das politische Kommunikationsmanagement im Zuge zunehmend professionalisierter *Verlaufsoptimierung politischer Kommunikation* auf deren umfassende Entertainisierung durch Aktionen, Inszenierungen und Eventpolitik, und in der Medienkommunikation dient insbesondere die »-tainisierung« der Genres und Formate der Reichweiten- und Akzeptanzmehrung auch des politischen Medienangebots. Dank diesem partiellen Identitätswandel politischer Kommunikation zur Unterhaltungskommunikation kommt zwar vermehrt temporäre kulturell-expressive Sozialintegration in den politischen Prozess zustande. Diese ist jedoch, weil sie in ganz geringem Maß die kognitive Qualität politischer Meinungsbildung fördert, von problematischer politischer Funktionalität.

5. Die *institutionelle Identität* von Demokratie verändert sich mit dem institutionellen Gesamtwandel der Mediengesellschaft in Richtung vermehrter sozialpsychologischer, nicht aber ökonomischer Entpflichtung. Zumal die Ambivalenz des gebenden und nehmenden, also autoritativ umverteilenden Sozialstaates verursacht erhebliche Unsicherheit über die institutionelle Identität von Demokratie überhaupt. Politainment als primär euphorisierende Akzeptanzstrategie, die auf Erlebens- und nicht auf Reflexionsmaximierung zielt, definiert Demokratie einfach als Chance und fördert damit auch Enttäuschungserlebnisse an ihr. Politische Öffentlichkeit als Unterhaltungsöffentlichkeit vermag denn auch z.B. institutionell nur noch gegen zunehmenden Widerstand ein Programm des öffentlichen Rundfunks, das die überkommene demokratische politische Kultur breit repräsentiert, gegen die vermehrten Unterhaltungspräferenzen zu garantieren.

6. Mit der immer stärkeren Eventisierung von immer mehr Policies und der Entfaltung von Eventpolitik zu einer Art Metapolitik verwandelt Politainment in besonders weit tragender und zugleich unmittelbar erlebbarer Weise, nämlich durch deren möglichst totale Vergegenwärtigung, die Identität *mediendemokratischer Politik*. Die Doppelung des Unterhaltungerlebens in Spannung und Entspannung, Erregung und Rekreation veranlasst allerdings das politische Kommunikationsmanagements dazu, Eventpolitik grundsätzlich auch in diesen zwei Richtungen zu profilieren: als tröstliches oder abschreckendes Spektakel. Mit steigendem professionellen Know how operiert Politainment zudem zunehmend politik-, öffentlichkeits-, mediums- und adressatengerecht. So wird medi-

endemokratische Policy zwar in der Television vermehrt als emotionalisierendes Spektakel präsentiert, in der Qualitätspresse aber gerade auch mit distanzierter, Reflexion fördernder Ironie.

7. Am vielfältigen Identitätswandel der Mediendemokratie als *politisches System und Lebenswelt* kann somit nicht gezweifelt werden, an seiner Systemdienlichkeit eher. Unbestreitbar ist indes, dass Politainment für die Identitätskonstitution von Mediendemokratien eine erhebliche Rolle spielt. Wieweit diese bewahrend, retardierend oder innovativ ist, ist von künftiger Forschung abzuklären. Auch eine adäquate demokratietheoretische Interpretation des Impacts von Politainment auf die Identitätskonstitution von Mediendemokratien insgesamt kann nur über differenzierte Analysen der verschiedenen in den vorgängigen Thesen angesprochenen Interaktionsebenen geleistet werden. Ob und wann Politainment populistisch autoritären Tendenzen Vorschub leistet oder aber die Strategie Politikkonsumenten zu aktivieren oder Entfremdete gar näher an den demokratischen Prozess heranzuführen vermag, verdient auf jeden Fall vertiefte Beobachtung.

9.3 Labile Multifunktionalität

An dieser Stelle kann aufgrund aller vorhandenen Teilanalysen und in Abrundung der Funktionalitätsbilanz von Politik als Unterhaltung in diesem Kapitel erst und nur als *Hauptbefund* dieser Studie labile Multifunktionalität des Impacts von Politainment auf die Mediendemokratie und ihre Politik festgehalten werden. Die Labilität des Beitrags von Unterhaltung an die Bewältigung der elementaren Problemkonstellationen, die diesem politischem System ständig aufgetragen ist, hängt mit der punktuellen und transitorischen Beschaffenheit dessen zusammen, womit Unterhaltung als gesellschaftlicher Mechanismus wirkt: mit Unterhaltungserlebnissen. Und Multifunktionalität eignet diesem Mechanismus, weil er anthropologisch fundiert ist und speziell in der Mediendemokratie vielfältige Entfaltungschancen hat. Was unter 2.3 in Gestalt von Thesen als Argumentationszusammenhang aus den theoretischen Prämissen vorgängig abgeleitet wurde, kann nun, durch diese Teiluntersuchungen substantiiert und präzisiert, abschließend noch als überaus vieldimensionales Interaktionsgeschehen skizziert werden.

9.3.1 Gesamtkonstellation

Auf der einen Seite also, so der Bezugsrahmen, Mediendemokratie als Problemkonstellation, auf der anderen Unterhaltung als Mechanismus, der in irgendeiner Form in diese interveniert. Die gleichen Metatrends, die die Entertainisierung der Industrie- über die Medien- zur Erlebnisgesellschaft mit ausdifferenzierter Unterhaltungskultur begünstigten, steigern auch bei der Entwicklung der liberalen Demokratie über die Medien- zur Erlebnisdemokratie den Bedarf an Politainment mit Eventpolitik als Symbiose aus Politik und Kultur. Diese *parallele Dynamik* deutet auf elementare Spannungen modernisierender Gesellschaften hin, die auch in und zwischen ihren Funktionssystemen nach Ausgleich rufen. Immer zentraler in dieser Entwicklung werden die Medien als je länger desto autonomer und umfassender diese Gesellschaften mit- und umgestaltende Akteure, indem sie mit Massenkommunikation gemeinsame Bewusstseinshorizonte für die funktional differenzierte Gesellschaft und durch rezipienten- und themenspezifische Kommunikation Teilöffentlichkeiten konstituieren, beides allerdings gemäß ihren eigenen Strukturierungs- und Konstruktionsprinzipien von Realität.

Die *Problemkonstellation von Mediendemokratien* kompliziert sich im Verlaufe dieser Entwicklung vor allem im Gefolge der gesellschaftlichen Differenzierungs- und Individualisierungsprozesse. Der damit verbundene institutionelle Wandel erfasst ja auch gerade eine Staatsform, die Kollektivwillen über individuelle Verantwortung realisiert. Mit der Komplexität der Gesellschaft steigt auch diejenige des politischen Systems, was mit dem Orientierungs- und Mitteilungsbedarf der Mitglieder und Organisationen die Anforderungen an die Leistungsfähigkeit des Kommunikationssystems erhöht. Insbesondere muss dieses mehr Eigenkomplexität entwickeln, weil politische Kommunikation in Demokratien ständig garantieren muss, dass allgemein verbindliche Entscheidungen in Übereinstimmung mit den institutionellen Werten der individuellen Denk- und Verhaltensfreiheit, des gewaltfreien konsensuellen Kollektivhandelns und der Gemeinwohlgerechtheit realisiert werden. Öffentliches, zumal herrschaftliches Handeln steht daher unter dauerndem und zudem wachsendem Rechtfertigungsdruck in diesem politischen System, das mehr und mehr zur Berechtigungsdemokratie mutiert.

In der Spannung zwischen Berechtigung und Rechtfertigung kulminieren letztlich die erheblichen funktionalen Unverträglichkeiten, die in dieser Problemkonstellation zu bewältigen sind. Die Probleme selber, Spezifikationen der vier elementaren Systemprobleme, betreffen sämtliche Ebenen des politischen Systems und konvergieren in der *politischen Öffentlichkeit* als der zentralen Struktur des demokratischen Kommunikationssystems, die politischen Willen sich bilden, artikulieren und zu bindenden Entscheidungen werden lässt, die selektiert, prozessiert und finalisiert. Indes: Ihre Offenheit ermöglicht wohl allgemeine Partizipation, damit aber auch völlig unqualifizierte; politische Komplexität muss nachvollziehbar, ja attraktiv erscheinen, worunter allerdings die Sachgerechtheit leiden kann; Herrschaft muss sich legitimieren und zugleich dissimulieren; und Publizität beeinträchtigt vielfach effiziente Politikherstellung. Die Problemlösungsstruktur politische Öffentlichkeit ist selbst Teil des Problems.

Die *Spannungsfelder*, die vermehrter Modulation bedürfen, soll das politische System wirklich als demokratisches funktionieren, sind damit wenigstens anvisiert. Die für etwaige Entertainisierung bzw. Interventionen von Politainment zentralen sind die folgenden:

- *Politischer vs. nichtpolitischer Sinn*: Sinn wird zunehmend auch vom Wirtschaftssystem und von der Unterhaltungskultur her auch für das politische System bestimmt und nur bedingt von diesem selber. Systeminterpenetration konterkariert Systemdifferenzierung.
- *Universalismus vs. Partikularismus*: Die zwei Wertorientierungen entwickeln sich widersprüchlich, da einerseits territoriale Souveränität abgebaut wird, andererseits Globalisierungstrends auch solche zur Re-Regionalisierung und zum Neoprovinzialismus beleben.
- *Sach- vs. Erlebnisrationalität*: Dank den entlastenden Konsequenzen funktionaler Differenzierung, namentlich der daraus resultierenden Optionsvielfalt, gewinnt von diesen elementar unterschiedlichen Modi der Zweckrealisierung Erlebnisrationalität an Verbreitung, ist aber natürlich als Strategie der Problembewältigung nicht ausreichend.
- *Institutionelle Ordnung vs. Lebenswelt*: Soweit die demokratischen Institutionen dem übrigen Gesellschaftswandel, vor allem demjenigen der Mentalitäten oder auch dem neuzeitlichen Totalphänomen der Medialisierung nicht Rechnung tragen, geraten sie in Widerspruch zur demokratischen Lebenswelt.
- *Politikdarstellung vs. Politikherstellung*: Im Zuge der Ausdifferenzierung des Typus Informations- bzw. Mediengesellschaft und der Entwicklung des politischen Systems zur Erlebnis- bzw. Berechtigungsdemokratie wird immer mehr in Politikdarstellung, unter Umständen auf Kosten oder als Ersatz von Politikherstellung, investiert.
- *Politische Kultur vs. Unterhaltungskultur*: Die letztere, auf Entlastung angelegt und erlebnisträchtig, durchwirkt mehr und mehr den Lebensstil in Mediengesellschaften überhaupt und so auch in Mediendemokratien zu Lasten der verpflichtenden Aspekte von Politik.
- *Öffentlichkeit vs. Privatheit*: Das steigende Bedürfnis der Bürger nach Selbstverwirklichung und erlebnisreicher Existenz führt zur vermehrten Privatisierung der politischen Öffentlichkeit mit entsprechenden Belastungen der politischen Agenda.

- *Zielrealisierung vs. Responsivität*: Im Gesamtwandel, der auch das politische System erfasst, werden auch die dortigen Rollen neu interpretiert. So nötigt die verbreitete Konsumenteneinstellung gegenüber Politik dessen Repräsentanten zu verstärkter Akzentuierung ihrer Responsivität, unter Umständen auf Kosten ihrer Zielrealisierung.

Die Entertainisierung durchwirkt als Mechanismus der Spannungsbewältigung parallel zu ihrer Medialisierung die modernen Gesellschaften immer umfassender. Auch in Mediendemokratien kommt dieser in Gestalt zunehmender Interpenetration von politischer Kultur und Unterhaltungskultur und von Politainment als generalisierter politischer Praxis zum Tragen. Der Multifunktionalität von Unterhaltungskommunikation entsprechend ist dieser Impact auf allen drei Levels des politischen Systems identifizierbar, aber eben nur diskontinuierlich. Dies wiederum zeigt, dass Entertainisierung des politischen Systems bzw. Politainment regelmäßig nur als komplementärer systemstrukturierender Mechanismus in Erscheinung tritt und auch entsprechend zu gewichten und funktionsmäßig zu würdigen ist. *Labile Multifunktionalität* beinhaltet mithin im Hinblick auf diese mediendemokratischen Spannungsfelder das folgende Gesamtprofil:

1. *Labilität*: Unterhaltungserlebnisse sind in allen Lebenssphären möglich, regelmäßig aber nur für kurze Zeit. Nicht semantisch, sondern pragmatisch definiert, ist Politainment ebenso für konservative wie progressive Policies einsetzbar und der emotionalisierenden Multifunktionalität wegen in allen erdenklichen Situationen als Instrument von Politics. Weil damit aber geringe Kontrollierbarkeit und Steuerbarkeit unterhaltender politischer Kommunikation einhergeht, ist der Erfolg von Politainment besonders ungewiss. Selbst der sehr erhöhte Aufwand für seine professionelle Perfektionierung garantiert einen solchen nicht, da sehr viele situative, thematische und gestalterische Bedingungen für das intentionsgerechte Funktionieren von Wahlkampagnen und Eventpolitik erfüllt sein müssen. Dies gilt ebenso für provokatives wie bestätigendes Politainment. Im übrigen ist dieses auch ständig mit dem Grundproblem moderner Unterhaltungskultur konfrontiert, dem raschen Verschleiß ihrer Muster nämlich, der nach immer neuen und gegebenenfalls noch gewagteren Variationen ruft. Die Langeweile, die gebannt werden muss, bedroht den Mechanismus selber, der sie bewältigen helfen soll.

2. *Komplementarität*: Die Labilität und die kognitiv-semantische Beliebigkeit von Unterhaltung als politischem Spannungsmodulator machen Politainment im politischen System ubiquitär dienlich, aber nur so weit Erlebnis- und Sachrationalität sich zu je optimalen Problemlösungen verbinden. Zwar sind die demokratischen Institutionen nur bedingt medialisierbar und die politischen Kulturen der Mediendemokratien Entertainisierungstendenzen demo-

kratischer Politik gegenüber unterschiedlich tolerant, aber die letzteren expandieren mit den mediengesellschaftlichen Metatrends, und in immer weiteren Politikfeldern setzen sich die attraktiv-aggressiven unterhaltungskulturellen Ansprechtechniken gegen die affektive Artikulationsarmut von Sachrationalität durch. Die Komplementarität dieses Verhältnisses muss eben von beiden Seiten her zur Maximierung des Problemlösungsvermögens von demokratischer Kommunikation optimiert werden: nicht bloß durch normative Eindämmung von Politainment, sondern auch durch kreative Erweiterung desselben um politisches Edutainment und durch affektive Attraktionssteigerung demokratischer Deliberation.

3. *Multifunktionalität*: Labil und komplementär zu sachrationaler Zweckrealisierung vermittelt Politainment eine Variante von politischem Sinn, die stärker von politischer Akzeptanz- denn Verpflichtungskultur geprägt ist. Diese politische Praxis orientiert sich stärker am Eigenen, Partikularen als an universalistischen Werten, bezieht sich aber zur Unterstützung emotionalisierenden Kommunikationsmanagements auch auf solche, auf Überpersönliches, allerdings letztlich im Dienste effizienterer politischer Befriedigung persönlicher privater Bedürfnisse. Damit problematisiert Politainment nicht allein die Leistungsstruktur der mediendemokratischen Öffentlichkeit. Das gegeninstitutionelle Potential von Unterhaltung relativiert vielmehr die Verbindlichkeit der institutionellen demokratischen Ordnung namens einer entlasteten politischen Lebenswelt überhaupt. Dies stößt auch nicht auf heftigen Widerstand, da Politainment primär Politikdarstellung ist und als solche Politikherstellung bloß befördert, freilich auch behindert. Insbesondere und vor allem hält aber Politainment die Erlebnisdemokratie funktionsfähig und dadurch, durch vermehrte affektive Legitimation, die Mediendemokratie insgesamt.

Besonders eindrücklich veranschaulicht die Systeminterpenetration von Kultur, Wirtschaft und Politik im *Sport* natürlich die hier analysierte Gesamtkonstellation. Der moderne Massen-Schausport, im besonderen professioneller Fußball in Europa, stellt ja so etwas wie eine totale Erlebnisofferte von entsprechend überwältigend vieldeutiger Zeichenhaftigkeit dar. Das Politainment-Kriterium der Labilität erfüllt denn auch die Institution Sport ebenso umfassend wie dasjenige der Multifunktionalität auf sämtlichen Gesellschaftsebenen. Konvergenz als Hauptstrukturierungsprinzip mediendemokratischer politischer Kommunikation mit vielfältigem Entertainisierung förderndem Potential tritt im Zusammengehen von Sport und Politainment besonders prägnant in Erscheinung.

Die *Expansion des Sportsystems*, die z.B. mit jeder weiteren Fußballwelt- oder -europameisterschaft nach Publikumsbeteiligung, Medienabdeckung, Umsätzen, aber auch Politisierung neue Rekordmarken setzt, spiegelt die Multifunktionalität dieser Institution am unmittelbarsten. Dabei zeigen sich auch in den immer mannigfacheren Problemen seiner institutionellen Normierung starke Parallelen zu den Medien ebenso wie zu Wirtschaft und Politik, geht es in diesen Systemen ja auch um geregelte Konkurrenz und Konfliktbewältigung. Der Spielcharakter des Kulturmusters Sport positioniert es indes elementarer in die Unterhaltungskultur denn Wirtschaftswerbung und Politainment, was deren Strategen umso mehr dazu veranlasst, beim Sport gewissermaßen aufzusatteln. Das Kulturmuster Sport, seinerseits, wird so als »Bewegungslabor der Gesellschaft« (Wohl 1981:138) gleichermaßen für national- oder lokal-, gesundheits- oder kulturpolitische Zwecke eingespannt wie als Verkaufslokomotive.

Die erregungsreiche Vielfältigkeit des Sporterlebens (Stiehler 2003) ist es letztlich, die der universellen Verbreitung, Kommerzialisier- und Politisierbarkeit des Kulturmusters Sport zugrunde liegt. Dieses beschert gleichermaßen individuell variable wie kollektiv homogenisierte attraktive Formen emotionaler Weltaneignung, die zugleich Informationen beinhalten, wie auf sie zu reagieren sei (Clore/Isbell 2001:117f.). Entsprechend komplex und deutungsoffen ist seine *Zeichenhaftigkeit*, ebenso fähig unterschiedliche nationale, soziale, kulturelle Befindlichkeiten zu artikulieren wie kompetitiven oder integrativen politischen Sinn zu vermitteln. Das wissenschaftliche Interesse an Sport bzw. Sportberichterstattung als Indikatoren soziokulturellen wie politischen Wandels steigt denn auch, und in der Folge müssen bereits sportgeschichtliche Nationallegenden wie diejenige des »Wunders von Bern« im Zusammenhang mit dem Gewinn der Fußballweltmeisterschaft durch die deutsche Mannschaft im Jahre 1954 relativiert, muss auch die Labilität der Sportdeutung eingeräumt werden (Jesse 2006). Die Sportberichterstattung wiederum inszeniert sich selber mehr und mehr als unterhaltungskulturelles Ereignis (vgl. u.a. Beck 2006; Gleich 2000), so wie andererseits die Wahlberichterstattung zunehmend den Gestus der Sportberichterstattung übernimmt. Auch Politiker präsentieren sich, wenn der kursorische Eindruck nicht trügt, lieber als Sportler denn Sportler als Politiker: Politischer Sinn scheint leichter in sportlichen konvertierbar als sportlicher Sinn in politischen.

Unverkennbar tendieren eben sämtliche involvierten Akteurkategorien, Sportproduzenten wie -konsumenten, zur *totalen Eventisierung* des Kulturmusters Sport, und Politainment zieht im Rahmen seiner Möglichkeiten in Gestalt von Eventpolitik nach: Politik soll letztlich wie Sport zeitweise zum totalen Erlebnis werden. Und da der Eventisierbarkeit demokratischer Politik institutionelle Grenzen gesetzt sind, wird ersatzhaft sportlicher Sinn mittels politischer Ritualisierung und der Präsenz politischer Eliten zumindest durch politischen Sinn überlagert. Die immer dichtere Interpenetration von Sport- und Mediensystem, dessen multimediale Dauerpräsenz und Spektakularisierung vor allem durch die Television eröffnen auch der Selbstdarstellung von Politik ständig weitere Arenen. Andererseits wachsen auch die Ansprüche der Bürger als Sportpublikum an die Erlebnisqualität des am Bildschirm Gezeigten, wollen vielfältig komplexe Motivationen befriedigt werden (Stiehler 2003:169ff.) Der von Politainment angestrebte Symboltransfer vom Sport auf demokratische Politik stellt unter diesen Umständen auf jeden Fall eine anspruchsvolle kommunikationsstrategische Aufgabe dar.

Die *Labilität des Sporterlebens* ist ja eine notorische, die Leistung der Institution Sport, Aggressionen in geordnetes Spiel zu überführen, Langeweile durch genau getimete erregende Elemente zumindest zeitweise zu bannen, stets in mehrfacher Hinsicht gefährdet. Drückende Überlegenheit der einen Mannschaft über die andere bringt diese Langeweile ebenso zurück wie ein Nullentscheid im Gefolge von Kräftegleichgewicht der Rivalen, und Regeltreue als Norm bzw. Fairness als normgerechtes Verhalten schränken das volle Er- und Auslebensspektrum von Sport als Drama ein. Die Parallelen zum politischen Machtkampf sind offenkundig, das geringe Interesse für scheinbar bereits entschiedene Wahlschlachten ebenso wenig verwunderlich wie das provokativere, eventuell gegeninstitutionelle Politainment kleinerer Parteien und neuer sozialer Bewegungen. Vor allem aber droht die schönste Nebensache der Welt im Gefolge der immer größeren wirtschaftlichen und emotionalen Investitionen in sie im Misslingensfall, weil allzu sehr mit Wert- und Reputationsvorstellungen überfrachtet, zur schlimmen Hauptsache, Grund ernsthafter politischer Zerwürfnisse zu werden. Nationalistisches Sport-Politainment zumal, da es das Funktionieren des sportlichen Regelungssystems emotionalisierend beeinträchtigt, operiert mithin gegeninstitutionell gegen außen, auf Kosten eines anderen Funktionssystems. Das Verhältnis von Sport und Politik in der Mediendemokratie bildet so ein Paradebeispiel nicht nur für die Chancen, sondern auch für die Gefahren, die die Verbindung von Politik und Unterhaltung für beide in sich birgt.

9.3.2 Gesellschaftsebenen

Wie Unterhaltung überhaupt operiert auch *Politainment auf allen drei Gesellschaftslevels*: auf der Mikroebene der personalen Interaktionen bzw. des persönlichen Erlebens mittels primär affektiven Gratifikationen, auf der Mesoebene der Organisationen vornehmlich mittels Eventpolitik und auf der Makroebene der institutionellen Gesamtordnung hauptsächlich durch Umgestaltung der politischen Öffentlichkeit in Richtung Unterhaltungsöffentlichkeit. Dementsprechend lässt sich die labile Multifunktionalität von Politainment ebenenspezifisch folgendermaßen bilanzieren:

1. *Mikroebene*: Sie ist das primäre Operationsfeld dieser Strategie. Daher bemisst sich auch die politische Funktionalität von Politainment danach, wieweit es die affektive Integration der Bürgerschaft in das politische Leben befördert. Mit Euphorisierung und Personalisierung als erfolgserprobten unterhaltungskulturellen Ansprechtechniken vermag im Gelingensfall professionalisiertes Politainment *emotional attraktive und kognitiv nachvollziehbare Zugänge zur Demokratie* zu eröffnen. Sämtliche mediengesellschaftlichen Metatrends, die Operationslogik der Erlebnisdemokratie und die Gefährdung der politischen Einbindung großer Bevölkerungssegmente verweisen alle auf die zentrale Bedeutung optimaler Erlebnis- und Sachkomplementarität auf der Mikroebene für die Funktionsfähigkeit der modernen Demokratie überhaupt.

Personalisierung politischer Leistung, Eventisierung politischer Prozesse, insbesondere von Policies, und Dramatisierung des politischen Problemlösungsbedarfs (Schetsche 1996:88ff.) als strategische Schwerpunkte von Politainment müssen allerdings besonders gekonnt, nämlich in Übereinstimmung mit demokratischer Normativität, das unterhaltungskulturelle Urdilemma bewältigen, immerfort Abwechslung mit Wiedererkennungswerten zu verbinden. Mit Hilfe der Nachrichtenfaktoren als Selektions- und Präsentationsprinzip meistern die Massenmedien diese Schwierigkeiten fortdauernd mit größtem Verbreitungs- und Akzeptanzerfolg, freilich *um den Preis radikaler kognitiver Vereinfachung und emotionaler Überwältigung.* Der unterhaltungskulturellen Versuchung, den »lowest common denominator«, das tiefste gemeinsame Publikums-Anspruchsniveau, weil am zugänglichsten, zu bewirtschaften, gibt denn auch populistisches Politainment immer wieder nach. Damit benachteiligt diese Strategie die kommunikativ ohnehin Benachteiligten, da von sonstiger politischer Kommunikation kaum erreicht, noch einmal, indem sie diese bloß mit unterhaltenden Stereotypen demokratischer Politik konfrontiert. Aber da ist eben auch das Gefühl von Sicherheit, das ihnen die leicht vorherseh- und nachvollziehbaren Unterhaltungsmuster von Politik vermitteln und dessen sie zur Kompensation ihrer »gelernten Hilflosigkeit« (P. Vitouch) so sehr bedürfen.

Empirisch zu überprüfen wäre mithin, in welcher Art Politainment welche Bürgerkategorien zu ihrem eigenen politischen Nutzen und im Sinne des demokratischen Systems in dieses *inkludiert oder gerade nicht.* Politisches Kommunikationsmanagement in der Mediendemokratie ist ja ständig ebenso sehr dazu aufgefordert, negative Effekte seiner Aktionen, Inszenierungen und Kampagnen zu vermeiden wie positive zu erreichen, d.h. Bürgerpublika politisch zielgerecht nicht nur zu informieren, sondern – noch schwieriger – mittels Politainment zu emotionalisieren. Und dies in einer hochdynamischen Gesamtkonstellation, gegen rivalisierende Kommunikationsstrategien und mit Hilfe von Medienorganisationen, die politisch weitgehend autonom eigene

Interessen verfolgen. Die Typologie von Emmer/Füting/Vowe weist denn auch einen hohen Anteil an politisch distanzierten bzw. marginalisierten Personen aus. »Passive Mainstreamer« nennen sie diese 43 Prozent der deutschen Bevölkerung, charakterisiert durch »Abneigung gegenüber politischer Kommunikation« und »generelle Meidung von politischen Aktivitäten« (Emmer/Füting/Vowe 2006:231)

Die Funktionalitätsbilanz von Politainment hängt auf jeden Fall ebenso wie von der politischen Befindlichkeit der Bürger von ihrer unterschiedlichen Unterhaltungsorientierung bzw. Unterhaltungsdisposition ab, und diese korrespondiert wiederum spezifisch mit ihrer Milieuzugehörigkeit im Rahmen ihrer Gesamtbefindlichkeit und natürlich mit ihrer Mediennutzung. Auf Lebensstile bezogen, konstituiert durch diese Determinanten, können idealtypisch überprofilierend die folgenden *Beziehungen* postuliert werden:

- Für politische Aktivisten ist Politik zentral, Medienunterhaltung, außer gegebenenfalls satirischer, marginal.
- Konsum von Politik geht mit Konsum von Medienunterhaltung zusammen.
- Je marginaler Politik im Lebensstil positioniert ist, desto zentraler ist das Unterhaltungserlebnis.
- Doppelte Marginalität, sehr selten, signalisiert generelle Exklusion, gegebenenfalls hohe Individualisierung.
- Ebenso selten verbinden sich politischer Aktivismus und starke Unterhaltungsorientierung, eine Gegenläufigkeit, die auf das gegeninstitutionelle Element von Unterhaltung hinweist.

Dieses Beziehungsfeld ist in erster Linie durch vielfache *Labilität* gekennzeichnet. Die labile Multifunktionalität von Politainment kommt am ehesten in einem personalen Substrat labilisierter Befindlichkeiten zum Tragen. Dass Medien am stärksten dort wirken können, wo Einstellungen, Wissensbestände und Gefühlslagen noch nicht verfestigt sind, trifft erwartungsgemäß auch für das Gestaltungsvermögen von Politainment zu. Wie die kulturellen sind auch die politischen Flaneure attraktiver Persuasion besonders zugänglich, aber es ist kein Verlass auf sie. Dafür wächst dieses personale Operationsfeld von Politainment weiter, vielfältig offen für unterhaltsame Politik.

2. *Mesoebene*: Politik ist in der Mediendemokratie allgegenwärtig, aber schwer fassbar geworden, hat sich als Zentralmechanismus der »gesellschaftlichen Selbstregulierung« (Greven 1999:69) etabliert. In diesem Sinne sei die moderne Gesellschaft fundamentalpolitisiert, »wenn (und als U.S.) prinzipiell alles entscheidbar geworden sei, wenn (da U.S.) sich alles Entscheidbare als Interessenkonflikt darstellen lasse, wenn (da U.S.) Politik für alles ihre Zuständigkeit

erklären und wenn (da U.S.) jeder Erwachsene Zugang zur politischen Inklusion haben könne« (Nasseh 2002:43). Zugleich aber schrumpft das reale Problemlösungspotential moderner Politik, denn: »Das politische System bearbeitet Sachprobleme nur in Form ihrer Sozialdimension« (ebenda: 51). Beides steigert den Bedarf an kognitiver und emotionaler Nachvollziehbarkeit von Politik und die Dienlichkeit von *Eventpolitik* als Mittel entsprechender Selbstdarstellung politischer Akteure und der Inszenierung von Policies. Andererseits weist diese politikwissenschaftliche Herleitung der Genese moderner Eventpolitik auch bereits auf das begrenzte Problemlösungsvermögen dieser Strategie hin.

Es müssen mithin bei der Funktionalitätsbilanzierung von Politainment auf der Mesoebene die folgenden *Prämissen* in Erinnerung behalten werden:

- Alles ist politisierbar und eventisierbar; insofern wächst noch unbegrenzter als das personale Operationsfeld dieses Anwendungsfeld von Politainment.
- Nicht alles, was politisiert wird, ist indes von der Sache her zur Eventisierung gleich geeignet; je weniger, desto erfolgsärmer bzw. sachwidriger wird sie eventisiert.
- Eventpolitik wird je nach politischer Befindlichkeit unterschiedlich perzipiert, akzeptiert oder abgelehnt; ihre Erfolgschancen werden sehr weitgehend von der Mikroebene aus determiniert.
- Eventpolitik, soll sie intentionsgemäß funktionieren, impliziert die Umsetzung von Sach- und Personalpolitik in zielgruppen- und sachgerechte Präsentationen von hohem Inklusionsvermögen.

In dieser Gesamtkonstellation konfrontiert Politainment als potentieller Problemlöser und -verursacher die organisierten politischen Akteure in der sehr verschärften Konkurrenz um öffentliche Aufmerksamkeit, Verständnis und Zustimmung für ihre Anliegen zu allererst mit dem Problem der *optimalen Allokation ihrer beschränkten Ressourcen*. Diese Aufgabe wird ständig anspruchsvoller, weil die Bürgerpublika freiwillig-unfreiwillig ihre Aufmerksamkeit selektiver und für das politische Kommunikationsmanagement immer schwerer kalkulierbar zuwenden, von ihrer mentalen Verarbeitung politischer Kommunikation ganz zu schweigen. Ihre Entscheidung für oder gegen Politainmentofferten folgt grundsätzlich ebenso der Rational-choice-Logik wie diejenige der Anbieter für oder gegen diese Strategie und geht bei beiden bei positiver Entscheidung stets zu Lasten anderer Optionen. So wird der Aufwand für gekonntes Eventmanagement für Parteien und Behörden in personeller, zeitlicher, organisatorischer und finanzieller Hinsicht immer größer. Zugleich wirkt sich die strategische Option für Politainment bereits auch auf die Bewirtschaftung der Karriereressourcen politischer Organisationen und die Rollenprofile in diesen aus, da Fernsehtauglichkeit, ja Entertainerqualitäten für die Bestimmung von Kandidaturen mehr und mehr in den Vordergrund rücken. Dies verhilft zumal in kleineren Parteien und neuen sozialen Bewegungen entsprechend begabten Kommunikatoren zu Spitzenpositionen. Labile Multifunktionalität von Politainment äußert sich somit auch als Labilisierung des Rollensystems politischer Organisationen.

Politainment realisiert Politik in emotional besonders ansprechenden Formen von Eventpolitik und sonstigen Inszenierungen, und diese werden maßgeblich von den Massenmedien, vor allem von Fernsehen und Radio als szenischen Medien getragen. Charakteristisch für die Multifunktionalität von Politainment ist ja, dass dieses, Systemgrenzen transzendierend, Organisationen aus verschiedensten Funktionssystemen unter einem unterhaltungskulturell modifizierten Sinn koppelt. Durch Eventisierung wird grundsätzlich, im Sinne der ersten Prämisse, *der Raum des politisch Erlebbaren erweitert*, wie überhaupt Politainment nur aufgrund eines engen diskursiven Politikverständnisses als »Entpolitisierung« kritisiert werden kann. Die labile Multifunktionalität von Politainment beinhaltet vielmehr eine Flexibilisierung demokratischer Politik auf den Linien und entsprechend der Gesamtentwicklung moderner Gesellschaften und ihrer Entertainisierung, die Spannungen zwischen demokratischer Lebenswelt und institutioneller Ordnung bewältigen hilft. Die Begründungspflicht demokratischer Herrschaft erfüllt Politainment weniger durch rationale Argumentation als durch emotional ansprechende Demonstration ihrer Vorzüge.

Weil der Strategie Politainment auch das *gegeninstitutionelle Moment* von Unterhaltung eignet und sie ja unterschiedlichste Organisationen bzw. Funktionssysteme zusammenbringt, löst sie allerdings in vielen Dimensionen unkontrollierbare Entwicklungen auch dysfunktionaler Art aus. So verschiebt sie die Balance der politischen Akteure weiterhin zu Gunsten der Medienorganisationen und verstärkt mit dem Wandel zur Mediendemokratie auch denjenigen zur Erlebnis-, Berechtigungs- und Stimmungsdemokratie. Dies wirft zumindest Probleme hinsichtlich der Funktionsfähigkeit einer stark entpflichteten politischen Kultur und auch der weiteren institutionellen Identität einer solchen Demokratie auf. Es wird ja bereits erörtert (Sarcinelli 2003), ob politische Parteien, die ihre Kräfte so sehr auf die Organisation von Events konzentrieren, ihren institutionellen Gesamtauftrag noch zu erfüllen vermögen. Das expandierende Subsystem Eventpolitik tendiert jedenfalls zur unkontrollierten Verselbständigung.

Aus all dem erhellt, dass Politainment Organisationen und Institutionen wohl labilisiert, damit aber auch flexibilisiert. Ihre Responsivität, von welcher Qualität auch immer, wird dadurch gesteigert, dass Politainment als Strategie der attraktiven Emotionalisierung demokratischer Politik diese vermehrt in die mediengesellschaftliche Lebenswelt einbringt. *Eventpolitik* im besonderen, affektiv und im Idealfall auch kognitiv beträchtliche Bevölkerungssegmente vermehrt inkludierend, ist für effektvolles organisatorisches Wirken in Mediendemokratien unverzichtbar geworden, eine zentrale Verbindungsstruktur der politischen Kultur zur Unterhaltungskultur.

3. *Makroebene*: Die Funktionalitätsbilanz von Politik als Unterhaltung für das politische System der Demokratie als Ganzes rechtfertigt vollends das *Fragezeichen*, unter das dieser IV. Teil dieser Untersuchung gestellt ist. Die metaphorische Charakterisierung der Mediendemokratie als »Spaßgesellschaft« verfehlt ja schon den Grundsachverhalt, dass deren institutionelle Ordnung nur zum Teil medialisiert ist und in den verschiedenen Demokratietypen überdies unterschiedlich stark. Damit relativiert sich das funktionale Gewicht des unterhaltenden Elements von Politik bis zu einem gewissen Grad. Unverkennbar setzen sich aber unterhaltungskulturelle Mechanismen in der politischen Kommunikation von Mediendemokratien vermehrt durch. Der Modulator Unterhaltung in Gestalt von Politainment intensiviert daher nach Maßgabe der institutionellen Medialisierungs- und Entertainisierungsresistenz Spannungen ebenso sehr wie er sie reduziert, während er durch Annäherung der institutionellen Ordnung an die Lebenswelt der Bevölkerung die integrativen Möglichkeiten einer emotionalen Demokratie vergrößert.

Die *politische Öffentlichkeit* gerät im Gefolge der Entwicklung der Mediengesellschaft in Richtung Mediendemokratie unter erheblichen Leistungsdruck. Sie soll ja weiterhin die Bildung entscheidungseffizienter, wertkonformer, gemeinwohlorientierter politischer Meinungen gewährleisten, aber eben unter den Bedingungen einer Erlebnisgesellschaft und damit auch einer Erlebnisdemokratie. Ihre Operationsbasis ist dem entsprechend zum Teil anomisch, weil durch widersprüchliche und übersteigerte Erwartungen an ihren In-, Through- und Output geprägt und weil strategische Ziele und Mittel institutionell weniger zwingend gekoppelt sind als ehedem, die letzteren aber noch Stilnormen genügen sollen. Die Vervielfältigung der Arenen führt in erster Linie, demokratisch funktional, zur Verstärkung der Transparenzleistung des Inputs der politischen Öffentlichkeit, wobei es allerdings in starkem Maß private Themen und Meinungen sind, die in die politische Öffentlichkeit einströmen.

Strukturell schlägt sich Politainment denn auch in einer gewissen Privatisierung, ja Intimisierung der politischen Öffentlichkeit nieder. Das Resultat ist die *vermehrte Subjektivierung von politischem Sinn* im Zuge ihrer partiellen Umwandlung zur Unterhaltungsöffentlichkeit. Freilich liegt dieser Wandel auf der Entwicklungslinie in Richtung Wohlfahrts- bzw. Sozialstaat, so dass Politainment in dieser Hinsicht als Trendverstärker fungiert. Wo Politik vielerorts als Konsumgut betrachtet wird, wird zumal Eventpolitik zur erwartbaren Dienstleistung des politisch-administrativen Systems. Diese wiederum erleichtert, zumal die Akteure die Klaviatur emotionaler Politikdarstellung immer virtuoser betätigen, maßgeblich über sozialpsychologische Gratifikationen dank solcher Privatisierung politische Inklusion, wenn auch je nach politischer Befindlichkeit in unterschiedlichem Maß.

Auch je nach Politikverständnis des wissenschaftlichen Beobachters rangiert das *Problemlösungs- und -verursachungspotential von Politainment auf einer Eu-/Dysfunktionalitätsskala* je anders. Hier können abschließend und zusammenfassend nur noch einige diesbezügliche Thesen in Konsequenz des untersuchungsleitenden kommunikationssoziologischen Bezugsrahmens formuliert werden:

1. Politainment *stabilisiert* das politische System der Demokratie, indem es dessen institutionelle Ordnung, in Übereinstimmung mit gesamtgesellschaftlichen Entwicklungen, für gewandelte lebensweltliche Bedürfnisse flexibilisiert, emotional responsiv macht, dadurch die Zustimmung vor allem von Politikkonsumenten erhöht und damit auch die Systemlegitimation durch Kommunikation.

2. Politainment verschiebt indes den politischen Sinn von Demokratie weg von der traditionellen Balance zwischen individueller Selbstrealisierung und kollektiver Zielverwirklichung in Richtung der Befriedigung persönlicher hedonistischer Bedürfnisse. Insofern induziert die Entertainisierung der politischen Kommunikation eine *Vereinseitigung der Systemidentität* in Gestalt einer auf »immediate gratification« angelegten Berechtigungsdemokratie. Die diese tragende Mentalität erschwert, weil von Unterhaltungs- und nur wenig von Verpflichtungskultur geprägt, längerfristige, kollektive politische Anstrengungen.

3. Politainment impliziert eine Verlagerung des politischen Geschehens von Politikher- auf Politikdarstellung. Die *Entscheidungsdienlichkeit* des expansiven Systems Eventpolitik variiert gemäß der jeweiligen Materie, aber auch entsprechend der Zielgruppengerechtheit der Inszenierung. Die labile Multifunktionalität der Strategie Politainment tritt besonders bei der Realisierung politischer Ziele zu Tage.

4. Entertainment mehrt dafür generell zumindest temporär das *Inklusionsvermögen* demokratischer Kommunikation, wenn aggressiv stilisiert, da polarisierend, aufs Ganze gesehen allerdings auch desintegrativ. Das Unterhaltungserlebnis als zentrale Gratifikation durch Politainment erweitert ebenso den affektiven Wirkungsbereich politischen Kommunikationsmanagements wie es seine Nachhaltigkeit beschränkt.

5. Politainment strukturiert die politische Öffentlichkeit in Richtung *Unterhaltungsöffentlichkeit* weiter um, und in Gestalt dieses Wandels wirkt sich die Entertainisierung demokratischer Politik besonders vielfältig und folgenreich

aus. Eventpolitik und Unterhaltungsöffentlichkeit bilden die Hauptstrukturen, in denen dieser Prozess sich verdichtet und durch die er sich weiter entfalten kann.

10. Theorie

Mit der Funktionalitätsbilanz von Kap. 9 als provisorischem Überblick über das unter dem untersuchungsleitenden Bezugsrahmen Erkannte korrespondiert, als Fortführung und Komplettierung der Grundlegung, abschließend die wissenschaftstheoretische Evaluation des gewählten Vorgehens, insbesondere der kommunikationssoziologischen Perspektive und des Bezugsrahmens. Diese erfolgt *dreistufig*: als Fazit, in der Gestalt prospektiver Szenarien und in Form von Postulaten, denn Theorie entwickelt sich immer im Horizont von Vergangenheit, Zukunft und Gegenwart. Wandlungstheorie zumal bleibt ohne Prospektive Torso.

10.1 Fazit

10.1.1 Untersuchungsanlage

Die Studie wurde mit dem *Doppelziel* der Erkenntnis der Tragweite der Entertainisierung demokratischer Politik und der Fundierung einer realitätsgerechteren Öffentlichkeitstheorie unternommen. Dies bestimmt das ganze Vorgehen. Die vorgängige kursorische interdisziplinäre Musterung des mutmaßlich relevanten Schrifttums hatte ja überaus disparate, lückenhafte und widersprüchliche Beobachtungen und Urteile über Politik als Unterhaltung und deren Bedeutung für dieses politische System ergeben. Die schon stärker fokussierten politologischen, publizistikwissenschaftlichen, soziologischen, sozialpsychologischen und sozialphilosophischen Beiträge zur politischen Öffentlichkeit konnten wohl vier Grundkonzeptionen zugeordnet werden; diese differieren aber in ihrer Dimensionierung und insbesondere ihrer Gewichtung und Interpretation von Medialisierung und Entertainisierung moderner Politik elementar. Den Ausgangspunkt der Studie bildet die These, die Erhellung des unterhaltenden Moments in der demokratischen Politik und von dessen Implikationen unter einer integrierenden und nicht normativ fixierten Perspektive helfe auch, Defizite der Öffentlichkeitstheorie zu überwinden.

Dieser doppelten Zielsetzung, der Ausgangsthese und dem State of the art entsprechend wurde eine *Erkenntnisstrategie* gemäß den drei wissenschaftstheoretischen Postulaten – der weitest möglichen Neutralisierung von Werturteilen, der

287

Isomorphie und der spieltheoretischen Optimierung der Theorienbildung verfolgt. Das erstere ist für die Deblockierung der Öffentlichkeitstheorie durch normative Fixierung unerlässlich; die im Isomorphiepostulat mit enthaltene Forderung nach gegenstandsgerechter Komplexität der Theoriebildung bewahrt diese vor Erkenntnis hindernden Verkürzungen und das spieltheoretische Obligat hält zur pragmatischen Wahl theoretischer Ansätze an. Das letzte Postulat impliziert insbesondere auch die Bevorzugung integrativer Paradigmen und für Anwendungen anschlussfähiger Ansätze.

In diesem Sinne wurde der untersuchungsleitende kommunikationssoziologische *Bezugsrahmen* entwickelt, in der Annahme, ein solcher sei besonders tauglich, das elementar kommunikative anthropologische Universale und mediengesellschaftliche Totalphänomen Unterhaltung integrativ in Relation zu politischer Öffentlichkeit zu setzen. Da partielle Entertainisierung, so die weitere Annahme, Index und Agens mediengesellschaftlichen Gesamtwandels wie desjenigen medienddemokratischer Öffentlichkeit sei, wurde dieser Bezugsrahmen gesamthaft in eine Wandlungsperspektive gestellt, Entertainisierungs- und Öffentlichkeitstheorie somit als Theorien gesellschaftlichen bzw. politischen Wandels zusammengeführt. Entsprechend der funktionalistischen Grundthese, alles Leben sei Problemlösen, wird Unterhaltung ferner generell und Politainment im besonderen als problemlösender bzw. -schaffender Mechanismus begriffen und damit zugleich auch eine konzeptuelle Basis für anwendungsorientierte Forschung im Bereich etwaiger regulatorischer Programme geschaffen.

Konstituiert wird dieser wie jeder Bezugsrahmen durch Konzepte und Theorien. Die *Konzeptualisierung* muss dem sehr heterogenen Beobachtungsfeld eine begriffliche Rahmung sichern und der vielschichtigen Problemstellung entsprechend interdisziplinär, wandlungsorientiert und systematisch angelegt sein. Da die Entertainisierung und ihre politischen Implikationen im Fokus der Untersuchung stehen, wird diese auch begrifflich primär vom Unterhaltungskonzept her organisiert. Unterhaltung wird als Spannungsmodulator interpretiert, der über die Vermittlung attraktiver Erlebnisse Probleme löst und, seines gegeninstitutionellen Potentials wegen, auch schafft. Mediengesellschaft, zum zweiten, wird dementsprechend als durch Medialisierung konstituierte und durch diese und im Verbund von funktionaler Differenzierung, institutionellem Wandel, Realitätslabilisierung und Individualisierung fortlaufend dynamisierte Erlebnisgesellschaft konzeptualisiert, mit ausdifferenzierter Unterhaltungskultur und politisch auf dem Wege zur Mediendemokratie. Politische Kommunikation, als drittes Basiskonzept, fokussiert den Beitrag der Prozesse der Bedeutungsvermittlung, insbesondere auch der entertainisierten an die Bewältigung bzw. Verschärfung der Probleme demokratischer Politics, Policy und Polity. Politische Öffentlichkeit, die zentrale Struktur politischer Kommunikation bzw. Meinungsbildung und das vierte Basiskonzept wird in seinem kontroversen weiten Begriffshorizont verortet und in Richtung Unterhaltungsöffentlichkeit spezifiziert.

Das in die Analyse eingearbeitete *Theorienrepertoire* ist der Problemstellung und den wissenschaftstheoretischen Prämissen entsprechend groß und vielfältig. Modernisierungs-, Evolutions-, Innovations- und Differenzierungstheorie erklären primär Wandlungsphänomene, die letztere, ebenso wie die Systemtheorie oder die Akteurtheorie in Gestalt der Rollentheorie aber auch entertainisierungsrelevante strukturelle Gegebenheiten. Unter den Kommunikationstheorien bieten sich außer der Semiotik und dem Symbolischen Interaktionismus auch die Informationstheorie oder die um das Konzept der Theatralität konzentrierten Theorien als Basistheorien zur Erhellung mediengesellschaftlicher Entertainisierung und ihrer politischen Implikationen an, desgleichen viele der aus ihnen oder anderen entwickelten Theorien geringerer Reichweite bzw. mit höherem Spezialisierungsgrad, namentlich im Bereich der Medienwirkungsforschung. Von den Öffentlichkeitstheorien schließlich sind nur jene für die hier initiierte Theoretisierung von Entertainisierung und Politainment wirklich ergiebig, die nicht normativ politischen Sinn eng auf Diskursivität festlegen und keine weiteren Rationalitätskonzeptionen zulassen.

Das *Vorgehen*, das aus dieser Untersuchungsanlage resultiert, ist deduktiv und integrativ, wobei die mediengeselschaftliche Entertainisierung erst generell, dann für die Mediendemokratie und deren politische Kommunikation erhellt wird. Am Wandel der politischen Öffentlichkeit in Richtung Unterhaltungsöffentlichkeit wird der eu- und dysfunktionale Impact von Politainment, von Politik als Unterhaltung strukturell besonders gut fassbar. An Akteuren und Prozessen wird dieser Wandel auf der Meso- und Mikroebene weiter untersucht. Auf dieser Basis lässt sich schließlich eine provisorische Funktionalitätsbilanz von Politainment ziehen.

10.1.2 Resultate

Dank diesem breiten und vieldimensionalen Analysedesign wird die Entertainisierung von Mediengesellschaften als *Totalphänomen*, d.h. als sämtliche Gesellschaftsebenen durchwirkender Wandel, erkennbar. Punktuelle, nicht systematisch gewonnene Einsichten in diesen können somit positioniert und überzogenen Schlussfolgerungen daraus relativiert werden. Allerdings hängt ein solches Fazit auch mit dem großen Umfang und der Vieldimensionalität des zu Grunde gelegten Unterhaltungskonzepts zusammen. Diese Konzeptualisierungsstrategie legitimiert sich indes, wie der Überblick über den State of the art zeigt, mit der Ubiquität und der schwierigen Begrenzbarkeit des Phänomens selber, was lange

Zeit, analog zum Faktor Kommunikation in der Ökonomik und Politologie, zu seiner Vernachlässigung durch die Wissenschaft geführt hat. Die systematische Untersuchung bestätigt also nicht nur die Relevanz des Gegenstandes, sondern auch einen entsprechenden Forschungsbedarf.

Die vier Metatrends funktionale Differenzierung, institutioneller Wandel, Realitätslabilisierung und Individualisierung im Verein mit der Medialisierung der modernen Gesellschaften führen strukturell zur Ausdifferenzierung einer gesamtgesellschaftlich prägenden Unterhaltungskultur und zur Differenzierung bzw. entsprechenden Komplexitäts- und Funktionalitätssteigerung und partiellen Entertainisierung der politischen Kommunikation im Zuge der Entwicklung des politischen Systems in Richtung Medien- und Erlebnisdemokratie. Die politische Öffentlichkeit als die Struktur, die politische Meinung generiert, öffnet sich dementsprechend stärker Privatem und wandelt sich im Gefolge der *mediengesellschaftlichen Entertainisierung* teilweise zur Unterhaltungsöffentlichkeit.

Das Kommunikationsmanagement der politischen Akteure sucht in dieser neuen Konstellation den veränderten Mentalitäten in Gestalt von *Politainment* zu entsprechen. Das vermehrte funktionale Gewicht symbolischer Politik in der Erlebnisdemokratie ruft nach strategischer Anpassung in der Form von Eventpolitik bzw. unterhaltender Politikinszenierungen. In den je anderen Akteurbefindlichkeiten von Aktivisten, Politikkonsumenten und Desintegrierten wirken freilich immer noch schichtspezifische Unterschiede nach und erlauben mehr oder minder qualifizierte politische Partizipation. Eventpolitik differenziert sich im Verlaufe dieser Entwicklungen zur dominierenden Policystruktur aus und beansprucht in wachsendem Maß Ressourcen von Kandidaten und organisierten politischen Akteuren. Überhaupt verändern sich die Rollenprofile generell, auch diejenigen des Bürgerpublikums, in Richtung Unterhaltungsöffentlichkeit. Asymmetrien dieses Rollensystems verstärken sich unter diesen Umständen. Den zunehmend professionalisierten In- und Throughputakteuren der politischen Öffentlichkeit gegenüber tritt das Bürgerpublikum nur als politischer Sekundärakteur in Erscheinung, aber als Stimmbürger immerhin als Prinzipal, der sein Aufmerksamkeitsbudget nach seinem Gutdünken zunehmend hedonistisch bewirtschaftet.

Ein Hauptergebnis von Medialisierung, Metatrends und mediengesellschaftlicher Entertainisierung des politischen Systems ist dessen Umgestaltung zur Berechtigungs- und Erlebnisdemokratie und die entsprechende *Verschiebung des politischen Sinns* aus einer demokratischen Verpflichtungskultur näher an die Unterhaltungskultur. Diskursive Sachrationalität wird vermehrt durch Erlebnisrationalität komplettiert, Politikherstellung verstärkt durch Politikdarstellung überlagert.

Die Eu-/Dysfunktionalitätsbilanz demokratischer Politik als Unterhaltung ist ihrem vielgestaltigen Wirken auf sämtlichen Gesellschaftslevels entsprechend im Lichte demokratischer Normativität gemischt. Da Politainment über die Euphorisierung des Erlebens demokratischer Politik operiert, ist auch seine Funktionalität eine labile, dafür eben vieldimensional. *Labile Multifunktionalität* kennzeichnet somit den Impact der Entertainisierung demokratischer Politik, und ihre je nach Demokratieverständnis unterschiedlich qualifizierte Hauptleistung besteht darin, dass durch sie die affektive Legitimation der Erlebnisdemokratie erhöht wird und sie mithilft, diese funktionsfähig zu halten. Zudem ist Entertainisierung nur in einem institutionell eingeschränkten Toleranzraum praktikabel, ihr gegeninstitutionelles Potential also limitiert. Trotzdem bleibt sie als Strategie risikoreich, da Unterhaltungserlebnisse z.b. in Aggressivität umschlagen können, ihre Funktionalität eben labil ist.

Dafür ist das Spektrum der durch Unterhaltung initiierten psychischen Reaktionen weit und reicht von der emotionalen Narkotisierung bis zur kognitiven Stimulierung (vgl. auch Grimm 2004:10ff.), und zwar grundsätzlich mit handlungsrelevanten Konsequenzen auf *allen drei Gesellschaftslevels*, nur eben schwer steuerbaren. Weil Emotionen einen elementaren Zugang zur politischen Welt eröffnen, werden Eventpolitik und unterhaltende Inszenierungen immer konsequenter vor allem als Mittel der Selbstdarstellung eingesetzt. Skandalisierungen wiederum, von Medien oder anderer Seite initiierte, vermögen temporär große moralische Empörungsgemeinschaften zu mobilisieren und beeinträchtigte demokratische Normen wenigstens für kurze Zeit zu restabilisieren. Immer sind aber die sozialpsychologischen Wirkungsmöglichkeiten von Politainment auf dem Mikrolevel je nach Bürgerkategorie unterschiedlich groß. Dennoch orientiert sich das Handeln politischer Organisationen, auf dem Mesolevel also, generell an der Maxime, die Sphäre des politisch Erlebbaren habe sich dank Politainment erweitert und sei entsprechend weiter zu bearbeiten. Dadurch können auf der Ebene des politischen Systems insgesamt Spannungen zwischen Lebenswelt und demokratischen Institutionen gemildert werden.

Schließlich entwickelt die Entertainisierung mediendemokratischer Politik auch hinsichtlich aller *vier elementaren Problemkonstellationen* labile Multifunktionalität:

- Am offenkundigsten sind die *integrativen* Leistungen von Politainment, und zwar durch temporäre Inklusion politisch marginalisierter oder zumindest schwach motivierter Bürgerpublika in politische Kommunikation. Dass symbolische Politik in erster Linie kulturell-expressive, aber wenig sonstige Sozialintegration befördert, liegt in der Natur der Sache.
- Das *Zielrealisierungsvermögen* unterhaltender Politik ist vollends limitiert, der politische Ertrag des steigenden diesbezüglichen Aufwands wegen der losen

Koppelung zwischen Emotionen und Verhalten schwer bilanzierbar. Bezeichnenderweise gilt denn auch die Gleichung: Je mehr auf Zielrealisierung angelegte Verhandlungsdemokratie desto weniger Politainment.

- Andererseits dürfen die sozialpsychologischen Leistungen von Politainment hinsichtlich der *Anpassung* des politischen Betriebs an die veränderte Bürger(innen)-mentalität nicht unterschätzt werden, die dysfunktionalen Konsequenzen von Mechanismen der Gefälligkeitsdemokratie für die Kapazität und Qualität ihres Zielrealisierungsvermögens allerdings auch nicht.
- Eine schlüssige Interpretation des Impacts der Entertainisierung von Politik als eu- bzw. dysfunktional für die *Identitätskonstitution* des politischen Systems als Demokratie schließlich stößt auf größte Schwierigkeiten allein schon deshalb, weil so wie alles politisch entscheidbar, so auch alles relevant für diese Identität sein kann, ganz abgesehen von den punktuell-labilen Auswirkungen der Entertainisierung auf die Inhalte und überhaupt das Verständnis von politischem Sinn. Unübersehbar sind immerhin Flexibilisierung und Öffnung einer zentralen Struktur demokratischer Ordnungen im Zuge mediengesellschaftlicher Entertainisierung, ihrer politischen Öffentlichkeit, in Richtung verstärkter Erlebnis- und Berechtigungsdemokratie, von Unterhaltungsöffentlichkeit.

10.1.3 Evaluation

Im Lichte dieser Ergebnisse kann nun die *Leistungsfähigkeit des gewählten Vorgehens*, der kommunikationssoziologischen Perspektive und des für die Problemstellung der Untersuchung entwickelten Bezugsrahmens evaluiert werden. Die Studie kritisiert ja manches am wissenschaftlichen State of the art, und zudem ist diese Selbstkritik Voraussetzung der Weiterführung von Entertainisierungs- und Öffentlichkeitstheorie, wie sie in Kap. 10.3 skizziert wird. Dieses Fazit kann auf die folgenden sechs Punkte gebracht werden.

1. Die *Ausgangsthese* der Studie, bei der Entertainisierung von Mediengesellschaften und ihrer Politik handle es sich um mehr als einen marginalen, vielmehr um einen sämtliche Gesellschaftslevels mit eu- und dysfunktionalem Impact durchwirkenden Phänomenzusammenhang, konnte dank diesem Vorgehen vielfältig bestätigt werden, und so auch diesbezügliche Kritik am defizitären Gesamtzustand seiner wissenschaftlichen Bearbeitung. Am Beispiel von Politik als Unterhaltung wird einmal mehr deutlich, dass durch die Fragmentarisierung des wissenschaftlichen Beobachtungsfeldes Zusammenhänge verfehlt werden, die lebenspraktisch durchaus existent und auch problematisch sind.
2. Die interdisziplinär integrative *kommunikationssoziologische Perspektive* vermag diese Fragmentarisierung des Beobachtungsfeldes zu überwinden, frei-

lich erst in Ansätzen, da die Arbeit an der hierzu unerlässlichen Abstimmung der unterschiedlichen disziplinären Perspektiven und der beigezogenen theoretischen Ansätze noch in den Anfängen steckt. Dies betrifft vor allem die Zusammenführung von Mikro-, Meso- und Makrodimension der Entertainisierung. Die Bewirtschaftung individueller Unterhaltungserlebnisse zu ökonomischen und politischen Zwecken durch organisierte Akteure lässt sich dabei leichter als Interaktionsgeschehen konzipieren und belegen, denn die Tragweite der Entertainisierung für das politische System als Ganzes dartun. Vor allem aber muss über weite Strecken auf ungenügender empirischer Basis argumentiert werden. Der theoretische Status vieler Befunde der Analyse ist daher nicht höher als derjenige von »educated guesses«.

3. Auch das Gesamtanliegen der *Abstützung und Komplettierung der Öffentlichkeitstheorie durch eine Theorie der partiellen Entertainisierung* von Mediengesellschaft und Mediendemokratie ist unter diesen Umständen nur bedingt realisiert. Immerhin bringt die Konzipierung von Unterhaltung wie von politischer Öffentlichkeit als problemlösender und -schaffender Mechanismus bzw. Institution diese in eine theoretisch stringente Verbindung. Insbesondere erklärt die Gegenüberstellung der institutionellen Normativität der demokratischen Ordnung und des labil multifunktionalen antiinstitutionellem Potentials vieles vom eufunktionalen und dysfunktionalen Impact von Politainment. Umso deutlicher wird unter dieser Optik auch, wie ungeeignet ein restriktiver Begriff deliberativer Rationalität ist, überhaupt das Operieren und die Tragweite von Unterhaltung in der Mediendemokratie zu erfassen und wie blind eine entsprechende normative Theorie der Demokratie deren emotionalem Legitimationsbedarf gegenüber ist.

4. Dass die Eu-/Dysfunktionalitätsbilanz der partiellen Entertainisierung der Mediendemokratie und ihrer politischen Öffentlichkeit wenig eindeutig ausfällt, darf als Erkenntnisgewinn der kommunikationssoziologischen Perspektive und des *funktionalistisch-systemtheoretischen Bezugsrahmens* bewertet werden. Simplizistische Urteile kulturkritischer oder sonstiger normativer Provenienz werden ja auf diese Weise falsifiziert, die komplexen Konstellationen im Sinne des Isomorphiepostulats in die Theoriebildung integriert. Eine solche Bilanzierung könnte daher je nach Gewichtung der verschiedenen Impactdimensionen auch anders ausfallen. Potentielle Wertpräferenzen oder -implikationen können aber von der entwickelten Funktionalitätsanalyse, die Eu-/Dysfunktionen auf definierte Systemprobleme bezieht, weitgehend neutralisiert werden. Zudem ist der funktionalistische Problemlösungs- bzw. -verursachungsansatz für anwendungsorientierte Theoriebildung besonders anschlussfähig.

5. Was den sonstigen *Stand der hier entwickelten, zum Mainstream komplementären* Theorie zu Entertainisierung und politischer Öffentlichkeit anbelangt,

so ist diese dem explorativen Charakter der Studie entsprechend mehr tentativer Entwurf denn Ausführung. Es ging ja darum, die – getreu dem spieltheoretischen Postulat – gewissermaßen probehalber herangezogenen theoretischen Ansätze interdisziplinärer Herkunft überhaupt erst einmal unter dem gewählten Bezugsrahmen in Hinblick auf den Untersuchungsgegenstand zu organisieren, Dabei ist nicht zu verkennen, dass die Schwierigkeiten, Mikro-, Meso- und Makrodimension zusammen zu bringen, aber auch der disparate Stand der diesbezüglichen Theoretisierung und Empirie Ungleichgewichte ihrer Berücksichtigung und damit der Dimensionierung des Gegenstandes zur Folge haben. So liegt zwar eine Vielzahl differenzierter Analysen inszenierter Politik vor, aber es gibt kaum Belege zu den von dieser stimulierten Politikerlebnissen und damit über den Erfolg von Politainment als Kommunikationsstrategie. Entertainisiertes Rollenverhalten von Politikern wiederum wird wohl gern an prominenten Beispielen thematisiert, aber kaum rollentheoretisch verankert oder seinerseits als Element in eine Theorie des Rollenhandelns im Kontext der Erlebnisdemokratie integriert. Mangels genügender Berücksichtigung innovationstheoretischer Konzepte und Befunde wird im übrigen auch in dieser Studie das Kreative, die Annäherung demokratischer Politik an die Lebenswelt der Bürgerschaft Befördernde von Politainment, auch in Gestalt von politischem Edutainment, zu wenig gewürdigt. Der eu-/dysfunktionale Impact der partiellen Entertainisierung der politischen Öffentlichkeit wie der mediendemokratischen Kommunikation überhaupt auf das politische System als Ganzes ist vollends erst schwach konturiert.

6. Trotz diesen Unzulänglichkeiten etabliert die Studie dank einer entsprechenden Konzeptualisierungsstrategie, einer integrativen Perspektive und einem viel Theorie organisierenden Bezugsrahmen einige *Bausteine* nicht nur für eine Theorie mediengesellschaftlicher Entertainisierung, sondern auch des strukturellen Wandels politischer Öffentlichkeit in deren Gefolge. Bei diesen Bausteinen handelt es sich um ein anschlussfähiges, da interdisziplinär und wandlungsorientiert konzipiertes Modell von Unterhaltungskultur als struktureller Indikator und Motor mediengesellschaftlicher Entertainisierung. In der Unterhaltungskultur konvergiert der moderne Erlebnisbedarf, politisch verdichtet in der gleichfalls als Idealtyp konturierten Erlebnisdemokratie. Politainment als weiterer Baustein, präzisiert als Kommunikationsstrategie und am prägnantesten realisiert in der Gestalt von Eventpolitik, schließt die politische Kultur an die Unterhaltungskultur an. Mit der Profilierung des Idealtyps Unterhaltungsöffentlichkeit erhält derjenige der Unterhaltungskultur sein politisches Komplement, und mit dem Konzept der labilen Multifunktionalität wird der Impact von Entertainisierung bzw. Politainment umfassend charakterisiert.

10.2 Szenarien

Theorien gesellschaftlichen Wandels – und eine solche visiert auch diese Analyse mediengesellschaftlicher Entertainisierung an – implizieren grundsätzlich einen *Zukunftsbezug*, da sie ja veränderungsträchtige Faktoren und Konstellationen ermitteln, die weiterhin die gesellschaftliche Entwicklung prägen können. Von der Sache her ist also der Zukunftsbezug von Wandlungstheorien unausweichlich, aber auch wissenschaftspolitisch als Grundlage der abschließenden Postulate von 10.3. Mit den Mitteln der Zukunftsforschung, die, recht verstanden, an der Theorie möglicher Zukünfte arbeitet und nicht einfach Prognostik ist, lässt sich ja auch die mutmaßliche weitere Relevanz des Forschungsgegenstandes Entertainisierung bzw. Politainment besser abschätzen und damit, wie dringlich und lohnend seine noch bessere wissenschaftliche Erhellung ist oder eben nicht. Zudem können Zukünfte als zeitlich offene, zum Teil schon ausdifferenzierte, zum Teil potentielle Systeme begriffen werden, als Symbole und Symbolsysteme, und Zukunftsforschung demzufolge als symbolische Interaktion. Mit der kommunikationssoziologischen Perspektive und dem systemtheoretischen Bezugsrahmen ist also auch eine in dieser Hinsicht anschlussfähige Argumentationsbasis gegeben (vgl. Saxer 2002b:236ff.).

Von den zwei Hauptwegen, sich der Zukunft wissenschaftlich anzunähern, nämlich prognostisch oder explorativ, wird hier, dem Pilotcharakter dieser Studie entsprechend, der zweite beschritten. Dem Ideal prognostisch-planerischer Zukunftsforschung, nämlich Voraussagegenauigkeit, nachzueifern, ist bei diesem Gegenstand und dem gegenwärtigen Zustand seiner Erforschtheit wenig Erfolg versprechend, abgesehen von der generell bescheidenen diesbezüglichen Leistungsfähigkeit der Kommunikationsprognostik (vgl. z.B. Fromm 2000). Hingegen orientieren explorative, aber in sich stimmige alternative Zukunftsentwürfe viel stimulierender über Zukunft als offenes System denn letztlich deterministische Prognosen. Die *Szenariotechnik*, phantasievoll aber gemäß der wissenschaftlichen Wenn-dann-Logik entwickelt, ist besonders geeignet, Zukunft im Gedankenexperiment (Frei/Ruloff 1984:271) in verschiedenen Varianten zu vergegenwärtigen und gegebenenfalls antizipatorische Bewältigungsstrategien anzuregen.

Wohl besteht ein gravierender Mangel vieler Zukunftsmodelle darin, dass sie weltanschauliche Annahmen oder überkommene Theorien auf die Zukunft projizieren oder auch aus anderen Gründen Trends einfach verlängern, Neues also nicht zulassen, sondern Zukunft schon in Vergangenheit durch mentale Angleichung an diese verwandeln, bevor sie erst Gegenwart geworden ist. Trotzdem wird das erste der hier skizzierten drei Szenarios als Trendprognose (Schrape/

Trappel 2001:43f.) angelegt, indem in ihm die vier die Entertainisierung begünstigenden Metatrends auf den Linien des für Teil II in vielem wegleitenden Interpenetrationsmodells (Münch 1992a) fortgeschrieben wird. Diesem Interpenetrationsszenario eignet eben relativ hohe Wahrscheinlichkeit, und so wird es als »plausibelstes«, wie oft bei Vergleichen als Ausgangsszenario entwickelt (Frei/ Ruloff 1984:274). Dieses Szenario wird, dem im weitesten Sinn gegeninstitutionellen Potential von Unterhaltung entsprechend, auf der institutionell-regulatorischen Dimension mit einem Heteronomie- und einem Autonomieszenario Entertainisierung konfrontiert, mit alternativen, nämlich regelungsintensiven und regelungsschwachen Zukünften. Diese Gegenüberstellung entspricht gegensätzlichen Grundpositionen, wie der Entertainisierung strukturell zu begegnen sei. Die Konstruktion dieser Szenarien richtet sich im übrigen wie üblich nach dem jeweiligen Beobachtungsfeld und folgt hier, dem gesamtgesellschaftlichen Impact der Entertainisierung gemäß, deren Ausprägungen auf den drei Gesellschaftslevels.

10.2.1 Interpenetrationsszenario

Insgesamt verstärken sich unter dem Einfluss der vier Metatrends funktionale Differenzierung, institutioneller Wandel, Individualisierung und Realitätslabilisierung die gesamtgesellschaftlichen und politischen Spannungen, da aus deren und weiterer Faktoren disparitärer Entwicklung »sozialer Wandel im Ungleichgewicht« (Bühl 1990) resultiert. Dies wirkt sich hinsichtlich sämtlicher elementarer Systemkonstellationen aus, besonders stark allerdings auf die Integration und die Identität von Mediengesellschaften bzw. ihres politischen Systems. Der Bedarf nach dem Spannungsmodulator Unterhaltung wächst unter diesen Umständen weiter, neben seinem Problemlösungs- freilich auch sein Problemschaffungspotential. Zunehmend unkalkulierbarer gesamtgesellschaftlicher Systeminterpenetration entspricht, zum Teil gefördert, zum Teil behindert, die immer noch partielle, aber mehr und mehr ubiquitäre Entertainisierung der Mediengesellschaft und ihres politischen Systems. In dieser operiert im weiteren Wandel zur Medien- und Berechtigungsdemokratie in verstärktem Mass Politainment in Richtung einer Entwicklung auch zur Erlebnisdemokratie. Politische Kommunikation nimmt an Umfang und Komplexität im Gefolge noch vielfältigerer gegenseitiger Durchdringung der Lebenssphären und Funktionssysteme zu, verdichtet aber damit zugleich ihre eigene Undurchdringlichkeit. Vermehrte Politikdarstellung muss den steigenden Legitimationsbedarf von Herrschaft in der Berechtigungsdemokratie auffangen, damit Politik auf den angestammten und in immer weiteren kollektiven Entscheidungsfeldern hergestellt werden kann, und überall interveniert verstärkt Politainment mit labiler Multifunktionalität.

Auf dem *Mesolevel* der organisierten politischen Akteure wird Eventpolitik unter diesen Umständen noch bestimmenderes Element bei der Realisierung von Policies, Kommunikation als politische Ressource systematischer entwickelt und eingesetzt, Kommunikationsmanagement auch in europäischen Demokratien eine politische Hauptdisziplin. Entsprechend stärker wird dieses professionalisiert und verwissenschaftlicht und verschiebt sich das Rollenprofil durchsetzungsfähiger politischer Kandidaturen in Richtung hoher Kommunikationskompetenz. Mehr denn je begegnet indes die Überführung von Politik in Kommunikationspolitik eigenständigen oder jedenfalls anders gerichteten Strategien der Medienorganisationen im Zuge ihrer partiellen Abkoppelung vom politischen System und ihrer stärkeren Kommerzialisierung. Die Regulierung des öffentlichen Rundfunks durch das politische System geht nicht weiter als bis zu regulierter Selbstregulierung zur Garantierung bestimmter, als unverzichtbar eingeschätzter politischer, kultureller und sozialer Leistungen desselben. Die Systeminterpenetration erweitert eben generell die Aktivitätsfelder des politischen Systems, mindert aber sein eigenständiges kollektiv verbindliches Gestaltungsvermögen. Politischen Sinn definieren die offiziellen Repräsentanten des demokratischen Systems künftig noch weniger ausschließlich; insbesondere die Bürger definieren je länger desto weniger bloß an den Wahlurnen, in institutionellen Verfahren autorisiert, mit, sondern als Medienpublikum, auf dem Mikrolevel, durch ihre Kommunikationspräferenzen. Politischer Un-Sinn in Gestalt kommerzieller Werbung, partikularer Kulturpropaganda, privater Anliegen oder eben Politainment findet so je länger desto ungehinderter Zugang zur politischen Öffentlichkeit, da die diesbezügliche Toleranz größer wird, was wiederum zu unterhaltenden politischen Selbstinszenierungen ermuntert.

Individuelle, auch private Erwartungen an das politische System werden künftig über Medienkommunikation noch vermehrt an Legislative und Exekutive vermittelt, die Inputleistungen der politischen Öffentlichkeit in Demokratien noch stärker partikularisiert. Ohnehin entertainisieren die vier Metatrends im Verbund auf dem *Mikrolevel* das politische Geschehen besonders umfassend und unkontrolliert. Medienrealität konstituiert politische Wirklichkeit für den Großteil der Bürger immer ausschließlicher, aber keineswegs für alle. Aktivisten gestalten ja selber politische Realität, soziale Bewegungen zumal, allerdings maßgeblich im Hinblick auf ihre Umwandlung in Medienrealität. Diese wird ihrerseits weiter labilisiert, fiktionalisiert, entertainisiert. Trotz partieller Hedonisierung der Mentalitäten im Gefolge institutionellen Wandels widerstehen aber viele Strukturen der demokratischen Kultur und Ordnung weiterreichender politischer Entpflichtung der Bürger. Hingegen steigt mit der Differenzierung der politischen Kommunikation auch deren Segmentierung in unterschiedliche politische Partizipations- und Kompetenzkategorien mit Unterhaltungsorientierung als zentralem Unterscheidungsmerkmal. Mit noch intensiverer gegenseitiger Durchdringung der Systeme wird wie die Mediengesellschaft insgesamt auch ihre politische Ordnung, die Demokratie, in widersprüchlicher Weise zugleich vermehrt integriert und desintegriert, und ihre fortgesetzte Medialisierung wirkt in derselben Art: systemlabilisierend und -stabilisierend. Die Funktionalitätsbilanz weiter zunehmender Systeminterpenetration wird auf dem *Makrolevel* vollends unübersichtlich, die labile Multifunktionalität von Entertainisierung und Politainment in diesem Kontext evident und doch schwer fassbar. Die vier Metatrends werden ja auch international verstärkt, regionale Gegenstrukturen im Zuge der Selbstregulierung kleiner gesellschaftlicher Einheiten, aber auch Medienkommunikation verbreiten überall hin politischen Sinn, allerdings immer wieder anderen und je anders interpretierten. Zwischen dem zustimmungsabhängigen und rechenschaftspflichtigen demokratischen System und der Lebenswelt des Großteils seiner Mitglieder weitet sich die Kluft und nehmen die Spannungen in Folge schlecht abgestimmter gegenseitiger Leistungserwartungen zu. Zumal die sich verschärfenden funktionalen Unverträglichkeiten der tradierten Strukturen demokratischer Öffentlichkeit erzwingen denn auch deren weitere Öffnung in Richtung Unterhaltungsöffentlichkeit. Damit interpenetrieren politische Kultur und Unterhaltungskultur einander auf allen Gesellschaftsebenen noch mehr.

10.2.2 Regulierungsszenario

Trendschwächung, -modifikation, ja -umkehr sind in komplexen, weitgehend selbstregulierten Gesellschaften immer möglich und selbstverständlicher Teil ihrer Entwicklung. Insofern bedarf eher Trendkontinuität der Erklärung und der Entwurf alternativer Zukunftsszenarios keiner besonderen Rechtfertigung. Auch im Hinblick auf etwaige planerische Folgerungen werden dieses Regulierungs- und das nachfolgende Autonomieszenario nicht als utopische, sondern als nachvollziehbar mögliche entwickelt. Im Regulierungsmodell von Entertainisierung bzw. Politainment steht daher auch nicht ein totalitär verfügungsmächtiger Staat im Hintergrund, sondern der im Zusammenhang mit dem Ideal einer funktionsmächtigen Zivilgesellschaft implizierte Idealtyp einer *Selbstverpflichtungsgesellschaft*. Ihr geht es um die regulative Optimierung der eu- bzw. Minimierung der dysfunktionalen Konsequenzen von Unterhaltung, und sie löst die bislang dominierende Erlebnisgesellschaft ab.

Mentalitätswandel, insbesondere Prozesse des Wertwandels oder auch eine Verknappung ökonomischer Ressourcen können eine Änderung der regulativen Praxis in diese Richtung befördern. Diese wird aber weiterhin vornehmlich in Gestalt *regulierter Selbstregulierung* (Hoffmann-Riem 2001:28ff.) operieren müssen, um nicht den Widerstand einer an eine Fülle von stark nachgefragten Unterhaltungserlebnissen gewöhnten Bevölkerung herauszufordern. Politainment im besonderen, als Pfeiler von Eventpolitik und wichtiges Element von politischer Selbstinszenierung bewährt und erwartet, muss durch valable Alternativen, soweit nötig, ersetzt werden. Kooperation muss da zwischen einer sehr großen Zahl von involvierten Akteuren etabliert werden: Repräsentanten des politischen Systems, der Medienorganisationen und -nutzer, der Rechts- und Gesundheitspflege, der Unterhaltungsindustrie, des Jugendschutzes und zivilgesellschaftlicher Gruppierungen. Die Interessenabstimmung zwischen diesen wird mit ihrer wachsenden Zahl immer anspruchsvoller und ohne massiv sanktionsmächtige Instanz eine Entertainisierungs-Selbstkontrolle wohl auf kleinstem gemeinsamen Nenner die Norm.

Nicht allein autoritäre, auch demokratische Fremdregulierung von Unterhaltung beeinträchtigt deren entlastend-stimulierendes Vergnügen und damit die Nachfrage nach dieser, und Selbstregulierung kann das Unterhaltungserlebnis nur sehr bedingt in sozial oder politisch gewünschte – von wem? – Bahnen lenken. *Dysfunktionalität* beim labilen multifunktionalen Impact von Entertainisierung völlig ausschließen zu wollen, ist utopisch, ganz abgesehen davon, dass über die Ausschließungskriterien, außer bei Verstößen gegen kulturelle Selbstverständlichkeiten, auch künftig kaum Einverständnis zu erreichen sein wird. Welche Art von Emotionalisierung durch Politainment muss als dysfunktional abgelehnt werden, welche fördert qualifizierte politische Meinungsbildung? Wie kann auch für politische Akteure überzeugend nachgewiesen werden, dass temporäre Euphorisierung, die durch schönfärberische Eventpolitik geweckt wird, die Entwicklung fundierter Zustimmung zu längerfristigen Policies gerade beeinträchtigt? Durch welchen Stil- bzw. Strategiekodex können und sollen diese dazu gebracht werden, Politainment nicht so hemmungslos einzusetzen, dass es die Identität des politischen Systems weiter in Richtung Stimmungs- und Berechtigungsdemokratie verschiebt? Unterhaltung zu regulieren und gar zu zensurieren impliziert in Zukunft auf jeden Fall eine immer umfänglichere Begründungsverpflichtung.

Das Funktionalitätspotential von Unterhaltung zu optimieren und ihre potentielle Dysfunktionalität zu minimieren werden Ressourcen in entsprechende Förderungsprogramme investiert und, der zunehmenden Verwissenschaftlichung von Kommunikation entsprechend, auf die verschiedenen Faktoren und Stadien von Unterhaltungskommunikation bezogen, aber als System konzipiert. Unterhaltungskommunikation in Demokratien kann ja nicht anregender, ästhetisch gelungener oder thematisch anspruchsvoller sein, als die Nachfrage nach ihr es zulässt bzw. fordert, die ihrerseits allerdings auch durch das Angebot bestimmt wird.

Konsequenterweise konzentriert sich *Eufunktionalität* von Unterhaltung maximierende Regulierung ebenso sehr auf die Anhebung der allgemeinen Medienkompetenz wie auf die Produktion von politischem Edutainment. Dieses muss sich allerdings auch unter einem Regulierungsregime von Entertainisierung durch eigene Attraktivität gegen ein weiterhin sehr breites Angebot an lediglich zerstreuender Unterhaltung durchsetzen. Zudem gelten natürlich auch hierfür die allgemeinen restriktiven Bedingungen gezielter Orientierung durch massenmediale Unterhaltungskommunikation. In der Zielreihe Aufmerksamkeit, Verständnis, Zustimmung, Anschlusshandeln sind schon bei informierender politischer Medienkommunikation günstigenfalls nur das erste und bedingt das zweite bei einem breiten Bürgerpublikum zu erreichen, die beiden letzteren nur bei speziell günstiger Rezipientenbefindlichkeit. Vermehrte Inklusion, von welcher Qualität immer, ist demnach der Haupterfolg, den reguliertes Politainment wohl auch künftig erreichen kann.

10.2.3 Autonomieszenario

Die vier Metatrends prägen die Mediengesellschaft noch stärker. Funktionale Differenzierung setzt sich gegen gesamtgesellschaftliche Regulierung durch, der Staat interveniert nur noch subsidiär, der zum komplexen Funktionalitätssystem ausdifferenzierte Unterhaltungssektor operiert weitgehend autonom. Im Zuge institutionellen Wandels öffnen sich die politische Öffentlichkeit wie der öffentliche Rundfunk noch weiter privaten Belangen und Präferenzen, und selbst die Qualitätspresse zieht zu einem gewissen Grade mit. Die Umstrukturierung einer Verpflichtungs- in eine *Laissez-faire- und Erlebnisgesellschaft* intensiviert sich und erlaubt individuelle Selbstverwirklichung wie nie zuvor, denn die totale Medialisierung und die Ubiquität der Unterhaltungskultur relativieren vollends die Verbindlichkeit gemeinsamer Realitätskonzeptionen. Die Integration dieser Gesellschaften ist im Gefolge dieser Entwicklung freilich allenthalben gefährdet, und Demokratie als kollektive Realisierung von Gemeinwohl kraft freiwilliger Übereinkunft büsst an Identität stiftendem Vermögen ein.

Die Spannungen, die von den frei konkurrierenden unterschiedlichen Interessen herrühren, der zunehmende Orientierungsstress in der überkomplexen dynamischen Mediengesellschaft und die sozialpsychologischen Defizite im Zusammenhang mit der Reduktion familiärer und kommunaler Einbindungen steigern in vielfältigster Weise die Bedürfnisse nach *Unterhaltungserlebnissen.* Über die Kapazitäten für deren Befriedigung verfügt die immer potentere Unterhaltungsindustrie, die wie auch die Medienorganisationen weitgehend ungehindert gemäß ihrer unternehmerischen Eigenrationalität produziert. Erlebnisse, namentlich unterhaltende, konstituieren umgekehrt auch verstärkt kulturelle Milieus, die allmählich die Stelle der Vereine als charakteristische sozietale Organisation besetzen. Dass auch die Kultur stiftende Leistung der politischen Parteien durch diese Entwicklung geschmälert wird, nötigt diese zur Erschließung weiterer lebensweltlicher Aktivitätsfelder und damit zur stärkeren Entwicklung von Politainment.

Unter dem Autonomieregime operieren Unterhaltungsindustrie und Medien konsequent gemäß dem Prinzip der Belieferung aller in Frage kommenden Unterhaltungsmärkte und der Erschließung von neuen, und Politiker praktizieren gleichfalls *völlig Nachfrage orientiert* Politainmentstrategien ohne Sorge um etwaige Reputationseinbussen. Das Wohlgefühl von maximal vielen Konsumenten ist das strategische Oberziel aller dieser Akteure, und der Einsatz der konstituierenden Mechanismen erfolgreicher Unterhaltungskultur, nämlich Euphorisierung, Equilibrierung, Eventisierung und Personalisierung, ihr Hauptmittel. Politische Kultur und Unterhaltungskultur werden eins, der Wandel zur Erlebnis- und Berechtigungsdemokratie wird umfassender, die Identität des politischen Systems eine andere.

Weitgehend ihrer autonomen Entfaltung überlassen entwickeln Unterhaltungskultur und Politainment für sich und in Symbiose vermehrt Eigenkomplexität in Gestalt von immer noch weiteren Subsystemen und Teilstrategien, immer unter dem *Imperativ der Funktionalitätsmaximierung*. Da außer krass normwidrigem und daher strafrechtlich sanktioniertem Entertainment immer weniger davon unter das Verdikt dysfunktional fällt, Toleranz und Nachfrage auch für Abwegiges wachsen, weitet sich das Spektrum der durch unterhaltende Angebote stimulierbaren und abdeckbaren Erlebnisbedürfnisse ständig. Komplementär dazu steigt fortgesetzt die professionelle Qualität der Produkte der Unterhaltungsindustrie und von Politainment. Die folgenden Subtrends sind für die Gesamtentwicklung besonders prägend:

• Von ihrer *Symbiose* profitieren Unterhaltungsindustrie, Mediensystem und Politainment gleichermaßen. Die politischen Akteure übernehmen und modifizieren unterhaltungskulturelle Techniken für ihre Zwecke. Die Unterhaltungsindustrie benötigt und bewirtschaftet politische Themen, Persönlichkeiten, Ereignisse als aktuelles oder aktualisierbares, bereits eingeführtes, erlebnisträchtiges Material für ihre Produkte. Die Medien füllen mit beidem, Unterhaltungskultur und Politainment, ihre Kanäle und stellen diese und ihre Verbreitungskompetenz der Unterhaltungsindustrie und dem politischen System zur Verfügung.

• Die Labilität von Unterhaltungserlebnissen vermindert ihre Nachhaltigkeit und erschwert ihre gezielte ökonomische Nutzung und politische Instrumentalisierung. Im Zuge weiterer Professionalisierung werden effiziente Strategien zur *Stabilisierung* von Unterhaltungserlebnissen entwickelt, von der Unterhaltungsindustrie und den Medien in Form der Serienbildung und der kontinuierlichen Reproduktion der gleichen oder ähnlichen Stereotype und Konstellationen als fortdauernder unterhaltender Erlebnisgarantie, von den Politikern durch kontinuierliche Imagepflege und die Staffelung und den Einbau von unterhaltenden Aktionen und Inszenierungen in vielaktige Dramaturgien von Kampagnen und Eventpolitik.

• Weitere *Differenzierung* von Entertainment im Angebot von Medien und Unterhaltungsindustrie folgert ebenso aus dem Metatrend funktionale Differenzierung wie die Fragmentarisierung der entsprechenden Nachfrage aus dem der Individualisierung. Dem Prinzip des Marktlückenschaffens und -besetzens in einem bereits überkonkurrenzierten Markt wie dem der Unterhaltung entspricht keineswegs die viel beschworene, aber langfristig erfolglose Strategie, mehr vom Gleichen anzubieten, sondern dieses in einem begrenzten Nachfragespektrum segmentgerecht zu variieren, nicht »more of the same«, sondern »more variation of the same« verspricht Erfolg. Autonome Unterhaltung entfaltet sich, da anthropologisch begründet und mediengesellschaftlich als Spannungsmodulator zunehmend ubiquitär dienlich, nicht nur als massenmedial vermittelte Populärkultur, sondern ebenso, allerdings rückläufig, als Volkskultur und auch als Elitekultur, etwa als anspruchsvolle Satire.

• *Innovatorisches Potential* kann autonome Unterhaltung, auch Politainment, in allen kulturellen Organisationsformen entwickeln. Weil in ihr und durch sie Grenzen überschritten, Sinn umdefiniert, institutionelle Verbindlichkeiten in Frage gestellt werden, vermag sie ebenso neue Horizonte zu eröffnen wie behagliche Entlastung oder auch bequeme Selbstgefälligkeit in der Bestätigung gemeinsamer Vorurteile zu verbreiten. Gerade in einem dermaßen dynamisierten sozialen Kontext wie dem mediengesellschaftlichen, in dem Verunsicherung alltäglich geworden ist, gilt, dass »man nur über immer Neues Unsicherheit für die Gegenwart vernichten und in eine immer wieder neue Zukunft hinausschieben kann. Und auch dies wird in der gesamten Gesellschaft paradigmatisch durch ihr Kunstsystem vorexerziert« (Luhmann 1997:1006).

• Auch hier ist freilich die Bandbreite des Nachvollziehbaren und Tolerierten je nach soziokultureller Befindlichkeit unterschiedlich groß und je anders. Auch autonomes Politainment, das die *Inklusion* in politische Kommunikation vergrößern will, vermag dies nur zu erreichen, soweit es beim Einsatz seiner unterhaltenden Persuasionstechniken die sich vertiefenden Trennungslinien zwischen verschiedenen Lebensstilgruppen in Rechnung setzt. Nur so werden sie wirklich als »lebensweltlich anschlussfähige Formen der politischen Kommunikation« (Grimm 2004:14) fungieren.

10.3   Theorieentwicklung

Die künftige Theorieentwicklung zur mediengesellschaftlichen Entertainisierung und zur unter deren Einfluss sich wandelnden politischen Öffentlichkeit ist ebenso schwer prognostizierbar wie die Veränderungen des Beobachtungsobjektes selbst. Deshalb können diese abschließenden Postulate lediglich die Evaluation dieser Studie im Hinblick auf die skizzierten möglichen Zukünfte fortschreiben. Die *Leitfrage* lautet: Welche Weiterentwicklungen dieser Theorie sind die dringlichsten? Und die Antwort darauf wird hier eben nicht als ausgearbeitetes Programm, sondern nur in Gestalt eines Katalogs von wissenschaftlichen Desiderata gegeben.

1. *Status der Aussagen: Gesamtziel* der weiteren Arbeit auf den hier entwickelten Linien muss die Überführung der vielen tentativ formulierten »educated guesses« in zusammenhängende, empirisch fundierte Theorie(n) bzw. Metatheorie sein. Das entsprechende Pensum theoretischer Durchdringung des Beobachtungsgegenstandes, das zu leisten ist, steht demjenigen für seine empirische Erhellung nicht nach. Der vorliegende Versuch bewegt sich ja im wesentlichen auf der Ebene dimensionaler Analyse, und sein Hauptresultat ist eine Taxonomie, ein Schema zu seiner wissenschaftlichen Beschreibung (Zetterberg 1967:65ff.). Dessen Hauptschwäche im gegenwärtigen Zustand ist natürlich seine ungenügende Kohärenz in Folge vieler fehlender Teilstücke und möglicherweise mangelnder Einheit des Beobachtungsobjektes. Dass der deskriptive Nachweis der Basisthese einer generellen Entertainisierung von Mediengesellschaften und im speziellen deren politischer Öffentlichkeit weitgehend erbracht werden konnte, stützt zumindest die Annahme, die für die Untersuchung entwickelte Perspektive und der entsprechende Bezugsrahmen seien für die Erreichung bzw. Annäherung an dieses Gesamtziel nicht ungeeignet.

2. *Normativität der Theorie:* Andererseits ist die geringe Tauglichkeit einer *normativen Theorie* der Demokratie für die wissenschaftliche Erhellung des Beobachtungsgegenstandes sehr deutlich geworden. Vor einem Verständnis von politischer Öffentlichkeit, das ausschließlich deren diskursives bzw. deliberatives Wirken für demokratiegerecht hält, fallen Politainment als defizienter Modus politischer Praxis und die Annäherung politischer Kultur an die Unterhaltungskultur zum vornherein unter ein negatives Verdikt. Damit ist bereits der Zugang zu einer breiteren Beobachtung von Entertainisierung und Politainment versperrt. Die Öffentlichkeitstheorie immunisiert sich damit sozusagen gegen einen lebensweltlichen Bezug und bleibt in einem problematischen Sinn idealistisch. Vernachlässigt sie jedoch die Normativität des demokratischen Systems und seiner Öffentlichkeit, so ist sie außerstande, gerade die Spannungen zwischen der institutionellen Ordnung der Demokratie und

der mediengesellschaftlichen Lebenswelt ihrer Staatsbürger zu erklären und insbesondere die strukturellen Widersprüche, unter denen die demokratische Öffentlichkeit funktioniert, zu erfassen.

Eine dem wissenschaftstheoretischen Postulat der Isomorphie und dem wissenschaftspragmatischen spieltheoretischen Obligat entsprechende *Umorientierung* der Öffentlichkeitstheorie, die sich aufdrängt, ermöglicht die allgemeine Konzeption von sozialen Strukturen als problemlösend und -schaffend. Dies erleichtert insbesondere, wissenschaftlich nicht entscheidbare Wert- in Sachurteile umzuformulieren. Dabei muss allerdings die Unterscheidung von Eu- und Dysfunktionalität ihrer möglichen wertenden Implikationen wegen sehr umsichtig gehandhabt werden, indem bei der funktionalen Analyse stets der genaue System- und Problembezug angegeben wird. Die Wertfrage muss daher lauten: Im Lichte welcher demokratischen Normen sind welche Aspekte unterhaltender Politik dem Funktionieren des politischen Systems ab- oder zuträglich?

3. *Theorie sozialen Wandels*: Öffentlichkeitstheorie, die priorität den normativen Bezug politischer Kommunikation anvisiert, ist in erster Linie Institutions- bzw. Regulierungstheorie. Hier wird hingegen dafür plädiert, sie sei konsequenter als Wandlungstheorie zu entwickeln. Damit steht für sie nicht die Spannung zwischen Sollen und Sein im Vordergrund, sondern diejenige zwischen Dynamik und Statik (Jäger/Meyer 2003), zwischen verändernden und beharrenden Kräften, zwischen neuen und überkommenen gesellschaftlichen Problemlösungen. Die *Zeitlichkeit* politischer Öffentlichkeit bildet ein Zentrum dieser Theorie, die sie mit Medialisierung und Entertainisierung in den Gesamtzusammenhang der Modernisierung bringt und darin den Vorgang der expressiven und nicht mehr ausschließlich der kognitiven Rationalisierung (Imhof 1996a:48ff.) und insbesondere in Gestalt des Unterhaltungserlebnisses ein labil-labilisierendes Phänomen als entscheidend fokussiert.

Mit Zeitlichkeit als organisierender Bezugsgröße der Theorie ist die Ansetzung eines Struktur-Prozess-Modells von Öffentlichkeit zum vornherein gegeben und ebenso die Berücksichtigung aller drei Zeitstufen. Politische Öffentlichkeit muss ja gleichermaßen zwischen der Zeit, die es braucht, Politik herzustellen, Medienzeit und lebensweltlicher Zeit vermitteln. Politainment im besonderen versucht durch temporär unterhaltende Inklusion längerfristige kollektiv bindende Entscheidungen zu stabilisieren. Regulierung, gegenwärtige gesetzliche zumal, impliziert Kontrolle von Zukunft. Alle Bemühungen, die Entertainisierung politisch, kulturell oder ökonomisch für bestimmte Zwecke zu instrumentalisieren, sind auch solche um optimale Synchronisierung unterschiedlicher *Eigenzeiten*, denn disparitäres Zeitmanagement beeinträchtigt das Funktionieren von Systemen elementar. Aus all diesen Gründen, und speziell als Kommunikationstheorie, muss die hier weiter zu entwickelnde Theorie noch systematischer als temporale konzipiert werden.

4. *Theorieintegration*: Weil die Entertainisierung sämtliche Gesellschaftslevels durchwirkt und Politainment, fallweise zumindest, allmählich auch das politische System von der Mikro- bis zur Makroebene affiziert, ist nur eine integrierende Perspektive gegenstandgerecht. Dem elementar kommunikativen Mechanismus Unterhaltung entspricht mithin eine kommunikationssoziologische Optik besonders gut. Diese *Perspektive* sollte daher weiter entwickelt werden und unter ihr insbesondere noch mehr empirisch geforscht werden. »Integrierend« impliziert da ebenso sehr die weitere Analyse der Bedeutung der Normativität demokratischer Öffentlichkeit für ihr Funktionieren wie der Konsequenzen von Asynchronizität politischer Kommunikation bis zu Bewusstseinsverspätungen involvierter Akteure, und dies immer im Lichte mediengesellschaftlicher und politischer Entertainisierung. Vor allem aber folgert aus der Redeweise und den vielfältigen Nachweisen von Entertainisierung als Totalphänomen die Zusammenschau von deren kultureller, wirtschaftlicher, politischer und sozialer Dimension. Es ist klar, dass solches nur in interdisziplinärer Kooperation geleistet werden kann.

Auch der funktionalistisch-/system-/akteurtheoretische *Bezugsrahmen* scheint für die weitere Elaboration einer Entertainisierungs- und Öffentlichkeitstheorie vereinigenden Metatheorie umfassend und flexibel genug, wenn er auch stärker auf den Makro- und Mesolevel als auf den Mikrolevel ausgelegt ist. In seinem gegenwärtigen Zustand vermag er die sozialpsychologischen Mikrobefunde zur politischen Befindlichkeit und die rezeptionspsychologischen zum Unterhaltungserlebnis trotz dem gemeinsamen Problemlösungs-/Problemschaffungsansatz nur ungenügend zu verankern. Handlungs- und Rollentheorie müssen da noch intensiver als im vorliegenden Entwurf die hier zu entwickelnde Metatheorie fundieren; zumal die letztere ermöglicht validere Interpretationen von Politainment als Kommunikationsmanagement politischer Akteure und seiner Konsequenzen für die weitere Entwicklung dieses Rollensystems. Mit systematischerer Erhellung politischer Öffentlichkeit als Forum unterschiedlicher Eigenzeiten lassen sich wiederum die Interaktionen zwischen Politikern und Bürgerpublika als abwechselndes Vorpreschen und Nachhinken bzw. disparitäres Lernen aneinander besser verstehen. Je komplexer der Bezugsrahmen angelegt ist, desto mannigfaltigere und theoretisch weiterführende Beziehungen erlaubt er im Untersuchungsobjekt zu entdecken.

5. *Konzeptualisierungsstrategie*: Auch die für diese Studie gewählte interdisziplinäre Konzeptualisierungsstrategie hat sich insofern bewährt, als sie die dimensionale Analyse in einem Begriffsrahmen verortet und befestigt. Die Ergiebigkeit der weiteren Arbeit an einer Entertainisierungs- und Öffentlichkeitstheorie über-

wölbenden Metatheorie hängt ja weitgehend von der Qualität der Basiskonzepte ab, von denen aus Theorieintegration unter kommunikationssoziologischer Perspektive überhaupt geleistet werden kann. Entsprechendes Gewicht wurde daher auf ihre sorgfältige Herleitung, namentlich von Unterhaltung, Mediengesellschaft, Öffentlichkeit und Demokratie gelegt, wobei die Adäquanz des diese Begriffsbildung jeweils fundierenden Theorienkomplexes natürlich bestreitbar ist. Bei *interdisziplinärer Konzeptualisierung* geht es ja darum, disziplinäre Einseitigkeiten bei der Verwendung der gleichen Basiskonzepte zu Gunsten des ihnen interdisziplinär Gemeinsamen zurück zu nehmen, um auf dieser begrifflichen Grundlage politische, soziologische, psychologische, publizistikwissenschaftliche, aber auch kulturanthropologische und weitere Theorien in die Metatheorie einbeziehen zu können. Der Problemlösungs- und -schaffungsansatz erleichtert dabei die Überwindung fachspezifischer Einengungen des Begriffs- (und Sach-)verständnisses. So ist die wachsende Volatilität der politischen Meinungsbildung für Parteienforscher eher Ausdruck schrumpfender politischer Loyalität, für Theoretiker neuer sozialer Bewegungen hingegen vermehrter zivilgesellschaftlicher Emanzipation.

Die Verwendung dieser Basiskonzepte muss denn auch interdisziplinär ständig weiter beobachtet werden, da sich darin Perspektiven- und Theorienwandel abzeichnen. Nur so bleibt eine Metatheorie wie die hier anvisierte vor Isolierung, eigenbrötlerischer Abgehobenheit bewahrt. Wie sehr nur schon *Dichotomisierung* die Erkenntnis gegenstandskonstituierender Zusammenhänge behindern kann, zeigt sich bei derjenigen von Information vs. Unterhaltung. Sie ist erst allmählich in der Publizistikwissenschaft relativiert und empirisch vielfach falsifiziert worden, freilich immer noch mit bescheidenem Widerhall in der Öffentlichkeitstheorie (Brantner/Langenbucher 2006:405). Auch die anthropologische Verwurzelung von Unterhaltung muss um der Reichweite der Metatheorie willen noch stärker als in der vorliegenden Studie herausgearbeitet werden. Besonders unerlässlich ist des weiteren die Vertiefung des Rationalitätskonzeptes, auf das in der Öffentlichkeits-, aber auch Entertainisierungstheorie sehr oft referiert wird. Die Ablösung vorherrschender Rationalitätskonzeptionen durch andere im Zuge des Wandels der Weltbilder und der Existenzgrundlagen bzw. -deutungen (Imhof 1996a) lässt auch denjenigen der demokratischen Öffentlichkeit besser verstehen und erklären, und wiederum gilt es bei der Entwicklung umfassender, empirisch fundierter Theorie Komplementaritäten zwischen Sach- und Erlebnisrationalität zu erkennen und diese nicht gegeneinander zu dichotomisieren.

6. *Theorieentwicklung*: In dieser Hinsicht besteht der größte Bedarf, da innerhalb des gewählten Bezugsrahmens noch viele Beziehungen ungeklärt sind und auch die meisten der »educated guesses« der Analyse der soliden empirischen

Abstützung noch weitgehend ermangeln. Vergleichbare Einseitigkeiten weist K. Imhof für die Theorieentwicklung zu Mediengesellschaft und Medialisierung nach (Imhof 2006:206ff.). Diese Arbeit muss denn auch in den verschiedensten Dimensionen in theoretischer wie methodologischer Hinsicht fortgesetzt werden, letztere namentlich bezüglich der integrierenden Interpretation unterschiedlicher Datenkörper. Theoretischer Weiterentwicklung bedürfen die folgenden Bereiche besonders dringlich:

- *Fundierung*: Wiewohl das AGIL-Schema elementarer Problemkonstellationen unter dem gewählten Bezugsrahmen heuristisch fruchtbar, da theoretisch gehaltvoll, die Prozesse im Beobachtungsfeld in funktionaler Hinsicht ordnen und interpretieren hilft, muss die Theorie sozialer Probleme (vgl. Schetsche 2000) im Hinblick auf die hier zu konstruierende Metatheorie weiterentwickelt werden. Was ja grundsätzlich zur Diskussion steht, ist die Problematisierung der Entertainisierung, der Unterhaltungsöffentlichkeit und von Politainment selber. Zumal das schwierige Konzept der Identität kann so weiter theoretisiert und die Verschiebung von politischem Sinn im Gefolge dieser Prozesse unter problemtheoretischer Optik neu evaluiert werden. Auf diesem Wege können auch andere Kriterien für die Qualifizierung von Entertainisierung und ihrer Folgen als dysfunktional entwickelt, diese z.B. als Innovationskrisen interpretiert werden. Einschlägige Regulierungsprogramme gewännen so ein breiteres theoretisches Fundament.
- *Räumliche Dimension*: Analog zur zeitlichen ist die räumliche Dimension der Entertainisierung demokratischer mediengesellschaftlicher Politik in die entsprechend wandelorientierte Theorie einzubeziehen. In dieser Hinsicht ist der Fokus der vornehmlich die Verhältnisse in den deutschsprachigen Demokratien thematisierenden Untersuchung zu eng, der Doppelaspekt zunehmend globalisierter gesellschaftlicher bzw. politischer Entertainisierung und weiterhin aktiver lokaler bzw. Encounter-Öffentlichkeiten entschieden zu vertiefen. Dies ist vor allem unerlässlich, damit die Unterhaltungsöffentlichkeit nicht bloß als medial, durch Medienkommunikation konstituiert, konzipiert wird und die Gegenbewegungen zur Globalisierung, die Re-Nationalisierung, ja Re-Lokalisierung der Öffentlichkeit in Gestalt von Straßentheatern z.B. und anderer Formen interpersonaler Unterhaltungskommunikation nicht außer Acht gelassen werden. Der sportliche Patriotismus wie die Annäherung vieler Medienformate an informelle Face-to-face-Kommunikation zeugen von virulenten Bedürfnissen nach zumindest temporärem Aufgehobensein im nahen Wir und nach unvermittelten Interaktions- und Unterhaltungserlebnissen. Politainment als stets optimierungsbedürftige Kommunikationsstrategie muss auch um diese räumliche Gegenläufigkeit der Unterhaltungserwartungen wissen.

- *Akteurhandeln*: Unterhaltende Selbstinszenierungen politischer Akteure werden von den wissenschaftlichen Beobachtern zwar häufig, aber meist eher anekdotisch registriert. Eine konsequente rollentheoretische Interpretation von Politainment drängt sich auf und kann auf den entsprechenden Vorüberlegungen und Analysen der Studie aufbauen. Diese muss aber natürlich auch die anderen in die politische Kommunikation involvierten Personenkategorien, Journalisten wie Bürgerpublikum, mit einbeziehen und dabei immer die zunehmenden Konvergenzen zwischen Medien-, Unterhaltungs- und politischer Kultur als sich wandelnde Bedingungskonstellationen des Akteurhandelns mit berücksichtigen.

7. *Bausteine der Theorie*: Erst skizzierten und auch bloß lose in die Metatheorie eingebundenen Elementen stehen in der Studie bereits weiter ausgeführte und auch besser in diese integrierte Teile gegenüber. Dies legt für die weitere Entwicklung des Ganzen eine Parallelstrategie nahe. Die ersten Elemente müssen im Sinne der vorangehenden Postulate weiter behandelt werden, die letzteren können gewissermaßen als *Bausteine* (Saxer 2005a) dienen, an denen die Theorie festgemacht wird. Solche sind auf verschiedenen Ebenen unter anderem die in der Studie konstruierten Idealtypen der Unterhaltungskultur, der Erlebnisdemokratie und von Eventpolitik. Der Wandel der politischen Öffentlichkeit kann so noch stringenter als Annäherung an die Unterhaltungskultur erklärt werden. Im – weniger profilierten – Idealtyp der Erlebnisdemokratie wiederum konvergieren die Entfaltungsmöglichkeiten von Politainment, seinerseits zur Struktur verdichtet in Gestalt von Eventpolitik. Das Unterhaltungserlebnis hingegen, das vermittelnde Hauptelement zwischen ihnen, ist als umfassender, labiler Prozess in der Studie erst als mehrdimensionaler Merkmalkomplex ausgewiesen.

8. *Regulierungstheorie*: Ihres gegeninstitutionellen Potentials wegen werden Unterhaltung bzw. Unterhaltungserlebnis, Politainment bzw. Unterhaltungsöffentlichkeit besonderen Regulierungsregimes unterstellt, mit allerdings beschränktem Kontroll- und gar Steuerungserfolg. Gerade eine nicht normativ angereicherte Metatheorie, die Entertainisierungs- und Öffentlichkeitstheorie zusammenführt, ist als *Grundlagentheorie*, auf die sich anwendungsorientierte Theorien wie die Regulierungstheorie beziehen und abstützen können, besonders dienlich (Saxer 2005a:24). Auf diese Weise können der politische Gestaltungswille und die widerspenstige gesellschaftliche Realität einander zumindest angenähert werden. Damit dies gelingt, bedarf freilich die Funktionalitätsanalyse der durch Entertainisierung im allgemeinen und Politainment im besonderen ausgelösten Veränderungen noch entschiedener Systematisierung und Vertiefung. Labile Multifunktionalität als deren Gesamt-Impact muss in sämtlichen Wirkungsdimensionen auf ihre jeweiligen Bedingungen und Verläufe hin erforscht werden, damit nicht auch diese Regulierungsprogramme wie so viele medienpolitische

Interventionen bloß als »große Windmaschinen« (Glotz 1976:123) operieren oder, noch bedenklicher, mögliche Eufunktionalität durch Unterhaltung beeinträchtigen. Allein schon dieses theoretische und empirische Arbeitspensum ist freilich gewaltig.

Der Erfolg etwaiger Regulierungsprogramme und überhaupt die Qualität dieser ganzen Metatheorie zu Politik als Unterhaltung und zum Wandel politischer Öffentlichkeit in der Mediengesellschaft hängen indes davon ab, wie sachgerecht diese selber sich im *Gesellschafts- und Theorienwandel* positionieren. Dies ist nur gegeben, wenn sie allen drei Zeitdimensionen Genüge tun: Regulierungen als Innovationen zumal – und dies sind sie stets auch, indem sie ein zusätzliches Element in den Gesellschaftsprozess einfügen – müssen in Demokratien vergangenheitskompatibel sein, gegenwärtige Bedürfnisse befriedigen und eufunktionale zukünftige Entwicklungen erleichtern. Der Metatheorie obliegt es in diesem Fall, politischen Sinn und Un-Sinn in ein möglichst produktives Verhältnis zu bringen.

Literatur

Abels, Heinz (2001): Einführung in die Soziologie. 2 Bde. Wiesbaden

Adam, Silke/Berkel, Barbara/Pfetsch, Barbara (2005): Public Relations aus politikwissenschaftlicher Sicht. In: Bentele, Günter/Fröhlich, Romy/Szyszka, Peter (Hg.): Handbuch der Public Relations. Wissenschaftliche Grundlagen und berufliches Handeln. Mit Lexikon. Wiesbaden, 78–89

Arendt, Kathleen (2006): Extraversion und Unterhaltungserleben. In: Schramm, Holger/Wirth, Werner/Bilandzic, Helena (Hg.): Empirische Unterhaltungsforschung: Studien zu Rezeption und Wirkung von medialer Unterhaltung. München, 67–85

Armingeon, Klaus/Blum, Roger (Hg.) (1995): Das öffentliche Theater. Politik und Medien in der Demokratie. Bern, Stuttgart, Wien

Ashby, Ross W. (1968): Variety, Constraint, and the Law of Requisite Variety. In: Buckley, Walter (Hg.): Modern Systems Research for the Behavioral Scientist. Chicago, 129–136

Baringhorst, Sigrid (1995): Kampagnen gegen Ausländerhass und Gewalt – Zur sozialen Konstruktion von Solidarität im Medienzeitalter. In: Schmidt, Siegfried J./Spiess, Brigitte (Hg.): Werbung, Medien und Kultur. Opladen, 65–78

Baringhorst, Sigrid (1998): Zur Mediatisierung des politischen Protests. Von der Institutionen- zur »Greenpeace-Demokratie«? In: Sarcinelli, Ulrich (Hg.): Politikvermittlung und Demokratie in der Mediengesellschaft. Bonn, 326–342

Bauer, Raymond A. (1972): The Obstinate Audience: The Influence Process from the Point of View of Social Communication. In: Schramm, Wilbur/Roberts, Donald F. (Hg.): The Process and Effects of Mass Communication. Urbana, Chicago, London, 326–346

Baum, Achim/Schmidt, Siegfried J. (Hg.) (2002): Fakten und Fiktionen. Über den Umgang mit Medienwirklichkeiten. Konstanz

Beck, Daniel (2006): Der Sportteil im Wandel. Die Entwicklung der Sportberichterstattung in Schweizer Zeitungen seit 1945. Bern

Beck, Klaus (1994): Medien und die soziale Konstruktion von Zeit. Über die Vermittlung von gesellschaftlicher Zeitordnung und sozialem Zeitbewusstsein. Opladen

Beck, Ulrich (1986): Risikogesellschaft. Auf dem Weg in eine andere Moderne. Frankfurt/M.

Beck, Ulrich (1996): Das Zeitalter der Nebenfolgen und die Politisierung der Moderne. In: Ders., Giddens, Anthony/Lash, Scott (Hg.): Reflexive Modernisierung. Eine Kontroverse. Frankfurt/M., 19–112

Beck, Ulrich (2002): Macht und Gegenmacht im globalen Zeitalter. Neue weltpolitische Ökonomie. Frankfurt/M.

Beck, Ulrich/Giddens, Anthony/Lash, Scott (1996): Reflexive Modernisierung. Eine Kontroverse. Frankfurt/M.

Beierwaltes, Andreas (2002): Demokratie und Medien. Der Begriff der Öffentlichkeit und seine Bedeutung für die Demokratie in Europa. 2. Auflage. Baden-Baden

Beisswänger, Anke (2004): Wahlkampf im Spiegel politischer Karikaturen. In: Knieper, Thomas/Müller, Marion G. (Hg.): Visuelle Wahlkampfkommunikation. Köln, 76–99

Benesch, Hellmuth (1968): Experimentelle Psychologie des Fernsehens. München

Bentele, Günter (2005): Event. In: Ders., Fröhlich, Romy/Szyszka, Peter (Hg.): Handbuch der Public Relations. Wissenschaftliche Grundlagen und berufliches Handeln. Mit Lexikon. Wiesbaden, 582

Berger, Peter L./Luckmann, Thomas (2003): Die gesellschaftliche Konstruktion der Wirklichkeit. Eine Theorie der Wissenssoziologie. 19. Auflage. Frankfurt/M.

Berghaus, Margot (2003): Luhmann leicht gemacht. Eine Einführung in die Systemtheorie. Köln, Weimar, Wien

Beyer, Axel (2000): Showformate – Trends und Veränderungen. In: Roters, Gunnar/Klingler, Walter/Gerhards, Maria (Hg.): Unterhaltung und Unterhaltungsrezeption. Baden-Baden, 173–181

Beyme, Klaus von/Wessler, Hartmut (1998): Politische Kommunikation als Entscheidungskommunikation. In: Jarren, Otfried/Sarcinelli, Ulrich/Saxer, Ulrich (Hg.): Politische Kommunikation in der demokratischen Gesellschaft. Ein Handbuch mit Lexikonteil. Opladen, Wiesbaden, 312–323

Bieber, Christoph (2003): Das Internet als Präsentations- oder Repräsentationsraum? Kommunikation in politischen Online-Versammlungen. In: Gellner, Winand/Strohmeier, Gerd (Hg.): Repräsentation und Präsentation in der Mediengesellschaft. Baden-Baden, 139–151

Bleicher, Joan-Kristin (2002): Humor im Wandel der Zeit. In: medienforum SWR. Baden-Baden

Blumler, Jay G./Gurevitch, Michael (1981): Politicians and the Press. An Essay on Role Relations. In: Nimmo, Dan D./Sanders, Keith R. (Hg.): Handbook of Political Communication. Beverly Hills, London, 467–499

Blumler, Jay G./McQuail, Denis (1968): Television in Politics. London

Bondebjerg, Ib (1996): Public discourse / private fascination: Hybridization in ›true-lifestory‹ genres. In: Media, Culture and Society, vol. 18, 27–45

Bonfadelli, Heinz (1999, 2000): Medienwirkungsforschung I: Grundlagen und theoretische Perspektiven; Medienwirkungsforschung II: Anwendungen in Politik, Wirtschaft und Kultur. Konstanz

Bonfadelli, Heinz/Wirth, Werner (2005): Medienwirkungsforschung. In: Bonfadelli, Heinz/ Jarren, Otfried/Siegert, Gabriele (Hg.): Einführung in die Publizistikwissenschaft. 2. Auflage, Bern, Stuttgart, Wien, 561–602

Boorstin, Daniel I. (1964): The Image: a guide to pseudo events in America. New York

Bösch, Frank (2003): Öffentliche Geheimnisse. Die verzögerte Renaissance des Medienskandals zwischen Staatsgründung und Ära Brandt. In: Weisbrod, Bernd (Hg.): Die Politik der Öffentlichkeit – die Öffentlichkeit der Politik. Politische Medialisierung in der Geschichte der Bundesrepublik. Göttingen, 125–150

Bosshart, Louis (1979): Dynamik der Fernseh-Unterhaltung. Eine kommunikationswissenschaftliche Analyse und Synthese. Freiburg, Schweiz

Bosshart Louis (1994): Überlegungen zu einer Theorie der Unterhaltung. In: Ders., Hoffmann-Riem, Wolfgang (Hg.): Medienlust und Mediennutz. Unterhaltung als öffentliche Kommunikation. München, 28–40

Bosshart, Louis (2002): Hollywood vs. Washington. Politische Meinungsbildung in der Unterhaltungsöffentlichkeit. In: Oppenheim, Roy/Stolte, Dieter/Zölch, Franz A. (Hg.): Das Publikum als Programm. Bern, 143–147

Bosshart, Louis/Macconi, Ilaria (1998): Defining »Entertainment«. In: Communication Research Trends, 18. Jg., Nr. 3, 3–6

Bourdieu, Pierre (1987a): Sozialer Sinn. Kritik der theoretischen Vernunft. Frankfurt/M.

Bourdieu, Pierre (1987b): Die feinen Unterschiede. Kritik der gesellschaftlichen Urteilskraft. Frankfurt/M.

Brantner, Cornelia/Langenbucher, Wolfgang R. (2006): Europäische Öffentlichkeit und medialer Wandel: Herausforderungen für die Kommunikationswissenschaft. In: Langenbucher, Wolfgang R./Latzer, Michael (Hg.): Europäische Öffentlichkeit und medialer Wandel. Eine transdisziplinäre Perspektive. Wiesbaden, 402–415

Brants, Kees (1998): Who's Afraid of Infotainment? In: European Journal of Communication, 13. Jg., Nr. 3, 315–335

Brants, Kees (2004): Politische Kommunikation im Zeitalter von Big Brother. In: Nieland, Jörg-Uwe/Kamps, Klaus (Hg.): Politikdarstellung und Unterhaltungskultur. Zum Wandel der politischen Kommunikation. Köln, 93–115

Brecht, Bertolt (1949): Mutter Courage und ihre Kinder. Frankfurt/M.

Brettschneider, Frank/Velter, Angelika (1998): Mediennutzung, politisches Selbstbewusstsein und politische Entfremdung. In: Rundfunk und Fernsehen, 46. Jg., H. 4, 463–479

Brocher, Tobias (1967): Die Unterhaltungssendung als Instrument gesellschaftspolitischer Bewusstseinsbildung. In: Longolius, Christian (Hg.): Fernsehen in Deutschland. Gesellschaftspolitische Aufgaben und Wirkungen eines Mediums. Mainz, 283–295

Brosda, Carsten (1999): Aufstand nach der »Krönungsmesse«. Der SPD-Parteitag 1998 in Leipzig: Zur Inszenierung journalistischer Inszenierungskritik. In: Schicha, Christian/ Ontrup Rüdiger (Hg.): Medieninszenierungen im Wandel: Interdisziplinäre Zugänge. Münster, 199–213

Brosda, Carsten (2002): »Emotionalisierung« als Merkmal medialer Politikvermittlung. Zur Diskursivität emotionaler Äußerungen und Auftritte von Politikern im Fernsehen. In: Schicha, Christian/Brosda, Carsten (Hg.): Politikvermittlung in Unterhaltungsformaten. Medieninszenierungen zwischen Popularität und Populismus. Münster, Hamburg, London, 111–133

Brosius, Hans-Bernd (1995): Alltagsrationalität in der Nachrichtenrezeption. Ein Modell zur Wahrnehmung und Verarbeitung von Nachrichteninhalten. Opladen

Brosius, Hans-Bernd (2001): Stabilität und Wandel: Inhalte und Darstellungsform von Fernsehnachrichten. In: Marcinkowski, Frank (Hg.): Die Politik der Massenmedien. Köln, 115–141

Brosius, Hans-Bernd/Esser, Frank (1995): Eskalation durch Berichterstattung. Massenmedien und fremdenfeindliche Gewalt. Opladen

Brosius, Hans-Bernd/Engel, Dirk (1997): »Die Medien beeinflussen vielleicht die anderen, aber mich nicht«: Zu den Ursachen des Third-Person-Effekts. In: Publizistik, 42. Jg., H. 3, 325–345

Brunner, Wolfram (2002): Wahlkampf in den USA. St. Augustin

Bücher, Karl (2001): Die Herstellung von Öffentlichkeit als Gewerbe. In: Pöttker, Horst (Hg.): Öffentlichkeit als gesellschaftlicher Auftrag. Klassiker der Sozialwissenschaft über Journalismus und Medien. Konstanz, 161–216

Bühl, Walter L. (1990): Sozialer Wandel im Ungleichgewicht: Zyklen, Fluktuationen, Katastrophen. Stuttgart

Burger, Harald (1991): Das Gespräch in den Massenmedien. Berlin, New York

Cantril, Hadley (1940): The Invasion from Mars. Princeton

Clore, Gerald R./Isbell, Linda M. (2001): Emotion as Virtue and Vice. In: Kuklinski, James H. (Hg.): Citizens and Politics. Perspectives from Political Psychology. Cambridge (UK): 103–123

Cooley, Charles H. (1909): Social Organization. New York

Dahinden, Urs (2006): Framing. Eine integrative Theorie der Massenkommunikation. Konstanz

Dahrendorf, Ralf (1974): Aktive und passive Öffentlichkeit. Über Teilnahme und Initiative im politischen Prozess moderner Gesellschaften. In: Langenbucher, Wolfgang R. (Hg.): Zur Theorie der politischen Kommunikation. München, 97–109

Dayan, Daniel/Katz, Elihu (Hg.) (1992): Media Events – The Live Broadcasting of History. Cambridge (Mass.), London

De Fleur, Melvin L./Ball-Rokeach, Sandra (1982): Theories of Mass Communication. 4. Auflage. New York

Dehm, Ursula/Storll, Dieter/Beeske, Sigrid (2005): Die Erlebnisqualität von Fernsehsendungen. In: Media Perspektiven, H. 2, 50–60; 91

Depenheuer, Otto (2000): Öffentlichkeit und Vertraulichkeit. In: Ders. (Hg.): Öffentlichkeit und Vertraulichkeit. Theorie und Praxis politischer Kommunikation. Wiesbaden, 7–20

Detjen, Joachim (1998): Pluralismus. In: Jarren, Otfried/Sarcinelli, Ulrich, Saxer/Ulrich (Hg.): Politische Kommunikation in der demokratischen Gesellschaft. Ein Handbuch mit Lexikonteil. Opladen, Wiesbaden, 275–284

Dexter, Lewis Anthony/White, David Manning (Hg.) (1964): People, Society, and Mass Communications. New York, London

Donges, Patrick/Imhof, Kurt (2001): Öffentlichkeit im Wandel. In: Jarren, Otfried/Bonfadelli, Heinz (Hg.): Einführung in die Publizistikwissenschaft, Bern, Stuttgart, Wien, 101–133

Donges, Patrick/Jarren, Otfried (2001): Politische Kommunikation. In: Jarren, Otfried/Bonfadelli, Heinz (Hg.): Einführung in die Publizistikwissenschaft. Bern, Stuttgart, Wien, 417–438

Donges, Patrick/Imhof, Kurt (2005): Öffentlichkeit im Wandel. In: Bonfadelli, Heinz/Jarren Otfried/Siegert, Gabriele (Hg.): Einführung in die Publizistikwissenschaft. 2. Auflage. Bern, Stuttgart, Wien, 147–175

Donsbach, Wolfgang (1995): Medien und Politik. Ein internationaler Vergleich. In: Armingeon, Klaus/Blum, Roger (Hg.): Das öffentliche Theater. Politik und Medien in der Demokratie. Bern, Stuttgart, Wien, 17–39

Donsbach, Wolfgang/Jandura, Olaf (Hg.) (2003a): Chancen und Gefahren der Mediendemokratie. Konstanz

Donsbach, Wolfgang/Jandura, Olaf (2003b): Vorwort. In: Dies. (Hg.): Chancen und Gefahren der Mediendemokratie. Konstanz, 11–15

Donsbach, Wolfgang/Büttner, Katrin (2005): Boulevardisierungstrend in deutschen Fernsehnachrichten. Darstellungsmerkmale der Politikberichterstattung von den Bundestagswahlen 1983, 1990 und 1998. In: Publizistik, 50. Jg., H. 1, 21–38

Dörner, Andreas (2000): Politische Kultur und Medienunterhaltung. Zur Inszenierung politischer Identitäten in der amerikanischen Film- und Fernsehwelt. Konstanz

Dörner, Andreas (2001): Politainment. Politik in der medialen Erlebnisgesellschaft. Frankfurt/M.

Dörner, Andreas (2002): Von der »Krönungsmesse« zur »Götterdämmerung«. Politikinszenierung in der deutschen Unterhaltungsöffentlichkeit. In: Soeffner, Hans-Georg/Tänzler, Dirk (Hg.): Figurative Politik. Zur Performanz der Macht in der modernen Gesellschaft. Opladen, 317–332

Dörner, Andreas/Vogt, Ludgera (2002): Das *Forsthaus* als eine moralische Anstalt betrachtet. Politikvermittlung zur Primetime. In: Vorgänge 158, 41. Jg., H. 2, 70–79

Du Gay, Paul (1997): Production of Culture, Cultures of production. Thousand Oaks, New Delhi

Eggs, Ekkehard (1993): Rechtsradikalismus und Nationalpopulismus in den französischen Medien. In: Grewenig, Adi (Hg.): Inszenierte Information. Politik und strategische Kommunikation in den Medien. Opladen, 95–116

Eidgenössisches Justiz- und Polizeidepartement (Hg.) (1982): Medien-Gesamtkonzeption. Bericht der Expertenkommission für eine Medien-Gesamtkonzeption. Bern

Eilders, Christiane/Voltmer, Katrin (2003): Zwischen Deutschland und Europa. Eine empirische Untersuchung zum Grad von Europäisierung und Europa-Unterstützung der meinungsführenden deutschen Tageszeitungen. In: Medien & Kommunikationswissenschaft, 51. Jg., H. 2, 250–270

Eisenegger, Mark (2004a): Reputationskonstitution in der Mediengesellschaft. In: Imhof, Kurt/Blum, Roger/Bonfadelli, Heinz/Jarren, Otfried (Hg.): Mediengesellschaft. Strukturen, Merkmale, Entwicklungsdynamiken. Wiesbaden, 262–292

Eisenegger, Mark (2004b): Reputationskonstitution. Issues Monitoring und Issues Management in der Mediengesellschaft. Eine theoretische und empirische Untersuchung mit besonderer Berücksichtigung ökonomischer Organisationen. Dissertation Zürich

Eisermann, Jessica (2001): Mediengewalt. Die gesellschaftliche Kontrolle von Gewaltdarstellungen im Fernsehen. Wiesbaden

Elias, Norbert (1976): Über den Prozess der Zivilisation. Soziogenetische und psychogenetische Untersuchungen. 2 Bde. Frankfurt/M.

Emmer, Martin/Füting, Angelika/Vowe, Gerhard (2006): Wer kommuniziert wie über politische Themen? Eine empirisch basierte Typologie individueller politischer Kommunikation. In: Medien & Kommunikationswissenschaft, 54. Jg., H. 2, 216–236

Engel, Gabriel (1987): Demoskopie als Instrument der Politikvermittlung. In: Sarcinelli, Ulrich (Hg.): Politikvermittlung. Beiträge zur politischen Kommunikationskultur. Bonn, 251–274

Esser, Frank (2004): Metaberichterstattung. Begründung eines Konzepts der Medienselbstthematisierung und Publicity-Thematisierung in internationalen Wahlkämpfen. In: Imhof, Kurt/Blum, Roger/Bonfadelli, Heinz/Jarren, Otfried (Hg.): Mediengesellschaft. Strukturen, Merkmale, Entwicklungsdynamiken. Wiesbaden, 314–346

Esser, Hartmut (1999): Soziologie. Allgemeine Grundlagen. 3. Auflage. Frankfurt/M., New York

Fabris, Hans Heinz (1974): Innovation und Massenkommunikation. Zur Innovationskapazität publizistischer Systeme. In: Publizistik, 19. Jg., H. 1, 5–18

Falter, Jürgen W. (2002): Politik als Inszenierung – Ein Essay über die Problematik der Mediendemokratie in 24 Punkten. In: Alemann, Ulrich von/Marschall, Stefan (Hg.): Parteien in der Mediendemokratie. Wiesbaden, 420–430

Faulstich, Werner (1996): Medien und Öffentlichkeiten im Mittelalter (800–1400). Göttingen

Faulstich, Werner (1998): Medien zwischen Herrschaft und Revolte. Die Medienkultur der frühen Neuzeit (1400–1700). Göttingen

Faulstich, Werner/Korte, Helmut (Hg.) (1997): Der Star. Geschichte, Rezeption, Bedeutung. München

Felix, Kurt (2000): Anmerkungen zur Showunterhaltung. In: Roters, Gunnar/Klingler, Walter/Gerhards, Maria (Hg.): Unterhaltung und Unterhaltungsrezeption. Baden-Baden, 183–191

Felsen, Georg (2001): Werbe- und Konsumentenpsychologie. 2. Auflage. Stuttgart, Heidelberg, Berlin

Fetscher, Iring (1984): Wieviel Konsens gehört zur Demokratie? In: Guggenberger, Bernd/Offe, Claus (Hg.): An den Grenzen der Mehrheitsdemokratie. Politik und Soziologie der Mehrheitsregel. Opladen, 196–206

Franck, Georg (1998): Ökonomie der Aufmerksamkeit. Ein Entwurf. München, Wien

Frei, Daniel/Ruloff, Dieter (1984): Handbuch der weltpolitischen Analyse. Methoden für Praxis, Beratung und Forschung. Diessenhofen

Frey, Bruno S./Stutzer, Alois (2002): What Can Economists Learn From Happiness-Research? In: Journal of Economic Literature, 40. Jg., 402–435

Friedrichs, Jürgen (1994): Thomas-Theorem. In: Fuchs-Heinritz, Werner/Lautmann, Rüdiger/Rammstedt, Otthein/Wienold, Hanns (Hg.): Lexikon zur Soziologie. 3. Auflage. Opladen, 680

Friedrichsen, Mike/Göttlich, Udo (Hg.) (2004): Diversifikation in der Unterhaltungsproduktion. Köln

Fromm, Guido (2000): Vergangene Zukunft – die Neuen Medien der »ersten Generation« in Deutschland. In: Media Perspektiven, H. 6, 258–265

Früh, Werner (2002): Unterhaltung durch das Fernsehen. Eine molare Theorie. Konstanz

Früh, Werner (2003a): Theorien, theoretische Modelle und Rahmentheorien. Eine Einleitung. In: Ders., Stiehler, Hans-Jörg (Hg.): Theorie der Unterhaltung. Ein interdisziplinärer Diskurs. Köln, 9–26

Früh, Werner (2003b): Triadisch-dynamische Unterhaltungstheorie (TDU). In: Ders., Stiehler, Hans-Jörg (Hg.): Theorie der Unterhaltung. Ein interdisziplinärer Diskurs. Köln, 27–56

Früh, Werner/Wünsch, Carsten/Klopp, Pascal (2004): TDU-Unterhaltungsindex. Ein Instrument zur empirischen Ermittlung von Unterhaltungserleben. In: Medien & Kommunikationswissenschaft, 52. Jg., H. 4, 515–544

Fuchs-Heinritz, Werner (1994): Befindlichkeitsmanagement. In: Ders., Lautmann, Rüdiger/Rammstedt, Otthein/Wienold, Hanns (Hg.) Lexikon zur Soziologie. 3. Auflage. Opladen, 83

Gabriel, Oskar W. (1986): Politische Kultur. Postmaterialismus und Materialismus in der Bundesrepublik Deutschland. Opladen

Galtung, Johan/Ruge, Mari Holmboe (1965): The Structure of Foreign News. The Presentation of the Congo, Cuba and Cyprus Crises in Four Foreign Newspapers. In: Journal of International Peace Research, I, 64–91

Gebhardt, Winfried (1989): Fest und Feier. In: Endruweit, Günter/Trommsdorff, Gisela (Hg.): Wörterbuch der Soziologie. Stuttgart, 206–207

Geiger, Theodor (1950/51): A Radio Test of Musical Taste. In: Public Opinion Quarterly, 15. Jg., 453–460

Gellner, Winand/Strohmeier, Gerd (2003): Politische Kommunikation im Internet. Das Internet als politisches Informationsmedium am Beispiel von parteiunabhängigen Politik-Portalen. In: Sarcinelli, Ulrich/Tenscher, Jens (Hg.): Machtdarstellung und Darstellungsmacht. Beiträge zu Theorie und Praxis moderner Politikvermittlung. Baden-Baden, 125–140

Gerhards, Jürgen (1988): Soziologie der Emotionen: Fragestellungen, Systematik und Perspektiven. München

Gerhards, Jürgen (1994): Politische Öffentlichkeit. Ein system- und akteurstheoretischer Bestimmungsversuch. In: Neidhardt, Friedhelm (Hg.): Öffentlichkeit, öffentliche Meinung, soziale Bewegungen. Kölner Zeitschrift für Soziologie und Sozialpsychologie, Sonderheft 34, 77–105

Gerhards, Jürgen (1998): Öffentlichkeit. In: Jarren, Otfried/Sarcinelli, Ulrich/Saxer, Ulrich (Hg.): Politische Kommunikation in der demokratischen Gesellschaft. Ein Handbuch mit Lexikonteil. Opladen, Wiesbaden, 268–274

Gerhards, Jürgen/Neidhardt, Friedhelm (1991): Strukturen und Funktionen moderner Öffentlichkeit. Fragestellungen und Ansätze. In: Müller-Doohm, Stefan/Neumann-Braun, Klaus (Hg.): Öffentlichkeit – Kultur – Massenkommunikation. Beiträge zur Medien- und Kommunikationssoziologie. Oldenburg, 31–89

Giddens, Anthony (1996a): Leben in einer posttraditionalen Gesellschaft. In: Beck, Ulrich/Giddens, Anthony/Lash, Scott (Hg.)., Reflexive Modernisierung. Eine Kontroverse. Frankfurt/M., 113–194

Giddens, Anthony (1996b): Risiko, Vertrauen und Reflexivität. In: Beck, Ulrich/Giddens, Anthony/Lash, Scott (Hg.): Reflexive Modernisierung. Eine Kontroverse. Frankfurt/M., 316–337

Giddens, Anthony (1997): Die Konstitution der Gesellschaft. Grundzüge einer Theorie der Strukturierung. 3. Auflage. Frankfurt/M., New York

Giessen, Hans W. (Hg.) (1998): Long-Term Consequences on Social Structures through Mass Media Impact. Saarbrücken

Glatzer, Wolfgang (1989): Indikatoren, soziale. In: Endruweit, Günter/Trommsdorff, Gisela (Hg.): Wörterbuch der Soziologie. Stuttgart, 286–288

Gleich, Uli (1998): Die Bedeutung medialer politischer Kommunikation für Wahlen. In: Media Perspektiven, H. 8, 411–422

Gleich, Uli (2000): Merkmale und Funktionen der Sportberichterstattung. In: Media Perspektiven, H. 11, 511–517

Glotz. Peter (1976): Abschied von der Medienpolitik? Neue Formen der Telekommunikation und das Fernsehen. In: Brüssau, Walter/Stolte, Dieter/Wisser, Dieter (Hg.): Fernsehen. Ein Medium sieht sich selbst. Mainz, 123–134

Glotz, Peter (1991): Das Spannungsfeld Wissenschaft – Politik – Medien. In: Ross, Dieter/Wilke, Jürgen (Hg.): Umbruch in der Medienlandschaft. Beziehungen zwischen Wissenschaft, Politik und Praxis. München, 22–29

Gmür, Mario (2002): Der öffentliche Mensch. Medienstars und Medienopfer. München

Goffman, Erving (1959): The Presentation of Self in Everyday Life. New York

Görke, Alexander (2002a): Journalismus und Öffentlichkeit als Funktionssystem. In: Scholl, Armin (Hg.): Systemtheorie und Konstruktivismus in der Kommunikationswissenschaft. Konstanz, 69–90

Görke, Alexander (2002b): Unterhaltung als soziales System. In: Baum, Achim/Schmidt, Siegfried J. (Hg.): Fakten und Fiktionen. Über den Umgang mit Medienwirklichkeiten. Konstanz, 63–73

Graham, Andrew (2004): Öffentlich-rechtlicher Rundfunk in der Demokratie. Lektionen aus der aktuellen Krise der BBC. In: Media Perspektiven, H. 2, 95–101

Graumann, Carl-Friedrich (1972): Interaktion und Kommunikation. In: Ders. (Hg.): Sozialpsychologie. Handbuch der Psychologie, 7. Band, 2. Halbband. Göttingen, 1109–1262

Greven, Michael Th. (1999): Die politische Gesellschaft. Kontingenz und Dezision als Probleme des Regierens und der Demokratie. Opladen

Grewenig, Adi (Hg.) (1993): Inszenierte Information. Politik und strategische Kommunikation in den Medien. Opladen

Grimm, Jürgen (2004): Krise der Kommunikationsgesellschaft – Folgerungen für die Kommunikationswissenschaft. In: MedienJournal, 28. Jg., H. 3, 4–17

Grisold, Andrea (2004): Kulturindustrie Fernsehen. Zum Wechselverhältnis von Ökonomie und Massenmedien. Wien

Gritti, Jules (1972): La presse et la communication vraisemblable. In: Escarpit, Robert/Bouazis, Charles (Hg.): Systèmes partiels de communication. Paris, 91–103

Groser, Manfred (1998): Gesundheitspolitische Kommunikation. In: Jarren, Otfried/Sarcinelli, Ulrich/Saxer, Ulrich (Hg.): Politische Kommunikation in der demokratischen Gesellschaft. Ein Handbuch mit Lexikonteil. Opladen, Wiesbaden, 581–587

Gross, Peter (1994): Die Multioptionsgesellschaft. Frankfurt/M.

Gryspeerdt, Axel (1972): Télévision et participation à la culture. Bruxelles

Gryspeerdt, Axel (1974): Sociologie des intérêts culturels. Analyse de constellations culturelles. Bruxelles

Gundlach, Hardy (2004): Deregulierung. In: Sjurts, Insa (Hg.): Gabler Lexikon Medienwirtschaft. Wiesbaden, 105–106

Gurevitch, Michael/Blumler, Jay A. (2003): Der Stand der vergleichenden Kommunikationsforschung: Ein eigenständiges Feld formiert sich. In: Esser, Frank/Pfetsch,

Barbara (Hg.): Politische Kommunikation im internationalen Vergleich. Grundlagen, Anwendungen, Perspektiven. Wiesbaden, 371–392

Haas, Alexander/Brosius, Hans-Bernd (2006): Typen gibt's! Zur Brauchbarkeit von Typologien in der Mediaforschung. In: Koschnick, Wolfgang, J. (Hg.): Focus-Jahrbuch 2006. Schwerpunkt: Lifestyle-Forschung. München, 159–179

Habermas, Jürgen (1962): Strukturwandel der Öffentlichkeit. Untersuchungen zu einer Kategorie der bürgerlichen Gesellschaft. Neuauflage 1990. Neuwied, Berlin

Habermas, Jürgen (1981): Theorie des kommunikativen Handelns. Bd.2: Zur Kritik der funktionalistischen Vernunft. Frankfurt/M.

Haller, Michael (2004): Die Mediengesellschaft oder das Dilemma der Unvereinbarkeit von Identität und Universalität. In: Imhof, Kurt/Blum, Roger/Bonfadelli, Heinz/Jarren, Otfried (Hg.): Mediengesellschaft. Strukturen, Merkmale, Entwicklungsdynamiken. Wiesbaden, 39–56

Hamm, Ingrid/Koller, Barbara (1989): Sehen und Verstehen. Verbraucherinformationen und ihre Resonanz im Fernsehpublikum. Mainz

Harden, Lars (2003): Wann Denken politisch wird – Gesellschaftswandel und Studentenbewegung als Frame der Berichterstattung über Philosophie. In: Donsbach, Wolfgang/Jandura, Olaf (Hg.): Chancen und Gefahren der Mediendemokratie. Konstanz, 261–275

Hartmann, Maren (2005): Der Mythos und seine Metaphern: (Medien-)Gesellschaftliche Leitbilder. In: Rössler, Patrick/Krotz, Friedrich (Hg.): Mythen der Mediengesellschaft – The Media Society and its Myths. Konstanz, 33–62

Hartmann, Tilo (2004): Computervermittelte Kommunikation. In: Mangold, Roland/Vorderer, Peter/Bente, Gary (Hg.): Lehrbuch der Medienpsychologie. Göttingen, Bern, Toronto, Seattle, 673–693

Hartmann, Tilo/Schramm, Holger/Klimmt, Christoph (2004): Personenorientierte Medienrezeption: Ein Zwei-Ebenen-Modell parasozialer Interaktion. In: Publizistik, 49. Jg., H. 1, 25–47

Hasebrink, Uwe (1994): Das Publikum verstreut sich. Zur Entwicklung der Fernsehnutzung. In: Jarren, Otfried (Hg.): Medienwandel – Gesellschaftswandel? 10 Jahre dualer Rundfunk in Deutschland. Eine Bilanz. Berlin, 265–287

Hebbel, Friedrich (1984): Tagebücher. Bd. 1. München

Hebecker, Eike (2002): Digitale Delegierte? Funktionen und Inszenierungsstrategien virtueller Parteitage. In: Alemann, Ulrich von/Marschall, Stefan (Hg.): Parteien in der Mediendemokratie. Wiesbaden, 232–255

Heinrich, Jürgen (1998): »Ökonomische Theorie der Personalisierung des Politischen«. In: Imhof, Kurt/Schulz, Peter (Hg.): Die Veröffentlichung des Privaten – die Privatisierung des Öffentlichen. Zürich, 332–339

Heitmeyer, Wilhelm (Hg.) (1997): Was hält die Gesellschaft zusammen? Bundesrepublik Deutschland: Auf dem Weg von der Konsens- zur Konfliktgesellschaft. Band 2. Frankfurt/M.

Hermanns, Dirk/Koenen, Andrea/Konert, Bertram/Michalski, René (2002): Werkstattbericht: interdisziplinärer Diskurs über den Wandel der Privatheit und die Rolle der Medien. In: Weiss, Ralph/Groebel, Jo (Hg.): Privatheit im öffentlichen Raum. Medienhandeln zwischen Individualisierung und Entgrenzung. Opladen, 549–612

Hettlage, Robert (2000): Einleitung: Identitäten im Umbruch. Selbstvergewisserungen auf alten und neuen Bühnen. In: Ders., Vogt, Ludgera (Hg.): Identitäten in der modernen Welt. Wiesbaden, 9–51

Hettlage, Robert/Vogt, Ludgera (Hg.) (2000): Identitäten in der modernen Welt. Wiesbaden

Hickethier, Knut (2003): Einführung in die Medienwissenschaft. Stuttgart, Weimar

Hillmann, Karl-Heinz (1989): Wertfreiheit (Werturteilsproblem). In: Endruweit, Günter/ Trommsdorff, Gisela (Hg.): Wörterbuch der Soziologie. Stuttgart, 812–814

Hirdmann, Anja/Kleberg, Madeleine/Widestedt, Kristina (2005): Presentation of the research program: the Intimization of Journalism. Transformation of Medialized Public Spheres from the 1880s to Current Times. In: Nordicom Review, vol. 26, N. 2, 109–117

Hitzler, Ronald (2002): Die Wiederentdeckung der Handlungspotentiale. Problemstellungen politischer Soziologie unter den Bedingungen reflexiver Modernisierung. In: Müller, Michael/Raufer, Thilo/Zifonun, Darius (Hg.): Der Sinn der Politik. Kulturwissenschaftliche Politikanalysen. Konstanz, 17–37

Hochschild, Alf R. (1983): The managed heart: The commercialization of human feeling. Berkeley

Hoffmann, Jochen (1998a): Verhandlungssystem. In: Jarren, Otfried/Sacinelli, Ulrich/ Saxer, Ulrich (Hg.): Politische Kommunikation in der demokratischen Gesellschaft. Ein Handbuch mit Lexikonteil. Opladen, Wiesbaden, 734

Hoffmann, Jochen (1998b): Glossar. In: Sarcinelli, Ulrich (Hg.): Politikvermittlung und Demokratie in der Mediengesellschaft. Beiträge zur politischen Kommunikationskultur. Opladen, Wiesbaden, 431–439

Hoffmann, Jochen (1999): Antagonismen politischer Kommunikation in dramatologischer Perspektive. In: Imhof, Kurt/Jarren, Otfried/Blum, Roger (Hg.): Steuerungs- und Regelungsprobleme in der Informationsgesellschaft. Opladen, Wiesbaden, 162–179

Hoffmann, Jochen (2003): Inszenierung und Interpenetration. Das Zusammenspiel von Eliten aus Politik und Journalismus. Wiesbaden

Hoffmann, Rolf-Rüdiger (1982): Politische Fernsehinterviews. Eine empirische Analyse sprachlichen Handelns. Tübingen

Hoffmann-Riem, Wolfgang/Schulz, Wolfgang (1998): Politische Kommunikation – Rechtswissenschaftliche Perspektiven. In: Jarren, Otfried/Sarcinelli, Ulrich/Saxer, Ulrich

(Hg.): Politische Kommunikation in der demokratischen Gesellschaft. Ein Handbuch mit Lexikonteil. Opladen, Wiesbaden, 154–172

Hoffmann-Riem, Wolfgang (2001): Modernisierung von Recht und Justiz. Frankfurt/M.

Holly, Werner (1993): Zur Inszenierung von Konfrontation in politischen Fernsehinterviews. In: Grewenig, Adi (Hg.): Inszenierte Information. Politik und strategische Kommunikation in den Medien. Opladen, 164–197

Holly, Werner/Habscheid, Stephan (2001): Gattungen als soziale Muster der Fernsehkommunikation. Zur Vermittlung von Massen- und Individualkommunikation. In: Sutter, Tilmann/Charlton, Michael (Hg.): Massenkommunikation, Identitäten und soziales Handeln. Wiesbaden, 214–233

Holtz-Bacha, Christina (1998a): Entertainment/Entertainisierung. In: Jarren, Otfried/Sarcinelli, Ulrich/Saxer, Ulrich (Hg.): Politische Kommunikation in der demokratischen Gesellschaft. Ein Handbuch mit Lexikonteil. Opladen, Wiesbaden, 649

Holtz-Bacha, Christina (1998b): Politikverdrossenheit. In: Jarren, Otfried/Sarcinelli, Ulrich/Saxer, Ulrich (Hg.): Politische Kommunikation in der demokratischen Gesellschaft. Ein Handbuch mit Lexikonteil, Opladen, Wiesbaden, 701–702

Holtz-Bacha, Christina (2000): Wahlwerbung als politische Kultur. Parteienspots im Fernsehen 1957–1998. Wiesbaden

Holtz-Bacha, Christina (2002): Parteien und Massenmedien im Wahlkampf. In: Alemann, Ulrich von/Marschall, Stefan (Hg.): Parteien in der Mediendemokratie. Wiesbaden, 42–56

Holtz-Bacha, Christina (2004): Unterhalten statt überzeugen? Politik als Entertainment. In: Nieland, Jörg-Uwe/Kamps, Klaus (Hg.): Politikdarstellung und Unterhaltungskultur. Zum Wandel der politischen Kommunikation. Köln, 24–37

Holtz-Bacha, Christina/Lessinger, Eva-Maria/Hettesheimer, Merle (1998): Personalisierung als Strategie der Wahlwerbung. In: Imhof, Kurt/Schulz, Peter (Hg.): Die Veröffentlichung des Privaten – die Privatisierung des Öffentlichen. Zürich, 240–250

Hömberg, Walter/Pürer, Heinz (Hg.) (1996): Medien-Transformation. Zehn Jahre dualer Rundfunk in Deutschland. Konstanz

Imhof, Kurt (1996a): Entzauberung. In: Ders., Romano, Gaetano (Hg.): Die Diskontinuität der Moderne. Zur Theorie des sozialen Wandels. Frankfurt/M., New York, 12–67

Imhof, Kurt (1996b): Intersubjektivität und Moderne. In: Ders., Romano, Gaetano (Hg.): Die Diskontinuität der Moderne. Zur Theorie des sozialen Wandels. Frankfurt/M., New York, 200–292

Imhof, Kurt (1996c): Sein und Sollen: Medienspektakel versus Politkultur. In: Nationale Schweizerische UNESCO-Kommission (Hg.): Mehr Medien-Spektakel – weniger Polit-Kultur? Plus de spectacle médiatique – moins de culture politique? Bern, 41–56

Imhof, Kurt (2000): Öffentlichkeit und Skandal. In: Neumann-Braun, Klaus/Müller-Doohm, Stefan (Hg.): Medien- und Kommunikationssoziologie. Eine Einführung in zentrale Begriffe und Theorien. Weinheim, München, 55–68

Imhof, Kurt (2003a): Öffentlichkeitstheorien. In: Bentele, Günter/Brosius, Hans-Bernd/Jarren, Otfried (Hg.): Öffentliche Kommunikation. Handbuch Kommunikations- und Medienwissenschaft. Wiesbaden, 193–209

Imhof, Kurt (2003b): Der normative Horizont der Freiheit. »Deliberation« und »Öffentlichkeit«: zwei zentrale Begriffe der Kommunikationswissenschaft. In: Langenbucher, Wolfgang R. (Hg.): Die Kommunikationsfreiheit der Gesellschaft. Die demokratischen Funktionen eines Grundrechts. Publizistik, Sonderheft 4/2003, Wiesbaden, 24–57

Imhof, Kurt (2003c): Wandel der Gesellschaft im Licht öffentlicher Kommunikation. In: Behmer, Markus/Krotz, Friedrich/Stöber, Rudolf/Winter, Carsten (Hg.): Medienentwicklung und gesellschaftlicher Wandel: Beiträge zu einer theoretischen und empirischen Herausforderung. Wiesbaden, 153–182

Imhof, Kurt (2006): Mediengesellschaft und Medialisierung. In: Medien & Kommunikationswissenschaft, 54. Jg., H. 2, 191–215

Imhof, Kurt/Romano, Gaetano (1996): Die Diskontinuität der Moderne. Zur Theorie des sozialen Wandels. Frankfurt/M., New York

Imhof, Kurt/Schulz, Peter (Hg.) (1998): Die Veröffentlichung des Privaten – die Privatisierung des Öffentlichen. Zürich

Imhof, Kurt/Eisenegger, Mark (1999) Politische Öffentlichkeit als Inszenierung. Resonanz von »Events« in den Medien. In: Szyszka, Peter (Hg.): Öffentlichkeit. Diskurs zu einem Schlüsselbegriff der Organisationskommunikation. Opladen, Wiesbaden, 195–218

Imhof, Kurt/Jarren, Otfried/Blum, Roger (Hg.) (1999): Steuerungs- und Regelungsprobleme in der Informationsgesellschaft. Opladen, Wiesbaden

Imhof, Kurt/Jarren, Otfried/Blum, Roger (Hg.) (2002): Integration und Medien. Wiesbaden

Imhof, Kurt/Blum, Roger/Bonfadelli, Heinz/Jarren, Otfried (Hg.) (2004): Mediengesellschaft. Strukturen, Merkmale, Entwicklungsdynamiken. Wiesbaden

Inglehart, Ronald (1997): Modernization and Postmodernization. Cultural, Economic, and Political Change in 43 Societies. Princeton

Iványi, Nathalie (2003): Die Wirklichkeit der gesellschaftlichen Konstruktion. Ein individualisierungstheoretischer Medienwirkungsansatz. Konstanz

Jäckel, Michael (2005): »Oprah's Pick«, Meinungsführer und das aktive Publikum. Zentrale Fragen der Medienwirkungsforschung im Überblick. In: Media Perspektiven, H. 2, 76–90

Jäger, Wieland/Meyer, Hanns-Joachim (2003): Sozialer Wandel in soziologischen Theorien der Gegenwart. Wiesbaden

Jarren, Otfried (1994): Medien-Gewinne und Institutionen-Verluste? Zum Wandel des intermediären Systems in der Mediengesellschaft. Theoretische Anmerkungen zum Bedeutungszuwachs elektronischer Medien in der politischen Kommunikation. In: Ders. (Hg.): Politische Kommunikation in Hörfunk und Fernsehen. Elektronische Medien in der Bundesrepublik Deutschland. Opladen, 23–34

Jarren, Otfried (1997): Politik und Medien: Einleitende Thesen zu Öffentlichkeitswandel, politischen Prozessen und politischer PR. In: Bentele, Günter/Haller, Michael (Hg.): Aktuelle Entstehung von Öffentlichkeit. Akteure – Strukturen – Veränderungen. Konstanz, 103–110

Jarren, Otfried/Grothe, Thorsten/Rybarczyk, Christoph (1993): Medien und Politik – eine Problemskizze. In: Donsbach, Wolfgang/Jarren, Otfried/Kepplinger, Hans Mathias/Pfetsch, Barbara: Beziehungsspiele – Medien und Politik in der öffentlichen Diskussion. Fallstudien und Analysen. Gütersloh, 9–44

Jarren, Otfried/Donges, Patrick (1996): Keine Zeit für Politik? Landespolitische Berichterstattung im Rundfunk: Journalisten, Öffentlichkeitsarbeiter und Politiker in der Interaktion. Das Beispiel Hamburg. Hamburg

Jarren, Otfried/Sarcinelli, Ulrich/Saxer, Ulrich (Hg.) (1998): Politische Kommunikation in der demokratischen Gesellschaft. Ein Handbuch mit Lexikonteil. Opladen, Wiesbaden

Jarren, Otfried/Sarcinelli, Ulrich (1998): »Politische Kommunikation« als Forschungs- und als politisches Handlungsfeld: Einleitende Anmerkungen zum Versuch. In: Dies., Saxer, Ulrich (Hg.): Politische Kommunikation in der demokratischen Gesellschaft. Ein Handbuch mit Lexikonteil. Opladen, Wiesbaden, 13–20

Jarren, Otfried/Donges, Patrick (2002): Politische Kommunikation in der Mediengesellschaft. Eine Einführung. 2 Bde. Wiesbaden

Jesse, Eckhard (2006): Das »Wunder von Bern« fand nicht statt. Deutsche Fußball-Siege im Spiegel ihrer Zeit. In: Neue Zürcher Zeitung, 8. Juni (Nr. 130): 7

Johansson, Bengt (2004): Mass Media, Interpersonal Communication or Personal Experience. Perceptions of Media Effects among Swedish Politicians. In: Nordicom Review, vol. 25, N. 1–2, 259–276

Jun, Uwe (2002): Politische Parteien und Kommunikation in Großbritannien – Labour Party und Konservative als professionalisierte Medienkommunikationsparteien. In: Alemann, Ulrich von/Marschall., Stefan (Hg.): Parteien in der Mediendemokratie. Wiesbaden, 278–309

Kaase, Max (1986): Massenkommunikation und politischer Prozess. In: Ders. (Hg.): Politische Wissenschaft und politische Ordnung. Analysen zu Theorie und Empirie demokratischer Regierungsweise. Festschrift zum 65. Geburtstag von Rudolf Wildemann. Opladen, 357–374

Kaase, Max (1998a): Politische Kommunikation – Politikwissenschaftliche Perspektiven. In: Jarren, Otfried/Sarcinelli, Ulrich/Saxer, Ulrich (Hg.): Politische Kommunikation in der demokratischen Gesellschaft. Ein Handbuch mit Lexikonteil. Opladen, Wiesbaden, 97–113

Kaase, Max (1998b): Demokratisches System und die Mediatisierung von Politik. In: Sarcinelli, Ulrich (Hg.): Politikvermittlung und Demokratie in der Mediengesellschaft. Opladen, Wiesbaden, 24–51

Kahle, Gerd (Hg.) (1981): Logik des Herzens. Die soziale Dimension des Gefühls. Frankfurt/M.

Kamber, Esther (2004): Mediengesellschaft – der Gesellschaftsbegriff im Spannungsfeld der Modernetheorie. In: Imhof, Kurt/Blum, Roger/Bonfadelli, Heinz/Jarren, Otfried (Hg.): Mediengesellschaft. Strukturen, Merkmale, Entwicklungsdynamiken. Wiesbaden, 79–99

Kamber, Esther/Imhof, Kurt (2005): Der neue Kampf um Aufmerksamkeit. Zeitreihenanalyse der öffentlich-politischen Kommunikation. In: Donges, Patrick (Hg.): Politische Kommunikation in der Schweiz. Bern, Stuttgart, Wien, 133–155

Kamps, Klaus (2004): »Body Politics«. Politische Unterhaltung und die Rationalität von Depolitisierungsstrategien. In: Nieland, Jörg-Uwe/Kamps, Klaus (Hg.): Politikdarstellung und Unterhaltungskultur. Zum Wandel der politischen Kommunikation. Köln, 54–72

Kappas, Arvid/Müller, Marion G. (2006): Bild und Emotion – ein neues Forschungsfeld. Theoretische Ansätze aus Emotionspsychologie, Bildwissenschaft und visueller Kommunikationsforschung. In: Publizistik, 51. Jg., H. 1, 3–23

Katz, Elihu/Liebes, Tamar (1984): Once upon a Time, in Dallas. In: Intermedia, vol. 12, Nr. 3, 28–32

Kepplinger, Hans Mathias (1989): Instrumentelle Aktualisierung. Grundlagen einer Theorie publizistischer Konflikte. In: Schulz, Winfried/Kaase, Max (Hg.): Massenkommunikation – Theorien, Methoden, Befunde. Kölner Zeitschrift für Soziologie und Sozialpsychologie. Sonderheft 30, 199–220

Kepplinger, Hans Mathias (1992): Ereignismanagement. Wirklichkeit und Massenmedien. Zürich, Osnabrück

Kepplinger, Hans Mathias (1993): Am Pranger: Der Fall Späth und der Fall Stolpe. In: Donsbach, Wolfgang/Jarren, Otfried/Kepplinger, Hans Mathias/Pfetsch, Barbara: Beziehungsspiele – Medien und Politik in der öffentlichen Diskussion. Fallstudien und Analysen. Gütersloh, 159–220

Kepplinger, Hans Mathias (1997): Politiker als Stars. In: Faulstich, Werner/Korte, Helmut (Hg.): Der Star. Geschichte – Rezeption – Bedeutung. München, 176–194

Kepplinger, Hans Mathias (1998a): Die Demontage der Politik in der Informationsgesellschaft. Freiburg, München

Kepplinger, Hans Mathias (1998b): Skandal. In: Jarren, Otfried/Sarcinelli, Ulrich/Saxer, Ulrich (Hg.): Politische Kommunikation in der demokratischen Gesellschaft. Ein Handbuch mit Lexikonteil. Opladen, Wiesbaden, 723

Kepplinger, Hans Mathias (2001): Der Ereignisbegriff in der Publizistikwissenschaft. In: Publizistik, 46. Jg., H. 2, 117–139

Kepplinger, Hans Mathias/Rouwen, Bastian (2000): Der prognostische Gehalt der Nachrichtenwert-Theorie. In: Publizistik, 45. Jg., H. 4, 462–475

Kepplinger, Hans Mathias/Noelle-Neumann, Elisabeth (2002): Wirkung der Massenmedien. In: Noelle-Neumann, Elisabeth/Schulz, Winfried/Wilke, Jürgen (Hg.): Publizistik. Massenkommunikation. Frankfurt/M., 597–647

Kepplinger, Hans Mathias/Maurer, Marcus (2003): Image-Optimierung. Eine empirische Studie zu den Images von Gerhard Schröder und Edmund Stoiber im Bundestagswahlkampf 2002. In: Sarcinelli, Ulrich/Tenscher, Jens (Hg.): Machtdarstellung und Darstellungsmacht. Beiträge zu Theorie und Praxis moderner Politikvermittlung. Baden-Baden, 219–231

Kepplinger, Hans Mathias/Ehmig, Simone Christine (2004): Ist die funktionalistische Skandaltheorie empirisch haltbar? Ein Beitrag zur Interdependenz von Politik und Medien im Umgang mit Missständen in der Gesellschaft. In: Imhof, Kurt/Blum, Roger/Bonfadelli, Heinz/Jarren, Otfried (Hg.): Mediengesellschaft. Strukturen, Merkmale, Entwicklungsdynamiken. Wiesbaden, 363–375

Klein, Josef (1998): Politische Kommunikation – Sprachwissenschaftliche Perspektiven. In: Jarren, Otfried/Sarcinelli, Ulrich/Saxer, Ulrich (Hg.): Politische Kommunikation in der demokratischen Gesellschaft. Ein Handbuch mit Lexikonteil. Opladen, Wiesbaden, 186–210

Kneer, Georg (2001): Überflussgesellschaft. In: Ders., Nassehi, Armin/Schroer, Markus (Hg.): Klassische Gesellschaftsbegriffe der Soziologie. München, 422–444

Koenen, Elmar J. (2000): Nach der »Identität«. In: Hettlage, Robert/Vogt, Ludgera (Hg.): Identitäten in der modernen Welt. Wiesbaden, 101–126

Kombüchen, Stefan (1999): Von der Erlebnisgesellschaft zur Mediengesellschaft. Die Evolution der Kommunikation und ihre Folgen für den sozialen Wandel. Münster

Korte, Karl-Rudolf (2003): Der Ernste gegen den Jovialen. Kandidaten- und Parteienwettbewerb in der Publikumsgesellschaft. In: Gellner, Winand/Strohmeier, Gerd (Hg.): Repräsentation und Präsentation in der Mediengesellschaft. Baden-Baden, 75–82

Koschnick, Wolfgang, J. (2006): Von der Poesie der schönen Namensgebung. Glanz und Elend von Lifestyle-Typologien. In: Ders. (Hg.): Focus-Jahrbuch 2006. Schwerpunkt: Lifestyle-Forschung. München, 43–96

Kotthoff, Helga (2002): Lachkultur heute. In: medienforum Südwest Fernsehen. Baden-Baden

Kron, Thomas (2002): Individualisierung – allgemeine Tendenzen und der deutsche Sonderweg. In: Volkmann, Ute/Schimank, Uwe (Hg.): Soziologische Gegenwartsanalysen II. Vergleichende Sekundäranalysen. Opladen, 257–290

Krotz, Friedrich (1998): Gegenöffentlichkeit. In: Jarren, Otfried/Sarcinelli, Ulrich/Saxer, Ulrich (Hg.): Politische Kommunikation in der demokratischen Gesellschaft. Ein Handbuch mit Lexikonteil. Opladen, Wiesbaden, 653–654

Krotz, Friedrich (2002): Die Mediatisierung von Alltag und sozialen Beziehungen und die Form sozialer Integration. In: Imhof, Kurt/Jarren, Otfried/Blum, Roger (Hg.): Integration und Medien. Wiesbaden, 184–200

Kunczik, Michael (1998): Politische Kommunikation als Marketing. In: Jarren, Otfried/ Sarcinelli, Ulrich/Saxer, Ulrich (Hg.): Politische Kommunikation in der demokratischen Gesellschaft. Ein Handbuch mit Lexikonteil. Opladen, Wiesbaden, 330–341

Lampert, Claudia (2003): Gesundheitsförderung durch Unterhaltung? Zum Potential des Entertainment-Education-Ansatzes für die Förderung des Gesundheitsbewusstseins. In: Medien & Kommunikationswissenschaft, 51. Jg., H. 3–4, 461–477

Lang, Kurt/Engel Lang, Gladys (1968): Politics & Television. Chicago

Langenbucher, Wolfgang R. (1971): Unterhaltung und Publizistik. In: Akademie für Politische Bildung (Hg.): Politische Prägung durch Unterhaltung. Tutzing, 33–41

Langenbucher, Wolfgang R. (Hg.) (2003): Die Kommunikationsfreiheit der Gesellschaft. Die demokratischen Funktionen eines Grundrechts. Publizistik, Sonderheft 4

Lanoue, David J./Schrott, Peter R. (1991): The Joint Press Conference. The History, Impact, and Prospects of American Presidential Debates. New York, Westport (Conn.), London

Latzer, Michael/Maier-Rabler, Ursula/Siegert, Gabriele/Steinmaurer, Thomas (Hg.) (1999): Die Zukunft der Kommunikation. Phänomene und Trends in der Informationsgesellschaft. Wien

Latzer, Michael/Saurwein, Florian (2006): Europäisierung durch Medien: Ansätze und Erkenntnisse der Öffentlichkeitsforschung. In: Langenbucher, Wolfgang R./Latzer, Michael (Hg.): Europäische Öffentlichkeit und medialer Wandel. Eine transdisziplinäre Perspektive. Wiesbaden, 10–44

Lazarsfeld, Paul F./Merton, Robert K. (1964): Mass Communication, Popular Taste and Organized Social Action. In: Bryson, Lyman (Hg.): The Communication of Ideas. New York, 95–118

Leder, Dietrich (1996): Paradigmenwechsel. Von Hildebrandt zu Harald Schmidt. In: Arbanell, Stephan/Cipitelli, Claudia/Schwanebeck, Axel (Hg.): Fernsehzeit. 21 Einblicke ins Programm. München, 89–94

Leggewie, Claus (1990): Bloß kein Streit! Über deutsche Sehnsucht nach Harmonie und die anhaltenden Schwierigkeiten demokratischer Streitkultur. In: Sarcinelli, Ulrich (Hg.): Demokratische Streitkultur. Theoretische Grundpositionen und Handlungsalternativen in Politikfeldern. Bonn, 52–62

Leggewie, Claus (1998): Demokratie auf der Datenautobahn oder: Wie weit geht die Zivilisierung des Cyberspace? In: Ders., Maar, Christa (Hg.): Internet & Politik. Von der Zuschauer- zur Beteiligungsdemokratie? Köln, 15–54

Leggewie, Claus (2006): Kampagnenpolitik. Eine nicht ganz neue Form politischer Mobilisierung. In: Röttger, Ulrike (Hg.): PR-Kampagnen. Über die Inszenierung von Öffentlichkeit. 3. Auflage. Wiesbaden, 105–122

Leinfellner, Werner (1967): Einführung in die Erkenntnis- und Wissenschaftstheorie. Mannheim

Lenk, Kurt (1969): Mentalität. In: Bernsdorf, Wilhelm (Hg.): Wörterbuch der Soziologie. 2. Auflage. Stuttgart, 689–691

Lerner, Daniel (1958): The Passing of Traditional Society – Modernizing the Middle East. Glencoe, III.

Löw, Martina (2001): Raumsoziologie. Frankfurt/M.

Ludes, Peter (1993): Scheinöffentlichkeiten. Medienwissenschaftliche Aufklärungsversuche. In: Faulstich, Werner (Hg.): Konzepte von Öffentlichkeit, 58–82

Ludes, Peter (1994): Unterhaltende Politik für fragmentierte Öffentlichkeiten. In: Jarren Otfried (Hg.): Politische Kommunikation in Hörfunk und Fernsehen. Elektronische Medien in der Bundesrepublik Deutschland. Opladen, 197–204

Luhmann, Niklas (1970a): Öffentliche Meinung. In: Politische Vierteljahresschrift, 11. Jg., H. 1, 2–28

Luhmann, Niklas (1970b): Reflexive Mechanismen. In: Ders., Soziologische Aufklärung. Opladen, 92–112

Luhmann, Niklas (1984): Soziale Systeme. Grundriss einer allgemeinen Theorie. Frankfurt/M.

Luhmann, Niklas (1996): Die Realität der Massenmedien. 2. Auflage. Opladen

Luhmann, Niklas (1997): Die Gesellschaft der Gesellschaft. Frankfurt/M.

Lünenborg, Margret (2004): Phänomen der Entgrenzung: Journalismus zwischen Fakt und Fiktion, Information und Unterhaltung. In: Friedrichsen, Mike/Göttlich, Udo (Hg.): Diversifikation in der Unterhaltungsproduktion. Köln, 108–123

Lütjen, Torben/Walter, Franz (2002): Medienkarrieren in der Spaßgesellschaft? Guido Westerwelle und Jürgen Möllemann. In: Alemann, Ulrich von/Marschall, Stefan (Hg.): Parteien in der Demokratie. Wiesbaden, 390–419

Machnig, Matthias (2003): Den Letzten beißen die Wähler. Parteien im Wandel der Zeit. In: Sarcinelli, Ulrich/Tenscher, Jens (Hg.): Machtdarstellung und Darstellungsmacht. Beiträge zu Theorie und Praxis moderner Politikvermittlung. Baden-Baden, 61–68

Mai, Manfred (2003): Das Parlament in der Mediengesellschaft. Parlamentarische Debatte oder Talkshow? In: Gellner, Winand/Strohmeier, Gerd (Hg.): Repräsentation und Präsentation in der Mediengesellschaft. Baden-Baden, 13–25

Maier, Jürgen (2002): Politische Skandale – Quelle der Politikverdrossenheit? Zum Einfluss von Fernsehnachrichten über politische Skandale auf Bevölkerungseinstellungen zu Parteien, Politikern und Demokratie in Ost- und Westdeutschland. In: Schatz, Heribert/Rössler, Patrick/Nieland, Jörg-Uwe (Hg.): Politische Akteure in der Mediendemokratie. Politiker in den Fesseln der Medien? Wiesbaden, 223–241

Maier, Michaela (2005): Der Wert von Nachrichten im Fernsehen 1992–2004. In: Arbeitsgemeinschaft der Landesmedienanstalten in der Bundesrepublik Deutschland (ALM) (Hg.): Fernsehen in Deutschland 2005. Berlin, 91–105

Maizière, Thomas de (2003): Politiker in der Mediendemokratie. In: Donsbach, Wolfgang/ Iandura, Olaf (Hg.): Chancen und Gefahren der Mediendemokratie. Konstanz, 40–46

Mangold, Roland (2004): Infotainment und Edutainment. In: Ders., Vorderer, Peter/Bente, Gary (Hg.): Lehrbuch der Medienpsychologie. Göttingen, Bern, Toronto, Seattle, 527–542

Mangold, Roland/Vorderer, Peter/Bente, Gary (Hg.) (2004): Lehrbuch der Medienpsychologie. Göttingen, Bern, Toronto, Seattle

Marchal, Guy P. (1995): Medium! Wider die Virtualisierung der Welt. In: Imhof, Kurt/ Schulz, Peter (Hg.): Medien und Krieg – Krieg in den Medien. Zürich, 105–110

Marcinkowski, Frank (2005): Die »Medialisierbarkeit« politischer Institutionen. In: Rössler, Patrick/Krotz, Friedrich (Hg.): Mythen der Mediengesellschaft – The Media Society and its Myths. Konstanz, 341–369

Marcinkowski, Frank/Greger, Volker/Hüning, Wolfgang (2001): Stabilität und Wandel der Semantik des Politischen: theoretische Zugänge und empirische Befunde. In: Marcinkowski, Frank (Hg.): Die Politik der Massenmedien. Köln, 12–114

Marschall, Stefan (2002): »Forum der Nation?«. Die Volksvertretung, die Medien und die Publizität parlamentarischer Arenen. In: Schatz, Heribert/Rössler, Patrick/Nieland, Jörg-Uwe (Hg.): Politische Akteure in der Mediendemokratie. Politik in den Fesseln der Medien? Wiesbaden, 147–162

Maurer, Marcus (2003): Mobilisierung oder Malaise? Wie verändert die Politikdarstellung der Massenmedien die Rezipientenurteile über Politik? In: Donsbach, Wolfgang/ Jandura, Olaf (Hg.): Chancen und Gefahren der Mediendemokratie. Konstanz, 319–332

McLuhan, Marshall (1967): the gutenberg galaxy. the making of typographic man. London

McQuail, Denis (1994): Mass Communication Theory. 3. Auflage. London, Thousand Oaks, New Delhi

Meckel, Miriam (2002): Gibt es eigentlich die Wirklichkeit noch? Einige Thesen zu den Fakten und Fiktionen medialer Entgrenzung. In: Baum, Achim/Schmidt, Siegfried J. (Hg.): Fakten und Fiktionen. Über den Umgang mit Medienwirklichkeiten. Konstanz, 31–35

Mees, Ulrich (2000): Emotion. In: Straub, Jürgen/Kempf, Wilhelm/Werbik, Hans (Hg.): Psychologie. Eine Einführung. Grundlagen, Methoden, Perspektiven. München, 324–344

Meier, Klaus (2002): Ressort Sparte Team. Wahrnehmungsstrukturen und Redaktionsorganisation im Zeitungsjournalismus. Konstanz

Merten, Klaus (2002): Erzeugung von Fakten durch Reflexivisierung von Fiktionen. Strukturen der Ausdifferenzierung des Kommunikationssystems. In: Baum, Achim/ Schmidt, Siegfried J. (Hg.): Fakten und Fiktionen. Über den Umgang mit Medienwirklichkeiten. Konstanz, 36–47

Meyer, Thomas (1992): Die Inszenierung des Scheins. Voraussetzungen und Folgen symbolischer Politik. Essay Montage. Frankfurt/M.

Meyer, Thomas (2001): Mediokratie. Die Kolonisierung der Politik durch die Medien. Frankfurt/M.

Meyer, Thomas (2003): Was ist Politik? 2. Auflage. Opladen

Meyer, Thomas (2005): Die Ironie Gottes. Religiotainment, Resakralisierung und die liberale Demokratie. Wiesbaden

Meyer, Thomas/Ontrup, Rüdiger/Schicha, Christian (2000): Die Inszenierung des Politischen. Zur Theatralität medialer Diskurse. Opladen

Meyer, Thomas/Schicha, Christian (2002): Medieninszenierungen zwischen Informationsauftrag und Infotainment. Kriterien einer angemessenen Politikvermittlung. In: Schicha, Christian/Brosda, Carsten (Hg.): Politikvermittlung in Unterhaltungsformaten. Medieninszenierungen zwischen Popularität und Populismus. Münster, Hamburg, London, 53–60

Meyrowitz, Joshua (1985): No Sense of Place. The Impact of Electronic Media on Social Behavior. New York, Oxford

Mittag, Jürgen/Ismar, Georg (2004): »Fußballisierung«? Wechselwirkungen von Politik und Fußball in der Mediengesellschaft. In: Nieland, Jörg-Uwe/Kamps, Klaus (Hg.): Politikdarstellung und Unterhaltungskultur. Zum Wandel der politischen Kommunikation. Köln, 164–192

Motzkin, Gabriel (2002): Das Ende der Meistererzählungen. In: Eibach, Joachim/Lottes, Günther (Hg.): Kompass der Geschichtswissenschaft. Ein Handbuch. Göttingen, 371–387

Mühl-Benninghaus, Wolfgang (2004): Ökonomische Strategien zum Einsatz von Unterhaltung in den deutschen Medien zwischen dem Ende des 19. Jahrhunderts und der Gegenwart. In: Friedrichsen, Mike/Göttlich, Udo (Hg.): Diversifikation in der Unterhaltungsproduktion. Köln, 16–47

Müller, Hans-Peter (1997): Sozialstruktur und Lebensstile. Der neuere theoretische Diskurs über soziale Ungleichheit. 2. Auflage. Frankfurt/M.

Müller, Marion G. (2000): Visuelle Kommunikation im Bundestagswahlkampf 1998. Eine qualitative Produktanalyse der visuellen Werbemittel. In: Brosius, Hans-Bernd (Hg.): Kommunikation über Grenzen und Kulturen. Konstanz, 361–379

Müller, Marion G. (2002): Parteitage in der Mediendemokratie. In: Alemann, Ulrich von/ Marschall, Stefan (Hg.): Parteien in der Mediendemokratie. Wiesbaden, 147–172

Müller, Marion G. (2004): Parteienwerbung im Bundestagswahlkampf 2002: Eine qualitative Produktionsanalyse politischer Werbung und PR. In: Knieper, Thomas/Müller, Marion G. (Hg.): Visuelle Wahlkampfkommunikation. Köln, 100–128

Münch, Richard (1991): Dialektik der Kommunikationsgesellschaft. Frankfurt/M.

Münch, Richard (1992a): Die Struktur der Moderne. Grundmuster und differentielle Gestaltung des institutionellen Aufbaus der modernen Gesellschaft. Frankfurt/M.

Münch, Richard (1992b): Gesellschaftliche Dynamik und politische Steuerung: Die Kontrolle technischer Risiken. In: Busshoff, Heinrich (Hg.): Politische Steuerung, Steuerbarkeit und Steuerungsfähigkeit. Ein Beitrag zur Grundlagendiskussion. Baden-Baden, 81–105

Münch, Richard (1996): Risikopolitik. Frankfurt/M.

Nassehi, Armin (2002): Politik des Staates oder Politik der Gesellschaft? Kollektivität als Problemformel des Politischen. In: Hellmann, Kai-Uwe/Schmalz-Bruns, Rainer (Hg.): Theorie der Politik. Niklas Luhmanns politische Soziologie. Frankfurt/M., 38–59

Neidhardt, Friedhelm (1994a): Jenseits des Palavers. Funktionen politischer Öffentlichkeit. In: Wunden, Wolfgang (Hg.): Öffentlichkeit und Kommunikationskultur. Hamburg, Stuttgart, 19–31

Neidhardt, Friedhelm (1994b): Öffentlichkeit, öffentliche Meinung, soziale Bewegungen. In: Ders. (Hg.): Öffentlichkeit, öffentliche Meinung, soziale Bewegungen. Kölner Zeitschrift für Soziologie und Sozialpsychologie, Sonderheft 34, 7–41

Neumann-Braun, Klaus/Müller-Doohm, Stefan (Hg.) (2000): Medien- und Kommunikationssoziologie. Eine Einführung in zentrale Begriffe und Theorien. Weinheim, München

Niehaus, Michael (2004): Was ist Prominenz im Fernsehen? In: Medien & Kommunikationswissenschaft, 52. Jg., H. 4, 569–582

Nieland, Jörg-Uwe (2002): Fiktionalisierung der politischen Kommunikation zwischen strategischem Kalkül und Entleerung der Politik. In: Baum, Achim/Schmidt, Siegfried J. (Hg.): Fakten und Fiktionen. Über den Umgang mit Medienwirklichkeiten. Konstanz, 499–513

Nieland, Jörg-Uwe (2003): Alles Bongo (?) im Bundestag? Neue Wege der Politikvermittlung in der Mediengesellschaft. In: Gellner, Winand/Strohmeier, Gerd (Hg.): Repräsentation und Präsentation in der Mediengesellschaft. Baden-Baden, 153–165

Nimmo, Dan/Swanson, David (1990): The Field of Political Communication. In: Dies. (Hg.): New Directions in Political Communication: A Ressource Book. Newbury Park, 7–47

Noelle-Neumann, Elisabeth (1977): Öffentlichkeit als Bedrohung. Beiträge zur empirischen Kommunikationsforschung. Freiburg, München

Noelle-Neumann, Elisabeth (1980): Die Schweigespirale. Öffentliche Meinung – unsere soziale Haut. München, Zürich

Noelle-Neumann, Elisabeth (1994): Wirkung der Massenmedien auf die Meinungsbildung. In: Noelle-Neumann, Elisabeth/Schulz, Winfried/Wilke, Jürgen (Hg.): Publizistik. Massenkommunikation. Frankfurt/M., 518–571

Noelle-Neumann, Elisabeth (1998): Öffentliche Meinung. In: Jarren, Otfried/Sarcinelli, Ulrich/Saxer, Ulrich (Hg.): Politische Kommunikation in der demokratischen Gesellschaft. Ein Handbuch mit Lexikonteil. Opladen, Wiesbaden, 81–94

Norris, Pippa (2003): Globale politische Kommunikation: Freie Medien, Gutes Regieren und Wohlstandsentwicklung. In: Esser, Frank/Pfetsch, Barbara (Hg.): Politische Kommunikation im internationalen Vergleich. Grundlagen, Anwendungen, Perspektiven. Wiesbaden, 135–178

Nullmeier, Frank (1998): Sozial- und gesellschaftspolitische Kommunikation. In: Jarren, Otfried/Sarcinelli, Ulrich/Saxer, Ulrich (Hg.): Politische Kommunikation in der demokratischen Gesellschaft. Ein Handbuch mit Lexikonteil. Opladen, Wiesbaden, 574–580

Nullmeier, Frank (2002): Wettbewerbskulturen. In: Müller, Michael/Raufer, Thilo/Zifonum, Darius (Hg.): Der Sinn der Politik. Kulturwissenschaftliche Politikanalysen. Konstanz, 157–175

Nye, Russel (1971): The Unembarrassed Muse: The Popular Arts in America. New York

Oberreuter, Heinrich (1982): Übermacht der Medien. Erstickt die demokratische Kommunikation? Zürich, Osnabrück

Oberreuter, Heinrich (1987): Stimmungsdemokratie. Störungen im politischen Bewusstsein. Zürich, Osnabrück

Oberreuter, Heinrich (1998): Mediatisierte Politik und politischer Wertewandel. In: Böckelmann, Frank, R. (Hg.): Medienmacht und Politik. Berlin, 31–41

Oedegaard, Ingvill C. (2000): Lebensstile, soziale Milieus und Wahlverhalten in Westdeutschland. In: Klein, Markus/Jagodzinski, Wolfgang/Mochmann, Ekkehard/Ohr, Dieter (Hg.): 50 Jahre empirische Wahlforschung in Deutschland. Entwicklung, Befunde, Perspektiven, Daten. Wiesbaden, 212–234

Otte, Gunter (2006): Hat die Lebensstilforschung eine Zukunft? Eine Auseinandersetzung mit aktuellen Bilanzierungsversuchen. In: Koschnick, Wolfgang I. (Hg.): Focus-Jahrbuch 2006. Schwerpunkt: Lifestyle-Forschung. München, 97–136

Otto, Jürgen H./Euler, Harald A./Mandl, Heinz (Hg.) (2000): Emotionspsychologie. Ein Handbuch. Weinheim

Parsons, Talcott (1951): The Social System. London

Peled ,Tsionia/Katz, Elihu (1974): Media Functions in Wartime. In: Blumler, Jay G./Katz, Elihu (Hg.): The Uses of Mass Communications. Beverly Hills, 49–69

Peters, Bernhard (1993): Die Integration moderner Gesellschaften. Frankfurt/M.

Peters, Birgit (1994): »Öffentlichkeitselite« – Bedingungen und Bedeutungen von Prominenz. In: Neidhardt, Friedhelm (Hg.): Öffentlichkeit, öffentliche Meinung, soziale

Bewegungen. Kölner Zeitschrift für Soziologie und Sozialpsychologie. Sonderheft 34, 191–213

Peterson, Theodore/Jensen, Jay W./Rivers, William L. (1965): The Mass Media and Modern Society. New York, Chicago, San Francisco, Toronto, London

Plasser, Fritz (2000): »Amerikanisierung« der Wahlkommunikation in Westeuropa. Diskussionen und Forschungsstand. In: Bohrmann, Hans/Jarren, Otfried/Melischek, Gabriele/Seethaler, Josef (Hg.): Wahlen und Politikvermittlung durch Massenmedien. Wiesbaden, 49–67

Popper, Karl (1994): Alles Leben ist Problemlösen. München

Pöttker, Horst (Hg.) (2001): Öffentlichkeit als gesellschaftlicher Auftrag. Klassiker der Sozialwissenschaft über Journalismus und Medien. Konstanz

Prager, Gerhard (1971): Vorwort. In: Ders. (Hg.), Unterhaltung und Unterhaltendes im Fernsehen. Mainz, 5–7

Prätorius, Rainer (1990): Streit, Konsens und politische Kultur: Vergleichende Perspektiven. In: Sarcinelli, Ulrich (Hg.): Demokratische Streitkultur. Theoretische Grundpositionen und Handlungsalternativen in Politikfeldern. Bonn, 63–76

Prayon, Horst (1998): Sicherheitspolitische Kommunikation. In: Jarren, Otfried/Sarcinelli, Ulrich/Saxer, Ulrich (Hg.): Politische Kommunikation in der demokratischen Gesellschaft. Ein Handbuch mit Lexikonteil. Opladen, Wiesbaden, 525–530

Prokop, Dieter (1979): Faszination und Langeweile. Die populären Medien. Stuttgart

Rager, Günther/Weber, Berndt (Hg.) (1992): Publizistische Vielfalt zwischen Markt und Politik. Mehr Medien – mehr Inhalte? Düsseldorf, Wien, New York, Moskau

Rager, Günther/Rinsdorf, Lars/Bodin, Michael (1999): Theatralität und Argumentativität in der Mediengesellschaft. Endbericht eines Forschungsprojekts im DFG-Schwerpunktprogramm Theatralität. Dortmund

Reese-Schäfer, Walter (2000): Politische Theorie heute – Neuere Tendenzen und Entwicklungen. München, Wien

Renger, Rudi (2002): Politikentwürfe im Boulevard. Zur Ideologie von »Tabloid-Formaten«. In: Schicha, Christian/Brosda, Carsten (Hg.): Politikvermittlung in Unterhaltungsformaten. Medieninszenierungen zwischen Popularität und Populismus. Münster, Hamburg, London, 223–232

Reumann, Kurt (2002): Journalistische Darstellungsformen. In: Noelle-Neumann, Elisabeth/Schulz, Winfried/Wilke, Jürgen (Hg.): Publizistik. Massenkommunikation. Frankfurt/M., 126–152

Riedl, Reinhard (2002): Selbstverwaltung, papierlos. E-Government – eine Bestandsaufnahme. In: Neue Zürcher Zeitung, 4. Oktober (Nr. 230): 71

Roegele, Otto B. (1982): Neugier als Laster und Tugend. Zürich, Osnabrück

Roloff, Eckart Klaus (1982): Journalistische Textgattungen. München

Ronneberger, Franz (1977): Legitimation durch Information. Düsseldorf

Rössler, Patrick (1999): Politiker: Die Regisseure in der medialen Themenlandschaft der Zukunft? Agenda-Setting-Prozesse im Zeitalter neuer Kommunikationstechnologien. In: Imhof, Kurt/Jarren, Otfried/Blum, Roger (Hg.): Steuerungs- und Regelungsprobleme in der Informationsgesellschaft. Opladen, Wiesbaden, 149–166

Rössler, Patrick/Krotz, Friedrich (Hg.) (2005): Mythen der Mediengesellschaft – The Media Society and its Myths. Konstanz

Röthlingshöfer, Bernd (2006): Markteasing. Werbung total anders. Berlin

Röttger, Ulrike (1998): Kampagnen. In: Jarren, Otfried/Sarcinelli, Ulrich/Saxer, Ulrich (Hg.): Politische Kommunikation in der demokratischen Gesellschaft. Ein Handbuch mit Lexikonteil. Opladen, Wiesbaden, 667

Röttger, Ulrike (Hg.) (2006): PR-Kampagnen. Über die Inszenierung von Öffentlichkeit. 3. Auflage. Wiesbaden

Rubin, Alan M. (2000): Die Uses-And-Gratifications-Perspektive der Medienwirkung. In: Schorr, Angela (Hg.): Publikums- und Wirkungsforschung. Ein Reader. Wiesbaden, 137–152

Rucht, Dieter (1998): Intermediäres System. In: Jarren, Otfried/Sarcinelli, Ulrich/Saxer, Ulrich (Hg.): Politische Kommunikation in der demokratischen Gesellschaft. Ein Handbuch mit Lexikonteil. Opladen, Wiesbaden, 664–665

Rühl, Manfred (1999): Publizieren. Eine Sinngeschichte der öffentlichen Kommunikation. Opladen, Wiesbaden

Ruhrmann, Georg (1989): Rezipient und Nachricht. Struktur und Prozess der Nachrichtenrekonstruktion. Opladen

Sarcinelli, Ulrich (1987): Symbolische Politik. Zur Bedeutung symbolischen Handelns in der Wahlkampfkommunikation der Bundesrepublik Deutschland. Opladen

Sarcinelli, Ulrich (Hg.) (1990a): Demokratische Streitkultur. Theoretische Grundpositionen und Handlungsalternativen in Politikfeldern. Bonn

Sarcinelli, Ulrich (1990b): Auf dem Weg in eine kommunikative Demokratie? Demokratische Streitkultur als Element politischer Kultur. In: Ders. (Hg.): Demokratische Streitkultur. Theoretische Grundpositionen und Handlungsalternativen in Politikfeldern. Bonn, 29–51

Sarcinelli, Ulrich (1994): Mediale Politikdarstellung und politisches Handeln. Analytische Anmerkungen zu einer notwendigerweise spannungsreichen Beziehung. In: Jarren, Otfried (Hg.): Politische Kommunikation in Hörfunk und Fernsehen. Opladen, 35–50

Sarcinelli, Ulrich (1996): Medialer Wandel und politische Kultur. In: UNESCO-Kommission, Nationale Schweizerische (Hg.): Mehr Medien-Spektakel – weniger Polit-Kultur? Plus de spectacle médiatique – moins de culture politique? Bern, 17–40

Sarcinelli, Ulrich (1998a): Legitimität. In: Jarren, Otfried/Sarcinelli, Ulrich/Saxer Ulrich (Hg.): Politische Kommunikation in der demokratischen Gesellschaft. Ein Handbuch mit Lexikonteil. Opladen, Wiesbaden, 253–267

Sarcinelli, Ulrich (1998b): Parteien. In: Jarren, Otfried/Sarcinelli, Ulrich/Saxer, Ulrich (Hg.): Politische Kommunikation in der demokratischen Gesellschaft. Ein Handbuch mit Lexikonteil. Opladen, Wiesbaden, 697 – 698

Sarcinelli, Ulrich (1998c): Symbolische Politik. In: Jarren, Otfried/Sarcinelli, Ulrich/Saxer, Ulrich (Hg.): Politische Kommunikation in der demokratischen Gesellschaft. Ein Handbuch mit Lexikonteil. Opladen, Wiesbaden, 729 – 730

Sarcinelli, Ulrich (1998d): Parteien und Politikvermittlung: Von der Parteien- zur Mediendemokratie? In: Ders. (Hg.): Politikvermittlung und Demokratie in der Mediengesellschaft. Opladen, Wiesbaden, 273 – 296

Sarcinelli, Ulrich (1998e): Repräsentation oder Diskurs? Zu Legitimität und Legitimitätswandel durch politische Kommunikation. In: Zeitschrift für Politikwissenschaft, H. 2, 547 – 567

Sarcinelli, Ulrich (1999): Mediale Politikvermittlung und politisches Handeln: analytische Anmerkungen zu einer notwendigerweise spannungsreichen Beziehung. In: Jarren, Otfried (Hg.): Politische Kommunikation in Hörfunk und Fernsehen. Opladen, 35 – 50

Sarcinelli, Ulrich (2000): Politikvermittlung und Wahlen – Sonderfall oder Normalität des politischen Prozesses? Essayistische Anmerkungen und Anregungen für die Forschung. In: Bohrmann, Hans/Jarren, Otfried/Melischek, Gabriele/Seethaler, Josef (Hg.): Wahlen und Politikvermittlung durch Massenmedien. Wiesbaden, 19 – 30

Sarcinelli, Ulrich (2001a): Politische Akteure in der Medienarena. Beiträge zum Spannungsverhältnis zwischen Amtsverantwortung und Medienorientierung bei politischen Positionsinhabern. Landau

Sarcinelli, Ulrich (2001b): Politische Klasse und Öffentlichkeit. In: Ders., Politische Akteure in der Medienarena. Beiträge zum Spannungsverhältnis zwischen Amtsverantwortung und Medienorientierung bei politischen Positionsinhabern. Landau, 1 – 19

Sarcinelli, Ulrich (2002): Politik als ›legitimes Theater‹? In: Vorgänge 158, 41. Jg., H.2, 10 – 22

Sarcinelli, Ulrich (2003): Parteien in der Kommunikationsfalle? Zwischen politischem Traditionsverein und Event-Agentur. In: Ders./Tenscher, Jens (Hg.): Machtdarstellung und Darstellungsmacht. Beiträge zur Theorie und Praxis moderner Politikvermittlung. Baden-Baden, 49 – 60

Sarcinelli, Ulrich (2004): Zur Unterschätzung der Eigenlogik des Politischen: Plädoyer für eine Rekontextualisierung der politischen Kommunikationsforschung. In: Imhof, Kurt/Blum, Roger/Bonfadelli, Heinz/Jarren, Otfried (Hg.): Mediengesellschaft. Strukturen, Merkmale, Entwicklungsdynamiken. Wiesbaden, 400 – 407

Sarcinelli, Ulrich (2005): Politische Kommunikation in Deutschland. Zur Politikvermittlung im demokratischen System. Wiesbaden

Sarcinelli, Ulrich/Tenscher, Jens (2000): Vom repräsentativen zum präsentativen Parlamentarismus? Entwurf eines Arenenmodells parlamentarischer Kommunikation. In:

Jarren, Otfried/Imhof, Kurt/Blum, Roger (Hg.): Zerfall der Öffentlichkeit? Wiesbaden, 74–93

Sarcinelli, Ulrich/Tenscher, Jens (2003): Machtdarstellung und Darstellungsmacht. Eine Einführung. In: Dies. (Hg.): Machtdarstellung und Darstellungsmacht. Beiträge zu Theorie und Praxis moderner Politikvermittlung. Baden-Baden, 9–22

Sartori, Giovanni (1992): Demokratietheorie. Eine Einführung. Darmstadt

Saxer, Ulrich (1969): Actualité et Publicité. In: Diogène, Nr. 68, 57–86

Saxer, Ulrich (1974): Publizistik und Unterhaltung. In: Kurzrock, Ruprecht (Hg.): Medienforschung. Berlin, 77–89

Saxer, Ulrich (1981): Medienpolitik zwischen Selbständigkeit und Überfremdung. In: Media Perspektiven, H. 2, 77–90

Saxer, Ulrich (1989a): Aspekte und Modalitäten politischer Wertsozialisation durch Medienkommunikation. In: Böckelmann, Frank E. (Hg.): Medienmacht und Politik. Berlin, 121–137

Saxer, Ulrich (1989b): Medieninnovation und Medienakzeptanz. In: Mahle, Walter A. (Hg.): Medienangebot und Mediennutzung. Berlin, 145–174

Saxer, Ulrich (1992a): »Bericht aus dem Bundeshaus«. Eine Befragung von Bundeshausjournalisten und Parlamentariern in der Schweiz. Zürich

Saxer, Ulrich (1992b): Strukturelle Möglichkeiten und Grenzen von Medien- und Journalismusethik. In: Haller, Michael/Holzhey, Helmut (Hg.): Medien-Ethik. Beschreibungen, Analysen, Konzepte. Opladen, 104–128

Saxer, Ulrich (1992c): Thesen zur Kritik des Konstruktivismus. In: Communicatio Socialis, 25. Jg., H.2, 178–183

Saxer, Ulrich (1993a): Fortschritt als Rückschritt? Konstruktivismus als Epistemologie einer Medientheorie. Kommentar zu Klaus Krippendorff. In: Bentele, Günter/Rühl, Manfred (Hg.): Theorien öffentlicher Kommunikation. Problemfelder, Positionen, Perspektiven. München, 65–73

Saxer, Ulrich (1993b): Public Relations und Symbolpolitik. In: Armbrecht, Wolfgang/ Avenarius, Horst/Zabel, Ulf (Hg.): Image und PR. Kann Image Gegenstand einer Public Relations-Wissenschaft sein? Opladen, 165–187

Saxer, Ulrich (1996): Zur Rationalität von PR, Medien und Politik. Schlussfolgerungen aus einer schweizerischen Fallstudie. In: Imhof, Kurt/Schulz, Peter (Hg.): Politisches Raisonnement in der Informationsgesellschaft. Zürich, 255–264

Saxer, Ulrich (1997): Das Starphänomen im dualen Rundfunksystem. In: Faulstich, Werner/Korte, Helmut (Hg.): Der Star. Geschichte – Rezeption – Bedeutung. München, 204–218

Saxer, Ulrich (1998): System, Systemwandel und politische Kommunikation. In: Jarren, Otfried/Sarcinelli, Ulrich/Saxer, Ulrich (Hg.); Politische Kommunikation in der demokratischen Gesellschaft. Ein Handbuch mit Lexikonteil. Opladen, Wiesbaden, 21–64

Saxer, Ulrich (1999a): Kulturelle Identitätsmuster und Medienkommunikation. In: Viehoff, Reinold/Segers, Rien T. (Hg.): Kultur Identität Europa. Über die Schwierigkeiten und Möglichkeiten einer Konstruktion. Frankfurt/M. 98–119

Saxer, Ulrich (1999b): Warnung vor großen medienpolitischen Windmaschinen. Plädoyer für eine wissenschaftliche Medienpolitik. In: Imhof, Kurt/Jarren, Otfried/Blum, Roger (Hg.): Steuerungs- und Regelungsprobleme in der Informationsgesellschaft. Opladen, Wiesbaden, 361–376

Saxer, Ulrich (2002a): Der gesellschaftliche Ort der Massenkommunikation. In: Haas, Hannes/Jarren, Otfried (Hg.): Mediensysteme im Wandel. Struktur, Organisation und Funktion der Massenmedien. Wien, 1–14

Saxer, Ulrich (2002b): Zur Zukunft des Lesens in der Mediengesellschaft. In: Bonfadelli, Heinz/Bucher, Priska (Hg.): Lesen in der Mediengesellschaft. Stand und Perspektiven der Forschung. Zürich, 235–243

Saxer, Ulrich (2003a): Interdisziplinäre Optimierung zwischen Medienökonomik und Kommunikationswissenschaft. In: MedienJournal, 27. Jg., H.3, 7–30

Saxer, Ulrich (2003b): Medienökonomie und Medienkultur. In: Altmeppen, Klaus-Dieter/Karmasin, Matthias (Hg.): Medien und Ökonomie. Band 1/2: Grundlagen der Medienökonomie: Soziologie, Kultur, Politik, Philosophie, International, Geschichte, Technik, Journalistik. Wiesbaden, 75–95

Saxer, Ulrich (2004a): Qualifizierte Transdisziplinarität. In: Siegert, Gabriele/Lobigs, Frank (Hg.): Zwischen Marktversagen und Medienvielfalt. Medienmärkte im Fokus neuer medienökonomischer Anwendungen. Baden-Baden, 15–30

Saxer, Ulrich (2004b): Systemtheorie und Kommunikationswissenschaft. In: Burkart, Roland/Hömberg, Walter (Hg.): Kommunikationstheorien. Ein Textbuch zur Einführung. Wien, 85–110

Saxer, Ulrich (2004c): Mediengesellschaft: Auf dem Wege zu einem Konzept. In: Imhof, Kurt/Blum, Roger/Bonfadelli, Heinz/Jarren, Otfried (Hg.): Mediengesellschaft. Strukturen, Merkmale, Entwicklungsdynamiken. Wiesbaden, 139–155

Saxer, Ulrich (2005a): Bauvorhaben, Bausteine und Rohbau einer Theorie des öffentlich-rechtlichen Rundfunks. In: Ridder, Christa-Maria/Langenbucher, Wolfgang R./Saxer, Ulrich/Steininger, Christian (Hg.): Bausteine einer Theorie des öffentlich-rechtlichen Rundfunks. Festschrift für Marie Luise Kiefer. Wiesbaden, 13–38

Saxer, Ulrich (2005b): Zur Institutionengeschichte des öffentlichen Rundfunks. In: Ridder, Christa-Maria/Langenbucher, Wolfgang R./Saxer, Ulrich/Steininger, Christian (Hg.): Bausteine einer Theorie des öffentlich-rechtlichen Rundfunks. Festschrift für Marie Luise Kiefer. Wiesbaden, 121–145

Saxer, Ulrich (2006a): Kommunikationswissenschaft und Kulturkritik. In: Publizistik. Sonderheft 5, 2005/06, 50 Jahre Publizistik, 370–390

Saxer, Ulrich (2006b): PR-Kampagnen, Medienöffentlichkeit und politischer Entscheidungsprozess. Eine Fallstudie zur schweizerischen Abstimmung über den EWR. In:

Röttger, Ulrike (Hg.): PR-Kampagnen. Über die Inszenierung von Öffentlichkeit. 3. Auflage. Wiesbaden, 27–49

Saxer, Ulrich (2006c): Europäischer Gesellschafts-, Medien- und Öffentlichkeitswandel – eine kommunikationssoziologische Perspektive. In: Langenbucher, Wolfgang R./ Latzer, Michael (Hg.): Europäische Öffentlichkeit und medialer Wandel. Eine transdisziplinäre Perspektive. Wiesbaden, 62–92

Saxer, Ulrich, Grossenbacher, René (1987): Medien und Entwicklungsprozess. Eine empirische Studie im westafrikanischen Benin. Köln, Wien

Saxer, Ulrich/Märki-Koepp, Martina (1992): Medien-Gefühlskultur. Zielgruppenspezifische Gefühlsdramaturgie als journalistische Produktionsroutine. München

Scharpf, Fritz W. (2000): Interaktionsformen. Akteurszentrierter Institutionalismus in der Politikforschung. Opladen

Schatz, Heribert (1994): Rundfunkentwicklung im »dualen System«: Die Konvergenzhypothese. In: Jarren, Otfried (Hg.): Politische Kommunikation in Hörfunk und Fernsehen. Elektronische Medien in der Bundesrepublik Deutschland. Opladen, 67–79

Schatz, Heribert/Rössler, Patrick/Nieland, Jörg-Uwe (2002): Politische Akteure in der Mediendemokratie: Einführung in die Thematik und Überblick über die Beiträge des Tagungsbandes. In: Dies. (Hg.): Politische Akteure in der Mediendemokratie – Politiker in den Fesseln der Medien? Wiesbaden, 11–17

Schenk, Michael (1994): Kommunikationstheorien. In: Noelle-Neumann, Elisabeth/ Schulz, Winfried/Wilke, Jürgen (Hg.): Publizistik. Massenkommunikation. Frankfurt/M., 171–187

Schenk, Michael (2000): Schlüsselkonzepte der Medienwirkungsforschung. In: Schorr, Angela (Hg.): Publikums- und Wirkungsforschung. Ein Reader. Wiesbaden, 71–84

Schenk, Michael, Döbler, Thomas (1998): Politische Kommunikation – Soziologische Perspektiven. In: Jarren, Otfried/Sarcinelli/Ulrich, Saxer, Ulrich (Hg.): Politische Kommunikation in der demokratischen Gesellschaft. Ein Handbuch mit Lexikonteil. Opladen, Wiesbaden, 138–153

Schetsche, Michael (1996): Die Karriere sozialer Probleme. Soziologische Einführung. München, Wien

Schetsche, Michael (2000): Wissenssoziologie sozialer Probleme. Grundlegung einer relativistischen Problemtheorie. Wiesbaden

Scheuch, Erwin K. (1971): Unterhaltung als Pausenfüller. In: Prager, Gerhard (Hg.): Unterhaltung und Unterhaltendes im Fernsehen. Mainz, 13–46

Scheufele, Bertram/Schünemann, Julia/Brosius, Hans-Bernd (2005): Duell oder Berichterstattung? Die Wirkung der Rezeption des ersten TV-Duells und der Rezeption der Nachberichterstattung im Bundestagswahlkampf 2002. In: Publizistik, 50. Jg., H. 4, 399–421

Schicha, Christian (2002): Das »Ereignismanagement« des nationalsozialistischen Regimes. Zur Theatralität des Führerkults. In: Ders., Brosda, Carsten (Hg.): Politikvermittlung in Unterhaltungsformaten. Medieninszenierungen zwischen Popularität und Populismus. Münster, Hamburg, London, 88–110

Schicha, Christian/Brosda, Carsten (Hg.) (2002): Politikvermittlung in Unterhaltungsformaten. Medieninszenierungen zwischen Popularität und Populismus. Münster, Hamburg, London

Schimank, Uwe (2000): Theorien gesellschaftlicher Differenzierung. 2. Auflage. Opladen

Schimank, Uwe (2002): Handeln und Strukturen. Einführung in die akteurtheoretische Soziologie. 2. Auflage. Weinheim, München

Schmidtchen, Gerhard (1977): Irrational durch Information. In: Reimann, Helga/Reimann, Horst (Hg.): Information. München, 51–67

Schmidtchen, Gerhard (2002): Die Dummheit der Informationsgesellschaft. Sozialpsychologie der Orientierung. Opladen

Schmitt-Beck, Rüdiger (2000): Politische Kommunikation und Wählerverhalten. Ein internationaler Vergleich. Wiesbaden

Schmitt-Beck, Rüdiger (2003): Wirkungen politischer Kommunikation: Massenmediale und interpersonale Einflüsse auf die Wahlentscheidung. In: Esser, Frank/Pfetsch, Barbara (Hg.): Politische Kommunikation im internationalen Vergleich. Grundlagen, Anwendungen, Perspektiven. Wiesbaden, 337–368

Schneider, Beate/Schönbach, Klaus/Stürzebecker, Dieter (1993): Westdeutsche Journalisten im Vergleich: jung, professionell und mit Spaß an der Arbeit. In: Publizistik, 38. Jg., H. 1, 5–30

Schönbach, Klaus (1998): Politische Kommunikation – Publizistik- und Kommunikationswissenschaftliche Perspektiven. In: Jarren, Otfried/Sarcinelli, Ulrich/Saxer, Ulrich (Hg.): Politische Kommunikation in der demokratischen Gesellschaft. Ein Handbuch mit Lexikonteil. Opladen, Wiesbaden, 114–137

Schönbach, Klaus (2005a): »Das Eigene im Fremden«. Zuverlässige Überraschung: eine wesentliche Medienfunktion? In: Publizistik, 50. Jg., H.3, 344–352

Schönbach, Klaus (2005b): The Hyperactive Audience – Still an Illusion. An Essay, »Revisited«. In: Rössler, Patrick/Krotz, Friedrich (Hg,): Mythen der Mediengesellschaft – The Media Society and its Myths. Konstanz, 267–277

Schottenloher, Karl/Binkowski, Johannes (1985): Flugblatt und Zeitung. Band 1. München

Schramm, Holger/Hartmann, Thilo/Klimmt, Christoph (2002): Desiderata und Perspektiven der Forschung über parasoziale Interaktionen und Beziehungen zu Medienfiguren. In: Publizistik, 47. Jg., H.4, 436–459

Schramm, Holger/Wirth, Werner (2006): Medien und Emotionen. Bestandsaufnahme eines vernachlässigten Forschungsfeldes aus medienpsychologischer Perspektive. In: Medien & Kommunikationswissenschaft, 54. Jg., H. 1, 25–55

Schrape, Klaus/Trappel, Josef (2001): Das Geschäft mit der Prognose. In: Publizistik, 46. Jg., H. 1, 37–56

Schröder, Peter (2000): Politische Strategien. Baden-Baden

Schultz, Tanjev (2003): Journalisten als politische Experten. Personelle, schematische und argumentative Muster des ‚Presseclub'. In: Donsbach, Wolfgang/Iandura, Olaf (Hg.): Chancen und Gefahren der Mediendemokratie. Konstanz, 246–260

Schulz, Winfried (1997): Politische Kommunikation. Theoretische Ansätze und Ergebnisse empirischer Forschung zur Rolle der Massenmedien in der Politik. Opladen, Wiesbaden

Schulz, Winfried (2000): Medienexpansion und politische Kompetenz: Machen Medien mündiger? In: Schorr, Angela (Hg.): Publikums- und Wirkungsforschung. Ein Reader. Wiesbaden, 227–245

Schulze, Gerhard (2000): Die Erlebnisgesellschaft. Kultursoziologie der Gegenwart. 8. Auflage. Frankfurt/M., New York

Schümer, Dirk (1996): Gott ist rund. Die Kultur des Fußballs. Berlin

Schweiger, Wolfgang (2005): Gibt es einen transmedialen Nutzungsstil? Theoretische Überlegungen und empirische Hinweise. In: Publizistik, 50. Jg., H. 2, 173–200

Schweiger, Wolfgang/Brosius, Hans-Bernd (2003): Eurovision Song Contest – beeinflussen Nachrichtenfaktoren die Punktvergabe durch das Publikum? In: Medien & Kommunikationswissenschaft, 51. Jg., H.2, 271–294

Sears, David O. (2001): The Role of Affect in Symbolic Politics. In: Kuklinski, James H. (Hg.): Citizens and Politics. Perspectives from Political Psychology. Cambridge (GB), 14–40

Seesslen, Georg (1983): Unterhaltung. In. Langenbucher, Wolfgang R./Rytlewski, Ralf/ Weyergraf, Bernd (Hg.): Kulturpolitisches Wörterbuch Bundesrepublik Deutschland/ DDR im Vergleich. Stuttgart, 707–710

Sennett, Richard (1986): Verfall und Ende des öffentlichen Lebens. Die Tyrannei der Intimität. Frankfurt/M.

Sennett, Richard (2005): Die Kultur des neuen Kapitalismus. Berlin

Showalter, Elaine (1999): Hystorien. Hysterische Epidemien im Zeitalter der Medien. Berlin

Sjurts, Insa (2004): Branding. In: Dies. (Hg.): Gabler Lexikon Medienwirtschaft. Wiesbaden. 59–60

Soeffner, Hans-Georg (1992): Die Inszenierung von Gesellschaft. Wählen als Freizeitgestaltung. In: Ders.: Die Auslegung des Alltags 2. Die Ordnung der Rituale. Frankfurt/M. 157–176

Soeffner, Hans-Georg/Tänzler, Dirk (2002): Figurative Politik. Prolegomena zu einer Kultursoziologie politischen Handelns. In: Dies. (Hg.): Figurative Politik. Zur Performanz der Macht in der modernen Gesellschaft. Opladen, 17–33

Soeffner, Hans-Georg/Tänzler, Dirk (Hg.) (2002): Figurative Politik. Zur Performanz der Macht in der modernen Gesellschaft. Opladen

Steinberg, Charles S. (Hg.) (1966): Mass Media and Communication. New York

Steinbrecher, Michael/Weiske, Martin (1992): Die Talkshow. 20 Jahre zwischen Klatsch und News. Tips und Hintergründe. München

Steinert, Heinz (1998): Kulturindustrie. Münster

Steinmetz, Willibald (2003): Ungewollte Politisierung durch Medien? Die Contergan-Affaire. In: Weisbrod, Bernd (Hg.): Die Politik der Öffentlichkeit – Die Öffentlichkeit der Politik. Politische Medialisierung in der Geschichte der Bundesrepublik. Göttingen, 195–228

Stiehler, Hans-Jörg (2003): Riskante Spiele: Unterhaltung und Unterhaltungserleben im Mediensport. In: Früh, Werner/Stiehler, Hans-Jörg (Hg.): Theorie der Unterhaltung. Ein interdisziplinärer Diskurs. Köln, 160–181

Stiehler, Hans-Jörg/Marr, Mirco (2001): Das Ende der Ausreden. Mediale Diskurse zum Scheitern im Sport. In: Roters, Gunnar/Klingler, Walter/Gerhards Maria (Hg.): Sport und Sportrezeption. Baden-Baden, 111–132

Strohmeier, Gerd (2004): Politik und Massenmedien. Eine Einführung. Baden-Baden

Sturm, Hertha (1968): Masse – Bildung – Kommunikation. Stuttgart

Sturm, Hertha (1984): Wahrnehmung und Fernsehen – Die fehlende Halbsekunde. Plädoyer für eine zuschauerfreundliche Mediendramaturgie. In: Media Perspektiven, H. 1, 58–64

Sturm, Hertha (1991): Fernsehdiktate: Die Veränderung von Gedanken und Gefühlen. Ergebnisse und Folgerungen für eine rezipientenorientierte Mediendramaturgie. Gütersloh

Sutter, Tilmann (2001): Einführung. In: Ders., Charlton, Michael (Hg.): Massenkommunikation, Interaktion und soziales Handeln. Wiesbaden, 7–17

Thomas, Hans (1994): Was unterscheidet Unterhaltung von Information? In: Bosshart, Louis/Hoffmann-Riem, Wolfgang (Hg.): Medienlust und Mediennutz. Unterhaltung als öffentliche Kommunikation. München, 61–80

Tintelnot, Renate (1994): Typische Kommunikationsmuster für die Inhalte von Romanheften. Zum Aufbau, zur Struktur und zu den Vorbildern und Funktionen von Romanheften. In: Bosshart, Louis/Hoffmann-Riem, Wolfgang (Hg.): Medienlust und Mediennutz. Unterhaltung als öffentliche Kommunikation. München, 81–96

UNESCO-Kommission, Nationale Schweizerische (Hg.) (1996): Mehr Medien-Spektakel – weniger Polit-Kultur? Plus de spectacle médiatique – moins de culture politique? Bern

Unz, Dagmar/Schwab, Frank (2004): Nachrichten. In: Mangold, Roland/Vorderer, Peter/Bente, Gary (Hg.): Lehrbuch der Medienpsychologie. Göttingen, Bern, Toronto, Seattle, 493–535

Vester, Michael/Oertzen, Peter von/Geiling, Heiko/Hermann, Thomas/Müller, Dagmar (2001): Soziale Milieus im gesellschaftlichen Strukturwandel. Zwischen Integration und Ausgrenzung. Vollständig überarbeitete, erweiterte und aktualisierte Fassung. Frankfurt/M.

Viehoff, Reinhold (Hg.) (2001): Unterhaltende Genres in »sozialistischen« Medien und anderswo. In: SPIEL, Sonderheft. 20. Jg., H. 1

Viehoff, Reinhold/Segers, Rien T. (Hg.) (1999): Kultur Identität Europa. Über die Schwierigkeiten und Möglichkeiten einer Konstruktion. Frankfurt/M.

Virchow, Fabian/Thomas, Tanja (2004): Militainment als »banaler« Militarismus. Auf dem Weg zu einer Militarisierung der politischen Kultur? In: Löffelholz, Martin (Hg.): Krieg als Medienereignis II. Krisenkommunikation im 21. Jahrhundert. Wiesbaden, 297–325

Virilio, Paul (1986): Krieg und Kino. Logistik der Wahrnehmung. München, Wien

Vitouch, Peter (1988): Der Einfluss von Sozialisations- und Lebensbedingungen auf das Mediennutzungsverhalten. In: Saxer, Ulrich (Hg.): Sozialisation durch Massenmedien. Publizistik, 33. Jg., H.2–3, 277–296

Vitouch, Peter (2000): Fernsehen und Angstbewältigung. Zur Typologie des Zuschauerverhaltens. 2. Auflage. Wiesbaden

Vlasic, Andreas/Brosius, Hans-Bernd (2002): »Wetten dass ...« – Massenmedien integrieren? Die Integrationsfunktion der Massenmedien: Zur empirischen Beschreibbarkeit eines normativen Paradigmas. In: Imhof, Kurt/Jarren, Otfried/Blum, Roger (Hg.): Integration und Medien. Wiesbaden, 93–109

Vorderer, Peter (2004): Unterhaltung. In: Mangold, Roland/Vorderer, Peter/Bente, Gary (Hg.): Lehrbuch der Medienpsychologie. Göttingen, Bern, Toronto, Seattle, 543–564

Vorderer, Peter/Weber, René (2003): Unterhaltung als kommunikationswissenschaftliches Problem: Ansätze einer konnektionistischen Modellierung. In: Früh, Werner/Stiehler, Hans-Jörg (Hg.): Theorie der Unterhaltung. Ein interdisziplinärer Diskurs. Köln, 136–159

Vowe, Gerhard (2003): Politische Kommunikation. In: Münkler, Herfried (Hg.): Politikwissenschaft. Ein Grundkurs. Reinbek, 519–552

Vowe, Gerhard (2006): Feldzüge um die öffentliche Meinung. Politische Kommunikation in Kampagnen am Beispiel von Brent Spar und Mururoa. In: Röttger, Ulrike (Hg.): PR-Kampagnen. Über die Inszenierung von Öffentlichkeit. 3. Auflage. Wiesbaden, 75–94

Wagner, Hans (1994): Von der Lust, in anderen Welten zu wandern. Unterhaltung – sozialer Unterhalt. In: Bosshart, Louis/Hoffmann-Riem, Wolfgang (Hg.): Medienlust und Mediennutz. Unterhaltung als öffentliche Kommunikation. München, 126–143

Weber, Hannelore (2000): Sozial-konstruktivistische Ansätze. In: Otto, Jürgen H./Euler, Harald A./Mandl, Heinz (Hg.): Emotionspsychologie. Ein Handbuch. Weinheim, 139–150

Weber, Max (1968): Die »Objektivität« sozialwissenschaftlicher und sozialpolitischer Erkenntnis. In: Winckelmann, Johannes (Hg.): Gesammelte Aufsätze zur Wissenschaftslehre von Max Weber. Tübingen, 146–214

Weber, Ronald (Hg.) (1974): The Reporter as Artist: A Look at the New Journalism Controversy. New York

Wehn, Karin (2002): Humor im Internet. In: medienforum SWR, Baden-Baden

Wehner, Josef (1998): Öffentliche Meinung und Person. Zur Darstellung der Politik in den Medien. In: Imhof, Kurt/Schulz, Peter (Hg.): Die Veröffentlichung des Privaten – die Privatisierung des Öffentlichen. Zürich, 318–331

Weisbrod, Bernd (Hg.) (2003): Die Politik der Öffentlichkeit. Die Öffentlichkeit der Politik. Politische Medialisierung in der Gesellschaft der Bundesrepublik. Göttingen

Weisbrod, Bernd (2003): Öffentlichkeit als politischer Prozess. Dimensionen der politischen Medialisierung in der Geschichte der Bundesrepublik. In: Ders. (Hg.): Die Politik der Öffentlichkeit. Die Öffentlichkeit der Politik. Politische Medialisierung in der Geschichte der Bundesrepublik. Göttingen, 11–25

Weischenberg, Siegfried (1995): Enthüllungsjournalismus. Politische Notwendigkeit und ethische Problematik. In: Armingeon, Klaus/Blum, Roger (Hg.): Das öffentliche Theater. Politik und Medien in der Demokratie. Bern, Stuttgart, Wien, 111–130

Weiss, Ralph (2001): Der praktische Sinn des Mediengebrauchs im Alltag. In: Maier-Rabler, Ursula/Latzer, Michael (Hg.): Kommunikationskulturen zwischen Kontinuität und Wandel. Universelle Netzwerke für die Zivilgesellschaft. Konstanz, 347–369

Weiss, Ralph (2002a): Privatheit im »öffentlichen Raum« – Klärungsbedarf. In: Ders., Groebel, Jo (Hg.): Privatheit im öffentlichen Raum. Medienhandeln zwischen Individualisierung und Entgrenzung. Opladen, 17–24

Weiss, Ralph (2002b): Vom gewandelten Sinn für das Private. In: Ders., Groebel, Jo (Hg.): Privatheit im öffentlichen Raum. Medienhandeln zwischen Individualisierung und Entgrenzung. Opladen, 27–87

Weiss, Ralph (2002c): Schluss: Entgrenzte Schaustellung – öffentlich verfügbares Selbst? In: Ders., Groebel, Jo (Hg.): Privatheit im öffentlichen Raum. Medienhandeln zwischen Individualisierung und Entgrenzung. Opladen, 523–548

Weiss, Ralph/Groebel, Jo (Hg.) (2002): Privatheit im öffentlichen Raum. Medienhandeln zwischen Individualisierung und Entgrenzung. Opladen

Werner, Jürgen/Stadik, Michael (2001): Brot und Spiele. Eine kurze Geschichte der Real-People-Formate. In: Böhme-Dürr, Karin/Sudholt, Thomas (Hg.): Hundert Tage Aufmerksamkeit. Das Zusammenspiel von Medien, Menschen und Märkten bei »Big Brother«. Konstanz, 413–429

Wessler, Hartmut (1999): Öffentlichkeit als Prozess. Deutungsstrukturen und Deutungswandel in der deutschen Drogenberichterstattung. Opladen, Wiesbaden

Wessler, Hartmut (2002): Multiple Differenzierung und kommunikative Integration – Symbolische Gemeinschaften und Medien. In: Imhof, Kurt/Jarren, Otfried/Blum, Roger (Hg.): Integration und Medien. Wiesbaden, 56–76

Wessler, Hartmut (2004): Europa als Kommunikationsnetzwerk. Theoretische Überlegungen zur Europäisierung von Öffentlichkeit. In: Hagen, Lutz M. (Hg.): Europäische

Union und mediale Öffentlichkeit. Theoretische Perspektiven und empirische Befunde zur Rolle der Medien im europäischen Einigungsprozess. Köln, 13–28

Westerbarkey, Joachim (1993): Virtuelle Publizität. Öffentlichkeit als imaginäres Kommunikationssystem. In: Faulstich, Werner (Hg.): Konzepte von Öffentlichkeit. Bardowick, 83–100

Wiesendahl, Elmar (2002): Parteienkommunikation parochial. Hindernisse beim Übergang ins Online-Parteienzeitalter. In: Alemann, Ulrich von/Marschall, Stefan (Hg.): Parteien in der Mediendemokratie. Wiesbaden, 364–389

Wilke, Jürgen (1989): Geschichte als Kommunikationsereignis. Der Beitrag der Massenkommunikation beim Zustandekommen historischer Ereignisse. In: Kaase, Max/ Schulz, Winfried (Hg.): Massenkommunikation. Theorien, Methoden, Befunde. Kölner Zeitschrift für Soziologie und Sozialpsychologie, Sonderheft 30, 57–71

Wilke, Jürgen (1998): Analytische Dimensionen der Personalisierung des Öffentlichen. In: Imhof, Kurt/Schulz, Peter (Hg.): Die Veröffentlichung des Privaten – die Privatisierung des Öffentlichen. Zürich, 283–294

Willems, Herbert/Jurga, Martin (Hg.) (1998): Inszenierungsgesellschaft. Opladen

Willke, Helmut (2000): Systemtheorie I: Grundlagen. Eine Einführung in die Grundprobleme der Theorie sozialer Systeme. 6. Auflage. Stuttgart

Willke, Helmut (2001): Wissensgesellschaft. In: Kneer, Georg/Nassehi, Armin/Schroer, Markus (Hg.): Klassische Gesellschaftsbegriffe der Soziologie. München, 379–398

Winter, Rainer/Mikos, Lothar (Hg.) (2001): Die Fabrikation des Populären. Der John Fiske-Reader. Bielefeld

Winterhoff-Spurk, Peter (1999): Medienpsychologie. Eine Einführung. Stuttgart, Berlin, Köln

Wirth, Werner (2004): Powered by Emotion. Emotionen in den Medien und ihre Wirkungen auf das Publikum. Antrittsvorlesung an der Universität Zürich

Wirth, Werner/Schramm, Holger (Hg.) (2005): Unterhaltung durch Medien. Abstracts. Zürich

Wirth, Werner/Böcking, Saskia/In-Albon, Natascha (2006): Spannung und Präsenzerleben beim Lesen fiktionaler, narrativer Texte. In: Schramm, Holger/Wirth, Werner/Bilandzic, Helena (Hg.): Empirische Unterhaltungsforschung. Studien zur Rezeption und Wirkung von medialer Unterhaltung. München, 107–128

Wittig, Ernst (1994): Innovation. In: Fuchs-Heinritz, Werner/Lautmann, Rüdiger/Rammstedt, Otthein/Wienold, Hanns (Hg.): Lexikon zur Soziologie. 3. Auflage. Opladen, 300

Wohl, Andrzej (1981): Soziologie des Sports. Allgemeine theoretische Grundlage. Köln

Wolling, Jens (2001): Skandalberichterstattung in den Medien und die Folgen für die Demokratie. Die Bedeutung von Wahrnehmung und Bewertung der Berichterstattung für die Einstellung zur Legitimität des politischen Systems. In: Publizistik, 46. Jg., H.1, 20–36

Wunden, Wolfgang (1994): Grenzen öffentlichen Zeigens. Privatheit als Element einer Kultur der Öffentlichkeit. In: Ders. (Hg.): Öffentlichkeit und Kommunikationskultur. Hamburg, Stuttgart, 165–179

Wyss, Vinzenz/Pühringer, Karin/Meier, Werner A. (2005): Journalismusforschung. In: Bonfadelli, Heinz/Jarren, Otfried/Siegert, Gabriele (Hg.): Einführung in die Publizistikwissenschaft. 2. Auflage. Bern, Stuttgart, Wien, 297–330

Zetterberg, Hans L. (1967): Theorie, Forschung und Praxis in der Soziologie. In: König, René (Hg.): Handbuch der empirischen Sozialforschung. Band 1. Stuttgart, 64–104

Zillmann, Dolf (1989): Erregungsarrangements in der Wissensvermittlung durch Fernsehen. In: Bertelsmann Stiftung (Hg.): Wissensvermittlung, Medien und Gesellschaft. Gütersloh, 77–99

Zillmann, Dolf (1994): Über behagende Unterhaltung in unbehagender Medienkultur. In: Bosshart, Louis/Hoffmann-Riem, Wolfgang (Hg.): Medienlust und Mediennutz. Unterhaltung als öffentliche Kommunikation. München, 41–57

Zimmermann, Harro (2000): Kommunikationsmedien und Öffentlichkeit: Strukturen und Wandel. In: Neumann-Braun, Klaus/Müller-Doohm, Stefan (Hg.): Medien- und Kommunikationssoziologie. Eine Einführung in zentrale Begriffe und Theorien. Weinheim, München, 41–54

Urs Dahinden
Framing
Eine integrative Theorie der
Massenkommunikation
2006, 346 Seiten, broschiert
ISBN 978-3-89669-576-5

Markus Lehmkuhl
**Massenmedien und interpersonale
Kommunikation**
Eine explorative Studie am Beispiel BSE
2006, 232 Seiten, broschiert
ISBN 978-3-89669-575-8

Franzisca Gottwald
Gesundheitsöffentlichkeit
Entwicklung eines Netzwerkmodells für
Journalismus und Public Relations
2006, 312 Seiten, broschiert
ISBN 978-3-89669-571-0

Mirko Marr
**Internetzugang und
politische Informiertheit**
Zur digitalen Spaltung der Gesellschaft
2005, 256 Seiten, broschiert
ISBN 978-3-89669-475-1

Ralf Hohlfeld
Journalismus und Medienforschung
Theorie, Empirie, Transfer
2003, 438 Seiten, broschiert
ISBN 978-3-89669-416-4

Klaus Meier
Ressort, Sparte, Team
Wahrnehmungsstrukturen und Redaktions-
organisation im Zeitungsjournalismus
2002, 494 Seiten, broschiert
ISBN 978-3-89669-349-5

www.uvk.de UVK